STADT BEFREIT

WITTELSBACHER GRÜNDERSTÄDTE

Veröffentlichungen zur Bayerischen Geschichte und Kultur 69
Herausgegeben vom Haus der Bayerischen Geschichte

STADT BEFREIT
WITTELSBACHER GRÜNDERSTÄDTE

Katalog zur Bayerischen Landesausstellung 2020
Friedberg, Wittelsbacher Schloss
Aichach, FeuerHaus
29. April – 8. November 2020

Herausgegeben von
Peter Wolf, Evamaria Brockhoff, Richard Fischer,
Sarah Schormair und Marco Veronesi

Haus der Bayerischen Geschichte

Die Deutsche Nationalbibliothek verzeichnet diese Publikation
in der Deutschen Nationalbibliografie; detaillierte bibliografische Daten
sind im Internet unter http://dnb.dnb.de abrufbar.

HAUS DER BAYERISCHEN
GESCHICHTE

Gestaltung und Satz: www.zebraluchs.de
Umschlaggestaltung: Zebraluchs unter Verwendung des Plakatmotivs von Peter Schmidt Group, München/Gruppe Gut, Bozen (Bildmotiv s. Bildnachweis S. 255)
Lithografie: Horst Lorenz + Hubert Lechner GbR, Inning
Gesamtherstellung: Evamaria Brockhoff und Zebraluchs, Leipzig/Weimar
Druck: Friedrich Pustet GmbH & Co. KG, Regensburg
ISBN 978-3-937974-47-7

Lizenzausgabe für den Verlag Friedrich Pustet, Regensburg
www.verlag-pustet.de
ISBN 978-3-7917-3159-9

Klimaneutral
Druckprodukt
ClimatePartner.com/12514-1910-1001

Gedruckt auf umweltschonend hergestelltem Papier „Symbol freelife satin"
von Fedrigoni Deutschland GmbH

Printed in Germany

„Stadt befreit!“

Das Bild Bayerns wird nicht nur durch Landschaften und Metropolen geprägt. Ebenso typisch für unser Land sind die vielen kleinen und mittleren Städte sowie die Märkte, die eine bayerische Besonderheit darstellen.

Die Bayerische Landesausstellung 2020 hat die kleineren Städte zum Thema. Dabei wird der Blick auf einige der wichtigsten Infrastrukturentscheidungen gelenkt, die jemals unser Land geprägt haben. Diese Entscheidungen fielen schon vor etwa 800 Jahren. Sie waren eng verknüpft mit dem Aufstieg der Wittelsbacher. Innerhalb weniger Jahrzehnte schufen sie jenes enge Netz von Städten und Märkten, das uns bis heute vertraut ist. Eine wahrhaft langfristige Investition in die Zukunft!

Die Geschichte der bayerischen Städte ist eine Geschichte ihrer Bürgerinnen und Bürger. Das Aufblühen der Orte war der Erfolg ihres Ideenreichtums, ihrer wirtschaftlichen Kraft und ihres Gemeinsinns. Sie schufen lebenswerte Klein- und Mittelstädte, wie sie für Bayern so typisch sind.

Der Bayerischen Landesausstellung in Friedberg und Aichach einen erfolgreichen Verlauf sowie viele interessierte Besucherinnen und Besucher!

Dr. Markus Söder
Der Bayerische Ministerpräsident

Stadt befreit. Der Titel der diesjährigen Landesausstellung – abgeleitet aus einem weit verbreiteten Rechtsgrundsatz des Mittelalters – klingt fast wie ein Werbeslogan für einen der größten Modernisierungsschübe der bayerischen Geschichte. Es geht um jene wenigen Jahrzehnte nach 1200, als aus dem weitgehend städtelosen Herzogtum Bayern jenes Städteland wurde, das wir Bayern heute kennen. Die junge Herzogsdynastie der Wittelsbacher schloss sich hier einer europäischen Entwicklung an und nutzte sie, um ihre Herrschaft im Land auszubauen: „Wittelsbacher Gründerstädte!"

Gründergeschichten sind immer auch Geschichten von Menschen, die Chancen erhalten und sie ergreifen – und damit Geschichte schreiben. Dies sind zuallererst die neuen Stadtbürger. Von ihnen, von den Anfängen nach Parzellierung und Bau erster Palisadenmauern bis zum Aufblühen und vom Glanz der neu entstandenen Städte erzählt die diesjährige Bayerische Landesausstellung.

Naturgemäß könnte man ein solches Thema an vielen Orten in Bayern präsentieren. Die Wahl fiel auf zwei altbayerische Städte, die heute in Bayerisch-Schwaben liegen: Aichach und Friedberg. In den Gemeindegrenzen Aichachs liegt der Burgplatz Oberwittelsbach und damit die Stammburg jener Dynastie, die über

Jahrhunderte die Geschichte Bayerns bestimmen sollte – nicht zuletzt mit ihren Städtegründungen. Beide Städte sind typische Gründerstädte: Aichach als Verwaltungssitz und Handelsort, Friedberg zusätzlich als Grenzfestung unmittelbar an der schwäbisch-bayerischen Grenze gelegen. Das mit großem finanziellen Aufwand und denkmalpflegerisch mustergültig sanierte Wittelsbacher Schloss in Friedberg beherbergt während der Landesausstellung kostbare Leihgaben aus vielen großen und kleineren bayerischen Städten – aber auch aus vielen europäischen Ländern. In Aichach steht kein historisches Gebäude für die Landesausstellung zur Verfügung – dafür aber ein Ausstellungslokal der besonderen Art. Im „FeuerHaus", dem einstigen Feuerwehrhaus direkt am Rand der Altstadt, wird die Stadtgeschichte Bayerns auf höchst unterhaltsame und abwechslungsreiche Weise präsentiert – in unterschiedlichen Formen medialer Aufbereitung.

Ich danke allen, die zum Zustandekommen dieser Schau beigetragen haben, allen Leihgebern, Unterstützern und natürlich den Gastgebern im Wittelsbacher Land! Der Landesausstellung 2020 wünsche ich den verdienten Erfolg, den Besucherinnen und Besuchern viele anregende und bleibende Eindrücke.

Bernd Sibler

Bernd Sibler
Bayerischer Staatsminister für Wissenschaft und Kunst

Stadt befreit – wie und warum es dazu kam

Richard Loibl

Die bayerischen Städte boomen. Was um 2000 kaum jemand für möglich hielt, als man sogar noch für Augsburg vom berühmten „Null-Wachstum", also einer stagnierenden Bevölkerungsentwicklung, ausging und lediglich dem Großraum München ein moderates Wachstum zutraute. Ganz aktuell, nämlich am 1. Dezember 2019, hat Augsburg seine 300000ste Einwohnerin begrüßt.[1] Um 2000 waren es noch abgerundet 250000 gewesen. Die 200000er-Grenze war 1956 überschritten worden, die 100 000er im Jahr 1909 vor allem durch die Eingemeindung der umliegenden Industriestädte und -dörfer wie Lechhausen oder Pfersee. Für den aktuellen Sprung um 50000 Einwohner/innen benötigte man nur halb so viel Zeit wie für die Steigerung von 200000 auf 250000.[2]

Das ist allenthalben in der Stadt spürbar. Im Textilviertel etwa, um 2000 geprägt von den vormals größten, aber damals schon brachliegenden bayerischen Textilfabriken und ihren grünen Freiflächen, die zur Erweiterung vorgesehen waren und, nachdem sie ausblieb, eine Art wilden Stadtpark und grüne Lunge bildeten. Was eine leicht groteske Note hatte, weil die Textilfabriken vorher das genaue Gegenteil einer grünen Lunge gewesen waren und Augsburg regelmäßig unter eine, positiv formuliert, regenbogenfarbige Dunstglocke gesetzt hatten.[3]

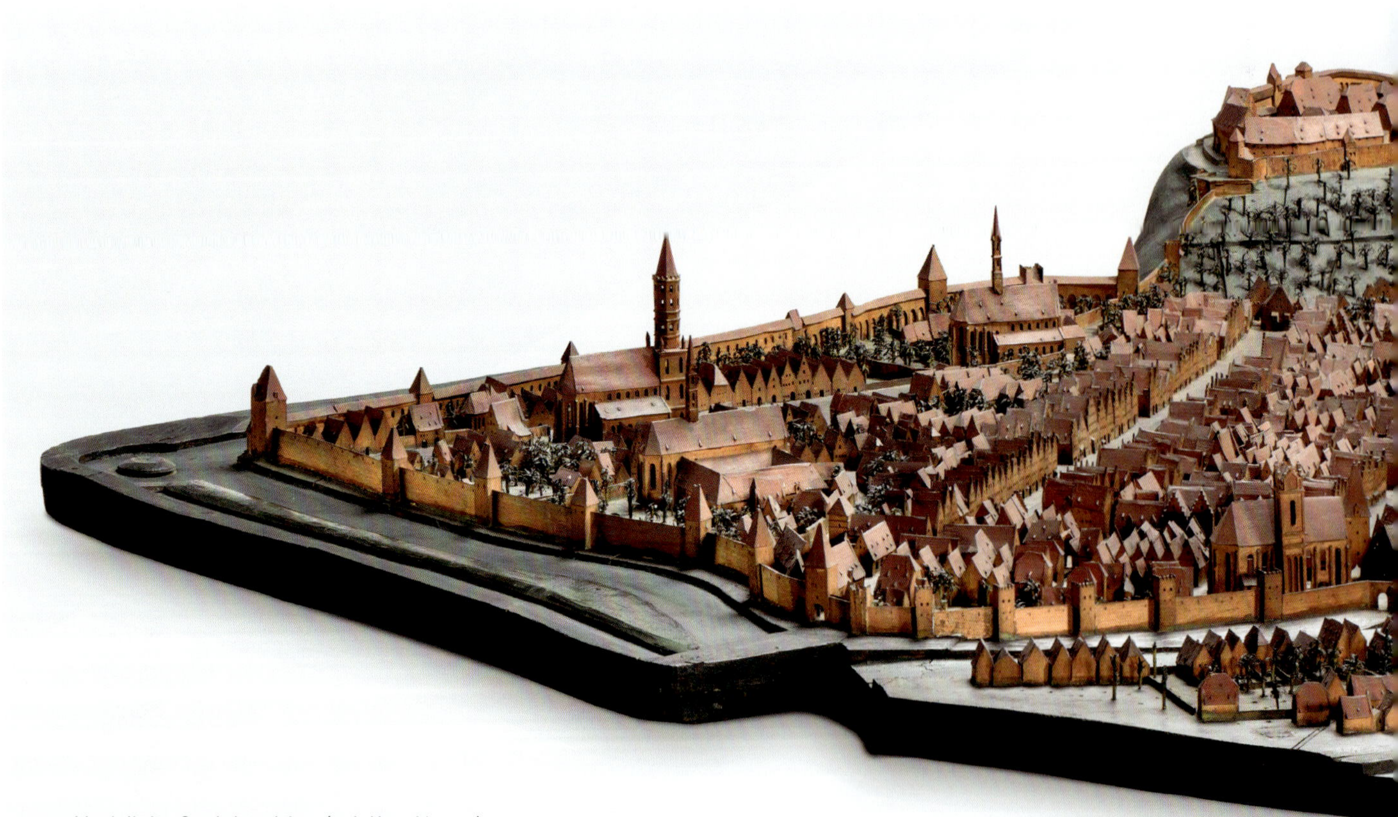

1 Modell der Stadt Landshut (vgl. Kat.-Nr. 129)

Jetzt sind die Fabrikgelände großenteils verschwunden, nur noch die kulturell umgenutzten Leuchttürme der Mechanischen Spinnerei und Weberei Augsburg und die Fabrikstraße der Augsburger Kammgarnspinnerei erinnern an die alte Zeit. Darum herum ist mittlerweile ein neues Stadtquartier entstanden. An der Schleifenstraße, dem 2001 fertiggestellten vierspurigen Zubringer von Nordosten her, reihen sich die großen Wohnkomplexe aneinander und schirmen die kleineren nobleren Anlagen dahinter vom Verkehr ab. Am Schäfflerbach, ehemals wichtiger Energielieferant für das Textilviertel, in Augsburg früher gern als Glasscherbenviertel und Klein-Istanbul verspottet, lässt es sich modern und stylisch wohnen.

Die neuen Bewohner wählen grün. Bislang war das Gebiet rote Hochburg gewesen. Mehrere Tausend Menschen sind in etwas mehr als einem Jahrzehnt hierher zugezogen. Eine ähnliche Entwicklung weisen viele Augsburger Viertel auf: vom innerstädtischen Prinz-Carl-Viertel bis zum Sheridan-Park. 50 000 Einwohner mehr, das ist eine gewaltige Menge, bedenkt man, dass die gesamte Stadt Augsburg noch 1852 nur 40 000 Einwohner besaß. Das entspricht auch ungefähr der Einwohnerzahl der Reichsstadt zu ihrer Blütezeit vor dem Dreißigjährigen Krieg. Damit zählte Augsburg mit Köln, Nürnberg, Prag und Wien zu den Metropolen des Reichs. Die 100 000er-Marke riss im Mittelalter, im Gegensatz zu Paris und London, keine von ihnen.[4]

Von der Zukunft zurück in das Mittelalter

Die Normalstadt freilich sah ganz anders und viel kleiner aus, eben so wie Friedberg und Aichach, mit einigen Hundert bis wenigen Tausend Einwohnern. Dennoch waren sie für Bayern von entscheidender Bedeutung und besonders charakteristisch. Seine Metropolen verlor das Land nämlich im Lauf des Mittelalters: Regensburg wurde Frei- und Reichsstadt, Salzburg, Passau und Freising waren Bischofsstädte. Auch wenn sich das bayerische Umland immer noch auf diese Zentren mit ausrichtete und Warenaustausch, Bevölkerungszuzug, Handel und Verkehr nicht auf eiserne Vorhänge, sondern relativ durchlässige Stadtmauern stieß: die bayerischen Städte wurden wichtiger, mächtiger und größer. Sie dienten als Residenz-, Handels- und Festungsstädte: allen voran und mit großen Entwicklungsmöglichkeiten Landshut, München und Straubing als Zentren der bayerischen Teilherzogtümer in der Phase der Landesteilungen von 1252 bis 1506. Burghausen schwingt dabei als Festungsstadt, Residenz (verstoßener) bayerischer Herzoginnen und Verwahrort des Staatsschatzes der reichen niederbayerischen Herzöge noch etwas mit.[5]

Was die Hauptfunktion dieser Städte war, zeigt allein schon der Blick auf die Karte.[6] Gehäuft treten sie, wie alle frühen Siedlungen, an den Flüssen und besonders an den Schlagadern Donau und Inn auf, Hauptrouten für den Schwerlastverkehr, weil allein schiffbar: Neuburg, Ingolstadt, Neustadt, Kelheim, Regensburg, Straubing, Deggendorf, Vilshofen, Passau an der Donau, dann den Inn aufwärts Braunau, Tittmoning, Laufen, Reichenhall, Salzburg, allesamt vor 1300 als Städte belegt. Vergessen soll man auch nicht die Städte an Isar und Lech, die immerhin flößbar waren, letzterer zudem Grenzfluss zwischen Bayern und Schwaben mit Füssen, Landsberg, Friedberg und Rain.[7] Und schließlich die Landstraßen als Zubringer zu den Schlagadern, wie sie vor allem Heinrich Wanderwitz in seinen Kartenbeilagen zusammengestellt hat,[8] beispielsweise über die Route Burghausen, Neuötting, Landshut nach Neustadt an der Donau, wieder alle bereits im 13. Jahrhundert als Städte genannt.

Die Städte waren vielfach Funktionsorte für den Handel, insbesondere den Salzhandel von Reichenhall beziehungsweise von Hallein innabwärts nach

Passau, der Salzhandelsmetropole im Bayerischen mit deutlich höheren Umschlagmengen als München,[9] weiter die Donau in Bergfahrt Richtung Straubing und in Naufahrt Richtung Linz und nicht zu vergessen Richtung Böhmen über den Goldenen Steig. In der Gegenfahrt, bei der die Schiffe noch im 14. Jahrhundert von Menschen, dann von Pferden getreidelt, also gezogen wurden, konnten pro Tag nur kürzere Distanzen bewältigt werden als in der Naufahrt (ca. 15 gegenüber 40 Kilometer), bei der man sich flussabwärts treiben ließ. Die entsprechend zahlreichen Streckenabschnitte und Zielorte, an denen man übernachtete, markieren nicht selten Städte, Märkte und Burgen.[10] Häufig wurden damit auch die Mautstellen kombiniert. Je mehr Funktionen auf einen Ort zusammenkamen, umso größer war die Wahrscheinlichkeit, dass er sich zum Burgort, zum Markt oder sogar zur Stadt entwickelte. Besondere Bedeutung kam dabei Orten zu, an denen die Verkehrsmittel gewechselt wurden, etwa vom Schiff auf das Pferd wie in Passau oder Regensburg. Dabei verlief die Entwicklung nicht statisch, immer wieder traten auch neue Orte nach vorne, wie im „Salzhandelskrieg" Bayern gegen Passau Schärding, Vilshofen und Grafenau, die ein neuer bayerischer Saumweg als Konkurrenz zu den von Passau ausgehenden Steigen verband. Konkurrenz belebt nicht nur das Geschäft, sondern auch die Städtebauförderung.[11]

Die bayerischen Städte wurden wichtiger, mächtiger und größer.

Das bekannteste Beispiel hierfür ist natürlich die eng mit der Verlagerung einer Salzhandelsstraße durch Herzog Heinrich den Löwen verknüpfte Gründung der Stadt München im Jahr 1158.[12] Die Brücke zur sicheren Flussüberquerung ist dabei ein ebenso wichtiges Motiv zur Stadtgründung wie die oben aufgeführten Etappen des Schiffstransports. Die Bedeutung Regensburgs geht nicht zuletzt auch auf die hochgerühmte, vor 1147 errichtete Steinerne Brücke zurück. Die weiteren, meist später errichteten Brücken an der Donau waren im Gegensatz dazu aus Holz und mussten über den Winter wegen des zerstörerischen Eisgangs abgebaut werden. Umso bitterer war es für die bayerischen Herzöge, ihre Einflussmöglichkeiten auf Regensburg um 1250 zu verlieren. Das Ringen um die dann königliche Stadt war ein Motiv für Burgen- und wohl auch Städtebau.[13]

In Friedberg wird Frieden

Ganz ähnlich liegt der Sachverhalt auch bei unserem ersten Ausstellungsort, dem heute bürgerlichen, damals herzoglichen Schloss Friedberg, das gerade, im Januar 2020, bei entlaubten Bäumen wieder seine ursprünglich wehrhafte Lage auf einem Bergsporn des Lechrains gegen die Stadt Augsburg offenbart. Die Stadt zur Burg wurde ab 1264 errichtet. Die Absicht dazu teilten König Konrad von Jerusalem und Sizilien und Herzog Ludwig in einer Urkunde den Bürgern der Stadt Augsburg mit. Beide agierten hier zusammen, weil es vor allem um die Vogtei über das Hochstift Augsburg ging, die links des Lechs der Herzog von Schwaben, rechts des Lechs der Herzog von Bayern ausübte. Herzog Ludwig war außerdem Vormund des erst 12-jährigen Konradins, des letzten Staufers, der 1268 auf dem Stadtplatz von Neapel enthauptet werden sollte. Auch wenn es bis heute andere Meinungen gibt: Es kann kein Zweifel bestehen, wer Friedberg eigentlich gründete – der Herzog von Bayern.[14]

Um was es dabei ging, klingt bereits in der Urkunde an und wird wenig später deutlich: um eine Salzniederlage und Zolleinnahmen. Beides hatten König und Herzog in ihrer Urkunde noch ausgeschlossen, 1270 hören wir aber schon von der Umsetzung: der

Anlass für dauernde Konflikte. Von 1296 bis 1462 wissen wir von sieben Belagerungen der Burg. Nur einmal musste die Besatzung der wehrhaften Anlage aufgeben. Sooft aber die Burg verteidigt wurde, sooft wurde die Stadt aufgegeben, geplündert und abgefackelt. Erst 1462, nach Ausbau von Burg und Stadt zur Festung, war Friedberg für die Augsburger nicht mehr einnehmbar.[15] Seither verstand und versteht es die Stadt, ihre Marktlücke gegenüber dem mächtigen Augsburg zu finden, von der Uhrenfertigung bis zum 3D-Druck.

Friedberg, Aichach und die Landesausstellung

2018 wagte die Stadt die Übernahme des Schlosses vom Freistaat, während sich etwa gleichzeitig die alte Reichsstadt Augsburg der Zentren ihrer Gelehrsamkeit und Musikalität an den Freistaat entledigte. Dem Haus der Bayerischen Geschichte nötigte das allen Respekt ab. Als mich 2014 der mittlerweile leider verstorbene Altlandrat Dr. Theo Körner zusammen mit dem damals erst kürzlich ins Amt gewählten Bürgermeister Roland Eichmann zum Gespräch einlud und wenig später der Aichach-Friedberger Landrat Klaus Metzger mit ins Boot kam, waren wir uns schnell einig, dass das Projekt einer Landesausstellung für Friedberg vielversprechend war. Ursprünglich dachten wir es noch weitgespannter, Gespräche mit dem Kloster Scheyern als zweitem Standort wurden geführt, scheiterten jedoch am Raumangebot und an unglücklicher politischer Kommunikation. Mit Scheyern wären wir enger am Thema der frühen Wittelsbacher geblieben, firmiert doch der Landkreis Aichach-Friedberg nicht ohne Grund als Wittelsbacher Land mit der 1208 nach der Ermordung König Philipps durch einen Wittelsbacher geschleiften namengebenden Burg Wittelsbach.

Nachdem uns die ursprüngliche Stammburg und dann Hauskloster Scheyern abhandengekommen war, spazierten wir nach einer hitzigen Besprechung im Landratsamt durch Aichach: Bürgermeister Klaus Habermann, Kollege Dr. Rainhard Riepertinger und ich. Vorher hatte ich eine Alternative zur Wittelsbacher-Ausstellung präsentiert: die Wittelsbacher als Städtegründer mit zwei Standorten, zum einen die Festungsstadt Friedberg und zum anderen die bayerische Landstadt Aichach mit dem typischen Straßenmarkt. Aber in Aichach schien es keine Möglichkeit für eine Ausstellung zu geben: die Spitalkirche zu klein, der Stadtturm nicht barrierefrei. Schon resignierend, kamen wir am leerstehenden Feuerwehrhaus aus den 1980er-Jahren vorbei. Mit

2 Modell der Stadt Straubing (vgl. Kat.-Nr. 129)

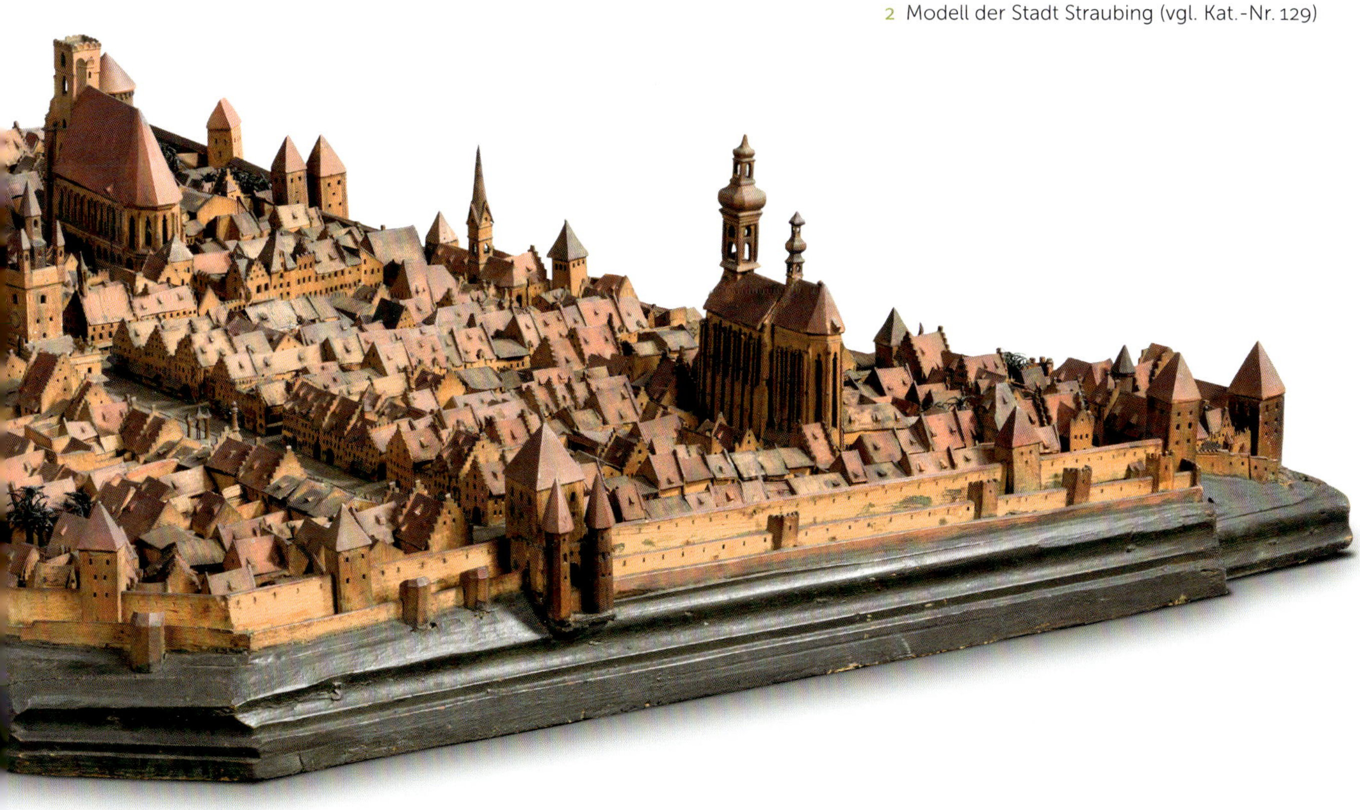

3 Modell der Stadt München (vgl. Kat.-Nr. 129)

seinem geschlossenen Baukörper und Turm hatte es etwas Mittelalterliches. Der Bürgermeister traute sich gar nicht darauf hinzuweisen. Ich sah in die Augen meines Kollegen und erkannte meinen eigenen Gedanken wieder: Das war es. Eine Halle, in der wir Neues wagen konnten, zur klassischen Ausstellung im Friedberger Schloss die mediale Produktion im Feuer(wehr)Haus, um das größte Exponat in Aichach zu erschließen, den mittelalterlichen Stadtkern samt Markt und Toranlagen. Zurück im Landratsamt, waren alle begeistert: So wollten wir es probieren. Minister Ludwig Spaenle gab seinen Segen. Am 10. Juli 2017 wurde im Kultusministerium der Vertrag geschlossen. Somit war alles in trockenen Tüchern.

Von „Stadtluft macht frei" zu „Stadt befreit"

Hätte man meinen können. Der Titel zur Landesausstellung „Stadtluft macht frei" fand allenthalben Zuspruch. Für Historikerinnen und Historiker, eigentlich für alle Geschichtskundigen, lag er auf der Hand. Im 19. Jahrhundert war diese Formel für den in den mittelalterlichen Quellen vielfach belegten Sachverhalt gefunden worden, dass der Aufenthalt in der Stadt binnen Jahr und Tag von den Ansprüchen früherer Leibherren frei mache. Der bezeichnende Unterschied zwischen Stadt und Land lag in dieser Freiheit.

Das betonten die liberalen Rechtsgelehrten des 19. Jahrhunderts mit „Stadtluft macht frei". Bis heute wird dieser Satz in den Vorlesungen und Seminaren nicht nur der historischen, sondern auch der juristischen Fakultäten gelehrt. Viele Bücher und Hörfunksendungen unter anderem des BR führen ihn im Titel. Bis, ja, bis Mitarbeiterinnen und Mitarbeiter ausgerechnet unseres Medienpartners BR in einer Redaktionskonferenz im März 2019 auf die Idee kamen, dass sich „Stadtluft macht frei" ja so ähnlich anhören würde wie „Arbeit macht frei". Beide Sätze haben ungefähr so viel miteinander zu tun wie die aufgeklärt-liberale gelehrte Tradition Deutschlands mit dem Nationalsozialismus. In der NS-Zeit wurde der Satz „Stadtluft macht frei" sogar in den Hintergrund geschoben, weil er dem Regime eben als zu liberal erschien.[16]

Trotzdem konfrontierte eine Journalistin des BR am 25. März 2019 Charlotte Knobloch, Präsidentin der Israelitischen Kultusgemeinde München und Oberbayern, zwischen Tür und Angel mit der Nähe der beiden Sätze und überraschte sie, sodass sie stante pede die Umbenennung der Landesausstellung forderte.[17] Der Zusammenhang, den es zuvor nicht gegeben hatte, war damit durch eine Autorität der Erlebnisgeneration des NS-Terrors und des Völkermords hergestellt. Damit wurden wir wenige Stunden

später auf der Pressekonferenz in Friedberg zur Vorstellung des Plakatmotivs der Landesausstellung durch den BR ohne Vorankündigung vor laufender Kamera konfrontiert.

Zahlreiche Berichte folgten, allerdings meist gemäßigt, weil unsere Position nachvollziehbar war und wir Präsidentin Charlotte Knobloch mit dem gebührenden Respekt begegneten.[18] Was sollte aber mit dem Titel geschehen? Direktor und Projektleiter waren sich einig, dass wir reagieren und die Ausstellung umbenennen mussten. Das war eine durchaus bittere Lektion, weil wir uns wider besseres Wissen beugen mussten. Doch, wie oben beschrieben, der Zusammenhang zwischen unserem liberalen und dem menschenverachtenden Satz des NS-Terrorregimes war aktuell hergestellt. Fälschlich oder nicht, daran festzuhalten hätte nicht nur unsere Landesausstellung, sondern auch unsere zu diesem Zeitpunkt knapp bevorstehende Museumseröffnung in Regensburg gefährdet. Von daher legten wir in einem von Kunstminister Bernd Sibler vermittelten Gespräch mit Präsidentin Charlotte Knobloch den neuen Titel „Stadt befreit", eine Modernisierung von „Stadtluft macht frei", samt CI und Plakatmotiv vor, dem zugestimmt wurde. Jetzt brach die Schelte unserer Historikerkollegen über uns herein, der namhafte Mediävist Johannes Fried äußerte gegenüber der Süddeutschen Zeitung sein Befremden über die Umbenennung. Als Direktor eines Museums ist man aber nicht nur dem Ethos seiner Zunft verpflichtet, sondern auch seiner Institution und damit der Fürsorge für Mitarbeiterinnen und Mitarbeiter. Dass die Entscheidung richtig war, hat sich seither erwiesen.

Stadt inspiriert

Auch mit unserem Thema liegen wir am Puls der Zeit. Die Stadt ist das beherrschende Thema unserer Tage, auch wenn das im Flächenstaat Bayern nicht allen gefällt. „Greater Munich" spaltet noch nicht einmal mehr in Schwaben die Geister. Wenigstens protestiert aktuell niemand gegen die immer dichter werdende Vernetzung zwischen München und Augsburg. Außer den für ihre Widerständigkeit bekannten altbayerischen Landkreisen, die sich nicht jedem Wunsch nach mehr Wohnraum aus der Landeshauptstadt beugen. München explodiert in einem Ausmaß, dass hinter vorgehaltener Hand Städtebauer über (die nur) eine neue Stammstrecke witzeln. Derweil wird Wohnraum nachverdichtet. Die 1,5 Millionen Einwohner sind schon überschritten. 1960 waren es noch rund eine Million gewesen. 2040 soll es auf die zwei Millionen zugehen. Vom Augsburger Fall war schon die Rede und in Nürnberg sieht es ganz ähnlich aus.

Kann das noch lange so gehen? Und warum kommt bei uns niemand auf die Idee, eine neue Stadt zu gründen? Wobei das nicht ganz richtig ist. Denn für das Fichtelgebirge tauchte der Gedanke auf, 42 Gemeinden über vier Landkreise zu einer Stadt mit 160000 Einwohnern zu entwickeln und damit der Kirchturmpolitik ein Schnippchen zu schlagen. Vielfach belächelt oder sogar totgesagt, ist die Idee gerade Wahlkampfthema in Oberfranken.[19] Sie hat Charme und zeigt so viel Mut, wie wir ihn schon lange nicht mehr hatten. Die letzten Städtegründungen datieren aus der unmittelbaren Nachkriegszeit, wie die Vertriebenensiedlungen Neutraubling oder Waldkraiburg.

Die Hochzeit der Städtegründungen war in Bayern aber das 13. Jahrhundert, die Zeit der Wittelsbacher als Städtegründer und ihrer „oppida" Straubing und Landau mit Herzogsburg und Herzogskasten als Teil der Stadtbefestigung und den „castra et oppida"

4 Modell der Stadt Ingolstadt (vgl. Kat.-Nr. 129)

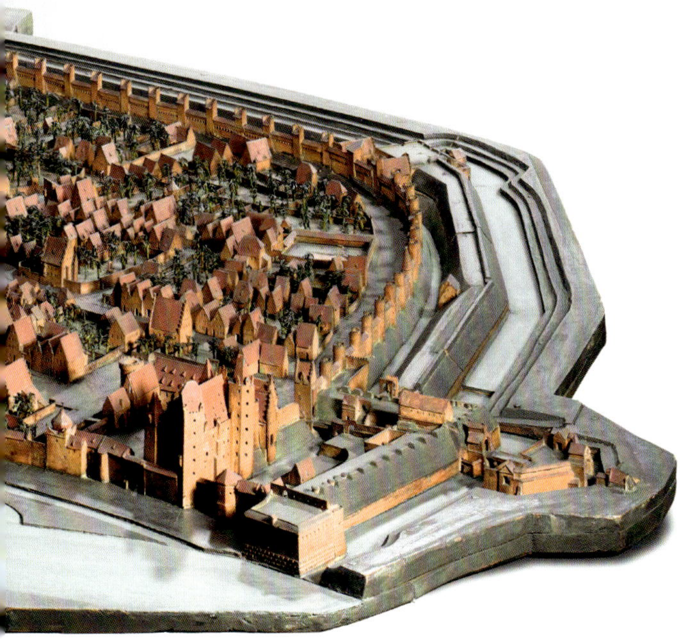

5 Modell der Stadt Burghausen (vgl. Kat.-Nr. 129)

Dingolfing und Landshut, wie sie der Zeitzeuge und Geschichtsschreiber Abt Hermann von Niederaltaich beschreibt. Friedberg und andere setzen diese Reihe fort und an ihrer Seite stehen die Städte, die sich über längere Zeit und weniger planmäßig entwickelten oder die von anderen Potentaten wie den Grafen von Ortenburg oder den Salzburger Erzbischöfen gegründet wurden. Eine spannende Zeit, in der es vielfach, das zeigen die Quellen, um die Freiheit geht. Herbert W. Wurster hat die Städtegründungen des 13. Jahrhunderts jüngst als „gigantische Erfolgsgeschichte" bezeichnet.[20] Erstmals überhaupt zeigen wir sie in einer Landesausstellung. Wir schauen dabei weniger nach Franken, weil hier eine ganz eigene Entwicklung vorliegt, die 2022 in der Landesausstellung „Typisch Franken" ihre Rolle spielen wird. Von Friedberg aus blicken wir natürlich nach Schwaben und sogar über das bayerische Schwaben hinaus, nachdem die Staufer wichtige Impulse für die Städte des Reichs setzten. Unser Schwerpunkt liegt aber im großen damaligen Wittelsbacher Land, dem alten Herzogtum Bayern, und der Fokus im heutigen kleinen, insbesondere bei den Städten Friedberg und Aichach, den größten Exponaten unserer Landesausstellung 2020.

Anmerkungen

1 www.augsburger-allgemeine.de/augsburg/Die-kleine-Melba-ist-die-300-000-Augsburgerin [5.02.2020] **2** www.augsburg.de/statistik/statistisches [7.01.2020]; Krog, Stefan: Wie der Zuzug die Stadtviertel verändert, in: Augsburger Allgemeine vom 20.12.2019, S. 36 **3** Loibl, Industriestadt; ders.: Museum im Denkmal **4** Schaffer, Stadtgeographie; Roeck, Geschichte Augsburgs **5** Cramer-Fürtig/Stauber, Burghauser Schatz **6** Den Beweis führt schlagend die Nachsatzkarte des Werks: Haberstroh/Heitmeier, Gründerzeit, dazu die Erläuterungen S. 956f. **7** Vgl. die Karte „Städte und Märkte im Mittelalter" bei Diepolder/Spindler, Bayerischer Geschichtsatlas, S. 22f. **8** Wanderwitz, Salzhandel, Kartenbeilage 3 **9** Loibl, Salzhandel **10** Ebd., vgl. zauch die Karte S. 53 **11** Mitterauer, Markt und Stadt; Zeitler, Stellung **12** Maier, Stadt und Herrschaft **13** Schmid, Regensburg **14** Vorsichtiger, aber in die gleiche Richtung argumentierend: Schmid, Anfänge der Stadt Friedberg, und Hubert Raab im vorliegenden Band **15** Loibl, Richard: 750 Jahre Friedberg in Bayern; ders., Friedberg II – neue Geschichten. Festvorträge zum Stadtjubiläum und zur Übergabe des Schlosses, 2014 und 2018 **16** de Buhr, Stadt; Dilcher, Max Webers Stadt; Schmidt, Nürnberg; Schreiner, Stadt des Mittelalters; Spieß, Stadtluft **17** Siehe hierzu den zusammenfassenden Artikel von Hans Kratzer „Neuer Titel der Landesausstellung löst Kritik aus", in: Süddeutsche Zeitung vom 03.04.2019, Bayernteil **18** Vgl. die Meldung bei BR24 zum 26.03.2019, 12:26 Uhr, www.br.de **19** Przybilla, Olaf: Bayerns viertgrößte Stadt – aus dem Nichts, in: Süddeutsche Zeitung vom 24.01.2019, Bayernteil **20** Wurster, Werden

Zu Ausstellung und Katalog

Der Ort, an dem eine Gruppe lebt, ist nicht gleich einer schwarzen Tafel, auf der man Zahlen und Gestalten aufzeichnet und dann auswischt … Nein. Aber der Ort hat das Gepräge der Gruppe erhalten und umgekehrt … Die verschiedenen Viertel innerhalb einer Stadt und die Häuser innerhalb eines Viertels haben einen festen Platz und sind ebenso stark im Boden verankert wie Bäume und Felsen, wie ein Hügel oder eine Hochfläche. Daraus ergibt sich, daß die Gruppe der Städter nicht den Eindruck hat, sich zu verändern, solange das Aussehen der Straßen und Gebäude gleichbleibt …" Mit diesen Worten beschrieb der französische Sozialwissenschaftler Maurice Halbwachs – geboren in Reims 1877, gestorben 1945 im Konzentrationslager Buchenwald –, wie die Gestalt der traditionellen, gewachsenen europäischen Stadt die überpersönliche Erinnerungsleistung ihrer Bewohner prägt. „Die Steine der Stadt", so heißt das entsprechende Kapitel, sind also mehr als nur materielle Strukturen, sie konservieren in ihrer Unverwechselbarkeit gemeinsame Erinnerungen und Zugehörigkeitsgefühle. Und eben diese machen das Konzept des „kollektiven Gedächtnisses" aus, das Maurice Halbwachs ab den 1920er-Jahren entwarf (Das kollektive Gedächtnis, Frankfurt a. M. 1985, S. 130 und S. 42).

Ganz unabhängig von der chronologischen Geschichtsschreibung mit ihren großen Linien und „großen Männern" können die Stein gewordenen Straßen, Plätze und Bauten gewachsener Städte den sozialen Rahmen des Gedächtnisses bestimmen – also nicht gelernte, sondern gelebte Geschichte, wie Halbwachs provokant schreibt. Das kann jeder nachvollziehen, der offenen Auges durch historische Stadtkerne streift und versucht, die in Jahrhunderten gewachsenen Schichten zu entziffern. Dabei ist man für Hilfestellungen aller Art dankbar, wie sie Stadtführungen bieten, oder das Herausarbeiten wiedererkennbarer Muster. Genau hier setzt die Bayerische Landesausstellung 2020 an. Sie geht dem gesamteuropäischen Phänomen der im Mittelalter entstandenen Städte anhand bayerischer Beispiele nach. Wir versuchen, das Entstehen des Städtelands Bayern nachzuzeichnen und dabei manch neuen Aspekt zu beleuchten – nicht nur aus historischer, sondern auch aus archäologischer, kunst- und literaturhistorischer Sicht. Dabei geht es weniger um die Aneinanderreihung von Gründergeschichten oder Stadtrechtsverleihungen als vielmehr um das Entstehen eines vielgestaltigen Erinnerungsbilds. Die Ausstellung ist auf Vielfalt und Abwechslung angelegt, so wie es die vielen Geschichten der Städte, ihrer Bürgerinnen und Bürger mit sich bringen. Wir bewegen uns zwischen den sozialen Ebenen – von der herzoglichen Politik bis zum alltäglichsten Lebensvollzug. Daraus resultiert auch die große Spannbreite der ausgestellten Originale: Sie reicht von hochrangigen Kunstwerken romanischer Skulptur oder spätmittelalterlicher Tafelmalerei über Alltagsgegenstände wie eine Torgeldbüchse bis hin zu archäologischen Funden wie einem prosaischen Latrinensitz. Denn die Organisation der „Entsorgung" gehörte zu den ersten Aufgaben, der sich eine Stadtgesellschaft stellen musste und muss. Aus all dem darf freilich kein verwirrendes Kaleidoskop der Beliebigkeit werden. Und so zieht sich der rote Faden der Erzählung in jeweils grober chronologischer Orientierung durch beide Ausstellungsorte, die eine Einheit bilden, aber ganz verschiedene Vermittlungsstrategien nutzen.

Das FeuerHaus in Aichach bietet Freiräume für moderne Medientechnik und multimediale Inszenierungen (Mediengestaltung: Moviementum, Feuersbrunn). In fünf Abteilungen kann man einen Parcours durchlaufen, der mit einem Film auf zwei Ebenen beginnt. Dieser spannt den Bogen von der Zerstörung der Pfalzgrafenburg Wittelsbach bis zur Entstehung der typisch wittelsbachischen Landstadt Aichach. Nach einem Spaziergang durch die belebten Großreproduktionen von Stadtdarstellungen des 15. Jahrhunderts, wobei eine Licht- und Toninszenierung einen Tagesablauf andeutet, stehen spektakuläre virtuelle Flüge durch die 3D-Simulation des im 16. Jahrhundert von Jakob Sandtner geschaffenen Stadtmodells von München auf dem Programm. Und nach dem Besuch in einer „Architekturwerkstatt", die einen Bogen von der mittelalterlichen Planstadt bis zur aktuellen „Megalopolis", ihren Problemen und Chancen schlägt, gelangt man anhand eines belebten Stadtmodells zurück nach Aichach, wo man bei Führungen oder auf eigene Faust die fast idealtypische „wittelsbachische" Stadtanlage erleben kann. Ganz anders die historischen Räume im Wittelsbacher Schloss Friedberg, die einen Rundgang durch die Stadtgründungsphase bis hin zum spätmittelalterlichen Glanz der bayerischen Gründerstädte bieten – und dabei auch hochrangige Originalexponate präsentieren, aus Bayern, dem übrigen Deutschland, aber auch aus Frankreich, Italien, der Schweiz, Österreich, Tschechien und Polen.

Sie alle finden sich im vorliegenden Katalogband abgebildet und beschrieben.

Dass dieses weite Spektrum inszenatorisch aus einem Guss gelingt, ist das Verdienst der Ausstellungsgestalter der „Gruppe Gut" aus Bozen (Bauleitung: Matthias Held, Waltenhofen). Das international erfahrene Büro um Uli Prugger und Alfons Demetz ging an beiden Standorten von Begriffen wie „Dynamik" und „Entwicklung" aus: Immer wieder neu bauen, in die Höhe wachsen, sich ausbreiten, neue Zentren bilden, das zeichnet Städte aus. Hierzu nutzen die Ausstellungsgestalter die Gegebenheiten der alten Feuerwache mit ihrer Wagenhalle und dem Schlauchturm. Diese verwandeln sich während der Landesausstellung mithilfe von Gerüstkonstruktionen und Streckmetallflächen zu den prägenden Elementen einer mittelalterlichen Stadt: Mauer und Turm. In den vier Ausstellungsabteilungen im Friedberger Schloss wachsen die Module mit den Vitrineneinbauten immer höher und signalisieren den Besuchern damit, wie allmählich die für das Spätmittelalter typische „Skyline" entsteht. Die Kubaturen im großen Festsaal sind so angeordnet, dass gewissermaßen ein zentraler langgestreckter „Marktplatz" mit Stadtvierteln und Seitengassen entsteht, eine Hommage an den Grundriss wittelsbachischer Gründerstädte. Die bunte Farbigkeit ist hier der Palette der Ocker-Farbtöne entnommen und zitiert damit die häufig für den Außenputz der Häuser verwendeten Mineralfarben (Lichtgestaltung: Werner Brugger, Waltenhofen).

Die genannten Elemente – Plätze und Straßen, die Farbpalette – werden auch im Ausstellungskatalog aufgegriffen (Gestaltung: Zebraluchs, Leipzig/Weimar). Auf ungewöhnliche Weise scheinen die Seiten Ausschnitte aus Stadtplänen abzubilden, lassen Plätze, Gassen, Sichtachsen erscheinen: gewissermaßen Schwarzpläne aus Text. Die Farbigkeit der Auszeichnungsschriften bedient sich aus der Palette der Ausstellung und beim Plakatmotiv. Dieses zeigt in einem Schmuckbuchstaben „S" eine idealtypische Stadtsilhouette. Ihre Vorlage schuf Ende des 15. Jahrhunderts der Münchner Maler und Stadtbürger Jan Polack für ein Altarretabel der Münchner Franziskanerkirche. Solche eigenständigen „Architekturgehäuse" mit Durchblicken in Stadtinnenräume und dem engen Aufeinander von Stadttoren, Palästen, Kirchtürmen sind typisch für die spätgotischen Altarbilder der Polack-Werkstatt und zeigen ineinander verwoben Versatzstücke städtebaulicher Realität und Fantasie der Zeit, „als die Städte in die Höhe wuchsen". Darum dienen sie als ideale Chiffre für Ausstellung und Katalog gleichermaßen. Inhaltlich setzt das Katalogbuch zwei Schwerpunkte. Im ersten Teil finden sich Abbildungen und Beschreibungen der Originalexponate. Verbindende Texte ermöglichen es, den Ausstellungsrundgang im Wittelsbacher Schloss in Friedberg nachzuvollziehen. Auf eine Wiedergabe ausstellungsdidaktischer und medialer Elemente wurde dabei verzichtet. Das bedeutet freilich auch, dass der Aichacher Ausstellungsteil keinen Eingang in die Objektbeschreibungen des Katalogs fand. Er steht dafür im Zentrum des parallel erscheinenden HdBG-Magazins (Nr. 4), das Hintergrundgeschichten erzählt und Wissenswertes aus dem Wittelsbacher Land berichtet. Der zweite Teil des Katalogbuchs besteht aus vertiefenden Essays. Sie beruhen auf Vorträgen, die im März 2019 im Rahmen des „Wittelsbacher Heimattags" in Aichach und Friedberg gehalten wurden: „Stadtgründung als Prozess". Hier tauschten sich Rechtswissenschaftler, Historiker, Archäologen, Kunst- und Literaturwissenschaftler nicht nur über die Stadtgründungen der Wittelsbacher und anderer Herrscherfamilien aus, sondern erweiterten das Spektrum bis hin zu Fragen, wann man die jungen Städte auch unter ästhetischen Gesichtspunkten wahrgenommen hat oder welche Rolle die Wittelsbacher Residenzstädte für die bayerische Literaturgeschichte gespielt haben. Dabei sind neue, verblüffende Sichtweisen zur Geschichte der bayerischen Landstädte zu entdecken – ein viel zu lange recht vernachlässigter Forschungsbereich.

Nicht nur die großen, bekannten Reichsstädte, gerade auch die stets unter landesherrlicher Hoheit verbleibenden Landstädte machten den Prozess der Stadtentstehung im hohen und späten Mittelalter aus. Die jungen Städte wurden zu neuen Zentren für den wachsenden Austausch von Waren und Wissen. Auf engem Raum versammelten sich hier unternehmungslustige Spezialisten, die mit ihrer Neugierde, ihrer Arbeitsamkeit und ihrem Gewinnstreben die Städte selbst und das umgebende Land prägten. Der neue Stolz der Stadt zeigte sich in immer repräsentativeren und höheren Gebäuden. Eines der weltweit markantesten Beispiele für den Zug zur Vertikalen, dem gotischen „Drang nach oben", wie es der französische Historiker Jacques Le Goff 1998 formulierte, steht nicht etwa in einer italienischen oder französischen Kathedralstadt, sondern in der 1204 vom Wittelsbacher Herzog Ludwig I. gegründeten Residenzstadt Landshut. Es ist der über 130 Meter hohe Turm der Pfarrkirche St. Martin und Kastulus – der höchste Backsteinturm der Welt. P. W.

Katalog

1180

Altbayern im Jahr 1180: Klöster, Burgen, Märkte und die wenigen Bischofssitze sind die zentralen Orte des Herzotums, wo sich die Mächtigen treffen und die Gelehrten sich streiten. Allmählich zeigen sich aber auch hier die Vorboten der „urbanen Revolution" des Mittelalters: Um die Residenzen der Bischöfe herum lassen sich die Anfänge urbanen Lebens beobachten. Heinrich der Löwe – Herzog bis 1180 – ließ die Siedlungen, die vor den Toren seiner Burgen entstanden waren, befestigen. Auch neue Marktorte ließ er anlegen.

Die Grundlage für diesen Boom der Stadt- und Marktgründungen war überall dieselbe: Die klimatischen Verhältnisse waren günstig – für die Nordhemisphäre spricht man für die Zeit von etwa 950 bis 1250 vom „mittelalterlichen Klimaoptimum" mit überdurchschnittlich hohen Temperaturen im Vergleich zum Frühmittelalter und zur nachfolgenden „Kleinen Eiszeit". Der überregionale Handel war in Schwung gekommen, die Bauern erlebten viele gute Jahre, die Produktivität der Landwirtschaft verbesserte sich, die Bevölkerungszahl nahm zu. Von diesen äußeren positiven Bedingungen abgesehen, war es aber auch die Idee eines städtischen, selbstbestimmten Gemeinwesens, die immer mehr Anhänger fand. Die „urbane Revolution" des Mittelalters war in Gang gekommen: Es entstanden große, sozial komplexe Stadtgesellschaften.

Der Bischof und die Stadt

In jeder Stadt amtierte ein Bischof. So hatte es bereits die Kirche in spätantiker Zeit beschlossen, denn das Christentum war schon immer städtisch. Wo sonst also im altbayerischen Raum hätten sich die ersten Bischöfe niederlassen sollen, wenn nicht in den alten Römerstädten, in Passau, in Salzburg, in Regensburg und im – eigentlich schwäbischen – Augsburg? Andersherum galt aber auch: Wo ein Bischof residierte, da wurde gebaut – so in Eichstätt oder in Freising, wo rund um den Bischofssitz eine „Gelehrtenstadt" entstand. Allein die Gegenwart des Bischofs und seines Gefolges ließ die Menschen, vor allem Handwerker und Kaufleute, in die Bischofsstadt strömen. Hier bot sich aber nicht nur Aussicht auf Arbeit und Einkünfte, der Bischof gewährte auch Schutz: Er war Stadtherr und oberster Richter in der Stadt und sorgte für ein christliches Zusammenleben. Und auch die jüdischen Gemeinden konnten auf den Schutz des Bischofs zählen.

001 sog. Stab des hl. Emmeram

Süddeutsch, 12. Jahrhundert, L. 166,6 cm (Krümme 12,5 cm, dreiteiliger Schaft 136,2 cm), Elfenbein, Büffelhorn, Edelmetall, Kunstsammlungen des Bistums Regensburg, Leihgabe der Pfarrkirchenstiftung St. Emmeram (L 1982/0005)

In feiner Elfenbeinschnitzerei windet sich die Krümme des Bischofsstabs als Spirale ein. Das kurze Ansatzstück ist zum Kopf eines Drachen ausgebildet, aus dessen geöffnetem, mit Zähnen bewehrtem Rachen der glatte Schaft der Krümme hervorgeht. Im Hochmittelalter stand der Drache für den christlichen Kampf gegen das Böse und die Erbsünde. Die Spirale als Zeichen für ein sich auf Christus hin erneuerndes Leben führt in die Mitte. Sie ist mit dem Kopf eines Einhorns bekrönt. Das Fabeltier wurde als Sinnbild Jesu Christi gesehen, vor dem Hintergrund des Physiologus, einem frühchristlichen Volksbuch aus dem 2. Jahrhundert n. Chr., das bis in die frühe Neuzeit wirkte. Darin heißt es, dass ein Einhorn nur von einer Jungfrau eingefangen werden könne, wobei die Jungfrau als Gottesmutter Maria, das Einhorn als Christus gedeutet wurde.

In der Tradition wurden immer wieder herausragende Stücke aus Kirchenschätzen, über deren Herkunft und Alter man sich nicht klar war, mit heiligen Personen in Verbindung gebracht. Die Zuschreibung des Bischofsstabs an den hl. Emmeram ist relativ jung und wird erst im 19. Jahrhundert erwähnt. Der frommen Überzeugung widersprechen aber allein die Lebensdaten Emmerams. Er kam wahrscheinlich im 7. Jahrhundert aus der westfränkischen Stadt Poitiers nach Regensburg, die damalige Metropole der Bajuwaren, die allerdings erst 739 zur Bischofsstadt des kanonisch errichteten Bistums wurde. Herzog Theodo überredete ihn, als Bischof im Land zu bleiben. Seine Grabstätte wurde zur Keimzelle der Benediktinerabtei St. Emmeram. M. B.

Lit.: Niedermayer, Künstler, S. 137; von Walderdorff, Regensburg, S. 352.

001

002 Heiliger Bischof

Altbayern, um 1200, Sandstein,
Fassung verloren, H. 42 cm,
Diözesanmuseum Freising (P 1)

002

Die Sandsteinskulptur eines heiligen Bischofs, möglicherweise der hl. Petrus, beeindruckt in ihrer archaischen Abstraktheit. Zusammen mit einem Pendant, ebenfalls ein bärtiger Heiliger, kam sie vor 1867 in die Sammlung des Freisinger Priesterseminars. Ob sie tatsächlich aus Mettenheim stammt, wie die Sammlungsnotiz erwähnt, oder dort nur erworben wurde, lässt sich nicht mit Sicherheit sagen. Vor allem die Ikonografie, die in dem Skulpturenpaar die Apostelfürsten Petrus und Paulus vermuten lässt, spricht eher für einen bischöflichen Bezug. Vermutlich waren beide Skulpturen früher bemalt, Reste einer roten Fassung haben sich erhalten.

Der Dargestellte trägt ein für das Hochmittelalter typisches liturgisches Gewand mit niedriger Mitra und einer aufwendig mit Sternen verzierten Kasel. Sein Gesichtstyp ist rundlich mit kurzem, ordentlich gelegtem Bart. Der unbekannte Bildhauer hat sich bereits um eine ansatzweise anatomisch richtige Erfassung der Gesichtszüge bemüht und steht qualitativ durchaus auf der Höhe gleichzeitig im altbayerischen Raum entstandener Skulpturen.

Die Stadtentwicklung war zu dieser Zeit untrennbar mit den Bischofssitzen verbunden, die nicht nur als geistliche Zentren fungierten. Hier konzentrierten sich auch Siedlungsbau, Wirtschaftskraft und Prosperität. Bischofssitze hatten also auch eine weltliche Funktion, indem sie etwa Möglichkeiten für Handel und Gewerbe boten. N. Sch.

Lit.: Hoffmann, Kunstaltertümer.

003 Pinienzapfen

2./3. Jahrhundert n. Chr., Stein, 44 × 41 × 93 cm,
Kunstsammlungen und Museen Augsburg/
Römisches Museum (Lap. 89)

Das Augsburger Stadtwappen ziert der Teil eines Baums, im allgemeinen Sprachgebrauch als „Zirbelnuss" bezeichnet. Das der antiken Mythologie entstammende Pflanzensymbol hat es über Irrwege zu diesen Ehren geschafft. Ein Missverständnis ist botanischer Natur: Es handelt sich nicht um die Nuss der Zirbelkiefer, diese wächst in Höhenlagen, sondern um den Zapfen der Pinie, die im Mittelmeerraum verbreitet ist. Sie war Vorbild für steinerne Aufsätze auf römischen Grabdenkmälern, die zahlreich fast vollständig erhalten blieben.

Der Pinienzapfen ist Teil des antiken Mythos der Göttin Kybele und ihres Geliebten Attis. Der Zapfen steht sowohl für Fruchtbarkeit als auch für Unsterblichkeit. Ein Grabfragment, entdeckt im Jahr 1467 in Augsburg bei St. Ulrich und Afra, ähnelte in seiner Form stark einer bereits im Augsburger Stadtsiegel des 13. Jahrhunderts verwendeten Pflanzendarstellung. Die selbstbewusste Rückbesinnung der Augsburger auf ihre römische Vergangenheit führte dann zu einer Neuinterpretation: Aus der ursprünglich so benannten Beere oder dem christlichen Lebensbaum wurde die römische Zirbelnuss. Man sah darin fälschlicherweise auch ein Legionszeichen oder das antike Stadtwappen von Augusta Vindelicum.

Auf dem hier gezeigten Objekt, das Teil eines römischen Grabmals ist, sind die Schuppen nur halbseitig ausgearbeitet. In der Sockelzone ist ein Kopf erkennbar, von einem Mauerturm bekrönt. Diese Form der Darstellung entstand durch eine Bearbeitung, die sich dem Stadtwappen, das so seit 1521 nachweisbar ist, anzugleichen suchte. M. Ha.

004

004 Offiziershelm

4. Jahrhundert n. Chr., Fundort: Augsburg,
An der Leitershofer Straße, Eisen, Silber, vergoldet,
Kunstsammlungen und Museen Augsburg /
Römisches Museum (VF 693)

Im Jahr 1897 entdeckte man beim Kiesabbau in einem Arm der Wertach zwei römische Helme, bestehend aus eisernen Halbschalen mit einem Überzug aus vergoldetem Silberblech. Verbunden sind die beiden Helmhälften jeweils durch einen mit Schmucknieten verzierten Kamm. Ob an diesem ursprünglich eine in Längsrichtung verlaufende hohe Scheibe angebracht war, wie sie für römische Helme typisch war, ist nicht gesichert. Am unteren Rand befinden sich Nietlöcher; an diesen wurden mit Lederbändern die Wangenklappen, der Nacken- und Nasenschutz sowie das lederne Innenfutter mit der Kalotte verknüpft.

Helme dieses Typs können Offizieren der Einheit „Equites stablesiani seniores" zugeordnet werden. Diese war nach Angaben der „Notitia Dignitatum", einer Art Verwaltungshandbuch aus dem 5. Jahrhundert, eine Gardereitereinheit, die dem Kommando des Dux Raetiae, des Heerführers der Provinz, unterstand. Augsburg war im 4. Jahrhundert Garnisonsstandort dieser Truppe. Hergestellt wurden die Stücke in kaiserlichen Waffenfabriken in wohl nicht zu geringer Stückzahl. Mit einem aufwendigeren Helm dieses Typs ist sogar Kaiser Konstantin auf Münzen aus dem Anfang des 4. Jahrhunderts abgebildet.

Die beiden Fundstücke nahmen ihren Weg über den Kunsthandel in verschiedene Museen: Ein Exemplar kam zurück in das Römische Museum Augsburg, das Parallelstück befindet sich im Bestand des Germanischen Nationalmuseums in Nürnberg. M. Ha.

Lit.: Klumbach, Fund; Miks, Kammhelme, S. 474–476.

003

005

005 Kopf einer Merkurstatue sowie einer Frauen- und einer Männerfigur

Fundort: Regensburg-Ziegetsdorf, Kalkstein, Kopf des Merkur: 16,5 × 11,3 × 12,5 cm; Frauenkopf: 23,5 × 17,8 × 17 cm; Männerkopf: 19 × 14,3 × 17,7 cm, Museen der Stadt Regensburg (Lap. 171, Lap. 173 und Lap. 174)

Auf dem Ziegetsberg südlich von Regensburg lag westlich der römerzeitlichen Fernstraße nach Augsburg ein 1934/35 ausgegrabener Tempelbezirk. Die Anlage mit Blick über den ganzen Donaubogen wurde im letzten Viertel des 2. Jahrhunderts errichtet. Der Haupttempel entspricht dem Typ des gallorömischen Umgangstempels, der vor allem im gallischen Raum vertreten war. Neben dem Haupttempel wurden auf dem Areal zwei Kapellen und die Standspuren von mindestens sechs Kultmonumenten aufgedeckt. Unter den Funden waren zwei Merkurstatuen sowie zahlreiche Fragmente weiterer Kultbilder, darunter der Kopf eines Merkur sowie einer Frauen- und einer Männerfigur.

Schon der Typ des quadratischen Haupttempels mit quadratischer Apsis der Cella spricht für eine Übertragung aus dem Westen. Diese Annahme wird durch die Weihinschrift von zwei Händlern bestärkt, die ihrem Namen nach aus den gallisch-germanischen Provinzen stammen. Ein Altar wurde von einem Legionar und seinem Sohn für den Gott Merkur und dessen Mutter Maia gesetzt. Im Zuge der Romanisierung wird Merkur hier mit dem einheimischen keltischen Gott Teutates gleichgesetzt, dessen Begleiterin die Segensgöttin Rosmerta ist. Sie kann daher als Maia identifiziert werden.

Das Ende des Tempelbezirks auf dem Ziegetsberg ist im letzten Drittel des 4. Jahrhunderts zu suchen. Die Zerstörung erfolgte vermutlich durch christliche Eiferer, da die meisten Statuen in viele Teile zerschlagen worden sind. M. O.

Lit.: Fischer, Umland, S. 330–341 mit Taf. 223–231; Steinmetz, Merkurtempel; Corpus Signorum Imperii Romani, S. 441, 446, 444.

006 Fragment eines jüdischen Grabsteins

Augsburg, 1272/73, Sandstein, 39 × 38 × 16,5 cm, Kunstsammlungen und Museen Augsburg / Maximilianmuseum (14492)

Im Lapidarium des Augsburger Maximilianmuseums wird eine Anzahl Grabsteine des erstmals 1231 genannten jüdischen Friedhofs der Reichsstadt aufbewahrt, darunter ein Fragment, das sich auf das Jahr 5033 datieren lässt, was nach dem christlichen Kalender dem Jahr 1272/73 entspricht. Der nur teilweise erhaltenen Inschrift ist zu entnehmen, dass der Stein einem Mann gewidmet war, wobei בר (bar) sowohl als „Rabbi“ wie als „Sohn“ verstanden werden kann. Rabbi war damals keine Berufsbezeichnung, sondern ein Ehrentitel.

006

Wessen Sohn hier genannt ist, weiß man nicht, jedoch dass er an einem 28. gestorben ist, wobei die Monatsangabe fehlt. Zweifelsfrei ist aber die Datierung auf das Jahr 33, was unter Auslassung des Jahrtausends das Jahr 5033 ergibt. Am Schluss finden sich die üblichen Formeln und Wünsche für den Verstorbenen: „Seine Seele sei eingebunden im Bund des Lebens", eine bis heute verwendete, wenngleich meist abgekürzte Formel. Darunter ist noch die damals gebräuchliche Formel für „Amen, Amen, Amen, Sela" angedeutet.

Der erste urkundliche Nachweis jüdischen Lebens in Augsburg stammt mit der Erwähnung eines Augsburger Juden aus dem Jahr 1212. Im selben Jahrhundert sind Synagoge und Badhaus nachgewiesen. Was oft für die Frühzeit der Städte vermutet wird und etwa für Speyer 1084 urkundlich belegt ist, dass nämlich die Bischöfe die Ansiedlung jüdischer Familien förderten und diese erheblich zur Finanzierung größerer Bauprojekte beitrugen, trifft auch für Augsburg zu, wenngleich erst zwei Jahrhunderte später. Gemäß einer Urkunde von 1298 verpflichtete sich die jüdische Gemeinde, innerhalb von vier Jahren auf eigene Kosten den Abschnitt der Stadtmauer zu errichten, der vom jüdischen Friedhof über Heiligkreuz zum Graben führt. In der Urkunde ist mit der „Liebaermaenin" auch eine Frau als Vertreterin der jüdischen Gemeinde genannt; sie gehörte zu einer Reihe von Juden aus Friedberg und Aichach, die sich im hochmittelalterlichen Augsburg nachweisen lassen. Im 15. Jahrhundert verschlechterte sich die Lage der Juden, wie überall im Reich, auch in Augsburg. 1438 beschloss der Rat der Stadt ihre Ausweisung innerhalb einer Frist von zwei Jahren. Bemerkenswerterweise datieren die letzten erhaltenen jüdischen Grabsteine aber auf das Jahr 1445. Offenbar wurde in besonderen Fällen eine Verlängerung der Frist gewährt. Y. Sh.

Quelle: Stadtarchiv Augsburg, Reichsstadt, Urkundensammlung, Urkunde vom 23. August 1298; Lit.: Remling, Urkundenbuch, Bd. 1, Nr. 57.

007 Rauchfass

Deutschland, um 1200, Bronze, gegossen, H. 23,5 cm, Diözesanmuseum Freising (P 432)

Seit dem 4. Jahrhundert wird in der christlichen Liturgie Weihrauch verbrannt. Dabei steht der Rauch als Ehrenzeichen, Opfersymbol und für die Verbindung zu Gott. Bronzearbeiten wie dieses Weihrauchfass mit seiner charakteristischen Gestaltung in Form einer romanischen Architektur waren vor allem im Westen des Reichs sowie in Lothringen und im Rhein-Maas-Gebiet verbreitet. Gedeutet wird das Freisinger Rauchfass oft im Kontext des Himmlischen Jerusalem, das im oberen Teil verbildlicht sein soll. Der Deckel zeigt eine detailreiche Architektur: Ein gekreuztes Satteldach, Türmchen, Spitzgiebel, Erker und die reiche Durchfensterung verweisen auf die Himmlische Stadt. Die Schale hat die Form eines Ikosaeders, einem der fünf idealen geometrischen platonischen Körper mit größtmöglicher Symmetrie. Sie trägt vier Köpfe, bei denen es sich um vier Windgötter als Verweis auf die

007

vier Himmelsrichtungen handeln könnte. Das in der Apokalypse des Johannes (Offb 21,9–22,5) beschriebene Himmlische Jerusalem steht im Christentum für die ideale Stadt, die somit auch inspirierendes Vorbild für eine geistig-theologische und bauliche Ordnung ist. N. Sch.

Lit.: Fahr u. a., Kunst.

008 Dalmatik

12. Jahrhundert, Seidendamast, 138 × 139 cm,
Ärmellänge 31 cm, Diözese Passau

Mit dieser Dalmatik wurde der Passauer Fürstbischof Christoph Schachner, der von 1490 bis 1500 amtierte, in der von ihm errichteten Hofkapelle der Alten Passauer Residenz bestattet. Die fast bodenlange, weite Dalmatik ist aus Seidendamast hergestellt und zeigt in Rautenfeldern abwechselnd Löwen und Pfauen, die jeweils einen stilisierten Baum flankieren. Auf der Vorder- und der Rückseite sind vertikale und horizontale Purpurstreifen erhalten geblieben.

Bei der Öffnung des Grabs im Jahr 1909 wurde neben der Dalmatik auch eine Tunicella entnommen. Bemerkenswert ist, dass Fürstbischof Schachner Gewänder aus dem 12. Jahrhundert trug, die zur Zeit der Bestattung bereits über 300 Jahre alt waren. Man hatte also den Bischof wohl mit abgetragenen Gewändern bestattet. Wegen der für seine Zeit mit 192 cm erstaunlichen Körpergröße ist es auch denkbar, dass die Gewänder für die Bestattung des Bischofs aus mehreren Stoffstücken eines alten Ornats neu vernäht wurden. Jedenfalls zählt die Dalmatik zusammen mit der zugehörigen Tunicella zu den ältesten liturgischen Gewändern, die sich in Bayern erhalten haben.

Dalmatik und Tunicella bezeichnen im engeren Sinn die Gewänder des Diakons und Subdiakons. Um aber zu zeigen, dass ein Bischof alle Weihen in sich vereinigt, trug er vor der Liturgiereform unter der Kasel beide Gewänder in leichter Ausführung. A. B.

Lit.: Mader, Die Kunstdenkmäler von Niederbayern, III Stadt Passau, S. 537; ders., Passavia sacra, S. 127, Kat.-Nr. 243 und Abb. 70; ders. u. a., Domschatz- und Diözesanmuseum Passau, S. 15 f. und Abb. 11.; Oswald, Fürstbischof Christoph Schachner von Passau, S. 309, Anm. 35.

009 Mitra des hl. Rupert

Salzburg, um 1180, 24,7 × 31 cm, Fanones: 36,5 × 6,5 cm,
Fransen (nur links erhalten) 9,5 cm; Grundgewebe:
weißer, gemusterter Seidensamit, Byzanz (?),
11./12. Jahrhundert; gemusterte Goldborten von Circulus
und Titulus sowie der Fanones: Köpergewebe,
Palermo, 3. Viertel 12. Jahrhundert; Goldborte zwischen
den Hörnern: Brettchengewebe; Futter der Fanones:
roter Seidentaft (später), Dommuseum Salzburg

Rupert aus Worms (gest. 718), dessen Andenken die Mitra gewidmet ist, gilt als Begründer der Salzburger Kirche und des wirtschaftlichen Aufschwungs der ehemaligen römischen Munizipalstadt. Unter den Bischöfen Virgil und Arn stieg Salzburg zu einem bedeutenden kulturellen und geistlichen Zentrum auf und wurde 798 Metropolitansitz der Kirchenprovinz Bayern. Im Investiturstreit setzten die Salzburger Erzbischöfe als Wortführer der päpstlichen Partei die traditionell guten Beziehungen zu den Kaisern folgenschwer aufs Spiel. Nach Verhängung der Reichsacht durch Kaiser Friedrich Barbarossa wurde Salzburg 1167 geplündert und niedergebrannt. Erst 1181 begann Erzbischof Konrad III. von Wittelsbach den Wiederaufbau des zerstörten Doms. Er könnte der Auftraggeber der Mitra gewesen sein.

Geschmückt mit kostbaren Goldborten aus Palermo, war diese „Mitra aurifrisiata" für die Feiertage bestimmt. Einzigartig sind die Tierkreiszeichen auf Vorder- und Rückseite, einzigartig die Größe der Inschriften, wie sie auf mittelalterlichen Mitren ohnehin selten vorkommen: am Circulus, in der Mitte der Rückseite beginnend Psalm 56,2: SVB VMBRA ALARVM TVARVM SP[er]ABO (Im Schatten deiner Flügel werde ich hoffen) / DONEC TRANSEAT INIQVITAS (bis das Unheil vorübergeht), am Titulus vorne das Tierkreiszeichen OCTOB[ris] SCORPIO (Skorpion des Oktobers), auf den Randstreifen Psalm 74,11: EXALTAB[vntur] (Hoch wird sich erheben) / CORNVA IVSTI (das Haupt des Gerechten), auf der Rückseite DECEMB[ris] CAPRIOCOR[nvm] (Steinbock des Dezembers) zwischen Psalm 17,3: D[omi]N[v]S CORNV (Herr, Stärke) / SALVTIS ME[a]E (meines Heils). Die Borten sind keine Teilstücke eines fortlaufenden Bandes, sondern jeweils „für sich abgeschlossen gewebt" (V. Greve), die Inschriften sind formal und inhaltlich auf die Mitra abgestimmt.

Das Schlüsselwort für die Gestalt der Mitra ist „Cornua" (Hörner), entsprechend den Hörnern des Mose, wie die Strahlen seines Gesichts in der Vulgata fälschlich übersetzt wurden (Ex 34,2). Die Inschriften deuten die Spitzen der Mitra – wörtlich übersetzt – als „Hörner des Gerechten"

008

und „Horn meines Heils", zudem als „Flügel" Gottes. Entsprechend den Hörnern beider Testamente könnte der Skorpion nach Leonie von Wilckens für den Alten Bund, der Steinbock für Christus und den Neuen Bund stehen. Während die Salzburger Buch- und Wandmalerei vor 1200 Mitren mit seitlich über den Ohren positionierten Hörnern überliefert, ist Erzbischof Konrad III. auf einem Siegel von 1183 erstmals mit einer frontal gehörnten Mitra dargestellt.

Ein dichtes Muster in den Farben Weiß, Grün, Violett und Beige überzieht die Goldborten der Nackenbänder (Fanones). Hauptmotiv sind Medaillons mit Kentauren, Meerweibchen und Greifen. Ähnliche Borten aus Palermo zeigen die Krönungsschuhe der Reichskleinodien in Wien (um 1166). R. G.

Lit.: Blöcher, Mitren, S. 68–70, 323–327, Kat.-Nr. 80; Greve, Konservierung; Jahn/Brockhoff, Verbündet, verfeindet, verschwägert, S. 110, Kat.-Nr. 59 (Silke Geppert); Neuhardt, Dommuseum, S. 49f., Kat.-Nr. 2a (Dora Heinz); Tietze, Denkmale, S. 55f.; Topic-Mersmann, Mitra; Tropper, Hemma von Gurk, Kat.-Nr. 7.6 (Martina Pippal); von Wilckens, Überlegungen.

009

010

010 Prophetenfenster aus dem Augsburger Dom

Augsburg, 1130/40 nach Vorbildern des 11. Jahrhunderts (R)

Die Prophetenfenster des Augsburger Doms gelten als die ältesten erhaltenen Glasgemälde des Mittelalters. Sie dürften entgegen anderslautender Vermutungen nicht vor 1130 entstanden sein, könnten stilistisch aber durchaus auf frühere Glasgemälde des Doms rekurrieren, die dort bereits zum Zeitpunkt der Domweihe 1065 angebracht waren. Die Fenster dürften aus einer Augsburger Werkstatt stammen. Ihr Stil wird als „monumental" beschrieben; er zeichnet sich durch Formvereinfachungen aus, die ihre Vorbilder eher in der Skulptur als in der Wand- und Buchmalerei haben.

Wie im Evangeliar Bischof Bernwards von Hildesheim aus dem Jahr 1015 haben auch im Fall der Augsburger Prophetenfenster die spitzen Hüte der Propheten keinen stigmatisierenden Charakter, wie ihn diese Form der Kopfbedeckung dann ein Jahrhundert später als „Judenhut" bekommen sollte. Vielmehr bezeichnet der spitze Hut hier den an Alter, Wissen und Erfahrung geschätzten orientalischen Gelehrten – also auch die jüdischen Propheten –, in deren Tradition sich sowohl Bernward als auch die Augsburger Bischöfe des hohen Mittelalters sahen (vgl. Kat.-Nr. 100). Die Hüte gleichen auch in auffälliger Weise den Bischofsmitren der Zeit, wie sie in verschiedenen Handschriften überliefert sind. Aus kulturgeschichtlicher Perspektive sind die Augsburger Prophetenfenster ein Indiz dafür, dass jüdische Gelehrsamkeit in den Bischofsstädten des Hochmittelalters große Wertschätzung erfahren hat, die noch nicht von den antijudaistischen Tendenzen und Auswüchsen des Spätmittelalters überdeckt war. Die Abbildung zeigt den Propheten Jonas. M. V.

Lit.: Becksmann, Propheten; Lipton, Mirror, S. 13–94, bes. S. 59f.

011 a (VS) b (VS) c (VS) d (VS)

Es boomt!

Um die Jahrtausendwende machten sich die ersten Zeichen einer wirtschaftlichen und sozialen Revolution bemerkbar. Europa profitierte vom sogenannten Klimaoptimum. Es sorgte auf der Nordhalbkugel – und nur dort – für höhere Temperaturen. Zusammen mit technischen Neuerungen führte dies zu höheren Erträgen in der Landwirtschaft. Die demografische Kurve zeigte steil nach oben, es gab immer mehr Menschen. Nicht mehr jeder wurde für die Arbeit in der Landwirtschaft gebraucht. Handwerk und Dienstleistungen waren die Alternative und sicherten vielerlei Spezialisten den Lebensunterhalt. Auf Wochen- und Jahrmärkten wurden die Dinge des täglichen Bedarfs und Handwerkserzeugnisse angeboten. Der Tauschhandel entwickelte sich mehr und mehr zum Geldhandel. Dafür brauchte man mehr und kleineres Münzgeld. Zuerst waren es die Bischöfe, die Silberpfennige prägen ließen, „kleine Münze", mit der man auf den Märkten bezahlen konnte.

011

a Pfennig

Königliche Münzstätte Augsburg, König Heinrich VI. und Konstanze, 1184/97, Silber, Staatliche Münzsammlung München (Pos. Nr. 2/3 II 6)

b Pfennig

Bistum Augsburg, Bischof Udalschalk oder Bischof Hartwig II., 1184–1208, Silber, Staatliche Münzsammlung München (Pos. Nr. 2/3 IV 4)

c Pfennig

Bistum Augsburg, Bischof Hartmann, zwischen 1250–1272, Silber, Staatliche Münzsammlung München (Pos. Nr. 2/3 VI 6)

d Pfennig

Bistum Freising, Bischof Adalbert I., um 1160/80, Silber, Staatliche Münzsammlung München (Pos. Nr. 2/21 II 4b)

e Pfennig

Bistum Passau, um 1150/80, Silber, Staatliche Münzsammlung München (Pos. Nr. 2/56 I 5)

f Pfennig

Bistum Passau, Bischof Rüdiger von Bergheim, 1233/50, Silber, Staatliche Münzsammlung München (Pos. Nr. 2/56 IV 2)

g Pfennig

Erzbistum Salzburg, um 1160/80, Silber, Staatliche Münzsammlung München (Pos. Nr. 1/80 IV 3)

h Pfennig

Erzbistum Salzburg (?), um 1280/90, Silber, Staatliche Münzsammlung München (Pos. Nr. 1/80 VI 9b)

i Bischöflicher Pfennig

Herzog Ludwig I. und Bischof Otto II. von Freising, um 1200, Silber, Staatliche Münzsammlung München (6-01091)

j Pfennig

Bistum Augsburg, Bischof Hartwig I. oder Bischof Udalschalk, um 1170/80, Silber, Staatliche Münzsammlung München

k Pfennig

Bistum Augsburg, Bischof Udalschalk, ab 1184, Silber, Staatliche Münzsammlung München (Fund von Waal)

l Pfennig

Bistum Augsburg, Bischof Udalschalk, ab 1184, Silber, Staatliche Münzsammlung München (Fund von Waal)

e (VS)

f (VS)

g (RS)

h (VS)

In der Zeit des 12. und 13. Jahrhunderts bestand in Bayern eine Silberwährung mit dem Pfennig, lateinisch Denar, als Haupteinheit. Daneben wurden halbe Pfennige, sogenannte Hälblinge, geschlagen. Das Recht der Münzung lag zunächst bei den Königen, die es an die Bischöfe und Herzöge vergaben. Die älteste und wichtigste Münzstätte Bayerns stand in Regensburg, wo man bereits seit dem 9. Jahrhundert prägte, gefolgt von den bischöflichen Münzstätten Salzburg, Freising, Eichstätt und Passau, wo jeweils auch schon vor dem Jahr 1000 Münzen geschlagen wurden. In Regensburg, wo zuvor die Könige und Bischöfe münzten, wurde die Münzstätte ab 1101, als Welf II. bayerischer Herzog wurde, vermehrt vom Herzog genutzt. Der König trat in dieser Funktion in den Hintergrund. Der Griff Welfs II. nach dem Münzrecht kann als Startschuss für die nun einsetzende herzogliche Münzpolitik angesehen werden; die Welfen und später die Wittelsbacher sollten das Münzrecht nie mehr aus der Hand geben.

Die Eröffnung von Münzstätten in den von den Wittelsbachern gegründeten oder geförderten Städten ist als Mittel ihrer Machtpolitik zu verstehen, das der Stärkung ihrer Städte diente und im Gegenzug die alten bischöflichen Münzstätten schwächte. Die Errichtung der Münzstätten erfolgte in zwei Phasen: 1158 erhielt Herzog Heinrich der Löwe durch den Augsburger Schied Kaiser Friedrichs I. das Recht, in der neu gegründeten Stadt München Münzen zu prägen, wobei eine Gemeinschaft mit den nahegelegenen bischöflichen Münzstätten Freising und Föhring festgeschrieben wurde. Die ersten Münzen der neuen Münzstätten lehnten sich in der Regel in ihrer Erscheinung an die Prägungen der Münzstätte Regensburg an. Da sie kaum Umschriften aufweisen, ist ihre Identifizierung schwierig. In München könnte die Gruppe der Lilienbogenrand-Pfennige (i) den frühesten Typ der Münzprägung markieren. 100 Jahre nach der Errichtung der Münzstätte München gingen die Wittelsbacher daran, weitere Münzstätten zu eröffnen. In der Regierungszeit Herzog Ottos II. und seiner Söhne Ludwig II. und Heinrich XIII. ist die Indienstnahme von gleich drei Münzstätten belegt. Wie in München bildet auch hier die herzogliche Städtepolitik den Hintergrund, ausgehend von einem 1250 ausgebrochenen Streit zwischen Herzog Otto II. und dem Regensburger Bischof Albert I. über die Rechtmäßigkeit von dessen Amtseinsetzung. Die Feindschaft zwischen Bischof und Herzog ging so weit, dass der Herzog 1253 die Münze von Regensburg nach Landshut verlegte. Dort wollte Otto II. auch die Gewinne aus der Prägung für sich behalten. Landshut hätte nun als Konkurrenz zu Regensburg in Erscheinung treten können. Am Isarübergang der Salzstraße nach Regensburg verfügte die Stadt über eine günstige Lage, doch starb Otto II. noch im selben Jahr. 1255 konnte der Streit beigelegt werden, die gemeinschaftliche Prägung von Herzog und Bischof in Regensburg wurde wiederaufgenommen. Das erste Kapitel der Landshuter Münzung war also nur von kurzer Dauer gewesen. Ein Münztyp, etwas geringhaltiger und flacher im Schnitt als die Regensburger Pfennige, wird als Landshuter Prägung Ottos II. angesehen.

Der Schiedsspruch, der den Regensburger Münzstreit 1255 beilegte, vermerkt auch, dass der bayerische Herzog in (Neu-) Ötting eine Münze unterhalten dürfe. In der 1231 erstmals urkundlich erwähnten wittelsbachischen Gründung wurde in der zweiten Hälfte des 13. Jahrhunderts nach dem Vorbild des etwas geringeren Salzburger Münzfußes geprägt, was aufgrund der Nähe zu Salzburg nicht verwundert. Möglicherweise spielte der Herzog mit dem Gedanken, durch das Schlagen eigener Münzen nach Süden hin ein Zeichen seiner Macht zu setzen. Eine Quelle von 1262 nennt schließlich „Ingolstadtenses denariis", was auf die Eröffnung einer Münzstätte in Ingolstadt deutet. Weitere Nennungen von Ingolstädter Denaren sind überliefert, zudem ein Münzer Otto, der am Ende des 13. Jahrhunderts in der Münzstätte wirkte. 1307 verkauften die Herzöge Rudolf II. und Ludwig IV. die Münzstätte an die Stände, womit in Ingolstadt wie an den anderen Orten der Impuls der Gründungsphase wieder verloren ging. Immerhin sollte in späterer Zeit die Münzung an allen drei Münzstätten neuerlich einsetzen. Die frühesten Gepräge der Münzstätte Ingolstadt sind bislang nicht sicher bekannt. Lediglich ein Pfennig mit der Umschrift „ING" gehört eindeutig nach Ingolstadt und in die frühe Phase der Zeit Ludwigs II.

Ein allgemeiner Indikator für die monetäre Entwicklung Bayerns im 12. und 13. Jahrhundert ist die Verteilung der Schatzfunde. Die größte Konzentration findet sich an der Donau, beson-

012

ders im weiten Raum Regensburg, was auf die Bedeutung des Donauhandels verweist. Als kleinerer Wirtschaftsraum ist um 1200 auch auf das nördlich von Reichenhall gelegene Alpenvorland zu blicken. Die dort bekannt gewordenen Funde dürften in Verbindung mit dem von Reichenhall ins Land ausstrahlenden Salzhandel stehen. Schließlich sind Hortfunde nahe der genannten wittelsbachischen Gründungsstädte zu nennen, insbesondere im Umland von Ingolstadt gibt es bedeutsame Schatzfunde mit Münzen der frühen Zeit um 1140. Im Raum Landshut konzentrieren sich die Funde in den Jahren um 1240, während der Raum Neuötting bislang ohne Schatzfunde aus seinen Anfangsjahren ist. M. Hi.

Lit.: Emmerig, Münzprägung, S. 53f.; Kellner, Münzen, S. 13.

012 Münzfund von Schaching

1200–1245, Silber, geprägt, Ø ca. 2 cm,
Stadtmuseum Deggendorf

Dieser Münzschatz wurde 1990 bei Grabungen auf einem barockzeitlichen Friedhof in Schaching bei Deggendorf gefunden. Die 71 Münzen sind fast prägefrisch; sie waren zu Klumpen verbacken und scheinen ohne Behältnis in den Boden gelangt zu sein. Die Münzen zeigen als Reversbild allesamt einen nach rechts blickenden Adler. Auf der Vorderseite weisen sechs Münzen das Brustbild eines Bischofs auf, 65 Münzen dagegen einen nach rechts schreitenden Löwen. Es handelt sich bei den Münzen um gemeinsame Prägungen Herzog Ottos II. und des Regensburger Bischofs – aus der Zeit, bevor es zum Streit zwischen den beiden kam (vgl. Kat.-Nr. 11).

Das 13. Jahrhundert gilt als die Zeit des „regionalen Pfennigs". Die Einheit des karolingischen Währungssystems, das ebenfalls auf dem Silberpfennig basierte, aber allein in der Hand des Königs lag, hatte sich aufgelöst. Der regionale Adel bekam das Münzrecht zugesprochen oder maßte es sich an. Die Pfennige hatten von da an einen unterschiedlichen Münzfuß, das heißt, ihr Feingehalt (an Silber) war nicht immer gleich. Daraus ergaben sich fluktuierende Wechselverhältnisse: Um 1300 galt ein Regensburger Pfennig zwei Münchner Pfennige. In München kostete ein Huhn zwei Pfennige, 100 Eier zehn Pfennige und das Bier, das ungefähr einer Maß entsprach, war für einen halben Pfennig zu haben. Die umfangreiche Pfennigprägung der Bischöfe und des Herzogs war enorm wichtig, um auch dem Kleingewerbe und dem Viktualienhandel die nötige Liquidität zur Verfügung zu stellen, denn auch „Pfennigwerte" wurden in dieser Zeit bereits auf dem (städtischen) Markt gehandelt. M. V.

Lit.: Emmerig, Regensburger Pfennig, S. 82f., Kat.-Nr. 227f.; Mittermeier, Barschaft.

013 Pfarrschatzschrank aus Reichenkirchen

Um 1330, Eiche, Schmiedeeisenbeschlag, Eisennägel, 205 × 58 × 57 cm, Museum Erding (52622)

Er ist ein archaisch anmutendes Möbelstück, das seinesgleichen sucht: der etwa 350 Kilogramm schwere und über zwei Meter hohe Pfarrschatzschrank aus Reichenkirchen im Landkreis Erding. Der aus einem Baumstamm gefertigte Schrank aus dem Spätmittelalter ist ein seltener Vertreter der monoxylonen, also der aus einem einzigen Baumstamm gefertigten Behältnismöbel. In Deutschland ist nur ein einziges Vergleichsstück bekannt, das sich in Besitz der sächsischen Kirchengemeinde Großbothen befindet. Im Gegensatz zu den im Mittelalter gebräuchlichen Kastentruhen, in denen etwa Schriftstücke oder Textilien aufbewahrt wurden, dienten diese beiden Schränke als „Tresor" zur sicheren Unterbringung von kircheneigenen Wertgegenständen wie liturgischem Gerät. Bis 1948 stand das Reichenkirchener Exemplar in der Sakristei der dortigen Pfarrkirche St. Michael.

Der Schrank besitzt zwei vertikal angeordnete Innenfächer mit rechts anschlagenden Türen. Die beiden Fächer sind quaderförmig in das Holz hineingeschnitten. Neben zwei Schlössern sicherten eine Vielzahl von Eisenbändern und unzählige in das Holz eingeschlagene Eisennägel den Schrank. Die Schlösser waren zusätzlich mit zwei die Schlüssellöcher überdeckenden Überfalleisen geschützt, die wiederum mit Vorhangschlössern versperrt wurden. Der komplizierte Mechanismus verschloss die obere Tür, während die untere separat mit einem innenliegenden Schloss verriegelt wurde. Eindrucksvoll spiegeln diese Vorkehrungen die Furcht vor Diebstahl oder Plünderung wider.

Eine 2013 durchgeführte dendrochronologische Untersuchung des verwendeten Eichenstamms am Institut für Archäologie, Denkmalkunde und Kunstgeschichte der Otto-Friedrich-Universität Bamberg ergab ungefähr 110 Jahresringe mit einer Datierung „um 1330". Die Eiche war vermutlich als freistehender Baum am Rand eines Feuchtgebiets gewachsen. H. K./E. B.

Lit.: Gribl, Stadt. Entwicklung, S. 12f.; Stülpnagel, Einbaumschränke.

013

014 Liber censualium des Freisinger Domkapitels

Freising, 1275–1300, Pergament, 35 Bll., 14 nicht eingebundene Bll., 24 × 17 cm, Bayerisches Hauptstaatsarchiv, München (HL Freising 6)

In diesem Register verzeichnete das Freisinger Domkapitel die ihm zu Zensualenrecht übertragenen Personen. Auch an den Bischof selbst wurden Zensualen übertragen; das entsprechende Register befindet sich heute in der Herzog August Bibliothek in Wolfenbüttel.

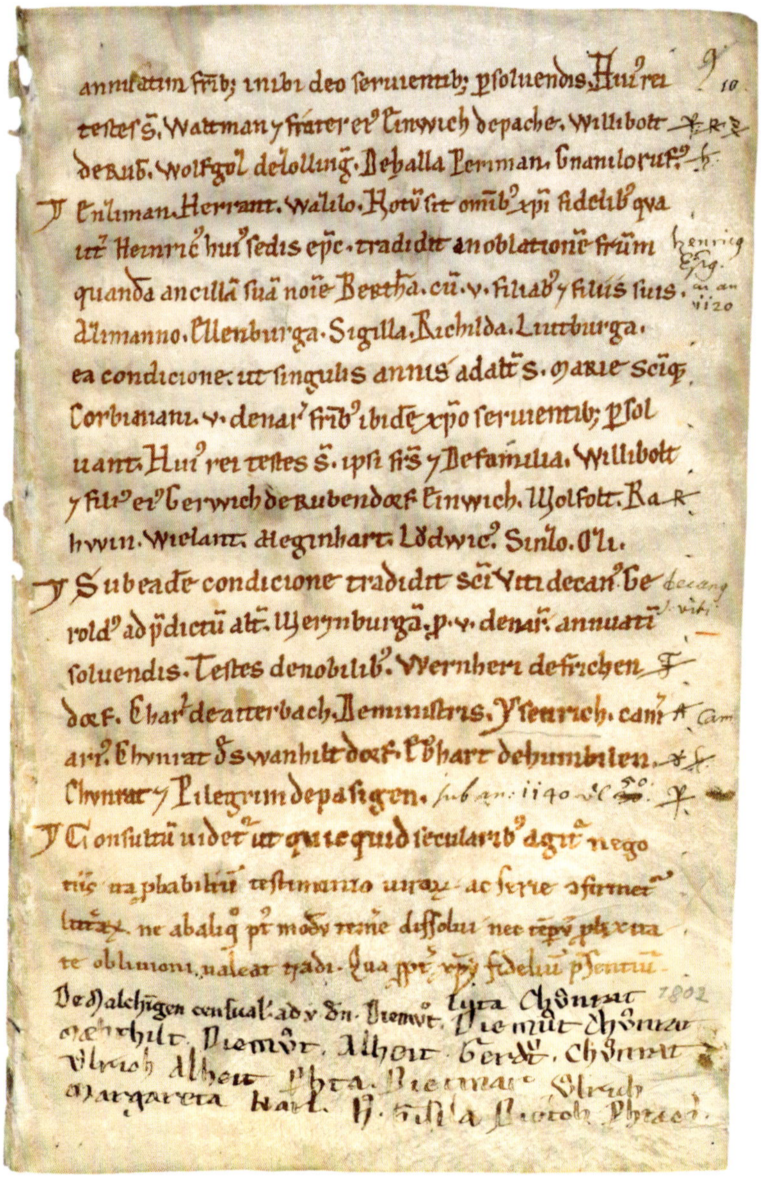

014

Seit etwa 1100 lässt sich in den kirchlichen und klösterlichen Traditionsnotizen feststellen, dass die Schenkungen von Grund und Boden weniger werden, während die Übertragungen von Unfreien in die Zensualität zunehmen und schließlich völlig überwiegen. Dies gilt nicht nur für Freising, sondern auch für die anderen bayerischen Bischofskirchen und viele Klöster. Die überlieferten Schriftquellen dürften dabei nicht einmal ansatzweise das Ausmaß wiedergeben, in dem sich das Phänomen der Zensualität in dieser Zeit verbreitet hat.

Die hochmittelalterliche Zensualität spiegelt zum einen die Frömmigkeit der schenkenden Grundherren wider. Sie ist zum anderen aber zweifellos Teil der umwälzenden demografischen, ökonomischen und sozialen Veränderungen des europäischen Hochmittelalters. In den Grundherrschaften konnten aufgrund der gestiegenen agrarischen Produktivität immer mehr Menschen von der Arbeit in der Landwirtschaft freigestellt werden, was zur Spezialisierung in Handwerk und Verwaltung führte. Nicht wenige dieser Fachkräfte waren schon als Unfreie zu Wohlstand gekommen und erkauften sich die Übertragung in die Zensualität von ihrem Grundherrn. Viele von ihnen sind unter den ersten Bürgern der bayerischen Städte anzutreffen. M. V.

Edition: www.bayerische-landesbibliothek-online.de/libercensualium [28.01.2020]; Lit.: Dollinger, Bauernstand; Wild, Libri censualium; vgl. auch den Essay von Marco Veronesi in diesem Band.

Die Übertragung zu Zensualenrecht bedeutete die Ergebung in eine Art freier Unfreiheit: Adlige Grundherren „schenkten" ihnen gehörige unfreie Menschen an eine Kirche oder, in manchen Fällen, an ein Kloster. Die Zensualen waren von Frondiensten befreit, aber zu einem – meist sehr geringen – Kopfzins verpflichtet, der an die Kirche zu entrichten war; die entsprechende Formulierung im Freisinger Liber censualium lautet stets: an den Altar der hl. Maria und des hl. Korbinian. Über ihre Arbeitskraft konnten die Zensualen frei verfügen. Für die aus der Unfreiheit in die Zensualität Übergebenen handelte es sich also um einen gesellschaftlichen Aufstieg. Auf der anderen Seite gab es auch „Selbstübertragungen" von Freien in die Zensualität: In der Mehrzahl handelte es sich um Witwen oder anderweitig schutz- oder hilfebedürftig gewordene Personen. Aufgrund der großen persönlichen Freiheit, die ein Zensualitätsverhältnis bot, muss der Verlust der Freiheit in rein rechtlichem Sinn aber nicht in jedem Fall als Verlust wahrgenommen worden sein.

015 Mühlstein

12. Jahrhundert, Stein, Ø 77 cm,
Archäologische Staatssammlung München (1987, 334)

Von 1978 bis 1981 wurde im Vorfeld der Ausstellung „Wittelsbach und Bayern" der Burgstall der Burg Oberwittelsbach eingehend archäologisch untersucht. Ergraben wurde dabei auch eine Zisterne, deren Schöpfschacht mit zahlreichen Keramikscherben, Tierknochen und Eisengegenständen verfüllt war. Späterhin traten die Bruchstücke mehrerer Mühlsteine zutage, mit denen die Sohle des Schachts ausgelegt war. In der Mitte des Schachts befand sich der hier gezeigte vollständig erhaltene Mühlstein.

Die Zisterne wurde wohl erst um die Mitte des 12. Jahrhunderts angelegt. Nimmt man an, dass die Mühlsteine von Anfang an zum Auslegen der Sohle verwendet worden sind – dafür spricht ihre regelmäßige Anordnung –, so müssen sie von

016

einer zu dieser Zeit seit längerem existierenden Mühle stammen, wo sie wohl im Betrieb gebrochen oder verschlissen waren und keine Verwendung mehr fanden. Die Lage von Mühlen orientierte sich in der Regel am Straßennetz und an den Wasserläufen, sodass davon auszugehen ist, dass die Mühlsteine eigens zur Burg gebracht worden sind. Archäologische Indizien für einen Mühlenbetrieb auf dem Burgberg selbst fehlen jedenfalls.

Mit der Zahl der Menschen wuchs – bereits seit dem frühen Mittelalter – auch die Zahl der Getreidemühlen, das häusliche Mahlen mit der Handmühle geriet außer Gebrauch. Bekannt ist die schon aus merowingischer Zeit stammende Wassermühle von Dasing. Eine 2017 bei Wassertrüdingen entdeckte Getreidemühle des 12. Jahrhunderts konnte auch mit Schwingschwertern zum Flachsbrechen betrieben werden. Aufgrund der erforderlichen hohen Investitionen waren es Klöster oder adelige Grundherren, die Mühlen bauen ließen. Hier und dort bestanden diese auf ihrem Mühlenbann: Die Bauern mussten ihr Getreide zum Mahlen in die herrschaftliche Mühle bringen und ihre Handmühlen abgeben. M. V.

Lit.: Czysz, Wassermühlen; Art. „Mühle, Müller", in: Lexikon des Mittelalters, Bd. 6, Sp. 885–891 (Konrad Elmshäuser/Dieter Hägermann/Andreas Hedwig/Karl-Heinz Ludwig); Koch, Ausgrabungen in der Burg Wittelsbach, S. 9; ders., Ausgrabungen in Oberwittelsbach

015

016 Fragment eines Mühlsteins

250–100 v. Chr. (?), Fundort: Aschheim, Alpenstraße/Radenbergerstraße, Sandstein, Ø ca. 42 cm, Dicke 13 cm, AschheiMuseum (A2011/450_1)

Das hier gezeigte Fragment gehört zum Läuferstein einer Handdrehmühle, der ursprünglich einen Durchmesser von etwa 42 Zentimeter hatte. Das Prinzip der Drehmühle war mit den Kelten nach Süddeutschland gekommen. Mithilfe zweier übereinanderliegender runder Mühlsteine, zwischen deren Reibflächen das Getreide gemahlen wird, ließ sich weitaus effektiver arbeiten als durch händisches Zerkleinern des Korns. Der „Läufer" wird mittels einer seitlich eingefügten

017

017 Schleifstein

Fundort: Kelheim, Stadtgrabengasse, Sandstein, ∅ 40,5 cm, Dicke 6,3 cm, Archäologisches Museum der Stadt Kelheim (2018/1)

Handhabe über einem liegenden Stein gedreht, wobei die beiden Mahlflächen einander angepasst sind. Die Öffnung in der Mitte des Läufers dient zu seiner Arretierung über dem Unterlegstein und bildet zugleich den Einlass für das Korn, das dann zwischen die Mahlflächen gezogen wird.

Der Mühlstein besteht aus fein- bis mittelkörnigem, graubraunem Molassesandstein des Alpenvorlands, möglicherweise aus dem Raum um Bad Tölz. Er wurde in drei Fragmenten gefunden und stammt aus zwei benachbarten archäologischen Ausgrabungen. Zwei Fragmente traten im oberen Meter der Verfüllung eines keltischen Brunnens (um 250–100 v. Chr.) zutage. In diese Brunnenverfüllung tieften bajuwarische Baumeister 700 Jahre später zufällig ein Grubenhaus ein. Da sich die Verfüllungen von Grubenhaus und Brunnen nur wenig unterschieden, war die Zugehörigkeit der Steinfragmente – keltisch oder frühmittelalterlich – zunächst nicht klar; bis zum Fund des dritten Fragments war man von einer frühmittelalterlichen Datierung des Mühlsteins ausgegangen. Das dritte, durch Bodenlagerung oder Hitzeeinwirkung etwas rotbraun gefärbte Teilstück kam 2018 etwa 30 Meter entfernt, ebenfalls in der Verfüllung eines Brunnens zutage, der ausschließlich keltische Funde enthielt. Demnach dürfte es sich um einen aus keltischer Zeit stammenden Mühlstein handeln, dessen Teilstücke nach seiner langen Nutzungszeit in zwei unterschiedlichen Brunnenverfüllungen entsorgt worden sind. A. P.

Lit.: Wefers, Mühlen; geologische Bestimmung: Sven Bitter, Bayerisches Landesamt für Denkmalpflege.

Bei einer Ausgrabung in der Stadtgrabengasse (ehem. Hintere Gassen, später Rosmaringasse) am Nordwestrand der Altstadt von Kelheim kam neben mittelalterlichen und neuzeitlichen Befunden und Artefakten auch ein einseitig abgenutzter Schleifstein zutage. Da er bereits beim Baggern des Profils angetroffen wurde, konnte der Fund keinem der erfassten zeitlichen Horizonte zugewiesen werden. Der Stein wurde von der Baggerschaufel leicht beschädigt, jedoch ist er bereits alt fragmentiert, was wohl zur Entsorgung vor Ort geführt hatte. Der zunächst als Mahlstein interpretierte Stein erwies sich als ein aus Sandstein gehauener Schleifstein. Er ist mit einem Durchmesser von etwa 40 Zentimeter typisch für in einen hölzernen Bock eingebaute, schnell rotierende Steine, wie sie für das sogenannte Schleifrad verwendet wurden. Solche Steine lassen sich kaum datieren. Schleifräder, oft fahrbar, waren das typische Arbeitsgerät wandernder Messer- und Scherenschleifer.

Der Auffindungsort in der ehedem von ärmeren Bevölkerungsschichten bewohnten Gasse lässt hier den Wohn-/Arbeitsplatz eines Kleinhandwerkers annehmen, der vielleicht mit zusätzlicher Scheren- und Messerschleiferei seinen kargen Unterhalt aufbesserte. Die Rosmaringasse wurde überwiegend von Taglöhnern und „Öchslern", Viehtreibern, bewohnt. Allerdings fehlen für die Zeit vor dem frühen 18. Jahrhundert Nachrichten über Handwerker in Kelheim weitgehend, nur ein einziger Schleifer ist belegt. B. S.

Lit.: Ettelt, Geschichte, S. 492ff., 647ff.

Ein Kaiser und zwei Herzöge

Von 1156 bis 1180 bestimmten sie die Politik im Reich nördlich der Alpen: der Staufer Friedrich Barbarossa als Kaiser und der Welfe Heinrich der Löwe als Herzog von Sachsen und von Bayern. Barbarossa zog sechsmal nach Italien, auch um die reichen italienischen Städte zur Räson zu bringen, in denen sich die Bürger gegen ihre Stadtherren, die Bischöfe, verschworen hatten. Die Stadtbürger gründeten Kommunen und nahmen Verwaltung und Rechtsprechung selbst in die Hand. Das war ein unerhörter Vorgang, der die feudale Ordnung des ganzen Reichs in Frage stellte – und zu diesem gehörte auch Oberitalien.

Des Kaisers treuester Gefolgsmann in Italien war Otto von Wittelsbach. Er schützte und schirmte seinen Herrn, wo es notwendig war – sei es gegen die List der Veroneser, sei es selbst gegen den Papst! Der Welfe Heinrich dagegen kümmerte sich um seine Hausmacht und gründete Städte in seinen Herzogtümern. Dies führte zum Streit zwischen dem Staufer und dem Welfen: 1180 entzog der Kaiser dem Löwen seine Länder. Bayern übertrug er an den Wittelsbacher Otto, fortan Herzog von Bayern. Dieser musste seine Ansprüche gegen andere mächtige bayerische Herren wie die Grafen von Andechs oder die Grafen von Bogen durchsetzen – keine leichte Aufgabe.

018 Schwert

Deutsch (?), zwischen 1100 und 1290, Fundort: Legnago, Stahl, Silber, tauschiert, 100,2 × 14,9 cm, Fondazione Fioroni, Legnago (4651)

Das 1931 bei Legnago in der Nähe von Verona am Ufer der Etsch geborgene Schwert weist eine ausgeprägte Hohlkehle auf. Die Klinge ist mit zwei Gruppen gemeißelter, horizontaler Kerben versehen. Vergleichbare Dekorationen finden sich auf Schwertern deutscher Herkunft. Der Paranussknauf weist ein silbertauschiertes Kreuz auf. Die Datierung des Schwerts ist schwierig: Die Klinge wie auch die Gesamtkonstruktion sind typisch für ein Schwert des 12. Jahrhunderts; die kurze und sich nach außen verstärkende Parierstange spricht dagegen eher für eine Entstehung an der Wende zum 13. Jahrhundert. Auch ein Vergleich mit dem sogenannten Schwert des hl. Georg (Museum Schnütgen, Köln) weist auf nordalpine Herkunft und eine Herstellung gegen Ende des 13. Jahrhunderts.

Dies führt zu der Überlegung, dass das Schwert einem deutschen Ritter gehört haben könnte, der den Kaiser auf seinem Romzug begleitete – doch liegt Legnago etwas abseits der üblichen Route von Verona nach Mantua. Deshalb ist es wahrscheinlicher, das Schwert im Kontext der sogenannten Faktionskämpfe innerhalb der oberitalienischen Kommunen zu verorten. Diese hielten in den Thronkämpfen zu Beginn des 13. Jahrhunderts entweder zur staufischen oder zur päpstlich-welfischen Seite, was zu schweren Unruhen innerhalb der Kommunen führte. Die Anhänger der jeweils gegnerischen Seite wurden oft der Stadt verwiesen und suchten Zuflucht in kleineren Orten der Umgebung, von wo aus sie den Umsturz in ihrer Heimatkommune planten.

Die Faktionskämpfe hielten auch nach dem Ende des Thronstreits an. So muss eine Episode aus dem Jahr 1230 ins Blickfeld rücken: In diesem Jahr wurde ein Spross der Veroneser Familie der Montecchi – der Familie Romeos in Shakespeares „Romeo und Julia" – von einem Parteigänger der Guelfen angegriffen und verwundet. Infolge der ghibellinischen Reaktion darauf mussten die Guelfen die Stadt verlassen, doch gemeinsam mit ihren Verbündeten, den Mantovanern, den Padovern und Markgraf Azzo von Este, fielen sie im September desselben Jahres in das Veroneser Gebiet ein und verwüsteten zwei Orte – Legnago und das am anderen Ufer der Etsch liegende Porto. Ein Veroneser ‚Volksaufgebot' rückte sofort an, gemeinsam mit Ezzelino da Romano, Salinguerra Torelli und dem Grafen Albert von Tirol. Die Ghibellinen verloren die Schlacht und mussten zurück nach Verona fliehen – nicht unwahrscheinlich also, dass das Schwert seinem Besitzer in eben diesen Tagen verloren ging. M. V.

Quelle: RI V / 2,4, Nr. 13056a; Lit.: Kommert u. a., Faszination Schwert; Oakeshott, Records; Paggiarino, The Bavarian Army Museum.

018

019 Zwei Konsolenfiguren

Brescia, 13./14. Jahrhundert, Botticino-Kalkstein,
je 105 × 35 cm, Fondazione Brescia Musei/
Museo di Santa Giulia (ML318 und ML321)

Die beiden Skulpturen sind Teil einer Gruppe von vier zusammengehörigen Figuren, die mit einiger Wahrscheinlickeit vom Palazzo del Broletto stammen, dem frühesten Rathaus der Stadt Brescia. Die vier männlichen Figuren sind mit einer Art Robe bekleidet, die vorne und am Stehkragen zugeknöpft ist und von einem schmalen Gürtel an der Taille zusammengehalten wird. Die Ärmel weisen eine mit sieben Knöpfen versehene Manschette auf, wie an der besser erhaltenen Figur noch zu erkennen ist. Auf dem eng mit einer Binde umschlossenen Kopf sitzt eine Kappe, über die ein in die Stirn hängendes Dreieck gefaltet ist, wie es für Rechtsgelehrte im 13./14. Jahrhundert typisch war. Darauf stützt sich die Vermutung, dass es sich bei den Dargestellten um Notare handelt, die für das Geschäftsleben der italienischen Kommunen in dieser Zeit eine eminent wichtige Rolle spielten. Die Schreibpulte, an denen sie ihr Amt ausübten, stellten sie meist in den Laubengängen der Rathäuser auf.

Die Haltung der Figuren ergibt sich aus ihrer Funktion als Wandkonsole: Die linke Hand liegt auf der Körpermitte, während die rechte nach oben gerichtet ist und auf Kopfhöhe wohl den eigentlichen Kragstein trägt, der seinerseits ein horizontales Bauteil – ein Architrav oder, weniger wahrscheinlich, einen Sarkophag – stützt, das in einer Vertiefung am Kopf der Figur fixiert werden konnte. Proportion und Form der Skulpturen sprechen wohl nicht für die in der Forschung verschiedentlich geäußerte Annahme, wonach es sich um tragende Elemente der seit Mitte des 13. Jahrhunderts belegten Treppe in das Obergeschoß des Palazzo del Broletto handle. Sowohl die rückseitige Vertiefung als auch stilistische und mehr noch die Merkmale der damaligen Mode deuten auf eine Entstehung zwischen dem letzten Jahrzehnt des 13. und dem ersten Viertel des 14. Jahrhunderts. Vergleichbare Figuren finden sich in den Fresken Giottos in Assisi (Franziskus verzichtet auf die väterlichen Güter, nach 1296) und im Palazzo Pubblico in Siena (Die Eroberung der Burg Giuncarico, 1314). Die Skulpturen können einem lokalen Bildhauer zugeschrieben werden. Dessen Stil weist mit Blick auf die strenge Ausführung und die Anklänge an die Campionesen – mehr als an die Magistri Antelami des Intelva-Tals – manche Ähnlichkeit mit dem hl. Antonius von San Francesco in Gargnano des Delaio von Lodi (1301) auf. M. F. / M. V. (Übersetzung)

Quelle: HPM XVI, Leges municipales, II-2, Sp. 95–280; Lit.: Dietl, Sprache; Enciclopedia dell'arte medievale, S. 724 (Gaetano Panazza); de Francovich, Benedetto Antelami, S. 448, Anm. 39; Panazza, L'arte medioevale, S. 196; ders., L'arte romanica, S. 780; ders., Musei, S. 71; ders., La Pinacoteca, S. 72; Piovanelli, Segreti, S. 10; Pizzi, Milano e la Lombardia, S. 305 (Renata Stradiotti).

019

020 Zweites Siegeltypar der Stadt Lübeck

Lübeck, vor 1256, Messing, Ø 8,8 cm,
Archiv der Hansestadt Lübeck (AHL, 8.5–1, Sammlung der Siegelstempel, A.I.1)

021 Siegel der Stadt Braunschweig

Abdruck des vor 1231 gefertigten Typars, Wachs, Pergamentstreifen, Ø 86 mm, Germanisches Nationalmuseum, Nürnberg (Si 14961)

020

021

Das Große Stadtsiegel Lübecks – nach dem Typus eines Schiffssiegels gestaltet – ist in drei leicht unterschiedlichen Fassungen überliefert. Wachsabdrücke an Urkunden belegen die erste Fassung von 1224 bis 1253. Der Stempel der dritten Fassung wurde 1280 von dem Goldschmiedemeister Alexander hergestellt und war noch 1704 in Gebrauch (AHL, 7.1-1.1 Interna 547a), ist aber genauso wenig erhalten wie der erste Siegelstempel.

Hingegen ist der Stempel des zweiten Siegels im Archiv der Hansestadt Lübeck überliefert. Er muss nach dem 30. September 1253 geschnitten worden sein, erstmals nachweisbar ist seine Verwendung am 12. März 1256. Nach der Einführung der dritten Fassung des Großen Stadtsiegels 1280 diente er 530 Jahre lang, bis zur Eingliederung Lübecks in das napoleonische Frankreich, als „Behördensiegel" der Kämmerei. Danach beschloss der Senat, das „uralte große Stadtsiegel" im Urkundenarchiv in der Trese zu verwahren.

Die Umschrift lautet: SIGILLVM·BVRGENSIVM·DE LVBEKE („Siegel der Bürger von Lübeck"). Das Siegelbild zeigt zwei Männer in einem Schiff, die jeweils die rechte Hand erheben und sich zu einer Gemeinschaft zusammenschwören. Um die genaueren Rollen der beiden Personen sowie den abgebildeten Schiffstyp und die damit verbundenen Implikationen gibt es eine lebhafte wissenschaftliche Diskussion. D. K.

Lit.: Jahnke, Koggen; Kuhn, Stadtsiegel.

Eine Stadt, die nachhaltig von Heinrich dem Löwen geprägt wurde, war das günstig am Schnittpunkt von Handelsstraßen gelegene Braunschweig. Während des Ausbaus zur herzoglichen Residenz ließ Heinrich um 1164/1176 als Zeichen seiner Herrschaft auf dem Platz vor der Burg den heute noch beeindruckenden, aus Bronze gegossenen Löwen aufstellen. In abgewandelter Form, vielleicht beeinflusst von Münzbildern, findet sich dieses Wappentier auf dem seit 1231 bezeugten Braunschweiger Stadtsiegel wieder. Dessen Stempel wird entstanden sein, als ein Enkel Heinrichs der Bürgerschaft kurz zuvor ein schriftliches Stadtrecht verbriefte. Gleichzeitig Beglaubigungsmittel für Urkunden und repräsentativer Ausdruck des kommunalen Selbstverständnisses, zeigt das Siegel in der Mitte, vor einer Burganlage, den Löwen auf seinem Sockel. Um das Ensemble herum verläuft die turmbewehrte Stadtmauer. Die auf dem hier präsentierten Abdruck nur fragmentarisch erhaltene Umschrift weist die „Bürger zu Braunschweig" als Siegelführer aus: „SIGILLV[M BVR]GENSIVM [IN B]RV[NES]VVIC". Obgleich im sozialen Gefüge der Residenzstadt wohlhabende Kaufleute und Handwerker eine führende Rolle spielten, stellt das Siegel das Wahrzeichen der dynastischen Macht in den Mittelpunkt. Anderenorts wählte das bürgerliche Selbstbewusstsein eigene Bilder: So charakterisierte sich etwa Lübeck (vgl. Kat.-Nr. 020), das ebenfalls von Heinrich dem Löwen geförderte spätere Haupt der Hanse, auf seinem fast gleichzeitig gestalteten Siegel wahrscheinlich als Schwurgemeinschaft von Kauf- und Seeleuten. M. N.

Lit.: Arnhold, Metropole Braunschweig; Ehlers, Heinrich der Löwe; Graßmann, Lübeck-Lexikon, S. 334 (Ulrich Simon); Haussherr, Staufer, S. 92, Kat.-Nr. 139 (Rainer Kahsnitz); Zander-Seidel, Mittelalter, Nr. 146.

022

023

022 Wachstäfelchen

Lübeck, um 1160, Holz, Wachs, 6,3 × 3,7 × 0,2 cm,
Bereich Archäologie und Denkmalpflege
der Hansestadt Lübeck (HL 151/749)

Wachstafeln zum Beschreiben kannte man schon im alten Rom. In eine Holzscheibe, die bis auf einen kleinen Rand vertieft war, wurde Wachs gegossen, in das man mit Griffeln aus Holz, Knochen oder Metall schrieb. So konnte etwa ein Kaufmann seine Notizen gleich vor Ort machen. War das Notierte getätigt oder in anderer Form in Reinschrift verewigt, wurde das Wachs wieder geglättet. Häufig hatte der Griffel eine besondere „Kopfform", die das Glätten erleichterte – schon war wieder Platz für neue Notizen (vgl. Kat.-Nr. 023). Bei dem hier gezeigten Exemplar handelt es sich um eine einzelne Tafel; mehrere Tafeln wurden zu einem „Büchlein" zusammengebunden, wobei die Innentafeln dann beidseitig mit Wachs versehen waren. Die Buchdeckel waren oft mit Ornamenten, Monogrammen oder Hausmarken verziert, manchmal wies ein Täfelchen innen eine Vertiefung, in die der Stilus passte, auf. Einige Täfelchen zeigen Anzeichen für Schließen aus Metall.

Auch die Lübecker Tafel war ursprünglich auf beiden Seiten mit Wachs versehen; auf der einen Seite fehlt es heute völlig, auf der anderen haben sich Reste erhalten. Bei genauem Hinsehen erkennt man noch Buchstaben, am deutlichsten ein gotisches „a". Eine weitere Besonderheit des Täfelchens ist sein roter Farbton, zumal die Farbe bei organischen Latrinenfunden wie Holz, Textil und Leder meist verloren ist. Die Rotfärbung könnte die natürliche Farbe des Holzes sein, die allerdings – würde man hier Sandelholz vermuten – intensiver sein müsste. Es kann sich durchaus um die Reste einer roten Fassung handeln, was zeigt, dass auch so alltägliche Dinge wie eine Wachstafel sorgsam gefertigt und farbig gefasst waren. Dem verwendeten Bienenwachs wurden häufig verschiedene Stoffe zugesetzt, darunter fast immer Holzkohle. Mit Grünspan oder Azurit konnte das Wachs grün beziehungsweise blau eingefärbt werden. Im 13. Jahrhundert gab es in Paris den Beruf des „tabletiers", im 14. und 15. Jahrhundert werden in Hamburg und Nürnberg „tafler" erwähnt: Diese Handwerker stellten mutmaßlich Wachstafeln her. D. M.

Lit.: Graßmann, Wachstafeln; Mührenberg, Aussagekraft; Naschinski, Notebook.

023 Griffel

Lübeck, 1220–1250, Fundort: Lübeck, Alfstraße 38,
Bronze, feuervergoldet, L. 9,1 cm, Bereich Archäologie
und Denkmalpflege der Hansestadt Lübeck (HL 41/58)

Der Bronzegriffel fand sich auf dem Grundstück Alfstraße 38, auf dem eines der ältesten Gebäude Lübecks, ein 1216 errichtetes Saalgeschosshaus stand, mit dem der ältere Hafenmarkt überbaut worden war. Der Handel hatte sich zu dieser Zeit gewandelt, vom Hafenmarkt wurden die Geschäfte jetzt in die neu errichteten Kaufkeller verlegt.

Für die Handels- und Geschäftstätigkeit war eine Buchführung notwendig. Mit dem Griffel machte man Notizen in das Wachstafelbuch (vgl. Kat.-Nr. 022). Der einfach gestaltete Griffel hat einen kantigen, gepunzten Kopf, der in einer Öse endet. So wurde der Griffel eventuell mit einer Schnur am Gürtel oder an der Wachstafel selbst befestigt. Später trug man Etuis am Gürtel, die das Wachstafelbuch enthielten, und mithilfe des Griffels, den man durch mehrere Ösen schob, verschlossen werden konnten. Der Griffel stammt aus der ältesten Nutzungsschicht des Kaufkellers. D. M.

Lit.: Erdmann, Griffel; Gläser, Funde.

025 a

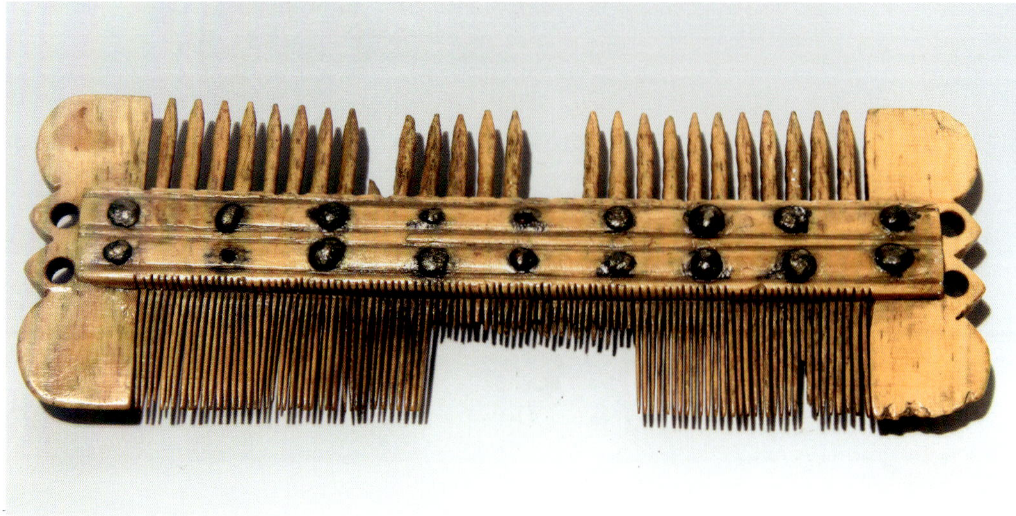

024 Fragmente von Bernstein

Wohl 1350, Fundort: Lübeck, Braunstraße 30b/32,
0,5 × 0,5 × 0,2 cm – 2 × 1,5 × 1 cm, Bereich Archäologie
und Denkmalpflege der Hansestadt Lübeck (HL 150/323)

Vor allem im 14. Jahrhundert und um 1400 hatten in Lübeck die Bernsteindreher Hochkonjunktur. Die Paternostermaker oder Paternosterer, wie sie auch genannt wurden, waren neben den in Brügge tätigen Handwerkern die alleinigen Verarbeiter des vom Deutschen Orden gelieferten Bernsteins, aus dem sie die Perlen für die Rosenkränze, die Paternoster, herstellten. In einer Zunftrolle werden 39 Meister aufgelistet, sodass man mit Gesellen und Lehrlingen wohl von über 100 Angehörigen dieses Gewerbes in Lübeck ausgehen muss. Der Ältermann der Zunft erhielt den Rohbernstein von den sogenannten Liegern im Baltikum und verteilte das Material unter den Zunftmitgliedern. Aus schriftlichen Quellen weiß man, dass die Herstellung der Perlen die Arbeitsschritte „to borende, to dreyende und to snidende", also Bohren, Drehen und Schneiden, umfassten, wobei die Abfolge der Arbeitsgänge lange unsicher war. Erst die Funde von Halbfabrikaten und Abfallmaterial gaben darüber Aufschluss: Zunächst schnitt man aus dem Rohmaterial ein perlengroßes Stück, das dann von beiden Seiten vorgebohrt wurde. Diese Durchbohrung diente als Führungsachse für den Hohlbohrer, auf dem die Perle schließlich abgedreht wurde. Zuweilen kam es vor, dass die Vorbohrungen nicht exakt aufeinandertrafen oder während der Herstellung Abplatzungen entstanden. Solcherart beschädigte Perlen landeten in der Kloake, die Lübecker Handwerker verkauften nur erstklassige Ware! Auch wenn die Hochzeit dieses Handwerks in Lübeck im 14. Jahrhundert einsetzte, mag es bereits in der Frühzeit der Stadt Bernsteinverarbeitung gegeben haben. D. M.

Lit.: Mührenberg, Roh-, Halbfertig- und Fertigprodukte.

025

a Dreilagenkamm

Lübeck, um 1200, Fundort: Lübeck, Alfstraße 15,
Tierknochen, Buntmetall, ca. 4,8 × 13,5 × 1,1 cm,
Bereich Archäologie und Denkmalpflege der
Hansestadt Lübeck (HL 151/774)

b Dreilagenkamm

Lübeck, um 1200, Fundort: Lübeck, Fischstraße 19,
Tierknochen, Buntmetall, ca. 4,4 × 7,3 × 0,9 cm, Bereich
Archäologie und Denkmalpflege der Hansestadt Lübeck
(HL 150/3557)

024

025 b

Dreilagenkämme gab es schon lange vor dem Mittelalter, auch Wikinger und Slawen besaßen diese Art von Kämmen. Ob es sich bei den ältesten gefundenen Dreilagenkämmen in Lübeck um Importware handelte, lässt sich kaum mehr mit Sicherheit feststellen. Für das 13. Jahrhundert sind in Lübeck Werkplätze belegt, die die Herstellung von Knochenkämmen, sowohl Dreilagenkämme als auch Steil- beziehungsweise Langzinkenkämme, belegen.

Die beiden hier gezeigten Exemplare wurden auf der Grabung im Gründungsviertel gefunden. Dreilagenkämme bestehen aus Knochen, ein Rohstoff, der widerstandsfähiger ist als Holz und leichter zu bearbeiten als andere Materialien. Für diese Art von Kämmen verwendete man vor allem die Metapodien, also die Mittelhand- und Mittelfußknochen der Rinder. Zunächst wurden die Gelenkenden abgetrennt, dann die Knochen so weit aufgespalten und zurechtgesägt, bis kleine Plättchen vorlagen. Diese wurden aneinandergelegt und mittels eines Bügels beziehungsweise einer Griffleiste auf beiden Seiten verbunden, zumeist mit Bronzenieten. Dann wurden entweder einseitig oder beidseitig die Zinken eingesägt, auf den beiden Lübecker Kämmen einmal fein und einmal etwas gröber. Häufig wurden die Griffleisten und die Endstücke verziert.

Einer der Dreilagenkämme (b) weist auf beiden Seiten 18 Nietköpfe aus Buntmetall auf. Die Zinken verkürzen sich zu den Seiten, auf der Höhe der feinen Zinken findet sich eine Durchbohrung. Der zweite Kamm (a) besitzt eine breite Griffleiste, die durch drei Grate in zwei Flächen unterteilt ist, in denen paarig angeordnet ebenfalls 18 Nieten sitzen; hier sind die Nietköpfe vermutlich aus Zinn, die Stifte aus Kupfer. Die Endstücke weisen jeweils zwei Durchbohrungen auf. D. M.

Lit.: Falk/Gläser, Funde; Mührenberg, Roh-, Halbfertig- und Fertigprodukte.

026

026 Becher

Venedig (?), 13. Jahrhundert, Fundort: Braunschweig, Eiermarkt, Glas, Emailfarbe, Gold, H. 9,5 cm, Ø 7 cm, Braunschweigisches Landesmuseum, Braunschweig (1988:5/728)

Der europäische Fernhandel war wieder in Schwung gekommen, nachdem die Migrationsbewegungen der spätantiken Zeit das ganz Europa umspannende römische Handelsnetz ins Wanken gebracht hatten. Die Einheit des mediterranen Wirtschaftsraums hatte seit dem 7. Jahrhundert unter den Vorstößen der Sarazenen gelitten. Es waren dann die italienischen Seerepubliken, welche – im ‚Rahmen' der christlichen Kreuzzüge – die mediterranen Verbindungen wiederbelebten. Sie hielten diese Kontakte aber auch zu den bald unter der Herrschaft muslimischer Dynastien stehenden Hafenstädten der Levante aufrecht.

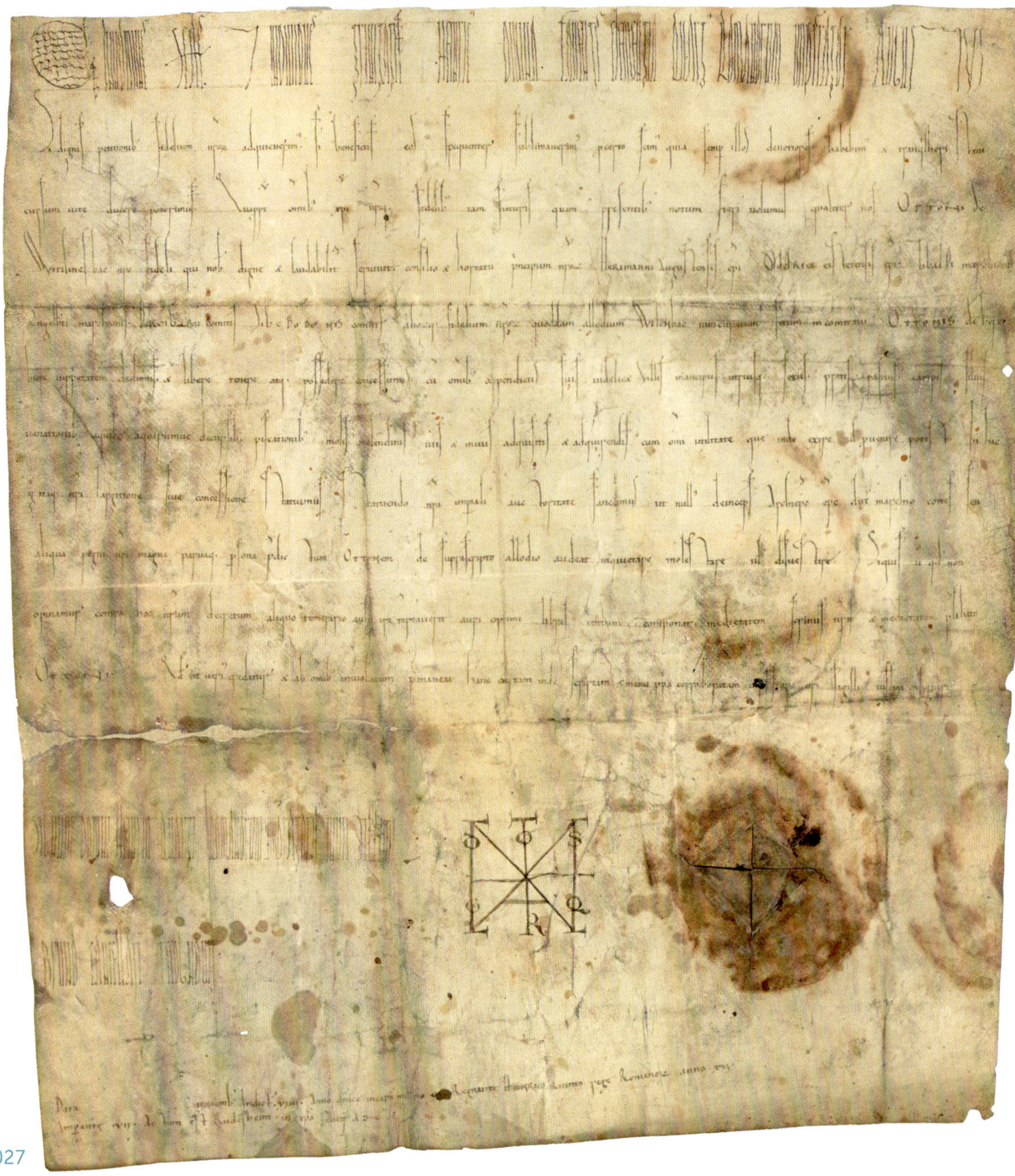

027

Wie der hier gezeigte Becher nach Deutschland gelangte, ist schwer zu sagen. Stilistisch lässt er ayyubidische oder mamluckische Vorbilder erkennen. Er zeigt mit zwei Vögeln zwischen Pflanzen und Säulen mit Dreieckskapitellen ein verbreitetes Motiv. Becher ähnlicher Art wurden bisher hauptsächlich im nördlichen Europa gefunden, was zu der Vermutung geführt hat, dass die Becher aus syrischer Produktion stammen und für eine fränkische Klientel bestimmt waren – für die Kreuzfahrer in Jerusalem, Akkon etc. Dagegen spricht aber, dass es sich hier – im Gegensatz zu Auftragsarbeiten, die oft mit dem Wappen des Auftraggebers versehen waren – um ein nicht besonders sorgfältig ausgeführtes Exemplar aus serieller Produktion handelt. Dies deutet auf eine Herkunft aus Venedig – noch nicht unbedingt Murano –, wo schon seit etwa 1200 Gläser mit Emailfarben verziert wurden. Vor allem Regensburger Kaufleute dürften gute Kunden gewesen sein, aber auch eine Nachahmung aus nordalpiner Produktion wird man nicht ausschließen dürfen. Obwohl Venedig solche Becher en masse produzierte: Glas war ein Luxusprodukt und fand sich nur auf den Tafeln des Adels. M. V.

Lit.: Baumgartner/Krueger, Phönix; Gläser; Schulz, Steppuhn, Essen und Trinken, S. 497–502.

027 Erstnennung der Burg Wittelsbach

Rüdesheim, (Oktober –) November 1115, Pergamenturkunde, 51 × 46,5 cm, Siegel fehlt, Staatsarchiv Amberg (Fürstentum Obere Pfalz, Kloster Ensdorf Urkunden 1 [früher: BayHStA, Kaiserselekt 442])

Mit dieser Urkunde schenkte Kaiser Heinrich V. seinem Getreuen Otto von Wittelsbach („Witilinesbac"), der ihm würdig und ruhmvoll („digne et laudabiliter") gedient hatte, das Eigengut

Weilenbach („Wilenbac", Ober-/Unterweilenbach, Lkr. Neuburg-Schrobenhausen) in der Grafschaft Ottos von Harburg („Horeburc") mit allen Zugehörungen. Beim Empfänger der in Latein abgefassten Urkunde handelt es sich um Otto V. (IV.) von Wittelsbach (1083/84–1156), Vater des späteren Herzogs Otto I. Seiner politischen Nähe zum Salierkaiser verdankte Otto V. (IV.) auch die Übertragung des bayerischen Pfalzgrafenamts, das er spätestens ab dem 25. März 1121 innehatte. Als Erster seines Geschlechts nannte sich Otto nach der bei Aichach gelegenen Burg Wittelsbach (Oberwittelsbach). Sie wurde damit Namensgeber für das Herrschergeschlecht der Wittelsbacher, die bis 1918 in Bayern regierten.

Die Grafen von Scheyern hatten die Befestigungsanlage mit dem Erbe der Grafen von Kühbach übernommen und wohl noch im 11. Jahrhundert damit begonnen, sie zur Höhenburg auszubauen, die ihnen als Herrschaftszentrum für die Vogtei über die Klostergüter von Kühbach und St. Ulrich und Afra in Augsburg diente. Spätestens 1115 hatten sie ihren Hauptsitz offenbar ganz nach Wittelsbach verlegt, während sie ihre Stammburg in Scheyern 1119 in ein Hauskloster umwandelten und den Benediktinern vom Petersberg übergaben.

Nach der Ermordung Philipps von Schwaben durch Pfalzgraf Otto VIII. von Wittelsbach 1208 in Bamberg und der anschließenden Ächtung des Königsmörders wurde die Burg 1208 oder 1209 gewüstet. Die zugehörigen Besitzungen und Rechte einschließlich der Kühbacher Klostervogtei fielen an die inzwischen herzogliche Linie der Wittelsbacher. Herzog Ludwig der Kelheimer errichtete auf ihrer Grundlage ein Kastenamt und Landgericht mit dem Markt Aichach als Zentralort. M. R. S.

Edition: MB XXIV, S. 9f., Nr. 1; MGH D H V 145 (digitale Vorabedition, www.mgh.de/ddhv/ [21.01.2020]); Lit.: Bachmann, Funktion, S. 738–740; Glaser, Wittelsbach und Bayern, Bd. 1/2, S. 23, Kat.-Nr. 24 (Karl-Ernst Lupprian); Koch, Entwicklung; Paulus, „Wittelsbach"; Straßburger, Stammburg; Wagner, Gut Wilenbach.

028

028 Helm

Norditalien, zwischen 1320 und 1350,
Fundort: Legnago, Eisen, 29 × 16,2 × 20 cm,
Fondazione Fioroni, Legnano (454)

Dieser Helm wurde wie das Schwert (vgl. Kat. 018) bei Legnago in der Nähe von Verona geborgen, datiert aber später als dieses. Trotz des schlechten Erhaltungszustands zeigt der Helm deutlich die typischen Kennzeichen einer sogenannten Beckenhaube des beginnenden 14. Jahrhunderts. Diese wurde nicht mehr unter einem größeren Kübel- oder Topfhelm getragen, wie dies zuvor üblich war. Um dem gegnerischen Schwert weniger Angriffsfläche zu bieten, wurde die Haube spitz ausgetrieben. Die Perforierung diente der Befestigung des Innenfutters. Mit dem Wegfall des zweiten Helms wurde die zuvor ebenfalls unter dem Kübelhelm getragene Brünne aus Kettenringen, welche Hals und Schultern schützen sollte, direkt an der Beckenhaube vernietet. Dies scheint bei diesem Exemplar aber nicht der Fall zu sein: Die weit nach unten gezogene Form deutet schon die wenig später aufkommende Barbuta an, die den leicht bewaffneten italienischen Stadtmilizen möglichst kompletten Schutz bieten sollte.

Die Datierung erlaubt es, den Helm beziehungsweise den Zeitpunkt seines Verlusts in einen ähnlichen Kontext zu stellen wie das in Legnago gefundene Schwert (vgl. Kat.-Nr. 018), denn die Faktionskämpfe der oberitalienischen Kommunen dauerten bis weit in das 14. Jahrhundert und teils bis in die Neuzeit hinein an. Ein konkretes Ereignis lässt sich allerdings in diesem Fall nicht eruieren. Der Helm wurde später an den Wangenteilen mit zwei Löchern versehen und als Eimer benutzt. M. V.

Lit.: Oakeshott, The Archeology of Weapons; Paggiarino, The Bavarian Army Museum.

029 Fragment eines Schwerts

Anfang 12. Jahrhundert, Stahl, 47,5 × 19 cm,
Museo Stibbert, Florenz (3843)

Das Schwert des Mittelalters war eine Hiebwaffe und dafür bestimmt, dem Gegner durch die Wucht des Schlags Schaden zuzufügen; Schwerter mit Stichklingen kamen erst um 1300, in Deutschland einige Jahre später auf. Hauptbestandteile eines echten „Ritterschwerts" waren die Klinge und die Parierstange. Die Klinge war in der Regel zu zwei Dritteln mit einer Hohlklinge versehen, was der Gewichtsersparnis und Stabilität der Klinge diente und keineswegs eine „Blutrinne" darstellt. Die Parierstange des Schwerts ist gerade und relativ kurz. Weitere Bestandteile sind der symmetrische Griff und ein Knauf, der Reliquien enthalten konnte, dessen Funktion aber vor allem darin bestand, in der Handhabung das Gewicht der Klinge auszubalancieren. Die Fertigung eines Schwerts war eine hohe Kunst, schwierig war insbesondere das Laminieren der Klinge, die meist aus einem (flexiblen) Eisenkern und mehreren Lagen Stahl bestand.

Das hier gezeigte Schwert besitzt einen Paranussknauf, was auf eine Herkunft aus deutscher Produktion deutet. Auch die Schwertfegermarke war im Hochmittelalter eher in Mitteleuropa verbreitet. Die Schwertklinge zeigt ein Radkreuz, das von einem zweiten Kreis umfasst ist. Links von dieser Marke ist ein S zu lesen, rechts davon weitere Buchstaben, möglicherweise: TS und T. Zwischen den Buchstaben lassen sich Vertiefungen für weitere Buchstaben erkennen. Die andere Seite der Klinge zeigt geometrische Muster: zwei Kreise, dazwischen ein stehendes Rechteck. Außer den noch erkennbaren Zeichen scheinen keine weiteren Tauschierungen vorgesehen gewesen zu sein. Das Schwertfegerzeichen ist kein Kruckenkreuz (croce potenziata), wie in der Literatur behauptet, denn die Krucken fügen sich ersichtlich zu einem Kreis – eine Verbindung zum sogenannten Reichsschwert in der Kaiserlichen Schatzkammer in Wien, das ein Kruckenkreuz aufweist, ist also nicht gegeben.

Das Schwert ist stark beschädigt und korrodiert, die Klinge ungefähr in der Mitte gebrochen. Zur Beantwortung der Frage, wer dieses Schwert nach Italien gebracht hat und unter welchen Umständen es in den Boden gelangt ist, könnte eine Identifizierung der Schwertfegermarke beitragen – wofür freilich Vergleichsfunde notwendig wären. M. V.

Lit.: Grotkamp-Schepers, Schwert; Oakeshott, Records; Pizzi, Milano e la lombardia, S. 368f. (Giorgio Lionello Boccia); Wegli, Inschriften; Wieczorek, Staufer, S. 141.

030 Reitsporen

Mitte 12. Jahrhundert, Museo Stibbert, Florenz (3609)

Erst mit größerer Verbreitung des Steigbügels im frühen Mittelalter wurde das Tragen eines Sporns an beiden Fersen üblich; zuvor war aufgrund des schwierigeren Aufsteigens die Verletzungsgefahr für Ross und Reiter zu groß. Im Hochmittelalter wurden Sporen dann mit einem zylindrischen oder längs gekanteten Stachel an dünnem Hals versehen. In der zweiten Hälfte des 12. Jahrhunderts erscheinen Radsporen; vergoldete Sporen durften nur Ritter tragen.

Die hier gezeigten Sporen haben einen sehr kurzen Hals, ein Merkmal, das ihre frühe Datierung erlaubt. Über ihre Herkunft lässt sich nichts sagen, außer dass sie aus europäischer Produktion stammen. Der Dorn besteht aus zwei vierseitigen, gegenüberliegenden Pyramiden. M. V.

Lit: Pizzi, Milano e la lombardia, S. 369 (Giorgio Lionello Boccia); Wieczorek, Staufer, Bd. 2, S. 142.

029

030

Stadtwelten

Nicht nur Heinrich der Löwe gründete Städte, auch der Kaiser, Friedrich Barbarossa, tat dies in seinem eigenen Herzogtum Schwaben. Und bald folgten die Wittelsbacher Herzöge in Bayern. Was schwebte ihnen vor, wenn sie die Gründung einer Stadt auf den Weg brachten? An welchen Vorbildern orientierten sie sich?

Jeder dieser Herrscher hatte eine Vielzahl unterschiedlichster Städte gesehen: die Bischofsstädte nördlich der Alpen, die italienischen Kommunen, die Lagunenstadt Venedig mit ihren Herren, die sich Patrizier nannten, und die Stadt der Städte – Rom! Barbarossa und der Löwe zogen auf ihren Kreuzzügen auch durch die byzantinischen Städte in Kleinasien. Beide sahen sie Konstantinopel, doch nur der Löwe schaffte es bis Jerusalem. Überall in den Städten Handel und Wandel, Wohlstand und Reichtum nahmen zu. Doch nirgendwo war ihnen etwas Ähnliches wie in Italien begegnet – so selbstbewusste, ja aufrührerische Kommunen gab es nur dort.

031 Zwei Fragmente der Forma Urbis Romae

Rom, zwischen 203 und 211 n. Chr., Marmor, je 40 × 44 × 5 cm, Musei Capitolini – Antiquarium, Rom (AntCom00643 und AntCom00648)

Als 1562 im Garten der frühmittelalterlichen Kirche St. Cosmas und Damian mit Gebäudegrundrissen gravierte Marmorfragmente gefunden wurden, die sich als ein zusammenhängender, präziser Stadtplan des antiken Rom erwiesen, traf dieser außergewöhnliche Fund auf die Antikenbegeisterung der Renaissance. Die Fragmente wurden Kardinal Alessandro Farnese zum Schmuck seines Palazzo übergeben.

Die Kirche St. Cosmas und Damian war unmittelbar an das Templum Pacis angebaut, an dessen Innenwand der monumentale Stadtplan (Maßstab 1:240) zu repräsentativen Zwecken angebracht war. Vielleicht lag hier der Sitz des „praefectus urbi" oder eines anderen mit Katastern beschäftigten Amtes, sicher erweisen lässt sich das nicht. An der Kirchenaußenwand sind noch heute die zahlreichen Anbringungslöcher für den 18 x 13 Meter großen Stadtplan zu sehen, von dem sich etwas über zehn Prozent in über 1000 Fragmenten erhalten hat.

Die Wand wird in die Severische Zeit datiert; die auf dem Plan erkennbaren Bauten wie das Septizodium lassen einen genaueren Entstehungszeitraum, zwischen 203 und 211 n. Chr., vermuten. Jüngere Bauten sind nicht verzeichnet, eine noch engere Datierung ist umstritten, die antiken Quellen erwähnen den Stadtplan nicht.

031

Die beiden zusammengehörenden Fragmente sind keiner bestimmten Region des nach Süden ausgerichteten Plans zuzuordnen. Zu sehen ist der Ausschnitt eines Straßensystems mit angrenzenden „tabernae", kleinen Läden. Das einen Raum markierende V bezeichnet einen Treppenaufgang nach oben, weitere Bezeichnungen fehlen. Auch eine Freitreppe ist eingetragen. Bei dem Gebäude mit Säulenhof könnte es sich um ein Bad handeln. Ein Kuriosum ist der saubere Schnitt auf dem oberen Fragment: Als die Fragmente der Forma Urbis Romae 1742 in die Kapitolinischen Museen gelangten, sägte man einzelne Teile zu, um sie besser in die vorgesehenen Rahmen einfügen zu können. Ph. St.

Lit.: Reynolds, Forma Urbis Romae; Staccioli, Terme Minori e Balnea; Stanford Digital Forma Urbis Romae Projekt, http://formaurbis.stanford.edu [8.01.2020]

032 Plan von Jerusalem

Um 1190/1200, Buchmalerei (R),
Koninklije Bibliotheek, Den Haag

Jerusalem: Es waren neutestamentliche Texte, die das christliche Bild dieser Stadt über Jahrhunderte prägen sollten. Das betraf vor allem die Erzählungen zur Passion Christi und die abschließende Vision der Apokalypse des Johannes (Offb 21). Deren beschreibende Elemente, also die regelmäßig-quadratische Form, die Zwölf-Zahl der Tore – zu lesen auch als Verweis auf die Zwölf Apostel –, die kostbaren Edelsteine, Perlen und goldenen Straßen, wurden zum Kernbestand christlicher Ikonografie und Architektur (vgl. Kat.-Nr. 007). Die ideale Stadt Gottes als Symbol für die kirchliche Gemeinschaft lag auch der Bauform romanischer und gotischer Kathedralen zugrunde, die man als Sinnbild der eigenen Stadt verstehen konnte. Oft genug wurde Gottes Reich als Stadt mit Zinnen, Mauern und Toren dargestellt – als bildliche Abbreviatur für das Himmlische Jerusalem ebenso wie für die kaiserliche Stadt Rom, die Stadt der christlichen Märtyrer.

Erst nach der Eroberung Jerusalems auf dem Ersten Kreuzzug (1096–1099) wurde die Stadt teilweise auf der Grundlage realer Gegebenheiten wahrgenommen und bildlich gezeigt. Diese Einschränkung ist wichtig, denn bei Kartendarstellungen des Mittelalters ging es nicht um geografische Exaktheit, sondern nach wie vor um religiöse Symbolik und um die Bereitstellung von Informationen für einen bestimmten Zweck oder eine bestimmte Zielgruppe. Für Jerusalempilger war es wichtig, Orte der Heilsgeschichte, sonstige Heiligtümer und Herbergen auf den Karten zu finden, ansonsten blieb die Darstellung Jerusalems stilisiert, wie es auch auf der hier abgebildeten Karte, die zwischen 1190 und 1200 entstand, klar zu sehen ist. Die kreisrunde Form der Mauer und das Straßenkreuz sind typisch für Jerusalem-Darstellungen der Zeit. Trotzdem bietet die Karte auch konkrete Informationen. So werden die Prozessionswege in der Stadt, abgesehen von den Größenverhältnissen, weitgehend korrekt wiedergegeben. Außerhalb der Stadt, links unten im Kartenausschnitt, erscheint der Kreuzigungshügel Golgatha als zentraler christlicher Erinnerungsort. Insofern ist die Karte ein wichtiger Schritt von der rein typologischen Form hin zur Berücksichtigung der realen Gegebenheiten. Man erkennt das gut, wenn man den biblischen Text liest, der das Himmlische Jerusalem beschreibt. Im Gegensatz zur Karte bleibt die Stadt hier ganz ein symbolisches Konstrukt, trotz der scheinbar realen Versatzstücke wie Mauern und Toren oder den Vermessungswerkzeugen des Engels: „Vnd es kam zu mir einer von den sieben Engeln ... Vnd fueret mich hin im geist auff einen grossen vnd hohen berg / vnd zeiget mir die grosse Stad / das heilige Jerusalem / hernidder faren aus dem himel von Gott / vnd hatte die herrligkeit Gottes / vnd ir liecht war gleich dem aller edlesten stein / einem hellen Jaspis / vnd hatte grosse vnd hohe mauren / vnd hatte zwelff thor / ... Vnd der mit mir redet / hatte ein guelden rhor / das er die Stad messen solt / vnd jre thor und mauren / vnd die Stad ligt vierecket / Vnd ire lenge ist so gros / als die breite / Vnd er mas die Stad mit dem rhor / auff zwelff tausent feldwegs / Die lenge vnd die breite / vnd die hoehe der Stad sind gleich / Vnd er mas jre mauren / hundert und vier vnd vierzig ellen / ... Vnd der baw jrer mauren / war von Jaspis / vnd die Stad von lauterm golde / gleich dem reinen glase / Vnd die gruende der mauren vnd der Stad waren geschmueckt mit allerley eddel gesteine ... " (Martin Luther: Biblia, das ist / die gantze Heilige Schrifft Deudsch, Wittenberg 1534, Bd. 2, S. CXCIX, ND Köln 2002). P. W.

Lit.: Black, Metropolis; Great Citymaps, London, 2016, S. 28 f.; Johanek, Mauer; Lexikon der christlichen Ikonographie, Bd. 2, S. 394–399; Stercken, Ordnung.

1180

032

Gründerfieber 1200–1350

Unter Herzog Ludwig dem Kelheimer war die „urbane Revolution" auch in Altbayern angekommen. Ob aus militärischen Erwägungen heraus, ob als Zentren von Handel und Gewerbe oder als Verkehrsknotenpunkte oder allein, um die immer zahlreicher werdenden Menschen aufzunehmen – die Städte schossen wie Pilze aus dem Boden. Ein regelrechtes Gründerfieber hatte um sich gegriffen. Wo die Initiative nicht von den Herzögen selbst ausgegangen war, privilegierten Ludwig und sein Sohn Otto die Städte. Sie verliehen den Bürgern das Stadtrecht und erlaubten ihnen, sich als Gemeinde zu organisieren – wenngleich mit sehr begrenzten kommunalen Rechten. Ein anderes Charakteristikum der Stadt, die wehrhafte Stadtmauer, stammt freilich erst aus späterer Zeit. Anfangs waren die Gründerstädte meist nur mit einem Erdwall befestigt, der von einem Ring aus Holzpalisaden bekrönt war.

Versunkene Städte

Die Historiker des Mittelalters waren allesamt Mönche. In ihren Chroniken und Annalen berichteten sie über die große Politik, sprachen aber nur selten über so „profane" Dinge wie den Bau von Städten. Fast alles, was wir über die Anfänge der Gründerstädte wissen, verdanken wir archäologischen Grabungen, bei denen Pflastersteine, Mauerreste, Brückenpfeiler, Latrinen zutage treten.

Aus diesen Befunden kann man vieles erschließen: Wie nahmen die Gründerstädte Gestalt an? Folgte der Bau einem planmäßigen Grundriss? Wann wurden die Städte ummauert, wann um neue Stadtviertel erweitert? Und welche Rolle spielten Brücken? Kaum eine der Gründerstädte wurde „auf der grünen Wiese" gebaut, fast immer finden sich Spuren einer Vorgängersiedlung.

033 Zirkel und Lot

Römerzeitlich (?), Fundort: Regensburg, Lohgraben-Hochweg, Zirkel: Eisen, L. 14 cm; Lot: Bronze, L. 8 cm, Museen der Stadt Regensburg (1951/110 und A 3984)

Zirkel und Lot sind seit der Antike verwendete Vermessungsinstrumente. Stechzirkel und Setzwaagen mit Lot finden sich auch auf römerzeitlichen Reliefdarstellungen. Der hier gezeigte Zirkel stammt aus einem Erdkeller im Bereich des vicus, also der Zivilsiedlung, die zum Auxiliarkastell Regensburg-Kumpfmühl, dem Lager für römische Hilfstruppen, gehörte.

Der Zirkel diente zum Übertragen von Maßen und dem Schlagen von Kreisen. Das Gerät besitzt zwei lange, schmale, spitz zulaufende Schenkel aus Eisen. Einer ist gespalten und mit einem Eisenband zur Reparatur umwickelt. Die Schenkel greifen in einer mehrteiligen Gelenkkonstruktion, die durch knopfartige Auflagen beidseits abgedeckt ist

033

Das Lot aus Bronze wird dem Bereich eines vermuteten Gutshofs im Westen der Stadt Regensburg zugeordnet. Da dies nicht gesichert ist, kann auch die römerzeitliche Datierung des kegelförmigen Objekts mit kugelförmigem, durchlochtem Aufsatz in Zweifel gezogen werden. Römerzeitliche Lote wurden im Handwerk bei Setzwaagen und in der Vermessungstechnik bei der groma, einer Kombination von Lot und Visierkreuz, eingesetzt, um Gebäude abzustecken oder Land zu vermessen. Auch beim chorobat, einem im antiken Rom verwendeten Nivellierinstrument, wurde das Lot benutzt. M. O.

Lit.: Hanemann, Eisenhortfunde, S. 456–460 mit Abb. 375 und Fundparallelen; Pietsch, Eisenwerkzeuge, bes. S. 61.

034

a sog. Herzogsnägel

Ingolstadt, um 1250, Fundort: Ingolstadt, Altes Schloss, Eisen, L. max. 10 cm, Stadtmuseum Ingolstadt (A 6132/40045)

b Eimerhenkel

Ingolstadt, um 1300, Fundort: Ingolstadt, Altes Schloss, B. 26 cm, Stadtmuseum Ingolstadt (A 6132/40129)

Seit dem Mittelalter prägen die mächtigen Baukörper zweier ehemaliger Herzogsresidenzen, heute „Altes" und „Neues Schloss" genannt, die Donaufront Ingolstadts. Vom Alten Schloss, erbaut von etwa 1250 bis 1258, hat sich der Palas mit dem nördlich anschließenden Hof erhalten, der später als Sommerreitschule der Bayerischen Landesuniversität diente. Die Ausgrabungen von 1987/88 im Alten Schloss zeigen eine eher schlichte Anlage. Ohne eindrucksvollen Bering mit Graben, ohne dominierenden Bergfried und möglicherweise ohne Torbau, scheint die Residenz des 13. Jahrhunderts baulich hinter ihren gleichzeitigen Pendants in München, Landshut und Burghausen zurückgeblieben zu sein. Dem Palas stand ein hölzerner Pfostenbau als Wirtschaftsgebäude gegenüber. In dem danebengelegenen Brunnen grub man Nägel, wohl von entsorgten Bauteilen, Hufeisen-, Eimerhenkel- und andere Fragmente aus der Frühzeit der Residenz aus. In der übrigen Stadt haben sich in einer Abfolge von Humusschichten, von den Ausgräbern „Herzogshumus" genannt, Spuren von Wohn- und Wirtschaftsarealen aus der Gründungszeit der Stadt erhalten.

Die Gründungsstädte der Wittelsbacher waren Militärstützpunkte, Residenzen und Zentren der wesentlich im 13. Jahrhundert aufgebauten Verwaltungsorganisation. Ob von der bescheidenen Gesamtanlage des Alten Schlosses auf die Rolle Ingolstadts in der Landesherrschaft geschlossen werden kann, ist mit archäologischen Methoden nicht zu beantworten. Immerhin aber ist der Palas über der Donauniederung ein beeindruckendes Monument herzoglicher Macht. G. R.

Lit.: Riedel, Das Alte Schloss.

035

a Hufnagel

12. Jahrhundert, Fundort: München, Alter Hof, Eisen, L. 3,5 cm, Archäologische Staatssammlung München (2019-6417_7/273)

b Ziernagel

1. Hälfte 13. Jahrhundert, Fundort: München, Alter Hof, Eisen, L. 4,4 cm, Archäologische Staatssammlung München (2019-6401_2/275)

033

c Hammerkopf mit Holzschaft

2. Hälfte 14. Jahrhundert, Fundort: München, Alter Hof, Eisen, Holz, 12 × 6,4 cm, Archäologische Staatssammlung München (2019-6390_3/278)

d Holznagel

Um 1200, Fundort: München, St.-Peter-Bezirk, Holz, L. 14,3 cm, Archäologische Staatssammlung München (1979, 1491a/282)

e Messergriff

Frühes 14. Jahrhundert, Fundort: München, St.-Peter-Bezirk, Holz, geschnitzt, L. 5,4 cm, Archäologische Staatssammlung München (1970, 1905b/281)

035 a

035 b

Der Alte Hof gilt neben der Peterskirche und dem zwischen Damenstift- und Hotterstraße gelegenen „Altheim" als Nukleus des hochmittelalterlichen München, wie dies auch noch das Stadtmodell von Jakob Sandtner aus der zweiten Hälfte des 16. Jahrhunderts erkennen lässt (s. Abb.). Umfangreiche archäologische und bauhistorische Untersuchungen, die dort zwischen 1995 und 2005 durchgeführt wurden, gaben wichtige Hinweise zur Frühgeschichte der Stadt. Funde wie ein Hufnagel (a) aus einem Grubenhaus datieren noch in die Zeit vor der ersten Anlage des Alten Hofs im späten 12. Jahrhundert. Die Verlegung des westlichen Hauptzugangs in den Alten Hof nach Süden war wohl der strukturellen Veränderung der Stadt geschuldet, als München im Zuge der Landesteilung von 1255 Residenzstadt der Herzöge von Oberbayern wurde. Dafür steht hier der in dem anlässlich dieser Baumaßnahme verfüllten Graben gefundene Ziernagel aus der ersten Hälfte des 13. Jahrhunderts (b).

Bedeutung erlangte der Alte Hof insbesondere unter Kaiser Ludwig dem Bayer, der ihn zu seiner festen Residenz machte. Mit dem Bau der nördlich gelegenen Neuveste Ende des 14. Jahrhunderts verlor dann die Alte Veste, wie der Alte Hof auch genannt wurde, seine Funktion; der als Schutz dienende Graben wurde verfüllt und mit Häusern bebaut. Aus dieser Zeit stammt auch der Hammerkopf (c), der sich mit seinem Holzschaft erhalten hat. Es handelt sich dabei um einen sogenannten Sickenhammer, wie er als Spezialwerkzeug zur Herstellung von Vertiefungen bei der Metallbearbeitung verwendet wurde, aber auch zur Ziegel- und Steinbearbeitung einsetzbar war.

Etwa 200 Meter südlich des Alten Hofs liegt direkt am Hang der Altstadtterrasse auf einer kleinen Erhebung die Peterskirche. Der auf einen kleinen Vorgängerbau aus der Zeit um 1180 zurückgehende zentrale Kirchenbau war bis 1271 die einzige Pfarrkirche Münchens. Beobachtungen während des Wiederaufbaus der im Zweiten Weltkrieg durch Fliegerangriffe schwer zerstörten Kirche (1952/53) sowie bei kleineren Baumaßnahmen im Umfeld (1954 und 1979) legen die

035 c

035 e

035 d

036

036

Vermutung nahe, dass dem Bau aus der Zeit um 1180 eine befestigte Anlage vorausgegangen ist. Noch heute zeichnen die dort befindlichen Häuser vermutlich diese Struktur nach. Die ältesten Funde wie ein Holznagel (d), der aus der unter einer Brandschicht befindlichen Schwemmschicht geborgen wurde, gehören auch hier dem frühen 13. Jahrhundert an. Der Griff eines (Griffangel-)Messers (e) mit der vollplastisch gearbeiteten Darstellung einer Frauengestalt stammt aus der repräsentativen Ausstattung des Pfarrhofs oder eines der nördlich der Peterskirche gelegenen Patrizierhäuser. Ch. B.

036 Nussknacker

13. Jahrhundert, Fundort: ehem. Reichsburg Cham, Eisen, L. 12,2 cm, Archäologische Staatssammlung München (1952, 672)

Dieses Werkzeug wurde lange Zeit als Zange und damit als Überrest eines Handwerksbetriebs interpretiert. Die konkaven Backen des Instruments lassen sich allerdings nur schwer mit einer Verwendung etwa als Schmiedezange erklären. Gegen diese Annahme spricht zudem seine geringe Größe. Auch eine Benutzung als Prägezange für Tuchplomben oder etwa im zahnärztlichen Bereich ist aufgrund der Form der Aushöhlungen unwahrscheinlich. Jüngste Forschungen möchten in diesem Objekt deshalb einen Nussknacker sehen, der in erster Linie für Haselnüsse gedacht war. Mit einem geschmiedeten Nachbau der Zange konnten Haselnüsse problemlos aufgebrochen werden. Haselnüsse waren im mittelalterlichen Europa verbreitet – wie auch die Walnuss, für die vergleichbare Werkzeuge allerdings nicht bekannt sind. M. V. / M. Wo. / F. B.

Lit.: Glaser, Wittelsbach und Bayern, Bd. 1/2, S. 141, Kat.-Nr. 171 (Johannes E. Greipl); Scholkmann, Sindelfingen, S. 99.

Ein Herzogtum und viele Brücken

Auch nachdem Pfalzgraf Otto von Wittelsbach Herzog geworden war, konnte er sich keineswegs als alleiniger Herrscher in Bayern fühlen. Mächtige Adelsfamilien blieben ihre eigenen Herren, wie die Grafen von Ortenburg oder die Grafen von Bogen. Um im umkämpften bayerischen Kernland Fuß zu fassen, setzten die Wittelsbacher auf die Gründung von Städten an Donau und Isar: Landshut 1204, Straubing 1218, Landau 1224. Auch anderswo entstanden neue Städte. Wie die herzoglichen Gründungen wurden sie an Flussübergängen angelegt, denn es waren die Brücken, um die es vor allem ging.

Für die Konsolidierung ihrer Macht spielte den Wittelsbachern auch das Schicksal in die Hände: Ihre Konkurrenten hatten allesamt keinen legitimen männlichen Nachfolger, sodass ihre Grafschaften samt Städten wie Vilshofen oder Wasserburg, eine nach der anderen, an die Herzöge fielen.

037 Modell der Donaubrücke in Deggendorf

Holz, 25,5 × 100,5 × 42 cm, Modellbau Josef Fredl nach Angaben von Manfred Mittermeier, Stadtmuseum Deggendorf

Die Donau trennt bei Deggendorf den fruchtbaren Gäuboden auf der Südseite von den Ausläufern des Bayerischen Walds auf der Nordseite, wo auch die Altstadt Deggendorfs liegt. Schon die Kelten überschritten hier den Fluss und besiedelten den erhöhten Bereich unter der heutigen Pfarrkirche Mariä Himmelfahrt, von wo aus die Furt durch den Fluss gut überwacht werden konnte. Die nahe Isarmündung mit Kiesablagerungen als natürliche Barriere erleichterte an dieser Stelle eine Überquerung des breiten Donaustroms. Der Fund eines keltischen Messers beim Bau der Maximiliansbrücke 1998 unterstreicht diese Annahme.

Wohl schon im Mittelalter nutzte man die natürlichen Gegebenheiten für den Brückenbau. Der früheste schriftliche Nachweis findet sich im Herzogsurbar von 1280 (vgl. Kat.-Nr. 125) mit der Erwähnung des Deggendorfer Brückenzolls. Die zunehmende Wirtschaftskraft der Stadt ermöglichte es den Deggendorfer Bürgern, sich zeitweise von herzoglichen Zöllen freizukaufen, bis dann ab 1485 der Brückenzoll endgültig in die städtischen Kassen floss. Seither musste die Stadt allerdings auch alle Unterhaltskosten der Brücke tragen.

Bis weit in das 19. Jahrhundert war die Deggendorfer Brücke eine Holzkonstruktion. Fror die Donau in kalten Wintern zu, musste die Brücke im Frühjahr wegen des gefährlichen Eisstoßes ab- und danach wieder aufgebaut werden. Votivtafeln aus dem 18. und 19. Jahrhundert belegen, dass sich immer wieder schwere Unglücksfälle auf der Holzbrücke ereigneten. Auch die 1837 aufkommende Donau-Dampfschifffahrt ließ die Kritik an der Holzkonstruktion immer lauter werden. Einen Brückenneubau konnte sich die Stadt jedoch nicht leisten. Am 1. Oktober 1850 übernahm der bayerische Staat die Verantwortung für die Deggendorfer Brücke und 1859 begann man schließlich mit dem Bau einer Stahlbrücke, die am 27. November 1863 als Maximiliansbrücke eingeweiht wurde. B. P.-S.

Lit.: Behrendt, Bilder; Kandler, Donaubrücke; Mittermeier, Donau.

037

Eine Stadt nach Maß

Stadt bedeutet vor allem Planung. Am Fuß der herzoglichen Burgen siedelten sich Handwerker und Kaufleute an. Waren der Herzog und sein Hof anwesend, ließen sich dort gute Geschäfte machen. Aber diese meist unkontrolliert gewachsenen Siedlungen waren nicht befestigt und damit weitgehend ohne Schutz. Eine Stadt zu gründen bedeutete meist einen Neuanfang auf dem Boden bestehender Siedlungen. Oder man baute „auf der grünen Wiese" eine „Neustadt", oft direkt neben der ursprünglichen Siedlung, die dann, wie in Straubing, zur „Altstadt" wurde. In allen Fällen aber wurde planiert, vermessen, parzelliert, denn die neuen Städte folgten einem Plan. Eine Befestigung – wenn auch nicht unbedingt gleich eine Stadtmauer wie in München – gehörte immer dazu.

038 Astrolab

Deutsch, um 1324–1342, Messing, Eisen, Ø 24,9 cm, Muzeum Uniwersytetu Jagiellońskiego, Kraków (41/V4043)

Die Idee des Astrolabs brachten vermutlich im späten 10. Jahrhundert die Araber über Spanien nach Europa. Verbreitung nördlich der Pyrenäen fand es wohl erst im Lauf des 13. Jahrhunderts. Das vorliegende Astrolab ist ein frühes deutsches Exemplar (vgl. auch Kat.-Nr. 075). Unterhalb des rückseitigen Schattenquadrats ist mit „LVDOLFI DE SCICTE THESAVRARII ECCLESIE EMBICENSIS" vermutlich der Eigentümer Ludolf von Sickte genannt, der 1324 und 1342 als Schatzmeister in Einbeck nachweisbar ist. Das Gerät ist für 50° nördliche Breite ausgelegt, also für eine Anwendung ungefähr 200 Kilometer südlich von Einbeck.

Im christlichen Europa nutzte man Astrolabien vor allem zur Höhenbestimmung von Sternen sowie zur Zeit-, Orts- und Richtungsbestimmung. Raymond de Marseille ging in einem um 1140 verfassten Traktat über das Astrolab in sieben Kapiteln (23–29) auch auf dessen Nutzen für die Vermessung ein. Bei einer Visierung auf die Turmspitze mit 45° entspricht die Höhe eines Turms der Distanz zu ihm zuzüglich der Augenhöhe. Für die übrigen Rechnungen benötigte man das Schattenquadrat auf der Rückseite der Grundplatte (mater), welches einen 90°-Winkel in zweimal zwölf Einheiten unterteilt und damit leichtes Bruchrechnen der Zahlenverhältnisse ermöglicht. Unabhängig von Maßeinheiten ließen sich so über 24 mögliche Winkel und Winkelverhältnisse – stets ausgehend vom Auge – senkrechte Höhen und waagrechte Entfernungen und deren Verhältnisse kalkulieren. Eine Länge oder Teillänge der Messdreiecke musste dabei bekannt oder messbar sein. F. B.

Lit.: d'Alverny u. a., Raymond de Marseille. Opera omnia, Bd. 1, S. 102–107; King, Astrolabe; Zinner, Instrumente, S. 135–145, 535f.

038

039 Traité d'arpentage

Bertrand Boysset (um 1345–um 1416), Arles, 1400/1415, Handschrift/Papier, ca. 180 Zeichnungen, koloriert, 315 Bll., 22,5 × 18 cm, Bibliothèque-Musée Inguimbertine, Carpentras (Ms. 327)

Über die geometrische Planung und Vermessung der spätmittelalterlichen Gründerstädte gibt es nur wenig Quellenmaterial. Man kann aber davon ausgehen, dass detaillierte Parzellierungen bereits von Feldmessern durchgeführt wurden. Für die Vermessung wurden die seit der Antike bekannten Messschnüre beziehungsweise -ketten verwendet (vgl. Kat.-Nr. 074) sowie der Zollstock; für Winkelmessungen kamen oft auch astronomische Instrumente wie das Astrolabium (vgl. Kat.-Nr. 038 und 075) oder der Jakobstab zum Einsatz.

Die mittelalterliche Feldvermessung wird erstmals in einem einzigartigen, in provenzalischer Sprache von Bertrand Boysset verfassten Manuskript illustriert, das als Anleitung zur Landvermessung und Grenzabmarkung erstellt wurde. Das heute in Carpentras verwahrte, 315 Blätter umfassende Traktat besteht aus zwei Teilen – „La siensa de destrar" und „La siensa d'atermenar" –, die mit mehr als 180 kolorierten Illustrationen versehen sind. Diese visualisieren neben dem Unterricht in der Landvermessung auch die Vermessungsarbeiten im Feld und bei Flüssen sowie die eigentliche Abmarkung und Grenzsteinsetzung. Von besonderer Bedeutung ist dabei eine Szene, in der Christus dem vor ihm knienden Landvermesser die Messlatte überreicht, womit die sich allmählich etablierende Feldmesskunst gleichsam erhöht und in einen sakralen Kontext gesetzt wird.

Auf der hier gezeigten Darstellung (fol. 28^{v}) wird – wie im provenzalischen Text darüber zu lesen ist – die Vermessungskunst auf eine Stufe gestellt mit der Theologie und der Jurisprudenz, wobei angemerkt wird, dass die Vermessung den größten Scharfsinn erfordere. Die Vertreter des kanonischen und des Zivilrechts, der Theologie und der Vermessungskunst beobachten aufmerksam zwei Schüler, die mithilfe der Messlatte Land vermessen (fol. 29^{r}). Th. H.

Lit.: Horst, Grenzvermessung; Motte, Manuscrit 327; Portet, Bertrand Boysset.

040 Modell der Stadt Landshut um 1310

Entwurf: Bernd Englhardt, Bayerisches Landesamt für Denkmalpflege, Ausführung: Norbert Stauner, Landshut, um 1985, Holz, 80 × 150 × 20 cm, Stadtarchiv Landshut

Im Zuge der Altstadtsanierung Anfang der 1980er-Jahre wurden in Landshut zahlreiche Grabungen durchgeführt. Es fanden sich mehrfach Belege, dass es vor allem in der oberen Altstadt Aufschüttungen von bis zu drei Meter gibt. Dies ist bis heute in der Kirche Alt-St.-Martin deutlich zu sehen.

In dieser Tiefe stieß man in der mittleren Altstadt auf die Fundamente der Fleisch- und Brotbänke, die laut den Eintragungen im Stadtbuch (Bd. 11, vgl. Kat.-Nr. 099) bis zum Jahr 1412 „mitten in der Strazz standen", bis sie auf herzoglichen Befehl abgetragen und hinter das Rathaus verlegt werden mussten. Die stadtarchäologischen Erkenntnisse sind in dem hier gezeigten Modell dokumentiert. Die Grundrisse der Häuser sind ungefähr maßstabsgetreu, während ihre Höhe fiktiv ist. So ist bei Alt-St.-Martin deutlich erkennbar, dass der Turm vom Kirchenschiff abgesetzt war und davor, mitten in der Altstadt, ein größeres Gebäude gestanden hat. Der Turm von St. Martin erfüllte über die Jahre immer zwei Funktionen – Kirchturm und Wachtturm mit Türmerstube. Daher erscheint es sehr wahrscheinlich, dass das große Gebäude ursprünglich das Schrannengebäude und Rathaus war, worauf Notizen im Salbuch von St. Martin (1331) hindeuten. Ferner veranschaulicht das Modell, dass der großzügige Platzcharakter

039

erst ab 1410 entstanden ist und die Altstadt davor kleinteilig war. Das Tor westlich von St. Martin macht die ursprüngliche Trennung von Stadt- und Burgbereich deutlich. Es zeigt, dass die Burg bis weit den Hang hinunter zum heutigen Dreifaltigkeitsplatz reichte, wo die unter herzoglichem Schutz stehenden Juden lebten. Zwischen 1310 und 1340, vielleicht durch Kaiser Ludwig den Bayern, wurden diese Bereiche zusammengelegt. G. T.

042

041 Teile eines Knüppelwegs

Holz, B. bis zu 56 cm, Museen der Stadt Landshut

Diese Holzknüppel dienten, als Bündel quer zur Fahrt- und Laufrichtung gelegt, der Befestigung weicher und nasser Untergründe. Bei weitem nicht alle Straßen und Verkehrswege waren im Mittelalter gepflastert – und sind dies teilweise bis heute nicht. Lange blieben die aufwendigen Ausführungen mit Tragschicht, Bettung und Pflaster repräsentativen Plätzen und Straßenabschnitten vorbehalten. Überlandverbindungen und nachgeordnete Wege wurden, den örtlichen Gegebenheiten folgend, oft mit Kies- oder Schotterlagen befestigt. In der Regel sind solche griffigen Wegstrecken für Fußgänger und Zugtiere angenehm zu begehen. In feuchten Arealen allerdings ist dieser Straßenbelag ohne besondere Unterbauten den punktuellen Belastungen durch Fußgänger, Tierhufe und Wagenräder nicht gewachsen. Tiefe Spurrillen und Trittlöcher waren die Folge. Knüppeldämme sind im Gegensatz dazu einfach und günstig herzustellen beziehungsweise instand zu halten. Zugleich stellen sie durch die breitere Lastverteilung eine im wahrsten Wortsinn gangbare Alternative dar. M. Wo.

Lit.: Häck, Fundgrube Landshut; Schreg, Verkehr.

041

042 Fragment eines Bechers

Ende 13. / Mitte 14. Jahrhundert, Fundort: Ingolstadt, nördliche Altstadt, Ton, H. 4 cm, Ø 6,5 cm, Stadtmuseum Ingolstadt (A 7415/1399)

Der nur als Fragment erhaltene Becher aus hell gebranntem Ton fällt besonders durch die Inschrift „AVE MARIA + MARIA", die in erhabenen Lettern am Fuß eingeritzt ist, ins Auge. Beschriftungen auf Trinkgefäßen kennt man in Ingolstädter Funden bislang nur auf Glasgefäßen aus der Neuzeit. Die Form der Buchstaben datiert den Becher am ehesten in das Ende des 13. oder die erste Hälfte des 14. Jahrhunderts.

Der Becher wurde 2013 im Norden der Altstadt ausgegraben, nur einen Steinwurf vom zweiten Mauerring des 14./15. Jahrhunderts entfernt. Er gehört zum umfangreichen Fundgut einer Siedlung, die vom 13. bis in das frühe 16. Jahrhundert existierte. Die Siedlung mit mehreren Hofstellen entstand vor dem

im 13. Jahrhundert errichteten nördlichen Stadttor. Seit der Stadterweiterung in der zweiten Hälfte des 14. Jahrhunderts war sie in das ummauerte Stadtareal einbezogen.
In den Sandtner-Modellen der frühen 1570er-Jahre (vgl. Abb. S. 16) sind von dieser zusammenhängenden Siedlung nur noch Einzelhöfe zu sehen, umgeben von Gartenland. Im 16. Jahrhundert hatte man nicht nur Siedlungen vor den Mauern, sondern auch Randbereiche der innerstädtischen Bebauung aufgegeben. Die Gründe dafür sind nicht bekannt.
Das Fundgut der untergegangenen Siedlung unterscheidet sich in Qualität und Umfang nicht von dem des Stadtkerns. Von dort, aus der Schäffbräustraße, stammt auch die einzige bekannte Parallele zu dem hier gezeigten Becher. G. R.

Lit.: Riedel, Wie Ingolstadt zur Stadt wird.

Stadtluft macht frei

Stadt bedeutet nicht nur Planung, sondern vor allem auch Recht und Ordnung. Die neuen Städte versuchten, sich als eigene Rechtsbezirke zu etablieren. Nach dem Vorbild der älteren Bischofsstädte schlossen sich die Bürger zur Stadtgemeinde zusammen. Sie führten ein eigenes Siegel und gaben sich ihr eigenes Recht, wozu allerdings die Erlaubnis durch den Herzog nötig war.
Das Zusammenleben der Menschen auf engem Raum bedarf, damals wie heute, einer Regelung. Dies ermöglicht einen Einblick in den „Zeitgeist": Was war erlaubt, was war verboten, was stand im Vordergrund? Belustigungen wie das Glücksspiel wurden ebenso reglementiert wie die Prostitution, das Fluchen wurde streng geahndet – die Stadt setzte die moraltheologischen Vorstellungen der Zeit rigoros durch. Liberal waren hingegen die Bestimmungen für den Handel: Handwerker konnten ihre Erzeugnisse auf dem freien Markt anbieten und niemand durfte mehr wegen Geldschulden in den Turm geworfen werden. Die wichtigste Errungenschaft aber betraf die persönliche Freiheit: Wer ein Jahr und einen Tag lang in der Stadt wohnte, der war frei. Das heißt: Sein ehemaliger Herr konnte ihn nicht mehr einfach zurückholen. Für diesen mittelalterlichen Rechtsgrundsatz fanden die Historiker des 19. Jahrhunderts eine einprägsame Formulierung: Stadtluft macht frei!

043

a Schenkung des Friedberger Bürgers Heinrich Wiener an das Augsburger Heiliggeistspital

Augsburg, 4. Oktober 1304, Pergamenturkunde, Wachssiegel, 32,5 × 18 cm, Stadtarchiv Augsburg (Allg. Urkundenselekte 1304 X 4)

b Stiftung des Friedberger Bürgers Konrad Kowolt an das Augsburger Heiliggeistspital

Augsburg, 12. Dezember 1340, Pergamenturkunde, Wachssiegel, 23 × 25,3 cm, Stadtarchiv Augsburg (Allg. Urkundenselekte 1340 XII 21)

Bei den Siegeln dieser Urkunden handelt es sich um die beiden ältesten erhaltenen Siegel Friedbergs. Wie in vielen anderen der bayerischen Gründungsstädte fällt auch hier auf, dass die Notwendigkeit der Urkundenbesiegelung und vielleicht allgemein der Beurkundung von Rechtshandlungen in der Frühzeit der Städte oft im Zusammenhang mit Schenkungen an ein Spital steht (vgl. Kat.-Nr. 104f.).
In der in Friedberg am 4. Oktober 1304 ausgestellten Urkunde (a) überträgt Heinrich der Wiener, Bürger zu Friedberg, dem „Hailigen Gaist ůf das Spital ze Auspuch", also dem Augsburger Heiliggeistspital, einen Hof, gelegen bei „Hartmann an dem Wege", zu einem „rechten Seelgerät" zu seiner und seiner Vorfahren Gedächtnis. Jeden Karfreitag sollen aus den Einkünften des Hofs den Bedürftigen des Spitals 100 „Orthpretzten" – damit könnten Brezen im Wert von jeweils einem Viertelpfennig gemeint sein – und 100 Eier gegeben werden. Die Zeugen der Schenkung, allesamt Friedberger Bürger, sind namentlich aufgeführt: Marquard der Aynsinger, Chůnrad sin Pruder, Eyrb der Castner, Hainrich sin Sůne, Rudolf der Thaersch, Chůnrad von Stampach, Hannsen Knorsoche, Otte sin Tochtermann, Chůnrad der Flaischaecchel, Hanssen sin Tochtermann der Gol, Hermann der Schriber. Die Urkunde ist „verinsiegelt mit der Stadt Insiegel ze Fridperch".
In der in Friedberg am 21. Dezember 1340 ausgestellten Urkunde (b) geht es ebenfalls um eine dem Augsburger Spital zugutekommende Schenkung: Conrat der Kowolt, Bürger zu Friedberg, schenkt dem Spital einen Hof mit Garten, gelegen beim Zollhaus in Friedberg „ze naechst py der Strass", oder, wie es später heißt: „uf der Richs Strass". Zeugen sind Heinrich der Gigel und Ulrich der Knorsok. Auch diese Urkunde ist mit dem Siegel der „stat" Friedberg beglaubigt. M. V.

Lit.: Heydenreuter, Wappen; Raab, Jahre, S. 120f.

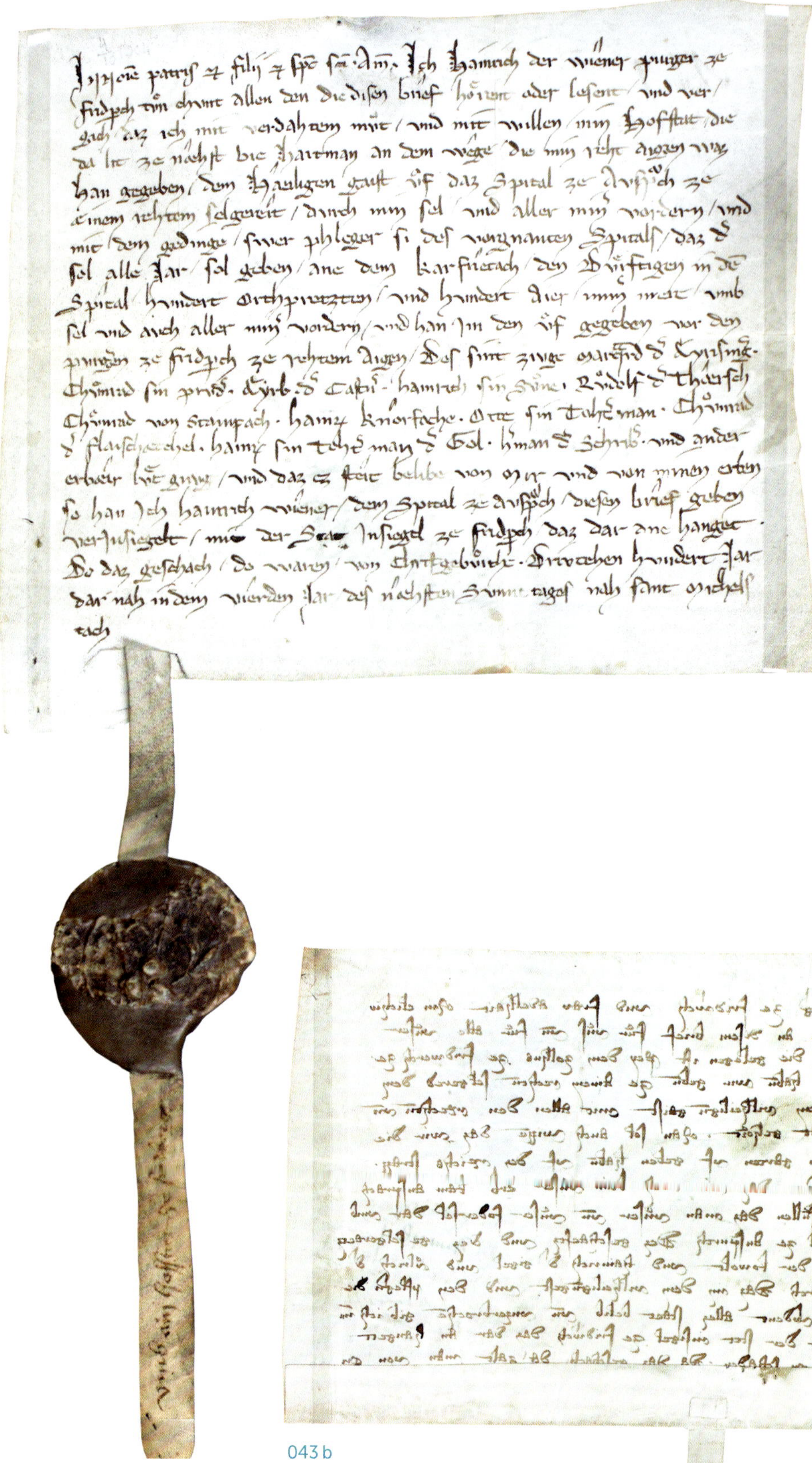

043 a

043 b

044 Ludwig der Kelheimer

Regensburg (?), um 1330/40, Fichtenholz, Lindenholz, polychrom gefasst, H. 49,5 × 12,5 cm, Zisterzienserinnen Abtei Seligenthal in Landshut

044

Ludwig war der Sohn des ersten Wittelsbacherherzogs Otto und der Agnes von Loon und Rieneck, die aus einem unterfränkischen Adelsgeschlecht stammte. Nachdem Otto 1183, nur drei Jahre, nachdem ihm Kaiser Friedrich Barbarossa die Herzogswürde in Bayern übertragen hatte, das Zeitliche segnete, folgte ihm der erst zehnjährige Ludwig in diesem Amt nach. Vormünder waren seine Mutter Agnes und sein Onkel Konrad, der Erzbischof von Mainz. Ludwig wurde 1231 unter bis heute nicht geklärten Umständen auf der Kelheimer Donaubrücke ermordet. Schon bald erhielt er daher den Beinamen „der Kelheimer".

Als Ludwigs Vater starb, befand sich Bayern, ähnlich wie andere Reichsteile, in einem Prozess, der von der Forschung als „Territorialisierung" oder als „Landesausbau" bezeichnet wird. Dieser Prozess bestand darin, dass Adel und Fürsten, unter ihnen die Herzöge des Reichs, die Ausübung königlicher Rechte übernahmen. Anders als noch Karolinger und Ottonen, konnten die staufischen Könige, so die allgemeine Vorstellung, ihre Vorrechte nicht mehr durchsetzen. Je nach Sichtweise delegierte der König diese Rechte an den Adel – vornehmlich Grafen und Herzöge – oder aber der Adel riss diese Regalien schlicht an sich. Um 1200 jedenfalls hatten viele Adelsgeschlechter damit begonnen, ihre Herrschaften auszubauen und zu festigen, indem sie mit sehr unterschiedlichen Mitteln versuchten, königliche Rechte wie Zoll, Geleit und Rechtsprechung in ihre Hände zu bekommen. Auch der Burgenbau gehörte dazu.

Ludwig der Kelheimer erhielt 1192 die Schwertleite, also die Aufnahme in den Ritterstand, und scheint schon bald danach aktiv in diesen Wettbewerb eingestiegen zu sein. Seit 1196 versuchte er, die alte bayerische Hauptstadt Regensburg den beiden Stadtherren, dem Regensburger Bischof und dem König, zu entreißen – was in einer jahrelangen Fehde mündete. Ludwig zerstörte eine Burg des Salzburger Erzbischofs und kaufte die in diesem Gebiet liegenden Güter der im Mannesstamm erloschenen Peilsteiner.

Ein beliebtes Mittel, die Herrschaft auszubauen, waren auch Vogteien, mit denen der Herzog die Vertretung geistlicher Einrichtungen in weltlichen Konflikten übernahm – was ihm erheblichen Einfluss auf diese Kirchen und Klöster verschaffte. In der Bogener Fehde von 1192 – ein Streit zwischen Ludwig und den Grafen von Bogen um einige Bamberger Lehen – zog Ludwig zunächst den Kürzeren, doch kam ihm schließlich der Kaiser zu Hilfe. Für Ludwig ging es darum, auch außerhalb seines Eigenbesitzes, wo er grundherrliche Rechte besaß, ein herzogliches Gewalt- und Rechtsprechungsmonopol durchzusetzen – gegenüber dem örtlichen Adel, der die Rechte gerne selbst ausgeübt hätte oder sich – so eine immer noch verbreitete Meinung – seit jeher in ihrem Besitz wähnte.

Insgesamt ergibt sich damit das Bild eines zielgerichteten „Landesausbaus". Die Arrondierung des wittelsbachischen Eigenbesitzes sowie die Verdichtung und Bündelung von Herrschaftsrechten führten zum neuen Typus der „Landesherrschaft". Es entstand der moderne Flächenstaat, hier liegt die Geburtsstunde des modernen Bayern.

Im Lichte dieses sich über Jahrzehnte und Jahrhunderte erstreckenden Vorgangs wird in der Regel auch die Stadtgründungspolitik der Wittelsbacher und insbesondere Ludwigs interpretiert, der nach dem Bericht Abt Hermanns von

Niederaltaich im Jahr 1204 Landshut, 1218 Straubing und 1224 Landau an der Isar gegründet habe. Geht es um die Motivationen des Herzogs, ist von einer regelrechten „Stadtgründungspolitik" die Rede: Die neuen Städte konzentrierten Handel und Gewerbe und stellten die Infrastruktur dafür bereit, sie waren Verkehrsknotenpunkte und in ihnen wurden, Schritt für Schritt, die herzoglichen Amtsinhaber angesiedelt, die zuvor auf den herzoglichen Burgen residierten. Die neuen Städte, die auch Steuern zu zahlen hatten, waren also Teil einer Strategie der „Verdichtung" und „Intensivierung" der herzoglichen Landesherrschaft.

In Bezug auf den hochmittelalterlichen Landesausbau wird in jüngerer Zeit allerdings die Zielgerichtetheit des Vorgangs, sein rationaler und strategischer Charakter, vermehrt in Frage gestellt. Auch auf die nicht unbegrenzten Handlungsspielräume der neuen Landesherren wird verwiesen, ebenso auf die Problematik, dass eine Vorstellung der Zeitgenossen von einem modern verstandenen „Territorium" nicht zu belegen ist. Wie sehr der Landesausbau auch durch Zufälle bestimmt war, lässt sich nirgends besser als in Bayern erkennen: Der allergrößte Teil der Besitzungen, die Ludwig im Lauf seiner Regierung zugefallen sind, stammte aus der Erbmasse im Mannesstamm erloschener Adelsgeschlechter wie der Markgrafen von Cham-Vohburg, der Grafen von Frontenhausen oder der Grafen von Kirchberg, wobei angemerkt wurde, dass die „biologischen Bedingtheiten" dieses großen Sterbens „schlechthin unerklärlich" seien (Andreas Kraus). M. V.

Lit.: Heinemeyer, Territorium; Kraus, Geschichte Bayerns, S. 108–115 (Zitat S. 110); ; Merz, Landesherrschaft/Landeshoheit; Riepertinger, 100 Schätze, S. 70–72, Kat.-Nr. 20 (Rainhard Riepertinger); vgl. auch die Essays von Jürgen Dendorfer und Maria Rita Sagstetter in diesem Band.

045 Die Annalen Hermanns von Niederaltaich (1137–1273)

13.–15. Jahrhundert, Sammelhandschrift, Pergament, 32 × 46 cm, Österreichische Nationalbibliothek, Wien, Sammlung von Handschriften und alten Drucken (Cod. 413)

In den meisten Fällen lässt sich kaum sagen, wann genau eine Stadt gegründet wurde und wer als Gründer gelten darf. Im Fall von Landshut, Straubing, Landau und Dingolfing sieht dies anders aus: Der Geschichtsschreiber Hermann von Niederaltaich, Abt des gleichnamigen Klosters in der Nähe von Deggendorf, kann für diese Städte Ross und Reiter nennen: Ludwig der Kelheimer gründete im Jahr 1204 Landshut („Ludwicus dux Bawarie castrum et oppidum in Lantshuot construere cepit", fol. 152[v]), 1218 Straubing („Ludwicus dux oppidum in Strubing construere cepit", fol. 153[r]), 1224 Landau an der Isar („Oppidum in Landaw construitur a Ludwico

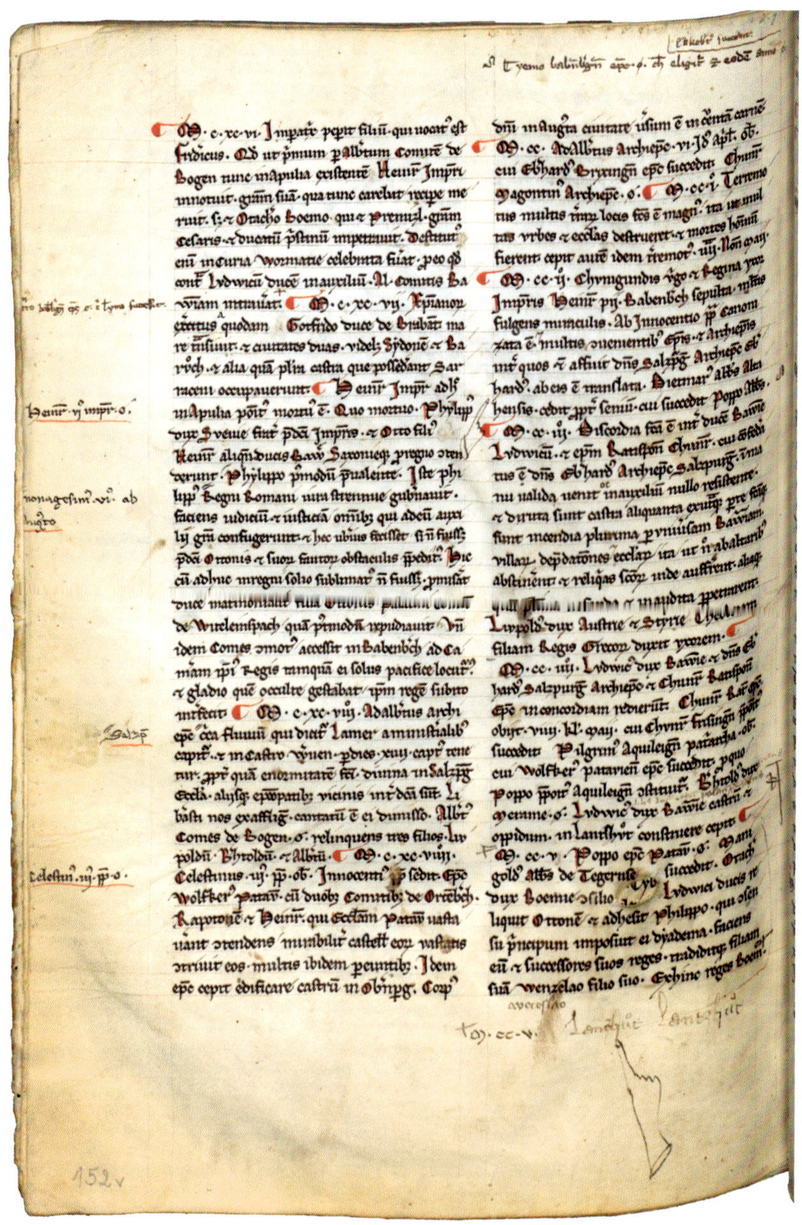

045

duce Bawarie", fol. 153v); sein Sohn Otto gründete dann 1251 Dingolfing („Otto dux castrum et oppidum in Dingolvinge construere cepit", fol. 158v). So berichtet Hermann in seinen Annalen, deren eine von insgesamt zwei zeitgenössischen Abschriften im hier gezeigten Codex enthalten ist.

Damit ist klar: Die Wittelsbacher waren Städtegründer, sie verfolgten eine Städtepolitik, die aller Wahrscheinlichkeit nach an militärischen, verkehrsgeografischen und auch fiskalischen Aspekten orientiert war. Dass Hermann die anderen bayerischen Gründerstädte der Zeit nicht aufführt – das wäre der in der Regel selektiven und unsystematischen Darstellungsweise mittelalterlicher Chronisten anzulasten. Doch gerade im Fall Hermanns von Niederaltaich wird man so nicht argumentieren können: Hermann war ein scharfer Beobachter nicht nur der Reichspolitik, sondern auch der wirtschaftlichen und sozialen Entwicklungen seiner Zeit. Selbst für diejenigen Abschnitte seiner Annalen, für die er selbst keine Zeitzeugenschaft beanspruchen konnte, war ihm diese Perspektive wichtig.

Hermann wurde um das Jahr 1200 geboren, er dürfte aus einer bäuerlichen oder Ministerialenfamilie des Klosters stammen. Für das Kloster war er in jungen Jahren oft geschäftlich unterwegs, auch in Rom oder Verona. 1242 wurde er zum Abt des Klosters Niederaltaich gewählt. Er verfasste zahlreiche historische Werke, systematisierte das Urkundenwesen seines Klosters, legte Besitzverzeichnisse an und dokumentierte akkurat die Bautätigkeit des Klosters und die Finanzierung der einzelnen Vorhaben. In seinen historischen Werken geht es immer wieder auch um den Burgenbau und die Münzprägung – Elemente des in dieser Zeit an Fahrt gewinnenden Landesausbaus. Daneben gilt sein Augenmerk den sozialen Entwicklungen seiner Zeit, insbesondere der Entstehung neuer Städte und den Konflikten zwischen Bürgern und Stadtherren. Hermann hatte genaue Kenntnis nicht nur der bayerischen, sondern auch der rheinischen, elsässischen und österreichischen Städte.

Darf man also wirklich annehmen, dass Hermann die anderen altbayerischen Gründerstädte – Cham, Erding, Kelheim, Burghausen, Reichenhall, um nur einige zu nennen – in seinen Berichten einfach übergangen hat? Man könnte annehmen, dass sie ihm vielleicht von untergeordneter Bedeutung erschienen. Erklärt dies aber das Fehlen von Ingolstadt, wo sein Kloster umfangreiche Besitzungen hatte, oder die Nennung von Landau, während Deggendorf unerwähnt bleibt? Eine andere Möglichkeit wäre, Hermann, den scharfsichtigen Beobachter, beim Wort zu nehmen: Die Herzöge hätten dann in den von ihm aufgeführten Fällen – Landshut, Straubing, Landau und Dingolfing – als die Initiatoren, die Triebkräfte der Stadtgründungen zu gelten. In allen anderen Fällen darf man vermuten, dass es sich eher um ein Zusammenwirken von Herzog und einer bereits vor Ort ansässigen Funktionselite handelte, die ihrerseits in einer Stadtgründung Vorteile gesehen hat. Diese Interpretation würde die Stadtgründungen der Wittelsbacher aber in ein anderes Licht stellen, denn ihre Gründungen konzentrierten sich damit auf einen Raum, der gerade zu dieser Zeit die heiß umkämpfte Kernregion Bayerns war. Die Stadtgründungen folgten also hauptsächlich verkehrsgeografischen, wenn nicht gar militärischen Überlegungen und waren deutlich gegen zwei der größten Konkurrenten der Wittelsbacher gerichtet: die Grafen von Ortenburg und die Grafen von Bogen, mit denen es vor allem gegen Ende des 12. Jahrhunderts zu heftigen Auseinandersetzungen gekommen war – erinnert sei hier an die sogenannte Bogener Fehde. Herzog Ludwig war zur Zeit der ersten drei Gründungen zwar bereits mit Ludmilla, der Witwe Graf Alberts von Bogen, verheiratet und ging sicher nicht rücksichtslos gegen Ludmillas noch minderjährige Söhne vor; doch musste er durchaus daran denken, dass ihm der vorübergehende Zugriff auf die Bogener Grafschaft eines Tages wieder entgleiten könnte.

Dass Hermann die wittelsbachischen Gründungen zwischen Donau und Isar gerne hervorhebt, ist leicht zu verstehen: Auch aus seinen anderen Werken geht eine tiefe Abneigung gegenüber den Bogenern hervor, die sich als Vögte des Klosters an diesem zu bereichern suchten. Diesen ‚unchristlichen Tyrannen' standen die Wittelsbacher als die Guten gegenüber. Und so darf man sich nicht wundern, dass in Hermanns Werk nicht nur Ingolstadt und Deggendorf, sondern auch andere prominente, nachweislich auf adelige Initiative zurückgehende Stadtgründungen dieser Zeit fehlen, wie etwa das von den Bogenern gegründete Lichtenwörth oder das von den Ortenburgern 1206 gegründete Vilshofen. M. V.

Quelle: MGH SS 17, S. 371–427; Lit.: Loibl, Herrschaftsraum, S. 222–231; ders., „Bogener Fehde"; Wurster, Werden.

046 Erneuerung und Bestätigung der Stadtrechte Ingolstadts durch Herzog Ludwig

Ingolstadt, 25. Juli 1312, Pergamenturkunde, Großes Reitersiegel an grüner Schnur, 69 × 47 cm, Stadtarchiv Ingolstadt (Urk B 17)

Das Verhältnis zwischen Stadtherrn und Bürgern wurde durch das Stadtrecht definiert. Allgemein übte der Stadtherr die vom König verliehene obrigkeitliche Gewalt aus und privilegierte die Gemeinde. Das Oberhaupt des Reichs belehnte den bayerischen Herzog mit dem Herzogtum. Dieser übertrug seinerseits gewisse Rechte, meist Nutzungsrechte, auf die Stadt. Diese waren von Regalien abgeleitet (Kaufmannsrecht, Marktrecht, Münze, Bann, Zoll, Befestigungsrecht), von Rechten aus Erb und Eigen (Grundbesitzrechte) und von landesherrlichen Rechten (Gerichts- und Steuerrecht). Die

046

Übertragung dieser Rechte erfolgte durch Privilegierung, im Gegenzug leistete die Stadt dem Stadtherrn die Huldigung und verpflichtete sich zu Heerfolge und Steuerzahlung. Viele Städte erlangten im 14. und 15. Jahrhundert relative Autonomie, in manchen Städten kam es zu Konflikten bis hin zu blutigen Auseinandersetzungen zwischen Bürgern und dem Stadtherrn, wie etwa 1402 in Landshut.

Am 25. Juli 1312 bestätigte Kaiser Ludwig der Bayer den Bürgern zu Ingolstadt alle Rechte, die ihnen seine Vorgänger verliehen hatten. Diese umfassten die Besetzung der Ämter, die Gerichtsbarkeit beziehungsweise den Instanzenzug vom Stadtrichter zum herzoglichen Richter, die Abgrenzung der Strafgerichtsbarkeit als landesherrliches Privileg. Ingolstadts Bürger konnten nicht vor fremde Gerichte gezogen werden, es sei denn, es ging um Güter außerhalb der Stadt. Auch das Eherecht war auf der Basis der freien Bürgerschaft geregelt. Die Rechtsfähigkeit der Frauen beschränkte sich auf das Ablegen des Eheversprechens und die Abfassung des Testaments, in anderen Bereichen bedurften Frauen der Rechtsvertretung durch einen Mann.

Im Gerichtswesen waren die finanziellen Leistungen an den Richter sowie die Bußgelder festgelegt. Es wurde unterschieden zwischen Körperverletzung mit und ohne Todesfolge, zwischen Auseinandersetzungen mit und ohne Waffen und Beleidigungen, wobei – in Zeiten ohne Kriminaltechnik – vor allem das Beibringen von Zeugen ein wichtiges Instrument der Beweisführung war.

Die Bürger waren in ihrer Stellung zum Herzog frei, sie unterlagen nicht den Abgaben und Diensten von Leibeigenen. Die Formel „binnen Jahr und Tag", bezogen auf den Aufenthalt in der Stadt, ermöglichte die Aufnahme in die Bürgerschaft, Voraussetzung war die Erfüllung der Bürgerpflicht, insbesondere Steuer und Wache. Die Bürger zahlten Steuern, ausgenommen waren Pfarrer, die herzoglichen Beamten und das Hofgesinde sowie der Stadtschreiber. Diese Gruppe musste erst ab einem Vermögen von fünf Pfund Pfennigen Steuern entrichten. Die Handwerker (Metzger, Bäcker, Krämer), Flur- und Mooshüter sowie die Hirten entrichteten dem Herzog vierteljährlich eine festgelegte Summe.

Der Text des Ingolstädter Stadtrechts ähnelt dem des Rudolfinums, das Herzog Rudolf 1294 für München erlassen hatte. Zwei Details aus dem Bußkatalog verweisen zudem auf das Innsbrucker Stadtrecht von 1239. Hier ergibt sich die Verbindung über das Grafengeschlecht der Andechser: Ein Andechser hatte Innsbruck zur Stadt erhoben, der Bamberger Bischof Ekbert aus dem Haus Andechs hatte 1228 die Vogteirechte über Niederaltaich (und damit über Ingolstadt) an den bayerischen Herzog Ludwig I. den Kelheimer verliehen.

Das mittelalterliche Rechtssystem basierte auf einzelnen Verleihungen und Privilegierungen, deren Kontinuität auf der Bestätigung dieser Rechte. Herzog Ludwig, später König und Kaiser, begabte die Stadt in zahlreichen Urkunden mit weiteren Rechten: An Herren gebundene Personen wurden in Ingolstadt über Jahr und Tag zu Bürgern, persönlich und an ihren Gütern frei. Zu Pfingsten durfte ein freier Jahrmarkt abgehalten werden. Die Stadt war berechtigt, Steuern und Schulden einzutreiben. Außerdem übertrug ihr der Stadtherr gegen eine jährliche Gebühr die Einnahmen aus dem Brückenzoll und er gab ihr für die Errichtung von Fleischbänken größere Grundstücke zu Lehen. Mit den Kramerläden, die die Stadt gegen eine Zinszahlung vergab, entstanden kleine Geschäftszentren in der Stadt. B. Sch.

Lit.: SHVI I (1875), S. 5, Nr. 43; SHVI III (1878), S. 65–68; Hofmann, Urkunden, S. 25–28, Nr. 2 und S. 185–188, Anl. 4.

047 Liber Rufus der Stadt München

München, um 1365, Pergament, 39 × 13 cm, Stadtarchiv München (DE-1992-ZIM-003)

Der Münchner Liber Rufus, das „Rote Buch", ist eine im Bereich der altbayerischen Gründerstädte einzigartige Quelle. Alle anderen Gründerstädte wurden von den Herzögen zwar ebenfalls mit Privilegien bedacht – Urkunden, in denen ihnen städtische Sonderrechte eingeräumt wurden –, doch ist aus ihren Archiven keine vergleichbare Sammlung und Weiterentwicklung dieser städtischen Rechte bekannt. Zudem sind diese Urkunden in den allermeisten Fällen nur in neuzeitlichen Abschriften erhalten, sodass sich über ihre Materialität und ihren Benutzungskontext nichts sagen lässt.

Gerade dieser ist im Fall des Liber Rufus interessant: Das handliche Schmalfolioformat und der hölzerne, ehemals mit einem roten Ledereinband versehene robuste Einband lassen darauf schließen, dass seine Abfassung zum unmittelbaren Gebrauch vor Gericht bestimmt war. Darauf deuten auch die fortlaufenden Randbemerkungen und die Tatsache, dass die Sammlung – im Übrigen vom Münchner Gerichtsschreiber Perbinus Taentzel angefertigt – zwar eine sachliche Ordnung aufweist, aber weit davon entfernt ist, eine systematische und abschließende Sammlung städtischer Rechtssätze zu sein. Es finden sich in ihr offenbar nur die in der alltäglichen Praxis des Münchner Stadtgerichts benötigten Artikel, womit der Liber Rufus auch eine alltagsgeschichtliche Quelle erster Güte ist.

Die Entstehungsgeschichte und die Motivation zur Abfassung der Sammlung lässt sich anhand der Münchner Kammerrechnungen nachzeichnen: Es war der Münchner Rat, der die Kodifikation in Auftrag gegeben hat. Diese enthielt zunächst 202 Artikel, die Taentzel dem schon seit 1340 geltenden Münchner Stadtrecht, dem „Versiegelten Buch",

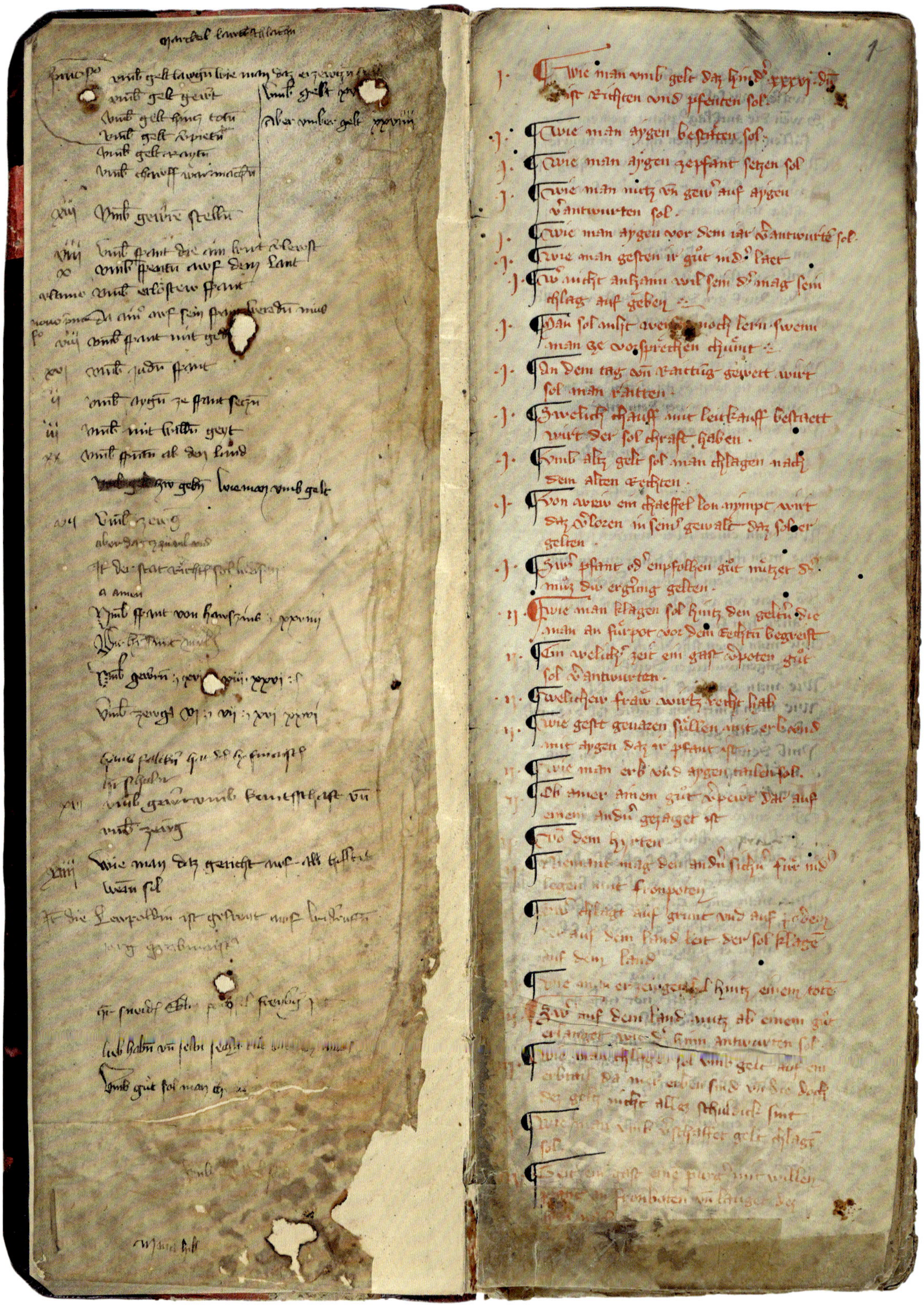

047

entnahm. Diesen fügte er weitere 609 Artikel hinzu. Zum größten Teil nimmt die Sammlung die Bestimmungen des oberbayerischen Landrechts auf, die Kaiser Ludwig der Bayer 1346 kodifizieren ließ. Zwischen diese Bestimmungen wurden die älteren, rein stadtrechtlichen Artikel eingefügt. Die Artikel dieser beiden Quellen blieben nebeneinander stehen, ohne dass sie von Taentzel wirklich integriert worden wären, wenn etwa Stadt- und Landrecht mit der gleichen Materie befasst waren. M. V.

Lit.: Dirr, Denkmäler, Bd. 1, S. 301–502; Volkert u. a., Rechtsbuch, S. 28, 41–44, 109, 182–184.

Wasser in der Stadt

Die zentrale Versorgung mit Wasser war eine der wichtigen Aufgaben in der Stadt. Lange Zeit nutzte man wie zuvor das Grundwasser mittels Ziehbrunnen. Für manche Bereiche der handwerklichen Produktion, die viel Wasser benötigten, oder für die Fischzucht wurden aber bereits Laufbrunnen errichtet. Dafür wurde Wasser von außerhalb in die Stadt geführt und über hölzerne Leitungen verteilt. Nicht zuletzt die Bierbrauer benötigten große Mengen an frischem Wasser. Das Abwasser wurde entweder über kleine Wasserläufe abgeleitet oder man bediente sich mit Holz oder Stein eingefasster Gruben: Latrinen. Diese sind ein sicheres Kriterium, möchte man Stadt und Land unterscheiden. Latrinen bargen allerdings eine Gefahr: Lagen Grube und Brunnen nahe beieinander, konnten sich Infektionskrankheiten rasch ausbreiten.

048 Latrinensitz

Landshut, Holz, 99 × 49 cm, Museen der Stadt Landshut

In den Städten lagen die Latrinen in der Regel am hinteren, der Straße abgewandten Ende der Parzelle zwischen Garten- und Wirtschaftsbereichen. Die Latrinen waren nicht zuletzt wegen der Geruchsbelästigung abgedeckt. Die Nutzungserschließung konnte über eine kleine Hütte auf dieser Abdeckung erfolgen, deren komfortablere Lösung einen solchen Klositz unter Umständen mit Deckel aufwies. Die Latrinengruben waren zumeist mit Holz- und/oder Steineinbauten befestigt und konnten eine Kapazität von mehreren Kubikmetern aufweisen. Da eine Neuanlage in den beengten mittelalterlichen Städten nur eingeschränkt möglich war, mussten die Latrinen von Zeit zu Zeit geleert werden. Teilweise bestand dazu eine Zugriffsmöglichkeit von schmalen Verbindungsgässchen zwischen den Grundstücken aus. Während der Nutzung solcher Latrinen, aber auch mit deren Aufgabe gelangten neben den Ausscheidungen vielerlei Gegenstände als Verlust oder gezielte Entsorgung in die Latrinenfüllung, weswegen sie „Goldgruben" der Archäologie sind. So bestehen hier für organische Materialien wie Holz, Leder oder Textilien günstige Erhaltungsbedingungen, während diese sonst meist im archäologischen Kontext fehlen. Durch naturwissenschaftliche Untersuchungen lassen sich zudem Aussagen über Ernährungsgewohnheiten, Krankheiten, aber auch über die Handelswege bestimmter Waren treffen. Über DNA-Reste können im Einzelfall sogar einzelne Reisende identifiziert werden. M. Wo.

Lit.: Schneider, Ausgrabungen; Wagener, Aborte.

049 Teil eines Wasserleitungsrohrs

Anfang 15. Jahrhundert, Fundort: Ingolstadt, Gießereigelände, Holz, 20 × 2,8 × 3 cm, Stadtmuseum Ingolstadt (A 7330/2959)

Die südlichen, flussnahen Bereiche der Ingolstädter Altstadt liegen deutlich niedriger als die Stadtviertel um die Kirchen und Schlösser auf der überschwemmungsfreien Geländeterrasse. Dort wurde erst gebaut, als weiter nördlich schon mehrere Ansiedlungen bestanden. Das „Hineinwachsen"

048

Ingolstadts in die Flussaue geschah nicht etwa aus Mangel an Bauland, man wollte vielmehr eine unmittelbare Anbindung an den Transportweg Donau erreichen. Dafür nahm die aufstrebende Stadt die Nachteile der periodisch überfluteten Flussniederung in Kauf. Hier haben sich, auch außerhalb der Altstadt, Spuren einer flussnahen vorstädtischen Siedlung erhalten.

Das Fragment einer Wasserleitung, für die man Holz aus dem Jahr 1402 verwendete, wurde östlich des Neuen Schlosses ausgegraben. Auch im Untergrund der Altstadt legen Ausgrabungen immer wieder Spuren frei, die auf eine frühe Nutzung von Wasser hinweisen: Holzbecken und eingefasste Wasserflächen dienten unter anderem der Fischzucht, hölzerne Leitungen regelten wohl die Wasserhaltung zwischen den Becken. Müller, Metzger oder Gerber suchten wie die Fischer die Nähe zum Wasser. Nach Jahrhunderten, in denen die Befestigung der Uferbereiche, Drainagemaßnahmen, die Auffüllung von Geländesenken und Gewässerläufen sowie großflächige Geländeaufhöhungen vorgenommen wurden, ist von der Auenlandschaft innerhalb der Stadtmauer – abgesehen von Straßennamen wie „Egelseestraße" und „Am Bachl" – nichts mehr erkennbar. Die Stadtviertel blieben bis in das 20. Jahrhundert stark gewerblich genutzt. G. R.

Lit.: Ernst u. a., Neuland.

049

050 Eierschalen

Um 1300, Fundort: Ingolstadt, Neckermanneck, Stadtmuseum Ingolstadt (A 6145)

Die aus der Zeit um 1300 stammenden Eierschalen veranschaulichen, wie außergewöhnlich gut sich in der feuchten, weichen Füllung mittelalterlicher Latrinen auch empfindliche Dinge über Jahrhunderte erhalten können. Das gilt ebenso für Textilien, für Gegenstände aus Holz, für Pflanzenreste und andere natürliche Materialien. Die Archäobotanik gewinnt aus deren Untersuchung – oft genügen mikroskopisch kleine Reste, die überdauert haben – Erkenntnisse über das Alltagsleben der Menschen, über Ernährung, Kleidung, Medizin, Bau- und Heizmaterialien, Wohnausstattung und mehr. Pollenanalysen oder parasitologische Untersuchungen geben weitere Anhaltspunkte zu den Lebensumständen der Menschen.

Die Eierschalen gehören zu den Funden aus einer steingemauerten Latrine der Zeit um 1300, die 1994 in Ingolstadt zwischen Moritzkirche und Altem Schloss entdeckt wurde. Hier werden auch die frühesten bebauten Areale der Altstadt vermutet. Erst eine dichtere Bebauung machte aufwendige Entsorgungsschächte notwendig. Ausgrabungen auf und um den benachbarten Rathausplatz haben nachgewiesen, dass in Ingolstadt die für eine Stadt typische Bebauung nicht von Anfang an vorhanden war. Vielmehr entstanden festgelegte Grundstücksparzellen und Straßenzüge mit angrenzender Wohnbebauung erst ab der Wende zum 14. Jahrhundert. G. R.

Lit.: Zach, Ergebnisse.

051 Aquamanile

Süddeutschland (Nürnberg?), 15. Jahrhundert (?), Bronze, Schweifspitze abgebrochen, 33,5 × 33 × 14 cm, Museen der Stadt Landshut (HV 539)

Anlässlich der Eröffnung des Landshuter Museums 1935 vermerkte der Bearbeiter, Albert Rapp, über das Gießgefäß mit Stolz, es handele sich um „eines der größten und schönsten Aquamanile aus dem Beginn des 13. Jahrhunderts. Das Stück, seinerzeit in der Isar gefunden, war von Autoritäten für unecht erklärt worden. Es gelang, die Anerkennung der Echtheit durchzusetzen." Über die genauen Fundumstände und das Zugangsdatum in die Sammlung ist nichts Näheres bekannt. Zeitlich wäre das Handwaschgerät in Gestalt eines Löwen demnach etwa in die Entstehungszeit der Kapelle der Burg Trausnitz zu datieren, deren älteste Ausstattung um 1230/35 angesetzt wird. Im Kontext des Mäzenatentums Herzog Ludwigs des Kelheimers für den Dichter Neidhart (von Reuenthal) stünde es beispielhaft für die kulturelle Blüte im Umkreis der Wittelsbacher und ihrer 1204 gegründeten

Residenzstadt. Allerdings hatten Otto von Falke und Erich Meyer ebenfalls 1935 eine deutlich spätere zeitliche Ansetzung des Aquamaniles vertreten.

Alle bildnerische Energie konzentriert sich in dem mächtigen, emporgereckten Haupt mit dem brüllend geöffneten Maul und der sorgfältig stilisierten Mähne. Der geschweifte Henkel hat die Gestalt eines geflügelten Drachen mit umgewendetem Kopf. Wie üblich, kann das Gefäß über eine mit Scharnierdeckel verschlossene Öffnung im Haupt des Löwen befüllt werden. Tief unten an der Brust kragt der Wasserauslauf hervor. Der als Tierkopf ausgebildete Stutzen war ursprünglich mit einem separaten Zapfhahn versehen. Solche tief angesetzten, mitgegossenen Stutzen sind an Nürnberger Gießtieren des 15. Jahrhunderts zu beobachten. Th. St.

Lit.: von Falke/Meyer, Leuchter, S. 115, Nr. 501a; Mende, Aquamanilien; Niehoff, Wüstenkönig.

052 Aquamanile

Raum Ingolstadt, 14./15. Jahrhundert, Fundort: Kösching bei Ingolstadt, Ton, 19,6 × 27,1 cm, Stadtmuseum Ingolstadt (5018)

Das mittelalterliche Kösching lässt eine planmäßige Anlage, wie sie auch für Ingolstadt gilt, erkennen. Kösching verdankt seine Privilegierung zum Markt ebenso den Wittelsbachern wie Ingolstadt seine Erhebung zur Stadt. Während jedoch in Ingolstadt das Schloss erst im Zuge der Stadtwerdung entstand, existierten in Kösching schon vor der Erhebung zum Markt mehrere ‚Edelsitze'. Der größte liegt im Ortszentrum. Das 1931 bei Erdarbeiten entdeckte Pferde-Aquamanile aus dem 14./15. Jahrhundert wird einem dieser Edelsitze zugeschrieben.

Die aus Metall aufwendig gefertigten Aquamanilen (vgl. Kat.-Nr. 051) dienten im profanen adeligen Milieu zum Händewaschen bei Tisch, im liturgischen Bereich wurden sie bei der

051

Opferbereitung in der Heiligen Messe benutzt. Die aus den lateinischen Begriffen für Wasser (aqua) und Hand (manus) stammende Bezeichnung kam erst im 19. Jahrhundert auf. Kostengünstige Ausfertigungen in Ton, wie das Köschinger Exemplar, waren weit verbreitet. Besonders beliebt waren Pferdemotive, aber auch Aquamanilen in Gestalt von Löwen, Hunden, Hirschen, Widdern, Hähnen sowie Dämonen oder Fabelwesen sind bekannt. Wie archäologische Funde zeigen, waren die Aquamanilen in Ton kein exklusives Gut, sondern fanden in nahezu allen sozialen Schichten Verwendung. In welchen Zusammenhang das Köschinger Exemplar gehörte, ist nicht bekannt. In jedem Fall aber stellt es den bislang bemerkenswertesten Fund aus dem mittelalterlichen Marktkern dar. G. R.

Lit.: Mehler, Aquamanilien.

053 Aquamanile

Wohl 14. Jahrhundert, Fundort: Neuburg a. d. Donau, Färberstraße, Ton, gebrannt, 18 x 12 x 30 cm, Historischer Verein Neuburg a. d. Donau, Schlossmuseum (K 347 [alt N 127])

Das vermutlich in hochgotischer Zeit entstandene figürliche Gießgefäß wurde zu Beginn des 20. Jahrhunderts bei Grabungsarbeiten in Neuburgs unterer Altstadt gefunden. Wie in vielen anderen Städten gibt es auch in Neuburg eine „Obere" und eine „Untere Stadt". Die Vorstadt „under dem perg" war im späten Mittelalter bereits dicht besiedelt, wobei Straßennamen wie der des Fundorts auf die Existenz von Handwerksbetrieben hinweisen. Das geborgene Stück aus dunkelgrau gebranntem Ton ahmt vermutlich bronzene Vorbilder nach (vgl. Kat.-Nr. 051). Es überzeugt vor allem durch seinen ausgezeichneten Erhaltungszustand; lediglich die Ohren des dargestellten Tieres sind beschädigt, ein abgebrochener Teil der „Schnauze", die den Ausguss bildet, wurde offenbar nachträglich ergänzt. Ob das Aquamanile einen Hund – wie früher vermutet – oder doch eher ein Pferd zeigt, wofür die mähnenartig ausgeformte Partie des Hinterkopfs spricht, mag dahingestellt bleiben. M. T.

Lit.: Glaser, Wittelsbach und Bayern, Bd. 1/2, S. 140, Kat.-Nr. 169 (Egon J. Greipl); Neuburger Rundschau vom 27.5.1977.

052

053

054

Die Kirche in die Stadt lassen?

Auf wessen Grund und Boden wurden die Städte erbaut? Nur bei den Burgsiedlungen, in Landshut, Landau oder Dingolfing, waren die Herzöge selbst die Eigentümer. In anderen Fällen gehörte das Land Kirchen oder Klöstern: in Straubing dem Augsburger Domkapitel, in Ingolstadt dem Kloster Niederaltaich, in Deggendorf dem Regensburger Damenstift Niedermünster. Den Wittelsbachern kam zugute, dass sie Vögte dieser Kirchen und Klöster waren. Sie vertraten also die geistlichen Einrichtungen in allen weltlichen Angelegenheiten.

Als Vogt konnte der Herzog eine einheitliche und fortschrittliche Rechtsprechung in der neuen Stadt garantieren. Vom Grundzins für ihre Grundstücke waren die Stadtbewohner aber nicht befreit – der Zins floss weiterhin an Kirchen und Klöster.

Die Pfarrkirche wurde manchmal in der alten Siedlung belassen, wie in Straubing oder Erding/Altenerding. Auch in Deggendorf stimmte die Äbtissin von Niedermünster einer Verlegung in die Stadt offenbar nicht zu – die Kirche musste vor der Stadt bleiben.

054 Flucht nach Ägypten

2. Viertel 13. Jahrhundert, Donaukalkstein,
128 × 189 × 38 cm, Stadtmuseum Deggendorf/
Katholische Kirchenstiftung Mariä Himmelfahrt

Im Jubiläumsjahr 2002 anlässlich der ersten urkundlichen Nennung Deggendorfs 1002 wurde im Stadtmuseum Deggendorf eines der ältesten plastischen Kunstwerke der Stadt präsentiert: das spätromanische Tympanon mit einer Darstellung der Flucht nach Ägypten, das zuvor auf dem Altarstein der Wasserkapelle, einem kleinen Bau neben der Pfarrkirche am Fuß des Geiersbergs, aufgestellt war. Fotografien aus den 1950er-Jahren zeigen, dass das Relief ursprünglich an der Außenwand der Pfarrkirche angebracht war. Zum Schutz vor weiterer Verwitterung hatte man es vermutlich in die Kapelle verbracht.

Seine Größe und die leicht spitzbogige Form lassen das Relief unschwer als Giebelfeld eines Portals erkennen. 1981/82 durchgeführte Grabungen in der Stadtpfarrkirche Mariä Himmelfahrt brachten schließlich letzte Gewissheit. Der Kreisarchäologe Karl Schmotz konnte neben zwei Vorgängerbauten eine dreischiffige Basilika mit rechteckigem Altar-

055

raum und einem mittig angelegten Westportal nachweisen, das von dem Giebelrelief bekrönt wurde. Die freigelegten Basen des Portalgewändes und die Abmessungen des ergrabenen Portalbefunds ergeben mit der Größe des Reliefs ein stimmiges Bild.

Die Darstellung folgt der Ikonografie der Flucht der Heiligen Familie, die sich mit dem neugeborenen Kind aus Bethlehem nach Ägypten auf den Weg macht, um es vor dem Kindermord durch Herodes in Sicherheit zu bringen. Maria sitzt mit dem Jesuskind seitlich auf dem Rücken eines Esels und ist dem Betrachter frontal zugewandt. Auf der rechten Seite ist Josef dargestellt, der den Esel führt. Ungewöhnlich ist die kleine kniende Figur, die Maria den Steigbügel hält und als Stifterfigur interpretiert werden könnte. B. P.-S.

Lit.: Schmotz, Baugeschichte; ders., Untersuchung; Stocker, Tympanon.

055 Ludmilla von Böhmen

Um 1330/40, Fichtenholz, geschnitzt, polychrom gefasst, 50 × 14,5 × 5,5 cm, Kirchenmodell: 19. Jahrhundert, Lindenholz, Zisterzienserinnen Abtei Seligenthal in Landshut

Die böhmische Herzogstochter Ludmilla aus dem Haus der Přemysliden eröffnete über ihre hochrangige Verwandtschaft den Familien ihrer beiden Ehepartner weitreichende politische Möglichkeiten. Sie war in erster Ehe, vermutlich seit 1184, mit Graf Albert III. von Bogen verheiratet. Abt Hermann von Niederaltaich charakterisierte den Grafen, der 1197/98 starb, als wild und kriegerisch. Ihre drei Söhne, Berthold III., Albert IV. und der für ein geistliches Leben bestimmte Liutpold, waren gewiss noch jung, doch nicht mehr minderjährig, als sich der bayerische Herzog Ludwig I. um 1204 zur Ehe mit der erfahrenen und lebensklugen Witwe entschloss.

Die erhoffte Einbindung ihrer Bogener Söhne in die herzogliche Familie blieb allerdings Illusion; diese agierten gleich ihrem verstorbenen Vater höchst eigenwillig und belasteten die landesherrliche Politik. Ludmilla sicherte ihrem wittelsbachischen Ehemann mit der Geburt des späteren Otto II. die Nachfolge im Herzogtum und dürfte ihm über ihre familiären Beziehungen zur Verständigung mit König Ottokar I. von Böhmen verholfen haben.

Nach dem gewaltsamen Tod Herzog Ludwigs I. in Kelheim 1231 betrieb Ludmilla den Bau des Klosters Seligenthal in Landshut, das sie der Memoria ihrer beiden verstorbenen Ehepartner widmete. Sie besetzte Seligenthal mit den in Bayern bisher unbekannten Zisterzienserinnen und stattete ihre Gründung mit fünf Dörfern aus ihrem elterlichen Erbe im Bayerischen Wald aus. Für die geistliche Betreuung gewann sie den Abt von Kaisheim, dem sie dafür das Haupt der hl. Benigna als unveräußerliches Kleinod schenkte. Anfang August 1240 starb Ludmilla. Ihr Grab wurde nach Fertigstellung und Weihe ihrer Gründung von der Afrakapelle in die Klosterkirche übertragen. G. Sch.

Lit.: Kubů, Die Grafen von Bogen, S. 129; Schlütter-Schindler, Frauen, S. 25–29; dies., Ludwig I., S. 230, 236f., 284–287.

057

Alltagsdinge

Viele Aspekte des Lebens in der Frühzeit der Gründerstädte bleiben im Dunkeln. Der Alltag der neuen „Städter" lässt sich nur mühsam rekonstruieren. Es sind Einzelfunde der Archäologen, die Einblicke verschaffen. Dabei fällt auf, dass sich die Relikte aus dem städtischen Umfeld lange Zeit nicht von den Funden auf Burgen unterscheiden, und auch auf dem Land sah es nicht viel anders aus.

Zwar entwickelte sich in den neuen Städten allmählich eine Oberschicht, die sich Luxusprodukte leisten konnte, doch sollte es noch Jahrzehnte dauern, bis sich eine Sachkultur herausbildete, die man als städtisch bezeichnen kann. In dieser Hinsicht blieben die alten Zentren wie Augsburg, Passau oder Regensburg bis in das 14. Jahrhundert hinein unerreicht.

056

a Kienspanhalter

Entstehungsort und -zeit unbekannt, Ton, gebrannt, H. 9,1 cm, Ø 8–13,5 cm, Historischer Verein Neuburg a. d. Donau, Schlossmuseum (K 349 [alt G 118])

b Kienspäne

Burghausen, 1250/1350, Holz, L. 10 cm, Stadtmuseum Burghausen

Kienspäne wie die Exemplare aus dem 13./14. Jahrhundert, die in einer Abfallgrube in Burghausen überdauert haben (nicht abgebildet), waren bis in das 19. Jahrhundert das am meisten gebräuchliche Beleuchtungsmittel. Sie waren weitaus günstiger als etwa Kerzen. Kienspäne wurden zumeist aus stark harzreichem („kienigem") Kiefernholz unter Zuhilfenahme sogenannter Kienhobel in Form vierkantig oder flach gespaltener Stücke unterschiedlicher Länge angefertigt. Ein oder mehrere angezündete Kienspäne gaben ein zwar spärliches, aber immerhin kontrollierbares und auf eine begrenzte Brenndauer angelegtes Licht in dunklen Innenräumen. Zu ihrer Fixierung dienten Halterungen aus feuerfestem Material wie Schmiedeeisen oder Keramik.

Der Kienspanhalter aus hellgrauem Ton, von dem nicht bekannt ist, woher er in die Sammlung des Historischen Vereins gelangte, ist konisch geformt und oben wie unten geöffnet. Die kleinere seitliche und nur nach oben offene Aushöhlung in der Wandung diente wohl zum Auslöschen des Kienspans. Ringsum freihändig eingeritzte Verzierungen in Form einfach stilisierten Blattwerks unterstreichen in ihrer vertikalen Ausrichtung die Grundform des Gebrauchsgegenstands und verleihen ihm gleichzeitig einen dekorativen Charakter. M. T.

Lit.: Brenker, Beleuchtungsformen, S. 182–185.

056

057 Schlüssel

13./14. Jahrhundert, Fundort: Altenstadt bei Schongau, Eisen, geschmiedet, mit gezipfelter Raute, L. 12 cm, Archäologische Staatssammlung München (1976, 2319a)

Neben Keramik haben auch metallische Gegenstände, die in den Boden gelangt sind, gute Chancen, erhalten zu bleiben. Der hier gezeigte Schlüssel stammt aus Altenstadt, das früher Schongau hieß. Dessen Bewohner waren um 1230 in das neue Schongau umgezogen und hatten den Ortsnamen mitgenommen – das alte Schongau wurde so zur ‚Altenstadt'. Geschmiedete Schlüssel finden sich erst seit dem 12. Jahrhundert (vgl. Kat.-Nr. 072). M. V.

Lit.: Glaser, Wittelsbach und Bayern, Bd. 1/2, S. 141, Kat.-Nr. 170c (Egon J. Greipl).

058 Halbfabrikate und Ringe aus Tierknochen

14.–16. Jahrhundert, Fundort: München, St.-Jakobs-Platz, Archäologische Staatssammlung München (2004, 4000 bis 5200)

Als Station auf dem Pilgerweg nach Santiago de Compostela wurde die wohl um 1200 gegründete Kirche am St.-Jakobs-Platz in München bald zum Ziel zahlreicher Pilger. Auf dem Platz vor der St.-Jakobs-Kirche, dem sogenannten Anger, fand spätestens seit 1310/12 die Jakobi-Dult statt, eine Art Jahrmarkt, der über 500 Jahre lang das größte gesellschaftliche Ereignis in München darstellte und den zentralen Handelsplatz für Produkte aller Art bildete. Unter den zahlreichen Funden, die bei archäologischen Ausgrabungen 2002 bis 2004 am St.-Jakobs-Platz gemacht wurden, fallen die umfangreichen Reste von bearbeiteten Tierknochen aus Abfallgruben auf. Verarbeitet wurden vor allem flache, plattenartige Knochenstücke, die sich am Schädel, an den Schulterblättern, am Becken oder an den Rippen von Tieren, besonders von Rindern, finden. An den Abfallstücken und Fehl- beziehungsweise Fertigprodukten kann man erkennen, dass im Umfeld des Jakobsplatzes massenweise Perlen und vor allem Ringe unterschiedlicher Größe hergestellt wurden. Nach zahlreichen Bildbelegen wurden solche Ringe, aufgenäht auf Reifen aus Stoff oder Leder, beim Beten als Zählgeräte verwendet, indem man sie mit den Fingern umklappte. Es sind dies Vorformen des Rosenkranzes, mit denen allerdings kein Mariengebet, sondern das „Paternoster", das „Vaterunser", gebetet wurde. Die großen Abfallmengen zeigen, dass es einen riesigen Bedarf an solchen Paternosterreifen im spätmittelalterlichen München gegeben hat, mit denen sich wahrscheinlich gerade auch die Pilger nach Santiago de Compostela eindeckten. B. H.-G.

Lit.: Brand, Paternosterer; Mittelstraß, Gebetskette.

059 Frauenkopf

1370/80, Stein, 29 × 22 × 18 cm, Stadtmuseum Ingolstadt (1520)

Über die Herkunft des steinernen Kopfs gibt es keine Quellen. Das androgyne schmale Gesicht ist umrahmt von einem Kruseler, dem im 14. Jahrhundert gebräuchlichen Schleier mit gekräuselten Kanten, der in kleine Falten gelegt ist. Auf dem Kopf sitzt eine Haube. Der Funktion nach handelt es sich wohl um einen Kragstein, eine Konsole, die als Gestaltungs- oder Tragelement diente. Die sich infolge der Landesteilungen seit 1255 entwickelnde Residenzstadt Ingolstadt setzte architektonische Standards, die den repräsentativen Ansprüchen der Ingolstädter Herzöge genügen mussten. Noch heute sichtbare Zeugnisse, die die neue Formensprache der Gotik aufnahmen, sind das Spital und das Alte Schloss, der sogenannte Herzogskasten, des Weiteren das Neue Schloss, das Pfründnerhaus und das Münster.

058

Zeitgenossen konnten in solchem Wandschmuck – erhalten hat sich auch ein Männerkopf – Anknüpfungspunkte zu ihrer eigenen Alltags- und Festkultur finden. Die Dargestellten tragen das Gewand nach der Mode der Zeit. Vor allem Kopfbedeckung und Haartracht verweisen auf Stellung und Status: Fürst oder Bürger, ledig oder verheiratet. Frauen veränderten mit ihrer Eheschließung ihre rechtliche Position – und ihre Tracht. Fortan waren sie „unter der Haube" und standen unter der „Munt", der Vormundschaft des Ehemanns. Hatten sie als Ledige das Schapel getragen, einen kranzförmigen Kopfschmuck aus Bändern, so traten sie nun mit dem Gebende der Ehefrauen auf, einer mehrmals um den Kopf geschlungenen Binde mit flachem, haubenartigem Kopfteil. Gerade die Kopfbedeckung kennzeichnete die verheiratete Bürgerin als Vorstand, als Leiterin des Hauswesens, das – anders als man sich das heute vorstellen mag – einen veritablen Wirtschaftsbetrieb darstellte. B. Sch.

059

Wie die Städte in die Höhe wuchsen 1350–1500

Die Stadt des Mittelalters war ein Erfolgsmodell. Die neuen Städte füllten sich mit Menschen – und sie wurden bunter. Es entstand eine städtische, eine bürgerliche Kultur, die sich von der ländlichen Lebenswelt der Bauern und des Adels mehr und mehr unterschied. Die Gründung einer Stadt war kein abgeschlossener, fest umrissener Akt, Planung und Entwicklung gingen vielmehr weiter: Neue Stadtviertel wurden errichtet und mit ihnen neue Befestigungsmauern, neue Plätze, neue Kirchen. Die Städte wuchsen – in die Breite, vor allem aber in die Höhe! Im Schatten der Kirchtürme, der Stadttürme und der großen Bürgerhäuser entstand nun auch Raum für Individualität und Privatheit, ja für ein Leben in Anonymität. Stadt befreit?

Mauern und Fehden

Erst in den Jahren nach 1300 gehörte eine steinerne Mauer zur Standardausstattung einer Stadt. Die Mauer schützte vor Strauchdieben und umherziehenden Söldnerbanden. Mit einer Mauer ließ sich aber auch einer Belagerung standhalten – oft genug führten schließlich die Herzöge der bayerischen Teilherzogtümer Fehden gegeneinander und belagerten dann die Städte ihres Bruders oder Vetters. In rechtlicher Hinsicht bildete die Stadtmauer allerdings keine Grenze, das jeweilige Stadtrecht war meist auch vor den Toren der Stadt gültig und auch dort wurden gegen jeden, der den städtischen Frieden störte, die oft drakonischen Strafen verhängt. Die Mauerringe dieser Zeit waren weiter gezogen als die früheren Befestigungen. Häufig blieben aber viele Parzellen innerhalb der neuen Mauern unbebaut. Es bestand hierfür kein Bedarf mehr, als 1348 in Europa die verheerenden Pestepidemien ausbrachen, die das Bevölkerungswachstum der vorhergehenden Jahrhunderte abrupt bremsten.

060 Burgfriedensstein

Ingolstadt, 1699, Untersberger Marmor, 53 × 22 × 16 cm,
Stadtmuseum Ingolstadt (Dauerleihgabe)

Der Begriff „Burgfrieden", auch „Burggeding", steht für den rechtlichen Sonderstatus mit Mauern umgebener Stätten, also Städte und Burgen. Hier galten die Strafgewalt und das Hausrecht des Stadtherrn, das Fehden und Friedensbruch bei rigorosen Strafen untersagte. Sichtbar gekennzeichnet wurde ein solches Gebiet vielerorts durch Säulen oder Tafeln. Im Spätmittelalter reichte der Burgfriedensbezirk meist weit über die Stadtmauer hinaus. Im späten 16. Jahrhundert fertigten Kartografen entsprechende Burgfriedenspläne an (vgl. Kat.-Nr. 061).

Burgfriedenssteine weisen stereotype Merkmale auf: Die beiden Seiten markieren das jeweilige Rechtsgebiet, hier mit dem Rautenwappen für das Kurfürstentum Bayern auf der einen und dem Stadtwappen von Ingolstadt sowie der Jahreszahl auf der anderen Seite. Der Stein befand sich in der Nähe der Donau bei Mailing, auf der Grenze zwischen Ingolstädter Burgfrieden und herzoglichem Land. B. Sch.

Lit.: Sauer, Zeugen.

060

061 Burgfriedensplan der Stadt Straubing

Straubing (?), um/nach 1602, Feder/Papier, koloriert,
15 montierte Einzelblätter, 1881 auf Leinwand aufgezogen, 140 × 160 cm, Gäubodenmuseum Straubing

In der Legende betitelt als „Der Fürstlichen Haubtstatt Straubing Burggeding", zeigt der Plan eine Landschaftsdarstellung aus der Vogelschau mit einer Ansicht der Stadt Straubing von Süden. Neben den 48 Marksäulen finden sich durch Beschriftung ausgewiesene Ortsansichten wie Ittling, Aiterhofen, Geltolfing und strohgedeckte, von Zäunen umgebene Bauerngehöfte; Waldungen sind durch Baumgruppen, Felder durch Schraffen gekennzeichnet, Besitzrechte sind mit Zahlen vermerkt und teilweise in der Legende erläutert.

Der Plan zeigt den Straubinger Burgfrieden, der die Hoheitsbereiche und die Gerichtsbezirke der Stadt und des Herzogtums Bayern abgrenzte. Mit der Verleihung des Blutbanns, also der Strafen an Leib und Leben, durch Herzog Maximilian I. im Jahr 1602 vereinigte die Stadt die gesamte niedere und hohe Zivil- und Kriminalgerichtsbarkeit in ihrer Hand. Als Jurisdiktionsorgane fungierten das Stadtgericht unter Vorsitz des Ober- beziehungsweise Unterrichters und der Rat.

Die städtische Selbstverwaltung erreichte so ihren Höhepunkt. Der Rat war nicht nur Gesetzgebungsorgan und Verwaltungsbehörde, die unter anderem die Aufsicht über Handwerk und Gewerbe führte, sondern nahm insbesondere auch Aufgaben der freiwilligen Gerichtsbarkeit wahr wie Nachlassregelung und Vormundschaftswesen, erließ vollstreckbare ‚Zahlungsbefehle' und übte die Polizeistrafgewalt aus, wie die Ahndung von ‚Ordnungswidrigkeiten' und geringen Vergehen.

Der Straubinger Burggedingplan zeigt weder eine Signatur noch eine Datierung, während ein ähnlicher Plan im Bayerischen Hauptstaatsarchiv (Pl 573) in Schildchen datiert und signiert ist mit „16 ME 09" und so den Straubinger Maler Michael Eresinger als Verfasser des Plans ausweist. S. M.

Lit.: Krausen, Karten, Nr. 414, S. 130 und Nr. 488, S. 152; Sieghart, Geschichte, bes. S. 167–177; Wimmer, Sammlung, bes. S. 84, Nr. 15.

062 Zwei Wappensteine

1370–1460, Stein, 55 × 70 × 22 cm und 55 × 88 × 27 cm, Stadtmuseum Ingolstadt (1523 und 1524)

In der mittelalterlichen Wahrnehmung galt es, öffentlichen Räumen eindeutige Zeichen zuzuordnen. Dies geschah durch die Anbringung des Wappens einer Person oder Institution. Die Wappensteine mit den Rauten für das Herzogtum Bayern und dem Panther für Ingolstadt am Stadttor signalisierten jedem Ankömmling, dass er sich nun in der herzoglichen Stadt befand. Im 806 erstmals als „villa" urkundlich erwähnten Ingolstadt hatten sich unter der Ägide der Wittelsbacher Herzöge in der Mitte des 13. Jahrhunderts urbane Strukturen entwickelt. Die Herrschaftsverhältnisse spiegeln sich auch in den Siegelbildern der Stadt wider. Das 1291 belegte älteste Siegel zeigt den hl. Mauritius mit Schwert; in dem von 1314 bis 1335 nachweisbaren Siegel stützt sich der Heilige zudem auf einen Schild, der einen steigenden Panther zeigt. Während sich das erste Siegel auf die Schenkung des Königshofs Ingolstadt an das Kloster Niederaltaich 841 durch König Ludwig den Deutschen be-

061

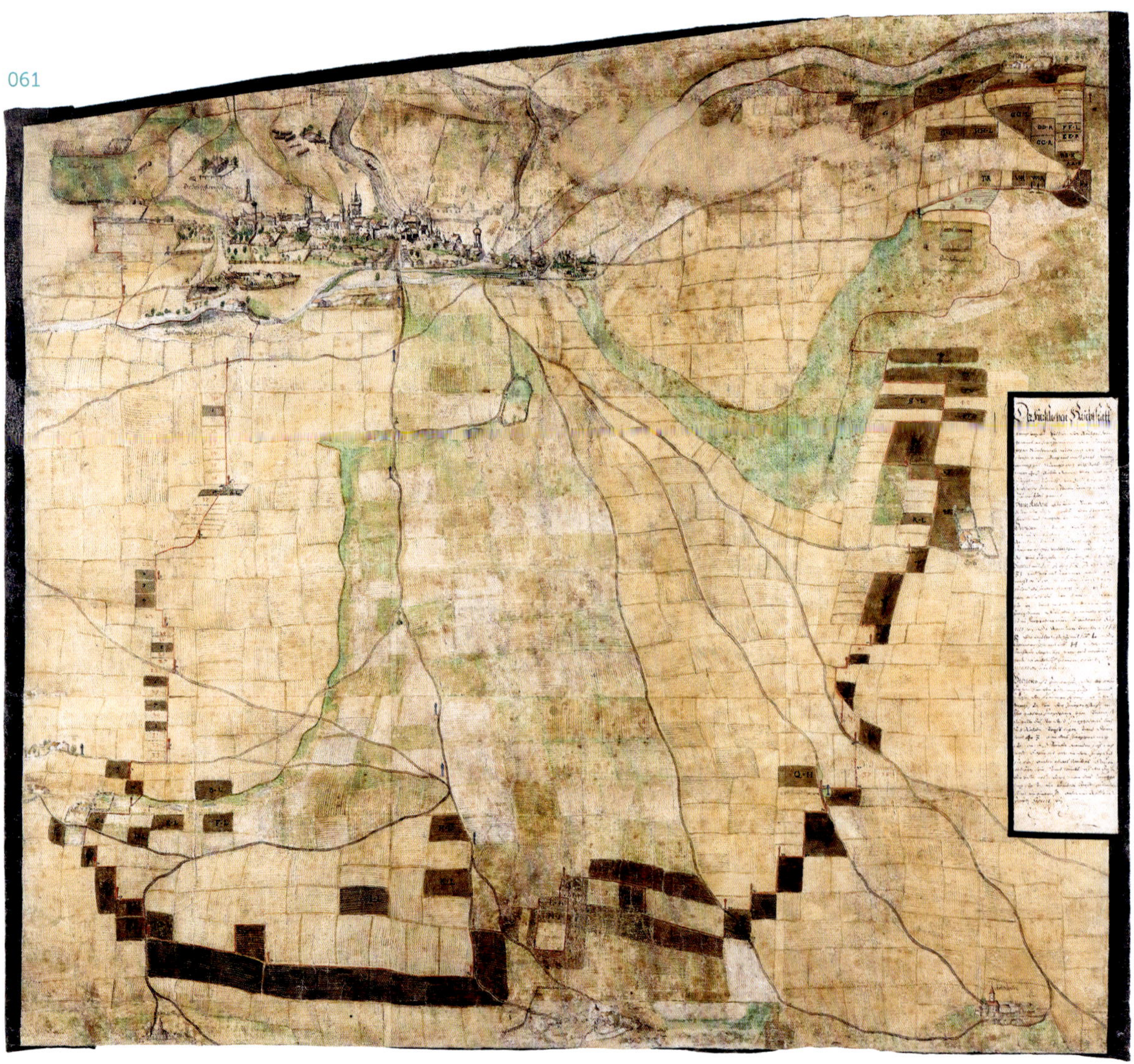

062

zieht, weist der Panther im zweiten Siegel auf den Übergang der Gerichtsherrschaft von den Grafen von Bogen – sie hatten bis zu ihrem Aussterben als Vögte der Niederaltaicher Untertanen in Ingolstadt amtiert – auf die Wittelsbacher, die den Panther als Nebenwappen führten. An den Siegelbildern wird so der Wandel der Rechtsverhältnisse sichtbar: die karolingische Schenkung an das Kloster Niederaltaich, der Übergang der Vogteirechte der Grafen von Bogen an die bayerischen Herzöge und die Entwicklung der Siedlung zur Stadt. Heute zeigt das Ingolstädter Wappen in Silber einen feuerspeienden blauen Panther. B. Sch.

Lit.: Hofmann, Geschichte; Bayerns Gemeinden, www.hdbg.eu/gemeinden (Emma Mages [22.01.2020]); Riedel, Geschichten und Gesichter; ders., Vom Werden einer Stadt.

Ab 1817 wurden die nächtlichen Torsperren etwas gelockert, der Eintritt nach Einbruch der Dämmerung blieb jedoch kostenpflichtig. 1859 beschloss der Rat den Abbruch der Befestigung, damit die an Bevölkerung zunehmende Stadt auch baulich wachsen konnte. Das Äschentor, von dem die Torgeldbüchse der Überlieferung nach stammt, war der Stadtausgang in Richtung Jura und Eidgenossenschaft. Es wurde als erstes der fünf Tore im Jahr 1861 niedergelegt. Im gleichen Jahr hob die Stadt die Torsperren generell auf. Rund zehn Torgeldbüchsen gelangten in den Jahren danach in die Sammlung des Historischen Museums Basel. G. P.

Lit.: Boockmann, Stadt, S. 36; Fischer, Mauern; Müller, Torsperren.

063 Torgeldbüchse

Basel, 16. Jahrhundert, Eisen, rot bemalt, H. 19 cm, Ø 9,3 cm, Historisches Museum Basel (1878.28)

Vom 11. bis in das 19. Jahrhundert war Basel von Mauern umgeben. Während die inneren Ringmauern noch im Auftrag von Bischöfen erbaut wurden, war die äußere, 1398 vollendete Mauer ein Projekt der Bürgerschaft. Diese erlangte im Verlauf des 14. Jahrhunderts immer mehr Selbstständigkeit vom Bischof, unter anderem auch das Recht, Zölle einzuziehen.

Die Mauern einer mittelalterlichen Stadt gaben der Bevölkerung ein Gefühl von Schutz und hoben die Stadt auch symbolisch vom Land ab. Zwar verursachte eine Mauer stets hohe Kosten für Bau und Unterhalt, ermöglichte aber auch Einnahmen. Für das Passieren der Tore erhob die Stadt Brücken- und Wegzölle. Wer nach Einbruch der Dunkelheit Einlass begehrte, musste ein Sperrgeld bezahlen. Auch Fremde oder bestimmte Bevölkerungsgruppen, die in die Stadt wollten, hatten eine Gebühr zu entrichten. Einkassiert wurden die Gelder, die unter anderem zur Finanzierung der Stadtbeleuchtung dienten, in verschließbaren Büchsen, wie dem hier gezeigten Exemplar aus Basel.

063

064 Stadttorschlüssel

16. Jahrhundert (?), Eisen, geschmiedet,
30,5 × 11 × 2 cm, Stadtmuseum Deggendorf (1848)

064

Unter den zwischen 1581 und 1600 entstandenen 102 Ansichten von Städten und Märkten des Herzogtums Bayern im Antiquarium der Münchner Residenz (vgl. Kat.-Nr. 130) findet sich auch eine der ältesten Stadtansichten Deggendorfs. Sie zeigt im Vordergrund die Donau und eine mit Mauern, Türmen und Tortürmen befestigte Stadt. Über den Stadtgraben und durch vier Tore konnte man ins Stadtinnere gelangen, bis Anfang des 19. Jahrhunderts die Stadtbefestigung abgebrochen und die Stadtgräben bebaut wurden. Nur 27 Meter der alten Stadtmauer haben sich – eher durch Zufall – erhalten, weil dort die Seiler den überdachten Wehrgang für ihre Zwecke nutzen konnten.

Im Stadtrecht von 1316 ist festgehalten, dass die Hausbesitzer zum Wachdienst an den Stadttoren beziehungsweise auf der Stadtmauer verpflichtet waren. Als städtische Bedienstete wurden aber auch Torwarte beschäftigt. Aus Ratsprotokollen des 17. und 18. Jahrhunderts geht hervor, dass es immer wieder zu Streitigkeiten mit den Torwächtern gekommen ist und sie mehrfach an die Erfüllung ihrer Pflichten erinnert werden mussten. Im Ratsprotokoll vom 13. Juli 1689 wird ausdrücklich darauf hingewiesen, niemanden mehr nach „Torschluss" in die Stadt zu lassen. Es wurden die Ratsmitglieder Krieger, Käser, Prellinger und Schwaiger mit der Verwaltung der Torschlüssel betraut.

Der Deggendorfer Schlüssel wiegt 543 Gramm; er hat einen flach geschmiedeten, ringförmigen Griff, an den ohne Bund der Hohldorn angeschmiedet ist. Der Bart weist geometrische Aussparungen auf. B. P.-S.

Lit.: Behrendt, Deggendorf, S. 45.

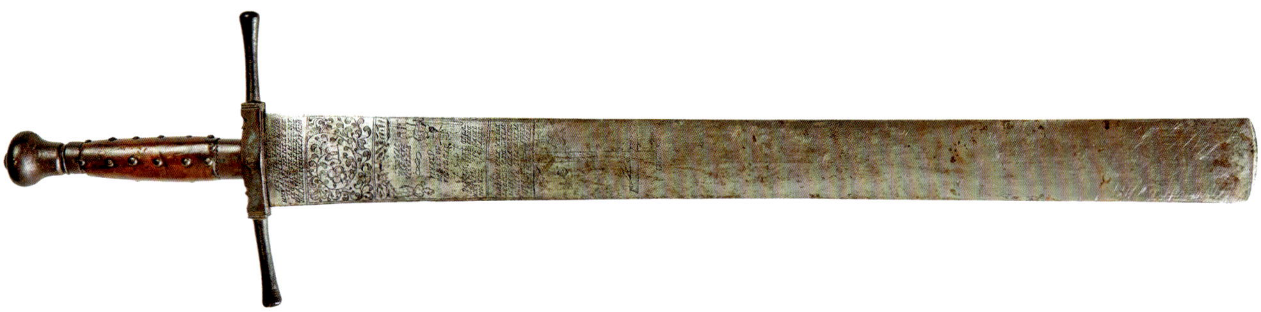

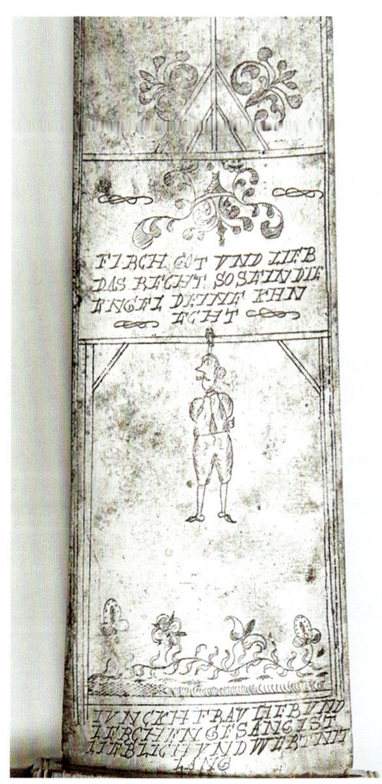

065

065 Richtschwert

Deutschland, 1661[?], Eisen, Leder, L. 105 cm (Klinge 83 cm, Griff 22 cm), Parierstange 25 cm, Gäubodenmuseum Straubing (50892)

Das zweischneidige Richtschwert weist keine Blutrinne auf. Die breite Parierstange endet in einem eisernen Knauf, das Heft ist ebenso wie die Scheide mit Leder überzogen. Auf der Vorderseite ist eine Darstellung von Christus am Kreuz mit Maria und Johannes eingeätzt. Die seitlich von der Darstellung eines Scharfrichters und eines gefesselten Verbrechers begleitete Inschrift lautet: „Wer das Schberdt khaufet es faiz / wirt und fints / eh es verlohrn / wirt der stirbt / eh er khrng wirt. Jesus dir leb ich / Jesus dir stirb ich / Dein Pin ich dot / vnd leb wenig / 1661 / Jvsticia / Soli deo / gloria ... Et Ferbvm / Karo fag / dvm est". „Schav nicht an mich vnd / die meinen schau vor / an dich vnd die Dei / die deinen vrdeil / mich nit wie dv mich / sigst wer wais ob dv / frvmb pist", in der Übertragung von Eduard Wimmer: „Wer das Schwert kauft, ehe es feil wird, und es findet, ehe es verloren wird, der stirbt, ehe er krank wird. Jesus dir leb' ich, Jesus dir sterb' ich, dein bin ich todt und lebendig. 1661. Justitia. Soli Deo gloria. Et verbum caro factum est. (Gerechtigkeit. Gott allein die Ehre. Und das Wort ist Fleisch geworden.) Schau nicht an mich und die Meinen, schau voran dich und die Deinen: urtheil mich nicht wie du mich siehst, wer weiß ob du fromm bist."
Auf der Rückseite finden sich Rad und Galgen eingeätzt und die Inschriften: „Fide sed cui vide (Trau, aber schau wem) / An Gotes Segen ist / alles gelegen", „Firch got vnd lieb / das Recht so sein die / Engel deine Khn/echt". Dem folgt die Darstellung eines Doppelgalgens, an dem ein Verbrecher hängt, darunter die warnenden Zeilen: „Ivnckhfrav Lieb vnd Lerchengesang ist lieblich vnd wert nit lang", „Jungfrauenlieb' und Lerchengesang ist lieblich und währt nicht lang."
Mit seiner dünnen, viereckig abschließenden breiten Klinge, die es für das Durchstoßen von Rüstungen und für den kriegerischen Kampf ungeeignet macht, entspricht das Straubinger Exemplar dem Typus eines Richtschwerts. Unterstützt wird dies durch die Bild- und Spruchgravuren, die mit der Darstellung von Rad, Galgen, Kreuzigung Jesu, Scharfrichter und Delinquent auf die Funktion des Schwerts verweisen. Ob das Richtschwert noch im frühen 19. Jahrhundert im Sitzungssaal des Appellationsgerichts zur Abschreckung öffentlich präsentiert wurde, so Sieghart, sei dahingestellt. S. M.

Lit.: Kühn, Inschriften; Sieghart, Geschichte, bes. S. 100; Wimmer, Sammlung, S. 103, Nr. 37; Wolf, Henker.

066

a Hakenbüchse

Wohl Lorenz oder Hans I. Beheim, Nürnberg, um 1460/70, Bronze, L. 81 cm, Ø 19,8 mm, Gäubodenmuseum Straubing

b Hakenbüchse

15. Jahrhundert, Eisen, Holz, L. 183 cm, Bayerisches Armeemuseum, Ingolstadt (A 215)

Die Hakenbüchse, auch Handrohr genannt, zählt zu den Handfeuerwaffen. Die hier gezeigte Hakenbüchse aus Bronze (a) lässt sich durch die Gießermarke der Nürnberger Rotschmiedefamilie Beheim, seit 1407/12 in Nürnberg ansässig, mit ihrer dritten Generation, Lorenz Beheim d. Ä., 1456 Rotschmiedemeister, und seinem Bruder Hans, Neumeister von 1468, zuordnen: Die ältere, kleinere Gießermarke mit dreiblättrigem Kleeblatt auf Halbkreis wird durch die neue Marke, ein kleines p, ergänzt. Die Zuschreibung der nicht mehr vollständig erhaltenen Hakenbüchse erfolgt aufgrund eines weitgehend gleichen Exemplars in der Sammlung des Gäubodenmuseums, die ebenso eine hinten rechts angelegte Zündpfanne mit verloren gegangenem Zündpfannendeckel, Standvisier und Korn sowie zehn durchlaufende Kanten aufweist. Jedoch entstammt die Hakenbüchse, die auch auf die Verbindungen Straubings nach Nürnberg in dieser Zeit verweist, nicht unmittelbar aus dem Straubinger Zeughaus. Vielmehr handelt es sich um einen Bodenfund, der bei Grabungen geborgen wurde, die ab 1987 in der Schmidlgasse in unmittelbarer Nähe der westlichen Stadtmauer durchgeführt wurden. Wie weit die Hakenbüchse in einen fortifikatorischen Zusammenhang zu stellen ist, bleibt unklar, da die bei der Grabung ansonsten gemachten Funde und Befunde, vornehmlich Keramik und Öfen, belegen, dass der westliche Bereich des Stadtgebiets außerhalb der damaligen

066 a, b

067

Stadtbefestigung lag; erst in der ersten Hälfte des 16. Jahrhunderts wurde die Stadt nach Westen erweitert und die neue Stadtmauer über dem vormaligen Handwerkerviertel errichtet. Im Allgemeinen wurden Hakenbüchsen aber durchaus zur Verteidigung der Stadtmauer eingesetzt und aus den Schießscharten heraus abgefeuert.

Ein vergleichbares Stück, bei dem sich auch der Kolben erhalten hat, befindet sich im Armeemuseum Ingolstadt (b). Der Hersteller der Hakenbüchse, die im rückwärtigen Laufteil zwei Marken aufweist, ist nicht bekannt. S. M.

Lit.: Endres/Prammer, Ausgrabungen; Prammer, Grabungen; Tittmann, Handfeuerwaffen, Bd. 1, S. 506f.

067 Armbrust

Deutsch, 15. Jahrhundert, Horn, Birkenrinde, Hanf, Eisen, Leder, Laubholz, Bein, Bogenlänge gesamt: 78 cm, Säulenlänge mit/ohne Steigbügel 97,5/85,5 cm, Gäubodenmuseum Straubing

Insgesamt sind fünf in der ersten Hälfte des 15. Jahrhunderts entstandene Kriegsarmbruste bekannt, die mit dem ehemaligen Straubinger Zeughaus in Verbindung stehen: Drei werden im Gäubodenmuseum Straubing aufbewahrt, eine im Jagd- und Fischereimuseum München, eine weitere befindet sich in Privatbesitz. Sie zeigen ein in die Säule eingebranntes „S“ für „Straubing“ oder am Bogenende rückseitig ein weißrot geteiltes Dreieck, abgeleitet vom Straubinger Stadtwappen. Solch schlichte Armbruste, die in Einbundnähe an den hölzernen Säulen das Initial des Stadtnamens oder ein Wappen(element) aufweisen, sind auch aus den Zeughäusern in Luzern, Basel und Köln bekannt. Das hier gezeigte Exemplar gehörte im 15. Jahrhundert zum Zeughausbestand der Stadt Straubing. Wie die anderen Waffen war die Armbrust für den militärischen Einsatz vorgesehen und wurde bei Bedarf leihweise an Bürger oder Söldner ausgegeben, wenn es darum ging, die Stadtgrenzen zu verteidigen oder die Burg eines Gegners zu belagern beziehungsweise einzunehmen. Die Armbrust wurde vom 12. bis in das 16. Jahrhundert als wirksame Waffe verwendet. Ein aus 100 Meter Entfernung abgeschossener Bolzen hatte bei entsprechender Treffsicherheit tödliche Wirkung. Schutz boten Plattenharnische, die auch auf kurze Distanz nicht durchschlagen wurden.

Die Armbrust aus dem Gäubodenmuseum besitzt einen schlanken, leicht reflexiven Hornkompositbogen mit D-Profil, die Birkenrindendecke ist mit einem aufgedruckten Punktdekor verziert, während die geschwärzten Sehnenlager doppelt gekerbt sind. Die original erhaltene Hanfsehne ist aus etwa 120 Fäden geknotet, für die 0,8–1 mm starkes Garn in Z-Drehung verwendet wurde. Der Einbund des Bogens besteht aus feinen Hanffäden, ebenfalls in Z-Drehung. Der eiserne Steigbügel wird von einem Ledergeflecht gehalten. Die schlanke Säule aus feinmaserigem Laubholz weist glatte Beineinlagen auf. Links nahe dem Einbund ist das eingebrannte „S“ für die Stadt Straubing zu sehen. Um die Bogengabel vor dem Aufreißen zu schützen, ist sie fest mit Einbundfäden verschnürt, die durch zwei Bohrungen an der Ober- und eine an der Unterseite geführt sind. Später fiel diese umständliche Schnürung weg und ein Eisenniet hinter der Bogengabel erfüllte diesen Zweck. Das einachsige Schloss weist eine im Faden laufende Nuss aus Geweihmaterial auf, in der ein eiserner Einbau vernietet ist, an dem die eiserne Abzugsstange einrastet. Der Bereich der Nuss ist seitlich mit Hornintarsien verziert. Ein unten vernieteter eiserner Zahn für die Spannvorrichtung (Rollenspanner) ragt oben hinter dem Schloss aus der Säule. H. R.

Lit.: Richter, Hornbogenarmbrust, bes. S. 39–41, 44, 83; Wimmer, Sammelblätter, Nr. 28 vom 10.5.1882; allgemein zur Armbrust: Jahn u. a., Adel in Bayern, S. 52ff., Kat.-Nr. 1.32f. (Christian Lankes).

068 Pavese der Stadt Schongau

Schongau, 2. Hälfte 15. Jahrhundert, Laubholz, Leinwand, Schweine-Rohhaut, gefasst, Ochsenziemer, 74,4 × 42 × 8,2 cm, Bayerisches Nationalmuseum, München (W 317)

Pavesen sind annähernd hochrechteckige Schilde für den Fußkampf, die an einem Griff auf der Rückseite mit einer Hand gehalten werden. Ihre Bezeichnung wird schon im 14. Jahrhundert von der Stadt Pavia hergeleitet, deren militärisches Renommee den Schilden ihren Namen gegeben haben soll. Ein städtisches oder adeliges Wappen erscheint auf Pavesen oft relativ klein, jedoch mit Helmzier und gelegentlich Schildhaltern dekorativ ausgeführt. Die Schongauer Pavese ist insofern bemerkenswert, als das Wappen der Stadt vollflächig auf der Vorderseite prangt, in Gold ein schwarzer, rotbezungter Adler, der im Brustschild die bayerischen Rauten zeigt. Diese verweisen auf die seit 1268 bestehende Zugehörigkeit Schongaus zum Herrschaftsbereich der Wittelsbacher und sind seit 1393 auf dem seinerseits seit 1270 belegten Adler nachweisbar. Der vertikale vorspringende Steg der Pavese wird auf der Rückseite von einem T-förmig gespaltenen Ochsenziemer überspannt, der den Griff bildet. Eine alte, wenn auch nicht originale Schnur diente dazu, den Schild an der Wand des Arsenals im Schongauer Rathaus aufzuhängen. Dort wird sich der Schild deutlich länger befunden haben als im Kampfeinsatz, zumal er keine Einschläge von Armbrustbolzen oder Beschädigungen durch Schwerthiebe aufweist. Größere Pavesen ließen sich als Bollwerke aufstellen, um einen Schützen bei Beschuss zu decken; im freien Feld bildete man damit eine regelrechte Schildmauer, in deren Schutz sich die Armbrustschützen (vgl. Kat.-Nr. 067) dem Gegner nähern konnten. Diese Gefechtsführung hatten die altbayerischen Kriegsleute durch die Hussiten und später durch böhmische Söldner kennengelernt. Kleinere Pavesen wie das hier gezeigte Exemplar dienten vor allem als Schutz vor Geschossen bei einer Erstürmung oder auf der Gegenseite bei der Verteidigung einer Stadtmauer. Nebeneinander auf der Mauerkrone aufgereiht, müssen sie eine eindrucksvolle Phalanx der Schongauer Stadtherrschaft geboten haben. R. B.

Lit.: Beuing, Pavesen; ders., Schilde, S. 152–154; Jahn u. a., Adel in Bayern, S. 51f., Kat.-Nr. 1.31 (Christian Lankes).

068

069 Stangenwaffen

a Helmbarte

Um 1480, Stahl, Holz, 215 × 22,5 cm, Bayerisches Armeemuseum, Ingolstadt (A 128)

b Ahlspieß

15. Jahrhundert, Stahl, Holz, L. 297 cm, Bayerisches Armeemuseum, Ingolstadt (A 58)

c Streitaxt

Ende 15. Jahrhundert, Stahl, 227 × 16,5 cm, Bayerisches Armeemuseum, Ingolstadt (A 6744)

d Knebelspieß

Ende 15. Jahrhundert, Stahl, Holz, L. 225 cm, Ø 4,1 cm, Bayerisches Armeemuseum, Ingolstadt (A 64)

Im Nahkampf des Mittelalters und der frühen Neuzeit war ein gepanzerter Reiter einem einzelnen Fußsoldaten bei einem Angriff weit überlegen. Seine Körperpanzerung und die erhöhte Position auf dem Pferd waren einschüchternd, zudem hatte der Reiter den Vorteil, mit einer Schlagwaffe oder einem längeren Schwert weiter und wuchtiger ausholen zu können als der Fußsoldat. In Formation konnten mehrere Fußkämpfer mit langen

Stangenwaffen einem Ritter jedoch durchaus wirksam entgegentreten. Hierfür war Disziplin nötig, die durch straffen Drill eingeübt wurde. Im koordinierten Zusammenspiel war eine Vielzahl an Fußkämpfern durchaus in der Lage, Kavallerieattacken standzuhalten und diese auch zurückzuschlagen. Die Schlacht von Sempach 1389 gilt hier als ein Wendepunkt, bei dem die neue Taktik erstmals erfolgreich war. Aber auch schon 1315 in der Schlacht von Morgarten ist diese Entwicklung zu erkennen. Damit begann im 14. Jahrhundert der Siegeszug der Fußtruppen. Die Ritterheere waren nicht mehr länger die Beherrscher der Schlachtfelder.

Im Laufe der Jahrhunderte entwickelte sich eine große Zahl verschiedenartiger langstieliger Waffen. Sie konnten teilweise sehr einfach hergestellt werden, waren aber dennoch höchst effektiv und als Mehrzweckwaffen einsetzbar. Mit ihnen war es möglich zu hauen, zu stechen und zu schneiden. Besonders verbreitet war die Helmbarte (a), üblicherweise Hellebarde genannt (vgl. Kat.-Nr. 070). Ihre schwere Axtklinge und die Stoßklinge machten sie zu einer Kombination aus kurzstieliger Schlagwaffe und langstieligem Spieß. Mithilfe des Schnabelhakens war es außerdem möglich, einen Reiter vom Pferd zu ziehen. Die Helmbarte taucht ab dem 14. Jahrhundert in einer Vielzahl von Varianten auf. Zunächst bestand sie aus einem einfach geschmiedeten rechteckigen Eisen, dessen obere Kante in einer Spitze auslief. Im Lauf der Zeit veränderten sich Aussehen und Verwendung dieser sehr wirkungsvollen Waffe jedoch immer wieder. In den Zeughäusern lagerte sie im ausgehenden Mittelalter hundertfach, denn mit der Helmbarte konnte man – anders als beispielsweise mit dem Schwert – sogar einen Harnisch durchschlagen. Mit ihr umzugehen erforderte Geschick, konnte jedoch gut eingeübt werden. Um 1500 war sie so alltäglich geworden, dass sie im Verteidigungsfall an die Bürger der Städte ausgegeben wurde. Das mag auch ein Grund dafür sein, dass gerade diese Form der Stangenwaffe heute wie keine andere für die Figur des Nachtwächters steht. Die Straßen des Mittelalters waren weitgehend unbeleuchtet und offenes Feuer eine stete Gefahr. Deshalb hatten die von den Städten bestellten Nachtwächter in den finsteren Straßen für Ruhe und Ordnung zu sorgen sowie die Brandwache zu übernehmen. In einigen Orten mussten sie zudem auf verdächtige Personen achten, die sich in der Nähe herumtrieben, um dann in der Nacht in die Stadt zu schleichen. Als Schutz bei ihrem manchmal nicht ungefährlichen Einsatz führten die Nachtwächter Stangenwaffen, vorwiegend Helmbarten und Spieße, mit sich.

Weit verbreitet waren auch Ahlspieße (b), die – anders als Helmbarten – leicht herzustellen waren. Als reine Stichwaffe bestehen sie lediglich aus einer Stange mit einer extrem langen vierkantigen Spitze. An ihrer Tülle ist meist eine runde Parierscheibe angebracht. Mit dem Ahlspieß konnte man den Träger eines Plattenharnisches schwer verletzen, wenn der Stoß zwischen die Platten in den Körper eindrang.

069 a

069 b

069 c

069 d

Die Verwendung von Werkzeugen als Waffen lässt sich schon früh beobachten. Gerade bei der Axt lag es nahe, diese auch im Kampf zu benutzen. Mit einem langen Stiel versehen, entstanden so äußerst gefährliche Schlagwaffen. Bei dem hier gezeigten Exemplar (c) findet sich auf der einen Seite eine breite Schneide, auf der anderen eine hammerartige Verstärkung, mit der man dem Gegner schwere Verletzungen zufügen konnte. Ergänzt wird die Axt durch eine lange vierkantige Stoßklinge.

Der Knebelspieß (d) – hier mit einem dreieckigen Knebel und einer schweren, rautenförmigen Klinge versehen – war in gewisser Hinsicht eine Weiterentwicklung der Pike. Üblicherweise versah man ihn mit zwei seitlich angebrachten Knebeln, die verhindern sollten, dass die Waffe zu weit in den Körper des Gegners eindrang. So konnte man sie leichter wieder herausziehen, um nun nicht selbst wehrlos zu sein.

Die hier gezeigten Objekte gelangten Anfang des 20. Jahrhunderts in das Bayerische Armeemuseum. Woher die Waffen ursprünglich stammen, ist nicht mehr eindeutig festzustellen. So wurde der Ahlspieß zwar mit dem Städtischen Museum in Straubing getauscht, aber ob er ursprünglich aus Straubing stammt, muss eine Vermutung bleiben. Knebelspieß und Streitaxt kamen von Privatleuten als Geschenk oder im Tausch an das Armeemuseum. Die Helmbarte wurde aus dem Artilleriedepot Augsburg überwiesen, doch lässt sich auch hier nicht sicher sagen, dass die Waffe tatsächlich zum Bestand des Zeughauses der Reichsstadt gehört hat. T. Sch.

Lit.: Bahn u. a., Türmer; Beglinger/Leutenegger, Stangenwaffen; Großmann, Mythos Burg.

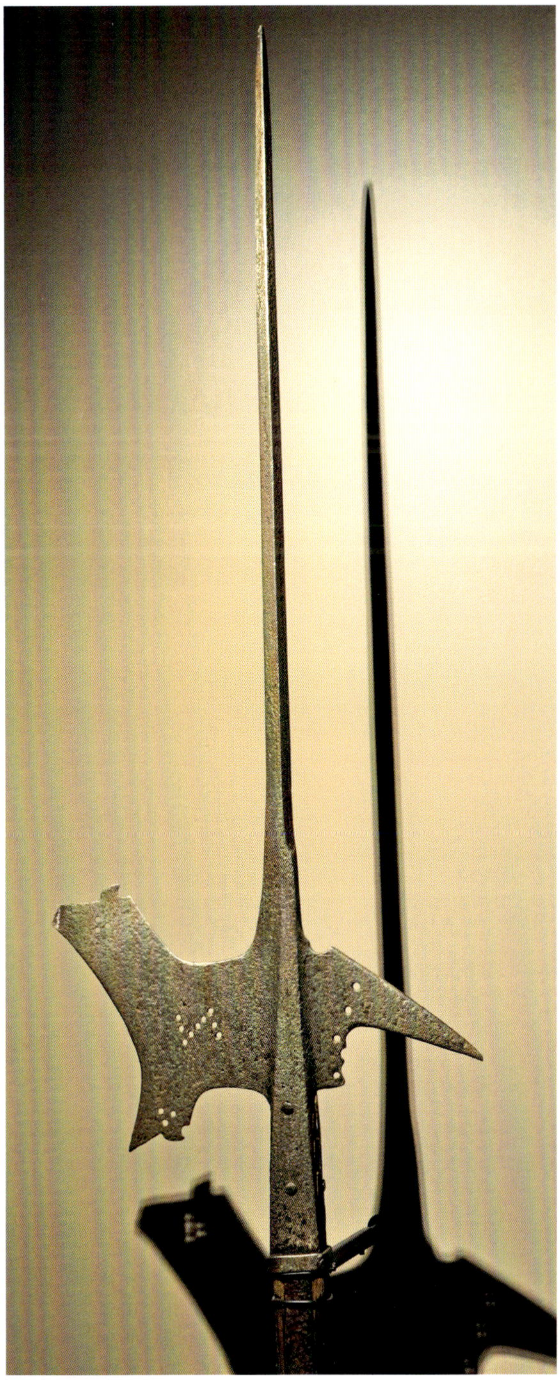

070

070 Helmbarte

2. Hälfte 16. Jahrhundert, Eisen, Holz, L. 223 cm,
Museum Erding (5818)

Hellebarden haben sich in zahlreichen musealen Sammlungen erhalten, bei der Päpstlichen Schweizergarde sind sie sogar noch heute in Gebrauch. Im Einsatz waren diese Stangenwaffen bei den Fußkämpfern des 14. bis 16. Jahrhunderts vor allem gegen gepanzerte Reiter (vgl. Kat.-Nr. 069). Auch in den städtischen Rüstkammern und Zeughäusern lassen sich Hellebarden seit dem 14. Jahrhundert nachweisen. Im Verteidigungsfall wurden sie an Stadtbewohner ausgegeben, die über keine eigene Bewaffnung verfügten. Städtisches Wachpersonal, wie Nachtwächter, führten ebenso Helmbarten mit sich.

Ob die im Museum Erding erhaltenen Helmbarten aus der städtischen Rüstkammer stammen, lässt sich nicht mit letzter Sicherheit sagen. Der vermutlich früheste schriftliche Nachweis von Waffen im städtischen Eigentum Erdings findet sich in der Stadtkammerrechnung von 1595. Darin ist vermerkt, dass „Steffan Hillmair Püchsenmacher ... Dopl Hägkhen und Helmparten aufm Rathaus" instandgehalten hat. Dass in der Rüstkammer eine gewisse Menge an Trutz- und Schutzwaffen vorhanden war, zeigt die Stadtkammerrechnung von 1604: Ein „Bannzermacher" putzte und besserte „etlich Bannzer, Harnisch, Spies und Hellepartten" und benötigte dafür immerhin „bis in die 6 Wochen". 22 Hellebarden erwähnt schließlich die Stadtkammerrechnung von 1620 für den ehrenvollen Empfang Herzog Maximilians I. Nach der siegreichen Schlacht am Weißen Berg reiste er von Böhmen nach München zurück und machte in Erding Station. E. B. / M. H.

Quellen: Stadtarchiv Erding A II, Stadtkammerrechnung 1595, S. 71; Stadtkammerrechnung 1604, S. 167; Stadtkammerrechnung 1620, S. 127.

Leute und Steine

Ein ehrliches Handwerk machte die Bürger wohlhabend, noch einträglicher aber war der Handel mit Gewürzen, Salz, Wolltuchen und begehrten Luxusprodukten. Die Städte entwickelten sich: Die Holzhäuser der Gründerjahre machten gemauerten Häusern Platz, die Stadt wurde – zumindest in Altbayern – zur steinernen Stadt. Südlich der Donau baute man fast ausschließlich mit Backstein.

Mit dem festen Bürgerhaus grenzte man sich stärker nach außen, zur Straße hin ab. Im hinteren und oberen Bereich der Häuser fand sich das Private in Stuben und Kemenaten. Einen eigenen Raum bildete der innen gelegene Garten, in dem sich insbesondere das „Frauenleben" abspielte. Umso mehr wurden Straßen und Plätze zum öffentlichen Raum, zum Ort für Handel und Kommunikation – allerdings nur bei Tag, ein Nachtleben im heutigen Sinn gab es nicht. Der Tag-/Nachtrhythmus folgte weitgehend den vom natürlichen Licht vorgegebenen Zeiten, die Stadt war in der Nacht stockdunkel.

071 Teile einer Bohlenwand

Mitte 13. Jahrhundert und später, Fundort: Kelheim, Hafnergasse 6, Holz, Nägel, 2 Teile, 94 × 294 × 18 cm, Archäologisches Museum der Stadt Kelheim (2921)

Bei Bauuntersuchungen 1985/86 im Vorgriff auf den Abriss des Hauses Hafnergasse 6 in Kelheim wurden im ersten Stock die Reste einer gotischen Bohlenstube entdeckt. Derartige Konstruktionen mit Eckständern und in Nuten eingelassenen Bohlen gehen auf den einfachen ländlichen Blockbau zurück. Im städtischen Hausbau entwickelten sich die Bohlenstuben dann zum repräsentativen „Haus im Haus", bis sie im Lauf der Zeit als Trennwände oder Vertäfelungen eine weitere Verwendung fanden. Für die Konstruktion einer Bohlenstube band der Zimmerer die Stube ab und errichtete sie dann mit einem einfachen flach, trapezförmig oder tonnengewölbt ausgeführten Dach, bevor der Maurer sie umbaute. Zur Belüftung und Beleuchtung waren in unregelmäßigen Abständen Fenster, meist nur eine Bohlenhöhe stark, eingelassen, die mit simplen Schiebeläden geöffnet werden konnten. Der Zugang zur Stube erfolgte über eine Brettertür.

Für die aus der Hafnergasse stammenden Nadelhölzer liegen dendrochronologische Daten vor: 1248, 1358, 1361, 1525 und 1567. Es handelt sich somit um Reste einer Stube aus dem 13. Jahrhundert. Die Hölzer wurden im 16. Jahrhundert sekundär zusammen mit den jüngeren Teilen wohl zur Aufstockung des Hauses verwendet. Dafür sprechen auch die Drehung einer Bohle – ein gotisches Spitzbogenfensterchen steht nun auf dem Kopf – sowie der dauerhafte Verschluss eines Fensters mittels eines aufgenagelten Buchdeckels. Die auf dem Putz aufgebrachte weißlich-blau-graue Tünchung trägt eine Schablonenmalerei und stammt aus dem 19. Jahrhundert. B. S.

Lit.: Burger-Segl, Kelheim, S. 70.

071

072

072 Schlüssel

Eisen, geschmiedet, 13,5 × 5 cm,
Stadtmuseum Ingolstadt (2060)

Bereits aus den frühesten Epochen stammen Relikte des menschlichen Bedürfnisses, sich und seinen Besitz zu schützen: Schloss und Schlüssel. In den keltischen Häusern sind es einfache, aber doch effiziente Verschlüsse. Ab dem Spätmittelalter entwickelten sich Schlösser in höchster technischer und kunsthandwerklicher Vollendung. Aus den römischen Schieberiegelschlössern entstanden schließlich die heutigen Sicherheitsschlüssel, die vor unerwünschten Zutritten und Zugriffen schützen.

Mit dem Wunsch nach mehr Sicherheit und Privatsphäre wurden Schloss und Schlüssel im Lauf der Zeit technisch ständig verbessert. Ausgeklügelte Mechanismen wurden ersonnen, zugleich lassen Schloss und Schlüssel den Stil ihrer Zeit erkennen. Hier schufen die Handwerker in der Verbindung funktional-technischer mit formal-gestalterischen Vorgaben, insbesondere in der Renaissance- und Barockzeit, oft höchst anspruchsvolle Erzeugnisse. So sicherten Schloss und Schlüssel einerseits den privaten Raum und Besitz und stellten diesen andererseits in ihrer repräsentativen Gestaltung gleichsam öffentlich zur Schau. B. Sch.

073

a Flacher Dachziegel („Spitzschnitt")

12.–13. Jahrhundert, Fundort: Zeholfing / Landau a. d. Isar,
Pfarrkirche St. Laurentius, Keramik, 44,9 × 23,2 × 1,8 cm,
Kreisarchäologie Dingolfing-Landau (KRA-DGF-IV: 10165)

b Flacher Dachziegel („Rechteckschnitt")

12.–13. Jahrhundert, Fundort: Zeholfing / Landau a. d. Isar,
Pfarrkirche St. Laurentius, Keramik, 43,4 × 23,4 × 1,6 cm,
Kreisarchäologie Dingolfing-Landau (KRA-DGF-IV: 101652)

c Flacher Dachziegel („Rechteckschnitt")

12.–13. Jahrhundert, Fundort: Zeholfing / Landau a. d. Isar,
Pfarrkirche St. Laurentius, Keramik, 42,4 × 21,8 × 2,2 cm,
Kreisarchäologie Dingolfing-Landau (KRA-DGF-IV: 101653)

Die vorliegenden Dachziegel gehören der frühesten in Altbayern nachweisbaren Gruppe von Ziegeln an. Flache Dachziegel dieser Art sind bereits ab Anfang des 12. Jahrhunderts im Umfeld von Klöstern zu finden. Sie sind damit deutlich älter als die frühesten Mauerziegel vom Ende des 12. Jahrhunderts. Zur Deckung von Bauten der geistlichen und weltlichen Herrschaft fanden im 12. Jahrhundert Flachziegel Verwendung. Im Gegensatz dazu wurden ab dem 13. Jahrhundert Hohlziegel (Mönch-Nonne-Deckung) zur Eindeckung von Profanbauten des wohlhabenden Bürgertums benutzt. Aus Brandschutzgründen war in den Städten, insbesondere seit dem Spätmittelalter, die kostspielige Deckung mit Ziegeln vorgeschrieben. Die immer wieder erneuerten Gebote sprechen allerdings da-

073 a

073 b

073 c

074

für, dass bis in die frühe Neuzeit hinein ein nicht geringer Teil der Dachdeckungen aus preiswerteren Materialien wie zum Beispiel Holzschindeln oder sogar Stroh bestand. Für die Zeit der frühen Städte des 12./13. Jahrhunderts in Altbayern lässt sich mit Sicherheit sagen, dass die meisten Dächer mit Holzschindeln oder Stroh und nur sehr wenige mit prestigeträchtigen roten Ziegeln gedeckt waren. F. E./S. L

Lit: Eibl, Neues, bes. S. 227–230; ders., Keramik- und Steinfunde, S. 45–49.

074 Messkette

Franken, 16.–18. Jahrhundert, Eisendraht, gezogen, Ø 0,35 cm, Gesamtlänge ca. 30,4 m, Zwischenglieder Messing, Germanisches Nationalmuseum, Nürnberg (WI 427)

Die Messkette besteht aus 50 Streckengliedern, die durch kleine Ringe miteinander verbunden sind. An beiden Enden finden sich zunächst runde Ösen, durch welche die Ziehstäbe gesetzt wurden, dann tulpenförmige Ösen zur Handhabung. Nach jedem zehnten Streckenglied ist ein Messingring mit Mittelsteg eingearbeitet und je mittig dazwischen noch ein einfacher Messingring. Die Bronzeringe unterteilen die Kette in fünf Ruten à 365 (± 0,5) cm beziehungsweise zehn Klafter à 182,5 (± 0,5) cm. Die Rutenlänge entspricht trotz der gliedermäßigen Zehnteilung ganz gut einer fränkischen Werkrute von 364,8 cm zu zwölf Fuß à 30,4 cm.

Das ganze Mittelalter hindurch dienten rechtwinklig festgepflockte Richtschnüre, also große Winkel, dazu, Gebäudegrundrisse im Gelände abzustecken. Unter anderen erwähnt der Mathematiker Leonardo Fibonacci in seiner 1220 erschienenen „Practica geometriae" die Ausmessung von Häusern und Feldern mit Messlatten, Fußmaßen und zwölfgeteilten Schnüren („cum perticis et pedibus et unciis linealibus"). Eiserne Messketten waren spätestens im 16. Jahrhundert bei der Feldmessung üblich. Sie hatten im Vergleich zur Messschnur den Vorteil, dass sie nicht dehnbar waren und so ein genaueres Messen ermöglichten. F. B.

Lit.: Binding, Bauvermessung; Bott, Focus Behaim Globus, Bd. 2, S. 699f., Kat.-Nr. 2.57 (Johannes Willers); Szabó, Vermessung.

075 Astrolab

Leuven (Belgien), 2. Hälfte 16. Jahrhundert, Messing, gegossen, graviert, punziert, H. 42 cm, Ø 34 cm, Germanisches Nationalmuseum, Nürnberg (WI 1164)

Das sehr fein und aufwendig gearbeitete Astrolab weist viele Merkmale der um 1550 bis 1580 in Leuven tätigen Gebrüder Arsenius auf. Mit acht Wechselscheiben für 24° bis 60° nördlicher Breite, welche zwischen die Grundplatte (mater) und das Netz (rete) gesetzt werden konnten, war es für astronomische Zwecke zwischen Nordafrika und etwa Oslo / Helsinki zu gebrauchen.

Johannes Stöffler beschrieb in einer nach seinem Tod auch auf Deutsch herausgegebenen Abhandlung („Von künstlicher Abmessung aller grösse, ebene oder nidere, in die lenge, höhe, breite vnnd tieffe", Frankfurt 1536) den geometrischen Gebrauch des Astrolabs, das unter anderem dazu diente, bereits bestehende Turmhöhen, Grabenbreiten und Brunnentiefen zu berechnen. Während die Höhenmessung weitestgehend auf die bereits bei Raymond de Marseille im 12. Jahrhundert beschriebenen Anwendungen zurückgeht, war die Messung von Tiefen neu (vgl. Kat.-Nr. 048). Ebenfalls neu war die Verbreitung solchen Wissens durch den Druck. Stöffler bediente sich dabei zahlreicher Abbildungen, um

075

die Vorgänge leichter verständlich zu machen. Da es sich ausschließlich um ganzzahlige Verhältnisse auf Grundlage der Strahlensätze handelt, hätte zu dieser Zeit auch der Quadrant und teilweise der Jakobstab diese Aufgabe erfüllen können, wie die Schriften von Peter Apian, insbesondere sein 1533 in Ingolstadt erschienenes „Instrument Buch", verdeutlichen. Mit dem Jakobstab konnten sogar Distanzen in der Ferne gemessen werden, da dieser nicht nur in der Senkrechten funktionierte. F. B.

Lit.: Bott, Focus Behaim Globus, Bd. 2, S. 598–600, Kat.-Nr. 1.82 (David A. King); Zinner, Instrumente S. 135–145, 23f.

076 Schubkarre

1537 (dendrodatiert), Fundort: Ingolstadt, Eselbastei, Buchenholz, 120 × 50 × 17 cm, Stadtmuseum Ingolstadt (A 7330)

Mit der Errichtung der Festungsanlagen ab 1537 fand die bauliche Entwicklung des mittelalterlichen Ingolstadt ihren Abschluss. Der Festungsbau führte zu einem enormen Bedarf an Holz, Steinen und Ziegeln. Umfangreiche Erdmengen mussten bewegt werden. Werkzeug und Baustellenzubehör wurde in großen Stückzahlen hergestellt und intensiv gebraucht, bevor es entsorgt wurde oder verloren ging. Die Baumaßnahmen zur Errichtung der später so genannten Eselbastei waren besonders aufwendig. Im Zuge dieser Bauarbeiten verblieben zahlreiche hölzerne Bestandteile der Baustelleneinrichtung im feuchten Boden, wie Böcke, Schnitzbänke oder auch Schubkarren und deren Einzelteile.

Die auf das Jahr 1537 dendrodatierte Schubkarre besteht, wie ein zweites Exemplar vom selben Ausgrabungsort, aus Buchenholz. Ihre Nutzung für den Festungsbau legen mineralische Anhaftungen, vermutlich von Mörtel oder Kalk, nahe. Hartes Material wie Steine oder Ziegel wurde damit wohl nicht transportiert, entsprechende Gebrauchsspuren fehlen.

076

077

Schubkarren sind nördlich der Alpen erst seit gut 800 Jahren bekannt. Sie sind zunächst nur in Schrift- und Bildquellen vor allem aus Nordwesteuropa überliefert. Im späten Mittelalter wurde der Baubetrieb durch verbesserte Planung, Rationalisierung und Standardisierung zu einer ‚Schlüsselindustrie'. Dafür steht hier als außergewöhnliches Zeugnis des frühen Festungsbaus eine der beiden weitgehend vollständig erhaltenen Schubkarren, die offenbar seriell gefertigt wurden. G. R.

Lit.: Herzig, Franz: Untersuchungsbericht Ingolstadt Gießereigelände: Baustellenzubehör, Schubkarren, dendroarchäologische Untersuchungen vom 05.11.2018, Bayerisches Landesamt für Denkmalpflege. Praktische Denkmalpflege/Archäologische Denkmäler (unveröff.).

077 Der Hostiendiebstahl (Regensburger Hostienfrevel)

Regensburg, 1476, Öl/Fichtenholz, 118,5 × 96,5 cm, Germanisches Nationalmuseum, Nürnberg, Leihgabe der Bayerischen Landesstiftung (Gm 1806)

Die im ausgehenden 15. Jahrhundert entstandene Regensburger Tafel, ursprünglich Teil eines größeren Altarzusammenhangs, verweist nur vordergründig auf die zentrale Bedeutung, die Brunnen im städtischen Raum zukam. Als Orte der überlebenswichtigen Wasserversorgung, aber auch der Begegnung und Kommunikation waren sie maßgeblich für das Alltagsleben einer Gemeinde; die „Bezwingung" des Wassers in kunstvoll gestalteten Fassungen demonstrierte darüber hinaus das Gedeihen des Gemeinwohls. So nimmt das rege, durch eine Vielfalt von Gesten und Interaktionen charakterisierte Treiben der Bürgerschaft an einem Brunnenbecken inmitten dicht gedrängter Steinbauten die gesamte rechte Bildhälfte ein.

Die vermeintlich realistische Schilderung täglichen Miteinanders ist jedoch mehr als das, sie erweist sich durch ein in der linken Bildhälfte sichtbar werdendes Verbrechen, den Diebstahl einer Hostiendose samt Inhalt, als Metapher für die Eucharistie: Abseits des lebhaften Geschehens am Brunnen ist ein junger Mann gerade im Begriff, den Inhalt einer gestohlenen Hostiendose im Keller eines Hauses zu entsorgen – eine schwere Sünde am Leib Christi –, während die gleichzeitige Präsenz zweier über der Szene schwebender Engelsgestalten auf dessen Unversehrtheit hindeutet. Der Brunnen, der die Bürger speist, ist folglich auch religiös zu deuten. Als Sinnbild Jesu steht er für die Unerschöpflichkeit göttlicher Liebe und Gnade. Der Topos der heilenden, Reinigung und Erneuerung spendenden Kraft des Wassers wird im 15. Jahrhundert zunehmend mit dem Gedanken der Eucharistie in Verbindung gebracht. Der szenische Kontrast von isoliertem, durch den Einzelnen begangenen Frevel und städtischer Gemeinschaft ist somit primär als Mahnung an die Betrachtenden zu verstehen, ihr Seelenheil durch einen ehrbaren christlichen Lebenswandel zu sichern und die Bedeutung der Wandlung des Brotes in Jesu Leib zu achten. Th. A.

Lit.: Lübbeke, Tafelmalerei; Nash, Panel Painting; Wipfler, Brunnen.

078 Schnauzenkanne

Regensburg (Prebrunn), 1. Hälfte 15. Jahrhundert,
Ton, unglasiert, Kompositrand mit gezogener Schnauze,
Quetschrandboden, randständiger Bandhenkel,
H. 35,4 cm, Ø Rand 12,4 cm, Museen der Stadt Regensburg (K 1980/38.168)

Charakteristisch für die spätmittelalterliche Tafelmalerei ist die Verknüpfung symbolisch-religiöser Bildaussagen mit realistischen Szenen, wie es etwa die Darstellung des „Regensburger Hostienfrevels" zeigt (vgl. Kat.-Nr. 077). Am Röhrenbrunnen, der hier in der rechten Bildhälfte dargestellt ist, versammelt sich ein Querschnitt der Stadtgesellschaft, diskutierend, betrachtend, Wasser trinkend. Ganz am rechten Bildrand steht eine junge, einfach gekleidete Frau (eine Magd?) mit unbedecktem Haupt, die sich zum Brunnen umwendet. Sie ist die einzige Person auf dem Tafelbild, die Gegenstände in den Händen hält, ohne die der Brunnen eigentlich seinen alltäglichen Sinn verlöre: Kannen, um Wasser zu holen. Der linke Gegenstand ist durch den Körper der Frau fast verdeckt, die Kanne in der rechten Hand ist mit hohem Detailrealismus dargestellt. Das zeigt der Vergleich mit der hier präsentierten Regensburger Tonkanne des 15. Jahrhunderts, die 1979 am Prebrunner Donauufer unter Wasser und halb gefüllt mit Schwemmsand gefunden wurde. Es handelt sich um eine sogenannte Schnauzenkanne. Mit der Verbreitung von Röhrenbrunnen im 15. Jahrhundert lösten solche Kannen den zuvor oft verwendeten Typus der Bügelkanne ab.

Regensburger Töpferwaren wurden damals vornehmlich im westlich, unmittelbar vor der Stadt gelegenen Prebrunn hergestellt. Hier, am südlichen Donauufer, an der alten Straße zur Prüfeninger Fähre in Richtung Nürnberg waren Hafner, Ziegelbrenner und Schiffbauer ansässig. Bereits in einer Urkunde Herzog Ottos I. von 1181 wird der Ort als „vicus figulorum" (Hafnervorstadt) bezeichnet. Die Prebrunner Hafner präsentierten und verkauften ihre irdenen Geschirre – meist genormte Ware – vor ihren Werkstätten, in bestimmten Läden und auf den Märkten der Stadt.

In Regensburg existiert eine weitere prominente Darstellung des späten 15. Jahrhunderts, die eine Frau mit Wasserkanne am Brunnen zeigt. In der Kathedrale St. Peter befindet sich innen neben dem Portal des südlichen Querschiffs ein Ziehbrunnen mit aufwendigem spätgotischen Baldachin, von dessen Brüstungspfeiler zwei fein gearbeitete Figuren herabblicken: Christus und die Samariterin. Das Johannes-Evangelium (Kap. 4) berichtet von dem Gespräch der beiden am

078

Jakobsbrunnen, das dazu führt, dass sich die Samariterin zum Messias bekennt. Gemäß christlicher Ikonografie trägt die Brunnenfigur eine Wasserkanne. Die Bekehrungsgeschichte der Samariterin wurde also im Dom mit dem alltäglichen Gang zum Brunnen verbunden, wie es für das Spätmittelalter kennzeichnend ist: Alltägliches symbolisiert Heiliges. Und so stellt sich die Frage: Sollte mit der Magd am Brunnen des „Regensburger Hostienfrevels" vielleicht auch die Samariterin aus der Heilsgeschichte gemeint sein? P. W.

Lit.: Angerer, Regensburg, Bd. 2; Boockmann, Stadt; Endres/Loers, Keramik, Kat.-Nr. 168; Hubel/Schuller, Dom.

079 Straßenpflaster und Hufeisen

Deggendorf, 1385, Fundort: Deggendorf, Oberer Stadtplatz, Kieselsteine, Hufeisen, geschmiedet, 16,5 × 14 × 2,8 cm, Stadtmuseum Deggendorf (Stadtarchäologie Deggendorf)

Mehrfach musste Herzog Albrecht I. bei Besuchen in Deggendorf den schlechten Zustand der Straßen in der Stadt feststellen. So ordnete er an, die Mittel des Steuererlasses von 1382 für die Pflasterung des Stadtplatzes zu nutzen. Nach Regensburg, Cham und Straubing gehört Deggendorf damit zu den frühesten bayerischen Städten mit dieser Infrastruktur. Zur Finanzierung des Pflasters und des Unterhalts wurde außerdem ein „Pflasterzoll" eingeführt. 1391 wurden die Bewohner der Stadt Deggendorf von dieser Abgabe befreit. 1485 trat Herzog Albrecht IV. den Pflasterzoll an die Stadt ab, wodurch diese eine bedeutende Einnahmequelle gewann, aber künftig auch für den Straßenunterhalt sorgen musste. Erst mit dem Beschluss des Stadtrats vom 2. August 1930 wurde der Pflasterzoll abgeschafft.

Bei archäologischen Untersuchungen am Oberen Stadtplatz konnte 1995 ein Teil dieser Pflasterung freigelegt und ihr Verlauf festgestellt werden. Die Straße wurde an der östlichen Seite des Rathauses vorbeigeführt und verbreiterte sich nördlich des Rathauses. Die für das „Bummerlpflaster" verwendeten großen Kieselsteine und runden Granitsteine stammten wahrscheinlich aus der Donau und dem Mühlbach. Direkt auf dem Pflaster wurde bei den Grabungen eine schwarze Kulturschicht freigelegt, in der Scherben, Knochen und mehrere Hufeisen gefunden wurden. Stadtarchäologe Manfred Mittermeier nahm an, dass sich diese Schicht relativ schnell auf dem eigentlichen Pflaster gebildet hatte und auch nie weggeräumt wurde: „Das Straßenpflaster hatte also nur den Sinn, dass man bei schlechtem Wetter nicht direkt im Morast versank, schmutzige Füße bekam man trotzdem." B. P.-S.

Lit.: Behrendt, Deggendorf, S. 60f.; Mittermeier, Anmerkungen, S. 11; ders., Beitrag, S. 77.

079

080 Laterne

Ende 18./Beginn 19. Jahrhundert, Eisen,
33 × 10,5 × 17 cm, Tiroler Landesmuseen/Volkskunstmuseum, Innsbruck (20002)

080

Laternen gehören, ähnlich wie Werkzeuge, zu denjenigen alltäglichen Gebrauchsgegenständen, deren Form sich über die Jahrhunderte nur wenig verändert. In den volkskundlichen Sammlungen Europas finden sich zahlreiche Exemplare, die mit dem hier gezeigten vergleichbar sind. Ein fast identisches Stück hatte auch der Nürnberger Laternenmacher Fritz Hornrichter um 1425 in Bearbeitung, wie eine Federzeichnung im Hausbuch der Mendel'schen Zwölfbruderstiftung zeigt. Hornrichter war dabei nicht für das aus Metall gefertigte Gehäuse der Laterne verantwortlich; sein Beruf war es, Platten aus Horn mit einem Kratzer in ihrer Stärke so weit zu reduzieren, dass sie transparent wurden, um wie ein Fenster in das Gehäuse der Laterne eingesetzt zu werden. Eine andere Möglichkeit war es, das Gehäuse in dekorativen Formen, die überaus vielfältig sein konnten, so zu durchbrechen, dass die Laterne durchscheinend wurde.

Mit Einbruch der Nacht wurden in der mittelalterlichen Stadt die Tore geschlossen und der Lärm der Werkstätten verstummte. Die Stadt war nicht beleuchtet und bisweilen, je nach Wetterlage und Mondphase, in völliges Dunkel gehüllt.

Die Bestimmungen zum nächtlichen Ausgang waren ganz unterschiedlich: In manchen Städten war der Ausgang grundsätzlich untersagt, in anderen durfte man nach der „letzten Glocke" nicht mit Waffen auf der Straße angetroffen werden. Mancherorts war bestimmt, dass Knechte nächtens das Haus nicht verlassen oder Frauen nur bis zum Haus ihrer Nachbarin gehen durften. Bedingung war stets das Mitführen eines Lichts. Strafen standen auf nächtlichen Ausgang ohne Laterne; bei Nacht begangene Straftaten wurden mit drakonischen Geld- oder Körperstrafen geahndet.

Der stabile Griff deutet darauf hin, dass auch die hier gezeigte Laterne ein „mobiles" Gerät war, das man mit sich führen konnte. M. V.

Lit.: Treue u. a., Hausbuch, S. 113, Taf. 29; Deutsches Rechtswörterbuch, Bd. 9, Sp. 1269–1310.

081 Steuerbücher der Stadt München

München, 1371 und 1377, Papier, Tinte,
32 × 26 cm und 33,4 × 22 cm, Stadtarchiv München
(DE-1992-STEU-0226 und -0229)

Die Reihe der erhaltenen Bücher setzt in München mit dem Jahr 1368 ein, womit das Münchner Stadtarchiv, nach Esslingen a. N. (ab 1360), den zweitältesten Bestand an Steuerbüchern im süddeutschen Raum besitzt. Neben zahlreichen indirekten Steuern wurden die Bürger auch zu direkten Steuern veranlagt. In der Regel handelte es sich dabei um eine Vermögenssteuer, seltener um die Kombination aus Vermögens- und Einkommensteuer. Das der Veranlagung zugrundeliegende Vermögen wurde nach seinem Bar- oder seinem Verkehrswert bemessen. Immobilien wurden mancherorts nur veranlagt, wenn sie Zins oder Pachterträge lieferten – dann gemäß diesen. Kompliziert war von Anfang an die Besteuerung von Kapitaleinkünften: Während für die meisten Geldeinkünfte der volle Steuersatz galt, wurden Leibrenten – die der Altersvorsorge dienen konnten – meist nur mit dem halben Satz besteuert. In München wurden seit 1377 auf Erträge aus agrarischem Nutzland Risikoabschläge wegen der Gefahr des Hagelschlags und

081
(1371)

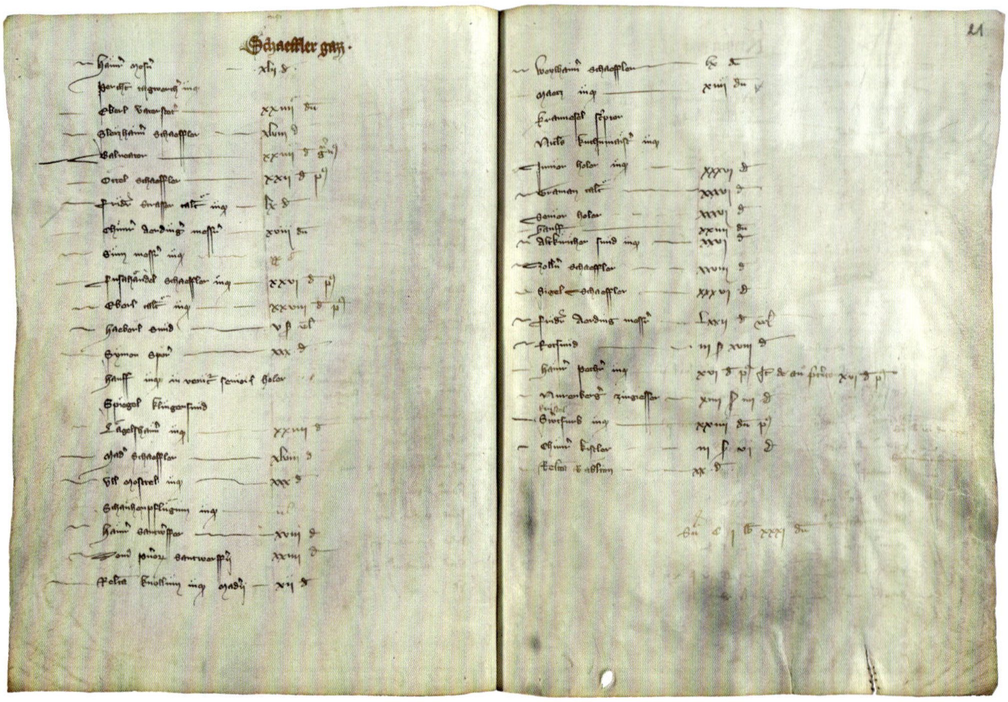

081
(1377)

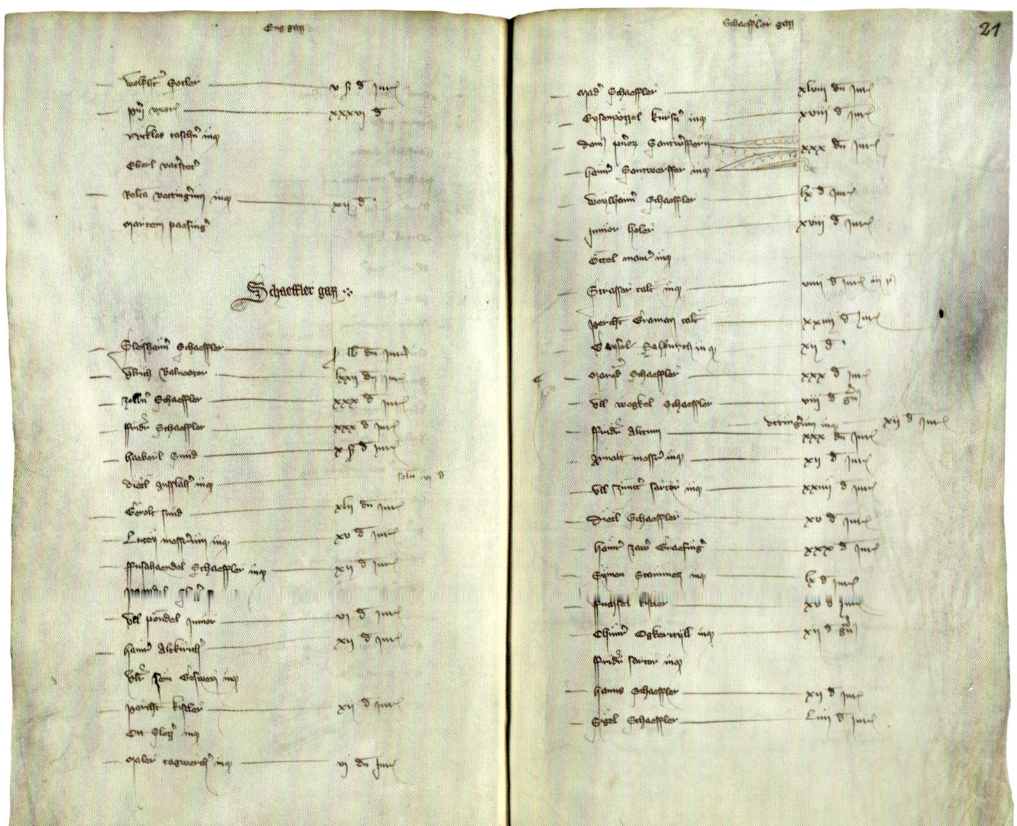

von Missernten gewährt – Risiken, denen etwa städtische Immobilien und ihre Mieterträge nicht ausgesetzt waren. In München kamen junge Menschen, die sich selbstständig gemacht hatten, in der Anfangsphase in den Genuss von Steuererleichterungen. Nicht überall wurden die direkten Steuern, wie in München, jährlich erhoben. Infolge ihrer Herkunft aus außerordentlichen Steuererhebungen, wie sie in der Gründerzeit üblich waren, wurde man vielerorts noch im 15. Jahrhundert nur alle zwei bis fünf Jahre veranlagt. Die Veranlagung zur Steuer dürfte in der Regel durch Beamte erfolgt sein, die beim „Steuerumgang" durch die Straßen die Immobilien besichtigten und die Haushalte erfassten. Dementsprechend sind die Steuerbücher straßenweise geordnet. Sie sind damit eine unschätzbare Quelle zur Sozialgeschichte der mittelalterlichen Stadt.

Auf den hier abgebildeten Seiten sind die Steuerpflichtigen aus der Münchner Schäfflerstraße verzeichnet. Im Jahr 1371 wohnten dort sieben Schäffler (Küfer), drei Messerer, drei Schuhmacher, ein Bader, zwei Schmiede, ein Rotschmied, ein Klingenschmied, ein Schreiber, ein Schwertfeger, ein Zinngießer, ein Sporer, ein Kistler, ein Tagwerker. Neben den holzverarbeitenden Schäfflern ist also eine Konzentration auf diejenigen Berufe zu verzeichnen, die mit offenem Feuer arbeiteten. Von diesen 41 Personen sind 16 als „inquilinus" oder „inquilina" bezeichnet – Berufstätige, die Mieter oder Untermieter waren oder vermutlich alleinstehende Frauen. In den Steuerbeträgen unterscheiden sich diese Mieter nicht signifikant von den anderen Steuerpflichtigen. M. V.

Lit.: Isenmann, Stadt, S. 521–542; Schwab, Kassenführung; Stahleder, Haus- und Straßennamen, S. 269f.; ders., Häuserbuch.

082 Salzstadeltruhe

Passau, 1540, Eichenholz, Stahl, geschmiedet, bemalt, 55 × 165 × 65,5 cm, Oberhausmuseum Passau (23)

Das fürstbischöfliche Passau war bis in das 16. Jahrhundert eine blühende Handelsstadt. Durch die verkehrsgünstige Lage – am Rand des Böhmerwalds und am Zusammenfluss von Donau, Inn und Ilz – und ausgestattet mit zahlreichen Handelsprivilegien stieg die Stadt zum europäischen Handelszentrum auf. Hier wurden Wein, Getreide, Salz, Metalle, Stein, Tuch und Luxusgüter aus Asien und Afrika, unter anderem Zucker und Seide, umgeschlagen. Dabei war das Salz, das in großen Mengen über Passau nach Böhmen transportiert wurde, eines der wichtigsten Handelsgüter.

Auf der Vorderseite der schwarz gefassten Truhe ist die Jahreszahl 1540 mit dem Passauer Stadtwappen erkennbar. Daneben ist ein Salzarbeiter in Arbeitskleidung zu sehen, der eine Salzkufe in ein Gebäude trägt, in dem eine Reihe weiterer Salzkufen lagern. Diese Salzkufen bestanden aus Langhölzern – sogenannten Dauben –, wie sie für die Herstellung von Fässern verwendet wurden, die mit Grifflöchern versehen waren, um das Tragen zu erleichtern.

Die Jahreszahl 1540 deutet darauf hin, dass die Truhe speziell für die Einrichtung des ersten fürstbischöflichen Salzstadels in Passau angefertigt wurde. Wie in der Regensburger Salzordnung von 1478 vermerkt, dienten solche Truhen zur Aufbewahrung der Einnahmen und Rechnungsbücher.

Im Jahr 1540 versuchte der Passauer Bistumsadministrator Ernst von Bayern ein staatliches Handelsmonopol für Salz durchzusetzen, was große Unruhe bei den mächtigen Salzhändlern auslöste und den Fürstbischöfen auch nicht die erhofften Einnahmen brachte. Unter dem Nachfolger Herzog Ernsts, Fürstbischof Wolfgang von Salm, wurden 1544 wieder zehn Salzfertiger zum Handel zugelassen. Ende des 16. Jahrhunderts errichtete dann das Herzogtum Bayern nach dem Vorbild des Passauer Regelwerks von 1544 sein Salzmonopol. Damit durfte bayerisches Salz nicht mehr über das fürstbischöfliche Territorium gehandelt werden, der einst so bedeutende Passauer Salzhandel kam zum Erliegen. St. B.

Lit.: Kammermayer, Ernst von Bayern; Wurster u. a., Weißes Gold, S. 75, Kat.-Nr. 151 (Herbert W. Wurster).

082

083

a Bestätigung des Salzniederlagerechts für die Stadt München

München, 6. November 1332, Pergamenturkunde, zwei Siegel an grüner beziehungsweise roter Seidenschnur, 33,7 × 13,7 cm, Stadtarchiv München (URK-A-I-a128)

b Mandat an den Richter von Aibling in selbiger Sache

München, 9. November 1332, Pergamenturkunde, 24,3 × 16,7 cm, Stadtarchiv München (URK-A-I-a-130)

Das in Reichenhall, Berchtesgaden und Hallein gewonnene Salz hatte zwei Hauptvertriebswege: zum einen den Schiffstransport über den Inn nach Passau zum weiteren Verkauf über die Goldene Straße nach Böhmen, zum anderen den Landtransport über Wasserburg nach München. Das Recht, Salz zu transportieren und mit Salz zu handeln, bedeutete für den Rechteinhaber Geld und Reichtum. Das Privileg, das Kaiser Ludwig der Bayer der Stadt München am 6. November 1332 gewährte, wurde nicht nur wegen des anhängenden goldenen Siegels des Kaisers „Goldene Bulle" genannt: Die heute im Stadtarchiv München aufbewahrte Urkunde (Zimelien Nr. 68) war für die Stadt und ihre Kaufleute in der Tat auch bares Gold wert. Alles zwischen Landshut und den Alpen transportierte Salz musste in München niedergelegt, also für eine bestimmte Zeit zum Kauf angeboten werden. Nur Münchner Bürgern war der Transport des Salzes östlich der Isar erlaubt. Am gleichen Tag, am 6. November 1332, bestätigten die bayerischen Herzöge Ludwig der Brandenburger, Stephan II. und Ludwig der Römer dieses Privileg ihres Vaters (a). Der Kaiser selbst betonte wenige Tage später, am 9. November, gegenüber dem Richter zu Aibling nochmals die wichtigsten Bestimmungen seiner „Goldenen Bulle" für die Stadt München (b).

Für eine Reihe von Münchner Kaufleuten bedeutete diese Privilegierung einen weiteren wirtschaftlichen Aufstieg. Die Mitglieder der Familie Ligsalz – der Name weist auf eine Verbindung zum Salzhandel – sind in der städtischen Führungsschicht schon in der Mitte des 13. Jahrhunderts zu finden.

083 a

Sie waren nicht nur im eher regional geprägten Salzhandel, sondern bereits im 14. Jahrhundert auch im Fernhandel mit Venedig tätig und besaßen Anteile an Bergwerken in Tirol. W. J.

Lit.: Treml u. a., Salz Macht Geschichte, S. 216–218, Kat.-Nr. RO5–RO7 (Lorenz Maier).

084 Zwei Tuchplomben

Dingolfing, 15.–17. Jahrhundert, Stiftlochplomben, geprägt, Bleilegierung, Ø je 2,2 cm, Museum Dingolfing (4407 und 5180)

In der 1251 von Herzog Otto II. gegründeten und 1274 mit Stadtrecht versehenen Stadt Dingolfing entwickelte sich insbesondere das aufstrebende Handwerk der Tuchmacher. Die naturräumlichen Gegebenheiten boten für die Schafzucht ausreichend extensive Flächen, sodass die Gewinnung von Wolle gesichert war. Bereits 1341 ist „Perchtolt de[r] Wolaer" als Mitglied des Stadtrats vermerkt. Auf die Tuchherstellung verweist auch der „Wollerzeilen" genannte Hauptplatz der Stadt. Außerhalb des „Wollertors", auf den „Wollängern", waren die Bleiche und die Rahmgärten mit den Trockengestellen für die Tuche gelegen.

Mit der Ausweitung des Tuchhandwerks und der Verbesserung der Qualität wurde es notwendig, die Dingolfinger Erzeugnisse vor Konkurrenz und Fälschung zu schützen. Zur Kennzeichnung ihrer Tuche verwendeten die Dingolfinger Betriebe bis zum Beginn des 19. Jahrhunderts Bleimarken, mit denen die Qualitätskontrolle durch den Beschaumeister bestätigt wurde. Einem von Herzog Ludwig dem Reichen verliehenen Privileg vom 24. Juni 1466 – dem ältesten bekannten Warenschutz per Kennzeichnung in Niederbayern – ist zu entnehmen, dass Dingolfinger Tuche bis ins „Gepirg" und ins „welsche" Land verkauft wurden. Um sie als solche kenntlich zu machen, bat der Rat der Stadt um das Recht, „auf ein yedes tuch, das daselbst gemacht und in durch die wollmeister zubracht und durch di bschaumeister, der si jerlich zwen dartzu setzen und ordnen sollen, tuglich und fur gut erkandt wirdet, in pley slahen mügen, auf

083 b

der ainen seitten unserer genanten stat wappen und auf der andern seitten ein linds [= weiches] D. in zwen zwikl [=Rauten] gesetzt ..." Dafür waren vier Landshuter Pfennige zu entrichten, die an die Stadtkasse gingen.

Die große Wirtschaftskraft und das hohe Sozialprestige der Tuchmacher wird in den überlieferten Urkunden deutlich: Tuchmacher zählten in Dingolfing zu den wichtigsten Ratsmitgliedern und stellten mehrfach das Stadtoberhaupt. Bereits 1483 besaßen sie eine vollausgebildete Handwerks- und Bruderschaftsorganisation: Als „Zech- und Bruderschaft der Wollwirker" waren sie Inhaber der in der Stadtpfarrkirche St. Johannes gelegenen Seitenkapelle. Hier erinnert ein Gemälde, das den hl. Severus, den Patron der Tuchmacher, zeigt, an das Handwerk, das Dingolfing zu Prosperität und Ansehen verholfen hat. J. G. R.

Quelle: Bayerisches Hauptstaatsarchiv, Staatsverwaltung Nr. 3500, fol. 360; Lit.: Markmiller, Privilegien.

085 a

085

a Tuchplombe

Dingolfing, 15.–17. Jahrhundert, Stiftlochplombe, geprägt, Bleilegierung, 2,68 × 2,03 × 0,68 cm, Privatsammlung

b Tuchplombe

Dingolfing, 15.–17. Jahrhundert, Fundort: Umgebung Dingolfing, Stiftlochplombe, geprägt, Bleilegierung, 2,52 × 1,92 × 0,73 cm, Werner Kölzer

c Tuchplombe

Dingolfing, 15.–16. Jahrhundert, Fundort: Stadt Landau a. d. Isar, Stiftlochplombe, geprägt, Bleilegierung, 3 × 2,47 × 0,45 cm, Fragment, Gegenstück fehlt, Kreisarchäologie Dingolfing-Landau (KRA-DGF-IV: 008732)

Zu den hoheitlichen Aufgaben der kommunalen Verwaltung zählte auch die Qualitätssicherung der in der Stadt gefertigten Waren. Der älteste in Niederbayern bekannte Warenschutz dieser Art ist für Dingolfing belegt, wo Herzog Heinrich der Reiche am 24. Juni 1466 den Bürgern der Stadt Dingolfing das Privileg eines Tuchzeichens verlieh (vgl. Kat.-Nr. 084). Das hier gezeigte Exemplar (a) ist auf der Vorderseite mit dem Wappen der Stadt Dingolfing gekennzeichnet, auf der Rückseite ist in gotischer Minuskel der Buchstabe d für Dingolfing zu lesen. Die Tuchplombe (b) mit einem kaum mehr erkennbaren Wappen stammt aus einem Lesefund aus der Umgebung von Dingolfing.

Da es sich bei diesen Warenzeichen üblicherweise um Stiftlochplomben aus Blei handelte, können Archäologie und Numismatik aufgrund der Fundkontexte Warenströme und Handelswege fassen. Die Landauer Tuchplombe (c) mit dem fragmentarisch zu erkennenden Wappen der Stadt Landau ist singulär. Sie belegt als Realie den administrativen Akt der Qualitätssicherung, welcher sich in Landau in den Schriftquellen nicht nachweisen lässt. F. E. / S. L.

Lit.: Hittinger, Tuchplomben; Markmiller, Privilegien, S. 58–61.

086 Teller

Italien, 15. Jahrhundert, Fundort: Hard bei Ingolstadt, Fayence, bemalt, T. 3,5 cm, Ø 9,5 cm, Stadtmuseum Ingolstadt (A 2825)

Mit dem aufblühenden Handel kamen im 15./16. Jahrhundert auch Fayencen aus Italien als Luxusgüter in die Städte nördlich der Alpen. Vor allem in den großen Handelsmetropolen wie Augsburg und Nürnberg finden sie sich. In Ingolstadt blieb ein Fayenceteller aus Italien über Jahrzehnte unbeachtet im Magazin des Stadtmuseums. Er war 1955 bei Baumaßnahmen etwa einen Kilometer nördlich der Altstadt, zusammen mit Ton- und Glasgefäßen sowie menschlichen Skeletten, zutage gekommen. Diese Funde werden mit der

086

untergegangenen Ortschaft Hard und ihrer Nikolauskirche in Verbindung gebracht. Hard war Teil von Ingolstadt, lag aber zu weit abseits, um in den Mauerring einbezogen zu werden. Nach archäologischen Erkenntnissen bestand Hard wie andere außerhalb der Stadtmauern liegende Siedlungen vom 12./13. bis in die erste Hälfte des 16. Jahrhunderts und war damit Teil des Stadtwerdungsprozesses. Spätestens mit dem Festungsbau ab 1537/39 wurden diese vorstädtischen Siedlungen dann aufgegeben.

Die Fayence, bei der es sich um den ältesten bisher in Ingolstadt gefundenen Teller handelt, ist zwar von eher durchschnittlicher Qualität, doch zeigt sie im Vergleich mit Funden italienischer Fayence aus Altstadtgrabungen, dass die Bewohner der ‚Vorstadt' nicht schlechter gestellt waren als die Bewohner der ummauerten ‚Innenstadt'. G. R.

Lit.: Riedel, Ausgrabungen.

087 a 087 b 087 c

Räte und Herren

Die kommunale Autonomie und ein städtischer Rat als leitendes Gremium – das waren Innovationen des europäischen Mittelalters. Der Rat war zuständig für Bausachen, für die Wasserversorgung, die städtischen Finanzen, die Steuererhebung und nicht zuletzt für die Aufrechterhaltung der öffentlichen Ordnung.

Die Familien, aus denen sich die Ratsmitglieder rekrutierten, waren Nachkommen der herzoglichen Ministerialen, die sich schon in der Gründerzeit der Städte auf Verwaltung und Finanzen spezialisiert hatten. Überhaupt blieben die Herzöge, als die eigentlichen Stadtherren, sehr präsent in ihren Städten. Insbesondere ihre Residenzstädte Landshut, Straubing, Ingolstadt, München, aber auch Burghausen, allesamt bestückt mit herzoglichen Schlössern, wuchsen und wurden prächtig ausgebaut. Und viele andere Städte in Bayern waren inzwischen auch zu Wittelsbacher Städten geworden. In den meisten Fällen hatten die Wittelsbacher sie von Adelsfamilien geerbt, die im Mannesstamm ausgestorben waren. Auch größere Märkte erhoben die Herzöge nun zu Städten. In ihrem angestammten Herrschaftsgebiet blieben die meisten Orte dagegen Märkte, die nur mit geringen bürgerlichen Rechten ausgestattet waren.

087

a Löffel

Ingolstadt, Ende 15. Jahrhundert, Buchsbaumholz, geschnitzt, Silber, getrieben und graviert, blaues Tiefschnittemail, 11 × 5,5 cm, Stadtmuseum Ingolstadt / Privatbesitz

b Löffel

Ingolstadt, Ende 15. Jahrhundert, Silber, vergoldet, 13,8 × 4,8 cm, Stadtmuseum Ingolstadt (1528)

c Löffel

Ingolstadt, Ende 15. Jahrhundert, Buchsbaumholz, geschnitzt, Silber, getrieben und graviert, blaues Tiefschnittemail, 10,6 × 5,7 cm, Germanisches Nationalmuseum, Nürnberg (HG 11627)

Aus dem Jahr 1539 datiert das älteste erhaltene Inventar des Ingolstädter Ratssilbers. Es zeichnet ein noch vergleichsweise bescheidenes Bild vom Besitz, der ausschließlich Tischgerät umfasste, das bei offiziellen Anlässen verwendet oder zur Schau gestellt werden konnte: zwei Silberbecher, zwölf Kannen, zwei Viertelkannen, neun Zinnteller, zwei Messingleuchter, ein Bratspieß, zehn Silberlöffel, jeweils mit dem Panther, dem Ingolstädter Wappensymbol, gekennzeichnet. Erst im Lauf der Zeit wurde ein umfangreicher Ratsschatz zusammengetragen (vgl. Kat.-Nr. 088), wobei das Ingolstädter Ratssilber weniger durch den Rat selbst als vielmehr über familiäre Bezüge zu den alten Familien, etwa der Glätzl oder Müllner von Zweyraden, auf dem Erbweg in die Stadtkammer gelangte.

Dem Ratsschatz zuzuweisen sind drei unterschiedliche Serien an Löffeln: vergoldete Silberlöffel sowie kurz- und langstielige Maserholzlöffel, letztere sind bereits im Inventar von 1539 nachgewiesen.

Die Deckplatte der silbernen Tülle ziert das Stadtwappen, blau emailliert auf silbernem Grund. Fünf weitere vergoldete Silberlöffel haben sich aus einer Serie der Zeit um 1570 erhalten. Dazu gehören die Löffel mit den gravierten Namen und Wappen der Ratsherren Steffan Stenglmair, Hanns Mair und Thoma Milvecz, die 1573 und 1574 in der Werkstatt des Goldschmieds Gregor Römisch gearbeitet wurden (heute Bayerisches Nationalmuseum, München).

Löffel gehören mit zu den ältesten Besteckformen. Wie andere Besteckteile auch, wurden Löffel im Spätmittelalter nur selten bei einer Tafel den Gästen zur Verfügung gestellt. Vielmehr brachten diese ihr eigenes Besteck mit, das je nach Stand unterschiedlich aufwendig gestaltet war. Löffel waren auch beliebte Geschenke, zum Beispiel zur Taufe und zu Jahres-

088

tagen. Das kostbare Material – vergoldetes Silber oder das in Silber gefasste, ausgesucht schön gemaserte Buchsbaumholz – und die aufwendige Gestaltung der Ingolstädter Löffel sind dem hohen Anspruch der Stadt geschuldet. B. Sch. / H. Z.

Quelle: Stadtarchiv Ingolstadt A XVIII 2; Lit.: Boerner/Heitmann, Bestecke; Hofmann, Werke, bes. S. 51–62; Marquardt, Eßbesteck; Pechstein u. a., Schätze, Kat.-Nr. 169.

088 Deckelbecher

Hanns Greiff (gest. 1516), Ingolstadt, um 1480/90, Silber, gegossen, getrieben, ziseliert, teilweise vergoldet, emailliert, H. 32,5 cm, Ø 11,5 cm, Bayerisches Nationalmuseum, München (MA 3635)

Herzstück des Ingolstädter Ratssilbers (vgl. Kat.-Nr. 087) waren fünf prachtvolle spätgotische Deckelbecher aus der Werkstatt des Ingolstädter Goldschmieds Hans Greiff (Meister um 1470). Einem Inventar von 1654 zufolge wurden sie mitsamt dem anderen „Silbergeschmeyd" in einer eisernen Truhe aufbewahrt: Bei besonderen Gelegenheiten repräsentierten sie Reichtum und Selbstbewusstsein der Stadt.

Der Ingolstädter Ratsschatz wurde 1813 auf staatliche Veranlassung hin versteigert und ist heute über die ganze Welt verstreut. So gelangten drei der bedeutenden Deckelbecher in die Sammlung des Metropolitan Museums in New York, der vierte befindet sich im Toledo Museum of Art in Ohio.

Der fünfte Ingolstädter Ratsbecher wurde 1865 vom Bayerischen Nationalmuseum erworben. Der Becher ruht auf drei vergoldeten Statuetten, die den hl. Georg darstellen. Über einem Sockel aus einer Blattranke erhebt sich die silbern belassene, mit kräftigen Buckeln versehene Wandung. Die Mitte ist durch einen umlaufenden, vergoldeten Blattkranz mit Blüten betont. Der von einem hohen Knauf aus einem Blattwerkbüschel bekrönte Deckel ist ebenfalls gebuckelt. Das Deckelinnere schmückt das emaillierte Wappen des Hanns Glätzl (gest. 1494). Er war Mitglied des Inneren und Äußeren Rates und zeitweise Bürgermeister der Stadt Ingolstadt. A. Sch.

Lit.: Hofmann, Werke, S. 102, Nr. 6; vgl. auch Kat.-Nr. 087.

089 Bayerischer Löwe

14. Jahrhundert, Kalkstein, 84 x 90 x 43 cm, Archäologisches Museum der Stadt Kelheim (1758)

Die aus lokalem Kalkstein gearbeitete Skulptur eines stehenden, nach rechts blickenden Löwen, der mit aufgerissenem Maul den Betrachter anzubrüllen scheint, war ursprünglich wohl in der Burg Kelheim beheimatet. Ihr genauer Standort in der Anlage aus dem 10. Jahrhundert ist nicht bekannt, jedoch dürfte es sich um einen repräsentativen Raum oder den Zugang zu einem solchen gehandelt haben. Eine ebenfalls erhaltene Gegenfigur lässt eine Anbringung etwa über

089

einem Portal oder einem großen Kamin annehmen. Die grob bearbeitete Rückseite, die quaderförmige Grundform und die abwärts gewandte Blickrichtung sind Hinweise darauf, dass die beiden Figuren in erhöhter Position in eine Wand eingelassen waren. Die Löwenfiguren wurden nach Abbruch der Burg beziehungsweise dem Umbau zum Schloss in den 1470er-Jahren ausgebaut und in das nahe gelegene Donau-Tor der Stadtbefestigung integriert, heute sind sie aus denkmalpflegerischen Gründen durch Kopien ersetzt.

Der Löwe hat seinen Schweif um den hinteren Rücken geschlungen, mit der rechten Vorderpranke hält er den herabhängenden Rautenschild. Die Rauten hatten nach dem Tod Alberts IV. von Bogen 1242 Eingang in die wittelsbachische Heraldik gefunden (vgl. Kat.-Nr. 052). Fast scheint es, dass der wittelsbachische (pfälzische) Löwe das Erbe der Grafen von Bogen förmlich an sich reißen will, es gleichzeitig aber auch mit seinem Körper und dem drohend aufgerissenen Maul zu behüten und zu verteidigen weiß: Der Machtanspruch der Wittelsbacher auf Bayern und die Pfalz ist mit diesen Figuren gleichsam in Stein gehauen. B. S.

Lit.: Glaser, Wittelsbach und Bayern, Bd. 1/2, S. 100 (Achim Hubel); Wieczorek u. a., Wittelsbacher, S. 57 (Verena Türck).

090 Matrikelbuch der Universität Ingolstadt

Ingolstadt, 1472–1547, Pergament, Miniaturen, 28 × 18 cm, Universitätsarchiv München (UAM) (D-V-2)

Herzog Ludwig der Reiche von Bayern-Landshut gründete 1472 in Ingolstadt eine Universität, bestehend aus den vier Fakultäten für Theologie, Rechtskunde, Medizin und Philosophie. Die Hohe Schule war in erster Linie als Ausbildungsstätte gedacht für die künftigen weltlichen Beamten und geistlichen Würdenträger im eigenen Territorium. Der Plan zu dieser Gründung ging auf die gelehrten Räte im Umfeld des Herzogs zurück, konkret auf den wendigen Martin Mair. Dass es sich bei der Universität um eine privilegierte Körperschaft handelte, ergibt sich unter anderem aus dem ältesten Matrikelbuch: Nur derjenige Student, der den Eid leistete, indem er den Anfang des Johannes-Evangeliums zitierte, hatte Teil an den der Institution verliehenen Rechten wie etwa der eigenen Gerichtsbarkeit.

Auf dem sogenannten Schwurblatt (fol. 4^{r}) ist über den Wappen des Herzogtums und der Universität der Gekreuzigte zwischen Maria und Johannes zu sehen. Dass zahlreiche Hände von neu aufzunehmenden Studenten auf das Schwurblatt gelegt wurden, ist aus dem Abrieb und der Verschmutzung

090

des Pergaments ersichtlich. Der Codex konnte jüngst mit Mitteln des Hauses der Bayerischen Geschichte restauriert werden. Dabei zeigte sich, dass es sich ursprünglich um zwei Bände handelte, die später in einer Handschrift vereinigt wurden; die Grenzscheide liegt beim Jahr 1511.

Die Universität Ingolstadt zog pro Semester durchschnittlich mehrere Hundert Studenten an, woraus sich für das Wirtschaftsleben der Stadt ein spürbarer Aufschwung ergab, etwa wenn die Studiosen bei den Bürgern in Kost gingen und Logis bezogen. Das Matrikelbuch macht deutlich, dass die Hohe Schule von Anfang an eine bemerkenswerte Ausstrahlung in die altbayerischen Lande hatte. Das gilt vor allem für die Städte und Märkte, in denen es – im Unterschied zum ländlichen Raum – bereits lateinische Vorbereitungsschulen gab, die einen Universitätsbesuch beförderten. C. St.

Edition: von Pölnitz, Matrikel, Sp. 5–628; Lit.: Schuh, Matrikeln.

091 Stiftungsbrief mit Bestätigung des Zingel'schen Stipendiums

Ingolstadt, 1509, Pergamenturkunden, drei bzw. ein anhängendes Siegel, 48 × 57 cm, Archiv des Herzoglichen Georgianums (AHG) (I 8 und 9)

Herzog Georg der Reiche von Bayern-Landshut, Sohn des Ingolstädter Universitätsgründers Ludwig des Reichen, stiftete 1494 an der Hohen Schule das nach ihm benannte Collegium Georgianum. Es handelte sich dabei um ein Kolleg für einen Regens und elf Stipendiaten. Mit dieser Gründung wollte Herzog Georg dem Missstand abhelfen, dass es in Ingolstadt keine Verpflegungsanstalt für unbemittelte Studenten gab. Die Georgianer kamen aus elf Städten im Territorium Bayern-Landshut (darunter Burghausen, Ingolstadt, Landshut), sollten zunächst Philosophie und, wenn während der Stipendienlaufzeit von fünf Jahren noch Zeit blieb, Theologie studieren und sich danach in landesherrlichen, städtischen oder kirchlichen Dienst begeben. Bereits im Stiftungsbrief hatte Georg der Reiche den Wunsch ausgesprochen, dass Untertanen ihrerseits Stipendien ins Kolleg stiften sollten. Die erste Privatperson, die dieser Aufforderung nachkam, war der Ingolstädter Theologieprofessor Georg Zingel im Jahr 1509. Die landesherrliche Bestätigung seines Stipendiums sollte dem Stiftungsbrief mehr Rechtssicherheit verleihen. Zingel stammte aus Schlierstadt im Odenwald, präsentationsberechtigt waren in erster Linie seine Verwandten oder, wenn solche nicht vorhanden waren, sonstige geeignete Schlierstädter.

091

092

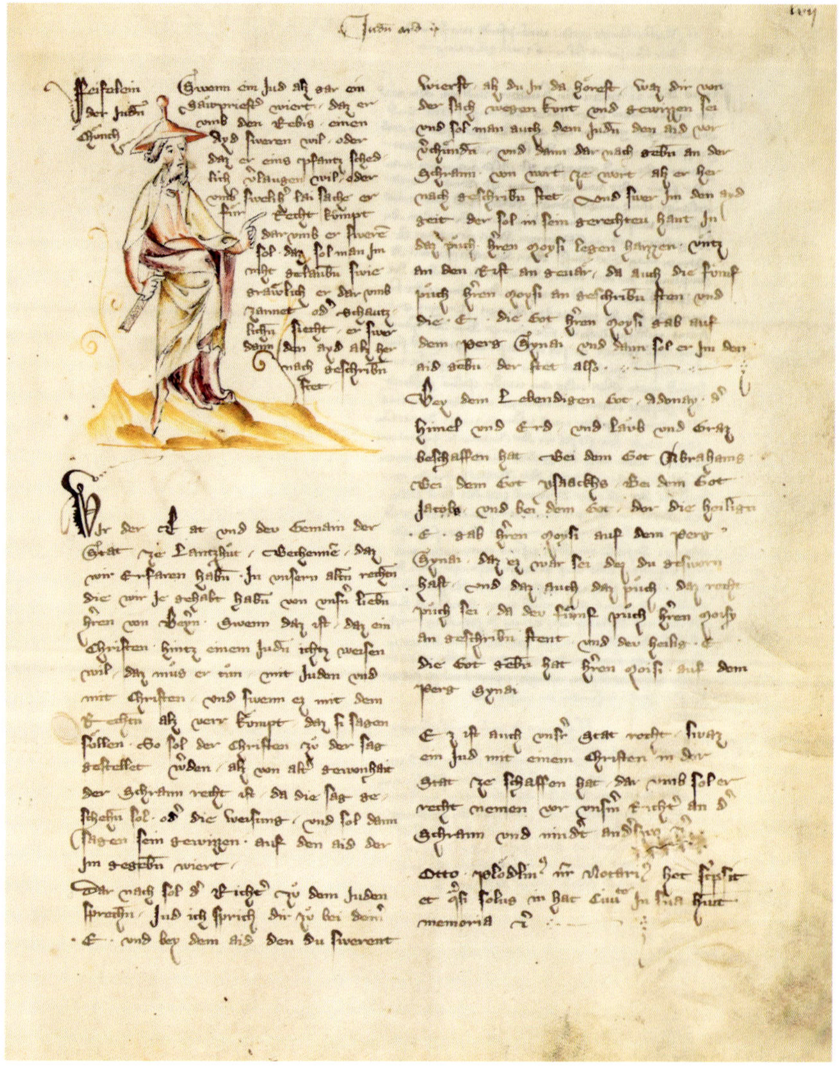

Georg Zingel vermachte seinen Stipendiaten nicht nur Hausrat, sondern auch einen Teil seiner Bibliothek. Die Bücher waren, um einer Entfremdung vorzubeugen, in ihrer Kammer „an ketten gelegt" und titelweise im Stiftungsbrief aufgeführt. Die Sammlung bestand einerseits aus Autoren des scholastischen Zeitalters wie des Mittelalters überhaupt, andererseits – und darauf lag unzweifelhaft der Akzent – aus antiken Klassikern wie Plinius d. Ä., Plato, Seneca, Cicero, Horaz, daneben aus Verfassern des bereits vom Humanismus beeinflussten Spätmittelalters – die Stipendiaten sollten so „kainen mangel an der lernung" haben. C. St.

Quellen: Stein u. a., Urkundenregesten, S. 200f.; Lit.: Stein, Bibliotheken S. 753–756 (Zitate S. 754).

092 Landshuter Judeneid

Landshut, 1361, Pergament, 35 × 27,5 cm,
Stadtarchiv Landshut (Bd. 11/1361)

Im 14. Jahrhundert notierte der Stadtschreiber Otto Ploedl in „Der Stat Landshut ain alt Buch mit Freyheiten, Statrechten, Satze und anden eingeschriben Geschäften" den „Juden Ayd" (67r). Illustriert wurde der Passus mit der Miniatur des imaginären „Feifelein dem Judenchunch" (Judenkönig), der einen spitzen Judenhut und ein Schächtmesser in der Hand hält. Im Folgenden ist das Prozedere beschrieben, wie die Juden zu schwören hatten, sollten sie vor Gericht dazu aufgefordert werden. Dabei wird auf althergebrachte Rechte der Stadt verwiesen, nach denen als erste die Christen den Eid nach einem bekannten Muster ablegen. Anschließend solle der Jude angesprochen und auf die Bedeutung seines Eides hingewiesen werden, bei dem er seine Hand auf das Buch Mose legt. Es folgt der Eidestext, den der Richter vorspricht. Der Jude solle auf den Gott Adonai, den Gott Abrahams, Isaaks und Jakobs, schwören sowie auf den Gott, der Moses auf dem Berg Sinai die fünf Bücher gab. Zum Abschluss wird betont, dass gemäß Stadtrecht Streitfälle zwischen Juden und Christen nur vor der Landshuter Gerichtsschranne und nirgend anderswo verhandelt werden dürfen. Der Text beinhaltet aber auch Diskriminierungen, so die Formulierung: „wenn ein Jud als gar ein Saupriester schwört".

Dass im Landshuter Stadtbuch festgehalten wird, auf welche Weise Juden den Eid abzulegen hatten, deutet zum einen darauf hin, dass es häufiger Streitfälle gab und sich der Magistrat gezwungen sah, hier eine Festlegung zu treffen. Andererseits könnte auch Vorsorge getroffen worden sein, weil die jüdische Gemeinde der Stadt groß war und somit die Wahrscheinlichkeit bestand, dass es zu Gerichtsverfahren kommen würde. Die jüdische Gemeinde in Landshut musste sich 1450 auflösen, als Herzog Ludwig der Reiche die Juden der Stadt verwies. G. T.

093 Grabstein für den Sohn des Elia

Landshut, 1427, Stein, 85 × 61 × 15 cm, Museen der Stadt Landshut (2362)

Der obere Teil des Grabsteins ist abgeschlagen, sodass die ersten zwei oder drei Zeilen der Inschrift fehlen, auch die Randbuchstaben sind beschädigt, da der Stein rechts und links behauen wurde – der Grund dafür könnte in einer Zweckentfremdung liegen, wie sie für zahlreiche Grabsteine nach der Vertreibung jüdischer Gemeinden aus den Wittelsbacher Städten bekannt ist (vgl. Kat.-Nr. 095).

In den verlorenen ersten Zeilen des Steins dürfte gestanden haben: „Zeuge ist dieser Grabstein und Zeugnis dieser Grabhügel [Gen 31,52] für …" oder: „Diesen Grabstein habe ich gesetzt [Gen 28,22] zu Häupten von …", worauf meist eine oder zwei gute Eigenschaften des/der Verstorbenen gerühmt werden, gefolgt vom Vornamen. Die erhaltene Inschrift fährt fort: „Sohn des Elia. Gott führte zurück / meine [seine, wohl vom Steinmetz verschrieben aufgrund der Ähnlichkeit der Buchstaben Jod und Waw] Seele am sechsten Tag / des Monats Tevet des Jahres / ‚Ich schreie (zu) Gott/188' in Bitterkeit [Jer 31,15] / über den Gatten der Jugend [Prov 12,4 und Joel 1,8]. / Seine Seele sei eingebunden in das Bündel des Lebens [1 Sam 25,29]. Amen, Amen, Amen, Sela [1 Sam 25,29]." Das dritte Wort „Mashiv" ist nicht, wie bisher verschiedentlich falsch übersetzt, der Familienname, sondern bedeutet „er führt(e) zurück"; das zugehörige Subjekt ist Gott, hier abgekürzt mit dem Anfangsbuchstaben Jod des Tetragramms am Ende der Zeile.

Der von seiner Witwe dem Sohn eines Elia gewidmete Grabstein nennt das Todesjahr des Verstorbenen in Gematria, das heißt, jeder Buchstabe hat, wie im antiken Griechischen, einen festen Zahlenwert und man versucht, ein in den Kontext passendes Wort zu finden, dessen Buchstaben das Sterbejahr ergeben: Anstatt Qof, Pe und Chet = 188 – die Zahl 5000 lässt man üblicherweise fort –, steht hier „es-aq" („ich schreie") geschrieben sowie der erste Buchstabe des Gottesnamens, das Jod (vgl. 1 Sam 12,10), was die Jahreszahl (5)188 ergibt. Der 6. Tevet 5188 entspricht Freitag, dem 26. Dezember 1427.

Vom mittelalterlichen jüdischen Friedhof in Landshut – erwähnt 1380 als „der Juden freithof" –, der sich am Hofberg befand, haben sich keine Spuren erhalten. Der hier gezeigte Grabstein stammt aus einer Zeit, in der die Landshuter jüdische Gemeinde unter Herzog Heinrich dem Reichen nach den schweren Verfolgungen von 1298, 1338 und 1349 eine Phase der Konsolidierung erleben konnte, die jedoch schon bald, mit dem Herrschaftsantritt Ludwigs IX. enden sollte, der die jüdischen Familien der Stadt verwies, nicht ohne sie dabei noch mit einer hohen Steuer zu belegen. G. H.

Lit.: Spitzlberger, Juden, bes. S. 90f. (hier auf 1428 datiert).

093

094

094 Fragment der Brüstung einer Bima

Regensburg, um 1220, Kalkstein, 40 × 48 × 10 cm, Museen der Stadt Regensburg (Fund 1995/40)

Wesentlicher Zweck der Versammlung in der Synagoge sind die täglichen gemeinsamen Gebete und, als Höhepunkt der Woche, die Lesungen aus der Torarolle. Die Torarollen sind im Toraschrein, dem Aron-ha-Kodesch, verwahrt und werden im Gottesdienst ausgepackt und ausgerollt und auf das Lesepult gelegt. Für die Lesung wird, um die als heilig geltende Torarolle nicht mit den Händen berühren zu müssen, meist ein Torazeiger verwendet. Dem Lesepult kommt als Ersatz des Altars zentrale Bedeutung zu, weshalb es traditionell meist etwa in der Mitte der Synagoge platziert war. In modernen Synagogen findet man das Lesepult aus Gründen der Bequemlichkeit oft in der Nähe des an der Ostwand befindlichen Toraschreins.

Das Lesepult wird als Almemor bezeichnet, abgeleitet vom arabischen al-minbar, oder als Bima, vom griechischen βῆμα, was beides in etwa eine Rednerbühne, Kanzel oder ein Pult meint. Im Judentum ist Bima die geläufigste Bezeichnung. Institution und Funktion gehen auf das Buch Nehemia (Vers 8.4) zurück, wo es heißt: „Und Esra, der Schreiber stand auf dem Holzturm, den man gemacht hatte, um die Schrift zu lesen …"

Das seltene Fragment aus Regensburg zählt zu den Überresten der 1519 zerstörten, damals etwa 300 Jahre alten mittelalterlichen Synagoge am heutigen Neupfarrplatz, über deren Aussehen und Platzierung eine zeitgenössische Radierung von Albrecht Altdorfer Aufschluss gibt. Das Geviert der Bima maß etwa 3 × 3 Meter. Y. Sh.

095 Grabstein des Asaria ben Hosea

Dombauhütte Regensburg (?), 10. Jahrhundert/1328, Kelheimer Kalkstein, 91,5 × 76,5 × 26,5 cm, Gäubodenmuseum Straubing

Nach Renovierungsarbeiten im Jahr 1990 wurde an der Fassade des Hauses Rosengasse 14 (ehem. 22) in Straubing die Kopie eines jüdischen Grabsteins angebracht, das Original befindet sich seither im Gäubodenmuseum. Die sorgfältig gearbeitete Rückseite, ein Blattornament auf der oberen Fuge und die Tiefe des Grabsteins lassen darauf schließen, dass er allem Anschein nach aus einem älteren Werkstück, vielleicht einem Sarkophagdeckel, gearbeitet wurde. Das Material sowie das deutlich lesbare Steinmetzzeichen auf der Rückseite weisen auf die Fertigung im 14. Jahrhundert in einer Bauhütte hin, wohl die des Regensburger Doms.

Der Grabstein gilt Asaria ben Hosea, gestorben am 26. Ijar 5088 (= 6. Mai 1328). Die Inschrift greift das in jüdischen Grabinschriften häufiger gebrauchte Eingangszitat aus Echa (Klgl), 5,16 auf: „Die Krone unseres Hauptes ist gefallen", um fortzusetzen mit: „beim Verscheiden unseres Vaters, des Herrn Asaria, Sohn des Herrn Hosea, der einging in seine Welt am Abend des Schabbat, dem 26. des Monats Ijar des Jahres 88 gemäß der Zählung zum [sechsten] Jahrtausend …".

Datiert 1368, weist der Stein nach Regensburg, auch wenn die seit dem 13. Jahrhundert in Straubing ansässigen Juden erst 1442 von Herzog Albrecht III. aus der Stadt verbannt wurden. Die Straubinger Judengemeinde hatte keinen eigenen Friedhof, sie brachte ihre Verstorbenen nach Regensburg. Der Grabstein gehört zu einer Gruppe von Grabdenkmälern, die nach der Ausweisung der Juden aus Regensburg 1519 und der Auflösung ihres Friedhofs entweder als Baumaterial verwendet oder aber, wie hier in Straubing, von einer wohl in die Vertreibung eingebundenen Person im Bereich des ehemaligen jüdischen Wohnviertels in der Judengasse (heute

095

Rosengasse) als zynische „Triumphzeichen“ der Vertreibung angebracht wurden. S. M.

Lit.: Hebräischer Text übertragen von Susanne Härtel nach Avneri, Gravestones, Nr. 15, 40; Drews/Meier, Friedhöfe; Eberhardt/Berger-Dittscheid, Straubing; Härtel, Grabsteine; Unterholzner, Straubinger Juden

096 Räderuhr

1. Hälfte 15. Jahrhundert mit späteren Modifikationen, Eisen, geschmiedet, bemalt, Buntmetall, H. (ohne Pendel) 49 cm, B. der Waag 39 cm, Germanisches Nationalmuseum, Nürnberg (WI 2102)

In der heutigen Zeitrechnung entspricht eine Stunde genau einem Vierundzwanzigstel der Erdumdrehung. Bis in das Spätmittelalter teilten sogenannte Temporalstunden Lichttag und Nacht in je 12 sich täglich ändernde Einheiten. Zur Sommersonnwende waren die Tagstunden somit fast doppelt so lang wie die Nachtstunden oder die Tagstunden zur Wintersonnwende. Erst die mechanischen Uhren teilten den Volltag in 24 gleich lange Stunden, sogenannte Äquinoktialstunden.

Die hier gezeigte gewichtsbetriebene Räderuhr mit Flachrahmen funktionierte nach dem Prinzip der „Großen Nürnberger Uhr“. Diese von 1374 bis 1806 nachweisbare Kombination aus separater Stundenzählung für Tag und Nacht und Äquinoktialstunden übernahmen auch andere Städte. Entsprechend der Länge des Lichttags variierte die bei Sonnenaufgang mit null beginnende Tagstundenzahl ganzzahlig zwischen acht im Winter und 16 im Sommer. Die Nacht ergänzte, wieder bei null beginnend, auf 24 Stunden. Sonnenhöchststand, also Mittag, war damit alle drei Wochen zu einer anderen Uhrzeit. Um dieses System grafisch umzusetzen, hat die Uhr mittig ein Kulissenziffernblatt: Das weiße Kreissegment für den Tag und das schwarze für die Nacht konnten überlappend ineinandergeschoben werden, sodass nur die gewünschten Stunden ablesbar waren. Der äußere Ring zeigt synchron die „Kleine Uhr“ von (2 ×) 12 Stunden ab Mitternacht/Mittag, wie sie spätestens im 16. Jahrhundert üblich war und bis heute ist. Die Räderuhr wurde in späterer Zeit um ein Schlagwerk ergänzt, das einmal stündlich schlug. Danach richtete sich dann der Türmer, der die Turmglocke schlug und so die Zeittaktung der gesamten Stadt vorgab. F. B.

Lit.: Deußer, Temporaluhren, Nr. 5; Fajt/Hörsch, Kaiser Karl IV., S. 586f. Kat.-Nr. 16.1.a (Thomas Eser); Gaab, Die große Nürnbergische Uhr.

096

097

097 Türmerhorn

Undatiert, Metall, L. 205 cm, Ø 60 cm, Stadtmuseum Ingolstadt (17488)

Feuersgefahr gehörte und gehört zum Schicksal menschlicher Ansiedlungen. In Ingolstadt lassen sich Brandkatastrophen, die die ganze Stadt in Schutt und Asche gelegt hätten, nicht nachweisen. Es scheint jedoch 1309 einen großen Brand gegeben zu haben, nähere Hinweise dazu fehlen. Belegt sind hingegen eine Feuersbrunst im Nordosten des Herzogschlosses am 14. Juli 1616 sowie ein Brand im Jesuitenkolleg am 21. Juli 1684.

Maßnahmen gegen Brandgefahren hat man in Ingolstadt nachweisbar bereits im 13. Jahrhundert ergriffen. Ummauerungen ganzer Höfe und städtebauliche Vorschriften, wie das Verbot von Strohdächern innerhalb des Stadtgrabens, sind Beispiele dafür. Türmer, die rund um die Uhr Wache hielten, waren auf dem Pfeifturm und zeitweise auch auf einem Turm der Liebfrauenkirche postiert. Am Tag genügte jeweils eine, nachts waren es zwei Personen. Die städtische Türmerordnung von 1586 bestimmte unter anderem, wie die Wächter sich beim Ausbruch eines Feuers zu verhalten hatten.

Detaillierte Einsatzpläne sind in den Feuerordnungen von 1577 und 1636 überliefert. Sie gaben Verhaltensregeln für die Bevölkerung vor, regelten den Einsatz der Fachkräfte und die Bereitstellung von Brandbekämpfungsmitteln. Im Fall einer nächtlichen Feuersbrunst war eine besondere Straßenbeleuchtung mittels Feuer- oder Pechpfannen vorgesehen. Ein Verzeichnis von 1618 vermerkt Anzahl und Standorte der Feuereimer. Ein weiteres nennt zehn Feuerkessel, die an öffentlichen Plätzen standen. Was die vorhandenen Feuerleitern betrifft, wird bedauernd festgestellt, dass es noch mehr sein könnten. Allergrößte Bedeutung im Brandfall kam den Brunnen zu, besonders den vier von der Stadt unterhaltenen Hauptbrunnen. 1590 legte der Stadlschreiber Georg Wagner ein Brunnenbuch an, in dem sämtliche Brunnen aller Stadtviertel Ingolstadts aufgeführt sind.

War die Alarmierung bei Brandgefahr sicherlich die wichtigste Aufgabe, so oblag es dem Türmer unter anderem auch, mit dem Horn – wie eine Straubinger Türmerordnung von 1472 überliefert – Schiffe auf der Donau oder das Herannahen mehrerer Reiter zu melden. B. Sch.

Lit.: Feuerlöschwesen; Pötzl, Feurio; Schäfer, Von Türmen.

098 Glocke aus dem Straubinger Stadtturm

Hans Durnknopf (gest. um 1553), Regensburg, 1535, Straubing, Bronze, gegossen, H. 79 cm, Ø 78 cm, Gäubodenmuseum Straubing/Anton Gugg e.K., Straubing

„AVS · DEM · FVR [Feuer] · PIN · ICH · GEFLOSSEN · HANS · DVRNKNOPF · ZV · REGENSPVRG · HAT · MICH · GEGOSSEN · 1.5.3.5.", so lautet die erhaben gearbeitete Umschrift auf der Glocke, die in den ab 1316 als Wachtturm errichteten Straubinger Stadtturm eingebracht wurde. Ihr Zweck war es, vor Feuer- und

098

Feindesgefahr zu warnen. Bereits zuvor dürfte sich im Straubinger Stadtturm eine Glocke befunden haben, da Herzog Heinrich XIV. als Stadtherr 1335 nach Streitigkeiten einen innerstädtischen Frieden und in diesem Zusammenhang die Niederlegung der Stadtturmglocke befahl. Spätestens im Jahr 1406 erhielt der Stadtturm neuerlich eine Glocke, die mit der für das gleiche Jahr belegten Turmuhr wohl als erster öffentlicher Zeitweiser in Straubing diente. Diese vom Regensburger Glockengießer Hans Paier [Payr] gegossene, dem hl. Georg geweihte Glocke befindet sich bis heute als Stundenglocke in der Laterne der Turmspitze.

Das Geläut des Stadtturms wurde um drei weitere Glocken aus den Jahren 1504, 1535 und 1690 erweitert. Diese erklangen gemeinsam bis zum Ersten Weltkrieg und wurden – bis auf die Georgsglocke – teils im Ersten, teils im Zweiten Weltkrieg entfernt, um eingeschmolzen zu werden. Zwei dieser Glocken fanden 1947 jedoch unversehrt den Weg zurück nach Straubing, so auch die ehemalige Feuerglocke aus dem Jahr 1535, die allerdings durch unsachgemäße Aufhängung bald einen Riss zeigte und damit ihren Klang verlor. 1975 wurde sie gegen eine neue Glocke der Straubinger Glockengießerei Anton Gugg ausgetauscht. Sie wird seither im Gäubodenmuseum aufbewahrt. S. M.

Lit.: Zu Turnknopf/Durnknopf: Bosls Bayerische Biographie, S. 791; Ebner, Glocken; Germann-Bauer, Werchgenossen, bes. S. 461f.; Roszkowski, Klang.

099 Kopialbuch der Stadt Landshut

Paul Mornauer u. a., ab 1439, Pergament, Illustrationen, 31 × 45 cm, Stadtarchiv Landshut (Bd. 22, fol. 7^{v}–8^{r})

Paul Mornauer, der von 1439 bis 1464 das Amt des Landshuter Stadtschreibers innehatte, fasste in diesem Kopialbuch die für die Stadt wichtigsten und rechtlich bedeutendsten Urkunden zusammen, darunter die hier abgebildete Abschrift der Bestätigung der Stadtrechte der Stadt Landshut durch

099

Herzog Heinrich XIII. und der Verleihung besonderer Rechte vom 17. August 1279.

Urkunden waren bei Rechtsstreitigkeiten eine wichtige Unterlage, aber sie durften nicht beschädigt sein; vor allem das Siegel musste intakt sein. Um die originalen Urkunden besonders zu schützen, wurden diese in separate Bücher kopiert, die im Alltagsgeschäft benutzt wurden. Nur vor Gericht wurde das Original vorgelegt.

Das Landshuter Kopialbuch diente aber nicht nur der Abschrift der Urkunden, Paul Mornauer verlieh ihm mit der prunkvollen Ausstattung auch repräsentativen Charakter. Den Auftakt bildet ganzseitig die erste farbige Darstellung des Landshuter Dreihelmenwappens zusammen mit dem Rautenwappen und dem Pfälzer Löwen, die für das Haus Wittelsbach stehen. Über den beiden Wappen thront der kaiserliche Doppeladler des Heiligen Römischen Reichs.

An erster Stelle der Urkunden steht die oben genannte Bestätigung des Stadtrechts durch Herzog Heinrich mit deren Ergänzungen. Eine prächtige Initiale bildet den eindrucksvollen Beginn; die einzelnen Sätze sind mit roten Markierungen unterteilt, sogenannten Alineae, die heutigen Steuerzeichen in Schreibprogrammen verblüffend ähnlich sehen. In der Praxis erleichterte dies das Arbeiten, da man auf diese Weise die gesuchten Textpassagen rasch auffinden kann. Paul Mornauer, der sich neben der Anfangsinitiale in einem Schriftband namentlich verewigt hat, schuf mit seinem Kopialbuch eine wertvolle Arbeitshilfe, in der gleichzeitig das Selbstwertgefühl Landshuts gegenüber den wittelsbachischen Stadtherren sichtbar wird, die in der Stadt einen guten und beständigen Steuerzahler hatten. G. T.

100 Zwei Propheten

Ingolstadt, um 1500, Keramik, bemalt, 27,8 × 18,2 cm und Keramik, unbemalt, 27,1 × 19 cm, Canisius-Stiftung Ingolstadt/Stadtmuseum Ingolstadt (A 6800)

Die Stadt gibt sich nicht nur in ihrer baulichen Struktur zu erkennen, sondern auch durch das Können und den Kunstsinn ihrer Bewohner. Beispiele dafür sind die Produkte einer Hafnerei in der Ingolstädter Konviktstraße nahe der Oberen Pfarrkirche Zur Schönen Unserer Lieben Frau. Die Hafnerei produzierte nur relativ kurze Zeit im ausgehenden 15. Jahrhundert. Sie widmete sich überwiegend profanen Themen und stand in direktem Bezug zum Herzogshaus, wie durch Model, Kacheln und Bildplatten mit entsprechenden Wappendarstellungen gesichert ist. Daneben stellte sie wohl auch für die Universität und die Kirchen anspruchsvolle Tonbildwerke wie Figuren und Figurengruppen, Bauschmuck oder repräsentative Kachelöfen her.

Erhalten haben sich auch mehrere Reliefplatten mit der fein ausgearbeiteten Darstellung eines Propheten in Dreiviertelfigur, bekleidet mit einem hochgeschlossenen Mantel mit umgelegtem Kragen beziehungsweise einem ärmel-

100

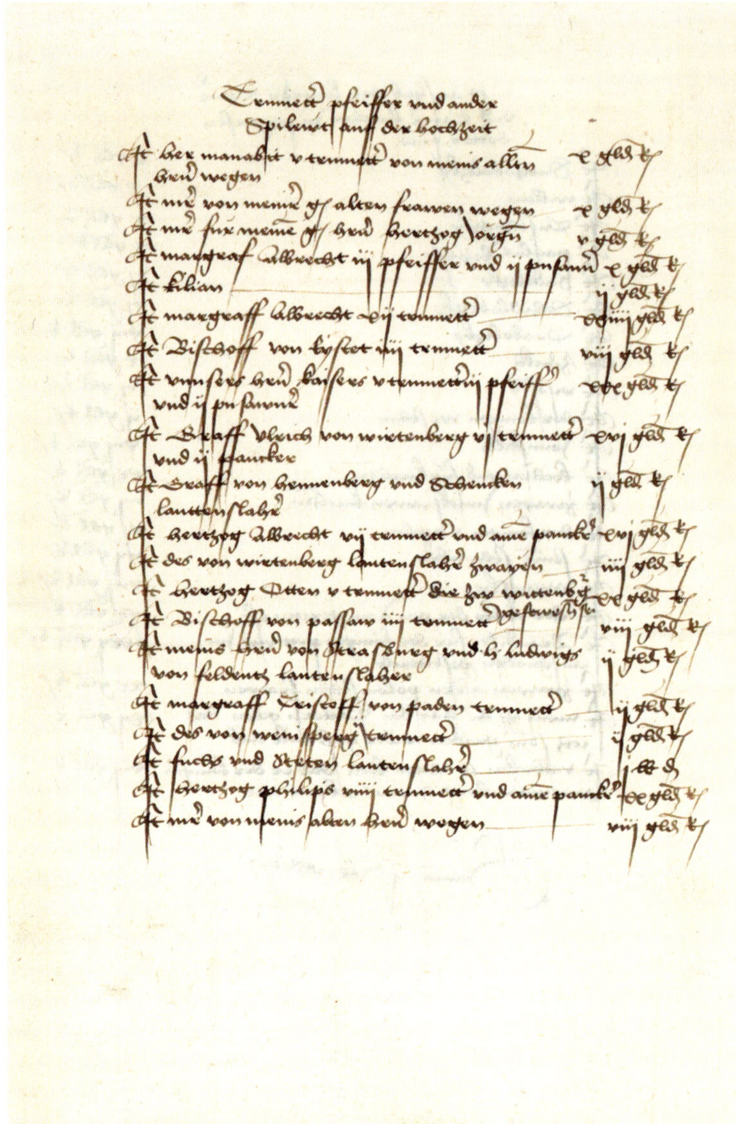

101

losen Umhang mit Untergewand. Vor den Körper halten die bärtigen Propheten jeweils ein an den Enden dekorativ gerolltes Schriftband, in das noch kein Text eingetragen ist. Während die eine Hand das Schriftband hält, ist die andere im Zeigegestus darauf gerichtet. Als Kopfbedeckung dient den Propheten eine orientalisch beeinflusste, eng anliegende Kapuze mit lang herabhängender Spitze, eine Art Chaperon, wie sie im Mittelalter üblich war. Propheten, im theologischen Sinn Zeugen und Verkünder des göttlichen Willens, wurden auch als weise Ratgeber gesehen. Denkbar in diesem Zusammenhang ist, dass die Reliefplatten in ihrer unterschiedlichen, teils farbigen Ausführung als Portalschmuck für das Rathaus vorgesehen waren. Die zunehmende Spezialisierung der handwerklichen Produktion und die steigende Nachfrage bei Adel, Klerus und Bürgertum ließen manufakturartig arbeitende Betriebe entstehen, die hochwertige Keramik in größeren Stückzahlen produzierten. G. R.

Lit.: Vetterling, Handwerk.

101 Kammermeisterrechnung des Herzogtums Bayern-Landshut

Landshut, Abrechnungszeitraum 11. Mai 1475 bis 28. Februar 1476, Amtsbuch, Papier, 80 Bll., 31,5 × 45 cm, Bayerisches Hauptstaatsarchiv, München (Herzogtum Bayern, Ämterrechnungen bis 1506, Nr. 509)

Die heute als „Landshuter Hochzeit" alle vier Jahre mit einem historischen Fest in Erinnerung gerufene Vermählung der polnischen Königstochter Hedwig mit dem Sohn des Herzogs von Bayern-Landshut, Georg dem Reichen, kann durchaus als „reichspolitisches Großereignis" (Christof Paulus) gesehen werden, zu dem im Jahr 1475 die Großen des Reichs, an ihrer Spitze Kaiser Friedrich III. und sein Sohn Maximilian I., nach Landshut gekommen waren. Neben zahlreichen zeitgenössischen Berichten, Notizen, Aufzeichnungen und Erzählungen hat sich mit der „Großen Rechnung" eine Aufstellung der Gesamtkosten und des Verbrauchs erhalten. Die im Bayerischen Hauptstaatsarchiv verwahrte Abrechnung des Landshuter Kammermeisters Hans Regeldorffer hingegen führt die Ausgaben detaillierter auf. So sind hier zum Beispiel die Honorare einzelner Musiker vermerkt, die aus der Kasse des Kammermeisters beglichen wurden (fol. 31^{v}–33^{v}). Dabei fällt auf, dass die Bezahlung unterschiedlich hoch ausfiel: Trompeter oder Posaunisten erhielten mehr als Pfeifer oder Lautenschläger. Die sechs Trompeter des Brautvaters wurden mit 100 Gulden besonders reich bedacht. Ein weiterer Beweis für die Hochschätzung der polnischen Gäste sind die Gaben an den Gesandten Albert Moniwid, der sowohl von den Herzögen Ludwig und Georg als auch von Ludwigs Frau Amalie mit Gastgeschenken bedacht wurde. R. F.

Lit.: Bauer, Feiern; Deutinger/Paulus, Reich; Riepertinger u. a., 100 Schätze, S. 102–105, Kat.-Nr. 38 (Christof Paulus), Zitat S. 104; Tewes, Kammermeisterrechnung; ders., Musiker.

Arme, Kranke, Reiche

Fast jede Wittelsbacher Stadt hatte ihr eigenes Spital, gestiftet vom Herzog oder von reichen Bürgern. Spitäler waren Krankenanstalt und Altenheim zugleich. Ein Arzt gehörte allerdings nicht zu den Bediensteten. Für die Kranken blieben Hygiene und Diät die Heilmittel der Wahl – und das Gebet. Für die Menschen dieser Zeit stand die Sorge um das Seelenheil an erster Stelle.
Wohlhabende Bürger konnten sich eine Herrenpfründe kaufen und sich bis an ihr Lebensende im Spital versorgen lassen – bei genau festgelegten Mengen an Fleisch und Wein, die ihnen täglich zustanden. Den anderen blieb die Armenpfründe: Getreidebrei, Mus und Wasser. Eine dritte Möglichkeit war der Erwerb einer Spitalsrente: War man über 60 Jahre alt, konnte man für sieben bis zehn Gulden eine Rente kaufen, die sich auf jährlich einen Gulden belief und die bis zum Lebensende ausbezahlt wurde.
Die Einnahmen der Spitäler waren hoch, sie überstiegen ihre Ausgaben. Und so entwickelten sie sich zu bankähnlichen Instituten und Wirtschaftsunternehmen: Spitäler vergaben Kredite, finanzierten kommunale Bauvorhaben, bewirtschafteten Wälder und Weingärten, betrieben Brauereien, Windmühlen, Badestuben. Mit dem Spital erfüllte die Stadt auf vielfältige Weise ihre soziale Aufgabe in der Versorgung ihrer Bürger: Stadt befreit von Sorgen.

102 Hl. Katharina

Regensburg, 1479, Silber, getrieben, ziseliert, punziert, teilweise vergoldet, H. 36,5 cm, Archiv des St. Katharinenspitals, Regensburg (2)

Mit der Verbreitung ihres Kults im 12./13. Jahrhundert wurde die hl. Katharina von Alexandria zur Patronin vieler Hospitäler. Als Schutzherrin des Regensburger Hospitals ist sie seit 1237 belegt, zunächst gemeinsam mit dem älteren Johannespatrozinium. Katharina gilt unter anderem als Schutzpatronin der Ritter und der weiblichen Religiosen, sie wird bei verschiedenen Krankheiten angerufen und hilft bei der Auffindung Ertrunkener. Sie gehört zu den Vierzehn Nothelfern, die in Not und Bedrängnis angerufen werden.
Das in seiner differenzierten Oberflächenbearbeitung überaus qualitätvolle Bildwerk zählt zu den wenigen spätgotischen Silberfiguren, die sich aus dem Regensburger Raum erhalten haben. Die Dargestellte präsentiert in der rechten Hand ein langes Schwert, in der linken ein zerbrochenes Rad, das bis hin zur angedeuteten Holzmaserung naturgetreu gearbeitet ist. Die beiden Attribute verweisen auf ihr Martyrium. Das fein geformte Gesicht ist von Locken umrahmt, auf dem Kopf trägt die Heilige eine mit Perlen und Granaten besetzte Krone in floralen Formen.
Die umlaufende Inschrift auf dem Sockel bezeichnet Konrad Etteldorfer als Stifter der Statuette: „conradus etteldarfer pl[e]b[a]nvs s pavli m[a]g[iste]r hospitalis 1479". Darunter sind zwei Wappen zu erkennen: links ein Wappenschild mit Bischofsstab, der für das Katharinenspital steht, rechts ein Schild mit Eichenbaum und drei Eicheln, vermutlich das Wappen des Stifters. Konrad Etteldorfer stand dem Katharinenspital von 1477 bis 1479 als Spitalmeister vor, ab 1446 ist er als Pfarrer des Damenstifts St. Paul (St. Regensburg) nachweisbar, später auch als Verwalter der Propstei Böhmischbruck. A. D.

102

Lit.: Jestrzemski, Katharina von Alexandrien; Schill, Ikonographie; Wolf, Gold, S. 253.

103

103 Siegmund Wann (1392/95–1469)

Eger, 15./16. Jahrhundert, Öl und Tempera/Holz, 40 x 20 cm, Muzeum Cheb, p.o. Karlovarského kraje (O 476)

Er hat sich in der typischen Pose eines Stifterbilds darstellen lassen, als Halbfigur im Profil, Haupt und Blick betend nach oben zum Gekreuzigten gehoben, die Hände unter einem Hut gefaltet; sie halten einen Rosenkranz. Das Gemälde befand sich über seinem Grab in der St.-Niklas-Kirche in Eger. Es zeigt trotz des geistlich wirkenden Habits einen erfolgreichen Unternehmer und reichen Mann: Siegmund Wann. Als Blechverzinner produzierte er ein begehrtes Halbprodukt: korrosionsfreie Weißbleche, die sowohl Plattner wie Beckenschläger benötigten. Die innovative Technik, bei der man Eisenbleche mit einer dünnen Zinnschicht überzog, war im späten Mittelalter gerade in jener Region entstanden, aus der Wann stammte: dem Fichtelgebirge. Nürnberger Kapital, Oberpfälzer Eisen und Zinn aus den böhmischen und sächsischen Revieren des Erzgebirges waren hierfür die Voraussetzung.

Siegmund Wann hatte um 1430 den väterlichen Betrieb in Wunsiedel übernommen und verlegte 1446 seinen Wohn- und Geschäftssitz in die nahe Reichsstadt Eger, verkehrsgünstig gelegen und in unmittelbarer Nachbarschaft zu den Zinnerzgruben im später so genannten Kaiserwald. Wann betätigte sich auch als Händler und Bankier. Als er 1469 kinderlos starb, konnte er auf ein erfolgreiches Leben als Unternehmer zurückblicken. Doch ebenso wichtig war es den Menschen seiner Zeit, umfassend für ihr Seelenheil vorzusorgen: Siegmund Wann hinterließ – wie dies auch der Mautner von Burghausen (Kat.-Nr.106) und wohlhabende Bürger vieler anderer Wittelsbacher Städte taten – reiche Stiftungen wie Messpfründen und Donationen für Kirchen in Eger, Nürnberg, Waldsassen und Wunsiedel. Vor allem aber hatte er im Jahr 1451 in Eger 8000 Gulden als ewiges Stiftungskapital angelegt, das zunächst einem Bruderhaus und der Kapelle des Wunsiedler Spitals zugutekommen sollte und später für den Unterhalt der Spitalbewohner sorgte. Vorgesehen waren die Gelder für – nach der Apostelzahl – zwölf in Ehren verarmte alte Männer, die als Laienbrüder gemeinsam wohnen und die täglichen Gebete verrichten mussten. Heute beherbergen die Räume des mehrfach umgebauten Spitals das Fichtelgebirgsmuseum Wunsiedel. P. W.

Lit.: Plitek, Fichtelgebirgsmuseum Wunsiedel; Riepertinger u. a., Bayern-Böhmen, S. 147f., Kat.-Nr. 2.40 (Peter Wolf).

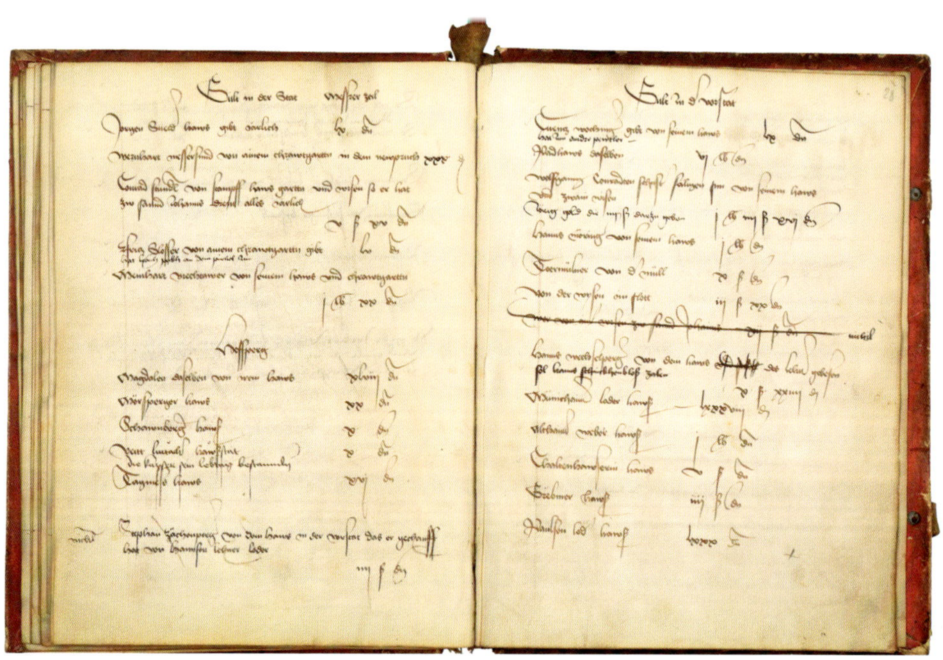

104

104 Kalender, Kopialbuch und Einnahmenverzeichnis des Heiliggeistspitals Burghausen

Burghausen, 1434/1464, Pergament, 31 × 24 cm,
Stadtarchiv Burghausen (AN-1300)

Vom Burghauser Heiliggeistspital ist ein Pergamentcodex aus der ersten Hälfte des 15. Jahrhunderts überliefert, bestehend aus drei Teilen, die allerdings nicht vollständig erhalten sind. Beim ersten Teil handelt es sich um den Kirchenkalender für das Spital. Blatt 1 bis 12 fehlen, sodass der Beginn beim Gedenktag des hl. Theoderich von Reims am 1. Juli liegt. Unter dem jeweiligen Datum sind die Jahrtage des Spitals eingetragen sowie die Geldbeträge, die aufgrund der Stiftungen regelmäßig an die Pfründner verteilt wurden.

Diese Jahrtagsstiftungen finden sich zum Teil im zweiten Abschnitt der Handschrift, dem Kopialbuch, vermerkt. Chronologisch ungeordnet, enthält es die für das Spital wichtigen Urkunden. Auf Blatt 23 steht der Name des Verfassers der Handschrift: „… alz in der herrenn kalender mit roter geschrift geschriben ist durch Hannsen den Sittawer, statschreiber." Dessen Wirken in Burghausen ist von 1434 bis 1447 belegt.

Der dritte Teil des Codex stellt ein Verzeichnis der Einnahmen und Güter des Spitals dar mit aufschlussreichen Informationen zur Stadtgeschichte wie etwa den Einkünften aus dem Frauenhaus. Dabei handelt es sich um den frühesten Nachweis eines Bordells in Burghausen. Die Aufzählung der Gülten, also der Einkünfte aus Pacht, Vermietung, Grundzins etc., ist topografisch geordnet, beginnend in der Messerzeile – wohl Ausgangspunkt der Besiedlung während der Stadtwerdung – über den Hofberg, die (Spital)Vorstadt bis zu St. Johann, der vermutlich ersten Siedlung Burghausens. E. G.

105 Stiftung für das Regensburger Katharinenspital

Regensburg, 1211, Pergamenturkunde, drei anhängende Siegel an Seidenschnur, 29,5 × 23,5 cm, Archiv des St. Katharinenspitals, Regensburg (SpAR Urk. 1409)

Mit der vorliegenden Urkunde bestätigte Bischof Konrad IV. von Regensburg die Seelgerätstiftung der Imma von Hohenfels und ihres verstorbenen Gemahls Rihper für das Johannes- und spätere Katharinenspital. Die mit drei Wachssiegeln versehene Urkunde ist für Regensburg in mehrfacher Hinsicht bedeutsam: Zum einen wird in der Siegelankündigung – „sigillum civium Ratisponensium" – die enge Kooperation zwischen Bischof, Domkapitel und Bürgern offenkundig; zum anderen zeigt sich in der Siegelführung der Bürgerschaft deren Rechtsfähigkeit als gemeinsam handelnde politische Korporation. Die hier erstmals belegte Siegelführung der Bürger von Regensburg ist ein wichtiges Kennzeichen städtischer Eigenständigkeit. Auch ist dieses ältere Siegel der Bürgerschaft von Regensburg (links) eines der frühesten deutschen Stadtsiegel überhaupt.

Aufgrund typologischer Merkmale lässt sich das verwendete Typar noch in das 12. Jahrhundert datieren. Abgebildet ist der hl. Petrus, der auf einer Bank oder einem niedrigen Thron sitzt, in der heraldisch rechten Hand einen Schlüssel, in der linken ein Buch haltend. Der umlaufende Text – „+ [P[ER] CLAVES CELI RATA S[UN]T INSIGNIA" – ist nach der Art einer Devise abgefasst und verweist auf Petrus, der den Gläubigen das Tor zum Himmel zu öffnen vermag. Nach der Erlangung der Selbstverwaltungsrechte im November 1245 ließen die Regensburger Bürger ein neues Siegel stechen, das den Stadtpatron in romanischer Architektur zeigt. A. D.

Lit.: Dirmeier, Der heilige Petrus.

105

106 Gedenkstein der Mautner von Katzenberg

Anfang 20. Jahrhundert, Zeichnung/Papier, 25 × 15 cm, Stadtmuseum Burghausen (10740)

106

Die Zeichnung zeigt den Gedenkstein für die Mautner von Katzenberg in der Spitalkirche Heilig Geist zu Burghausen. Der umlaufende Text gibt sinngemäß die Umschrift auf dem vom Anfang des 16. Jahrhunderts stammenden Epitaph wieder. Er verweist auf die Familiengrabstätte der Mautner und ihre Rolle als Stifter des Spitals und der Kirche 1332. Die Stiftung des Burghauser Spitals hat sich allerdings mehr als ein Jahrzehnt hingezogen. 1319 hatte der mit den Mautnern verschwägerte Konrad Ermreich von Burghausen den Entschluss gefasst, in das Kloster Reichersberg einzutreten. Für den Fall der Gründung eines Spitals in Burghausen durch Herzog Heinrich XIV. oder dessen Mutter Herzogin Judith vermachte er diesem drei seiner Häuser. Die niederbayerischen Herzöge Heinrich XIV., Otto IV. und Heinrich XV. unterstützten dann die Absicht Herzogin Judiths, ein Spital in Burghausen zu gründen, und übertrugen 1326 den Eggenberg sowie Einkünfte aus der Burghauser Maut, das sogenannte Mueßsalz, und die Pfründen vom Kloster Ranshofen an das Burghauser Spital. Als großer Wohltäter erwies sich schließlich der reiche Burghauser Friedrich der Mautner. Sein Vermögen hatte er durch Geldgeschäfte erworben, die er in großem Stil, unter anderem mit Kaiser Ludwig dem Bayer, tätigte. 1332 ließ Mautner das Spitalgebäude mit Kirche errichten, zudem stiftete er zahlreiche Wirtschaftsbetriebe und Wohnhäuser sowie die Abgaben von 36 Haus- und 43 Gartenbesitzern als finanzielle Grundlage für das Spital. E. G.

107 Befreiung des Burghauser Spitals von Abgaben

Burghausen, 24. September 1332, Pergamenturkunde, zwei anhängende Siegel, 23,5 × 41 cm, Stadtarchiv Burghausen (Spitalurkunde 6)

Im Jahr 1332 bestätigten Papst Johannes XXII. und der Salzburger Erzbischof Friedrich III. von Leibnitz die Gründung eines Spitals in Burghausen. Den Besuchern der Spitalkirche gewährten sie einen 40-tägigen Ablass. Auch die Stadt Burghausen trug ihren Teil zur Spitalgründung bei. In einer Urkunde vom 24. September 1332 befreite sie das Heiliggeistspital von allen steuerlichen Abgaben, die auf den von Friedrich dem Mautner gestifteten Häusern und Gärten lagen (vgl. Kat.-Nr. 106). Die Notwendigkeit eines Spitals in Burghausen bringt die Urkunde überdeutlich zum Ausdruck, wenn sie beklagt, dass Kranke und Arme auf der Straße sterben und vor den Häusern und Türen liegen gelassen werden.

Für die Stadtgeschichte ist diese Urkunde von großer Bedeutung, handelt es sich doch um die erste erhaltene Urkunde, die von der Stadt Burghausen ausgestellt wurde. An der Urkunde hängt der älteste erhaltene Abdruck des Burghauser Stadtsiegels. Nach diesem Vorbild ist auch das heutige Stadtwappen gestaltet. Es zeigt eine Burg mit drei Türmen und geöffnetem Tor und die Umschrift „S(IGILLVM) VNIVERSITATIS CIVIVM IN PURCHVSA". Herzog Otto IV. ließ als Zeichen seines Einverständnisses sein eigenes Siegel an die städtische Urkunde hängen. E. G.

107

Kirchen und Moden

Vor Gott sind alle Menschen gleich – und doch zeigten sich auch in der Kirche Individualität und Ungleichheit der Stadtbürger. Die reichen Bürger stifteten Messen und Altäre für ihr Seelenheil. Sie ließen sich im besonders geheiligten Kirchenraum bestatten, oft unter kunstvollen Epitaphen, die sie auch im Tod noch aus der Masse der Bewohner heraushoben. Und was konnte die Unterschiede in Rang, Reichtum und Ansehen besser zum Ausdruck bringen als eine standes- und zeitgemäße Kleidung, in der man zur Messe erschien? Schließlich war die Pfarrkirche der größte öffentliche Raum der Stadt, in dem es nicht zuletzt um Sehen und Gesehenwerden ging. Überhaupt wurden das religiöse Leben und die Formen der Seelsorge immer vielfältiger. Auf den Plätzen predigten die Bettelmönche, Votivkirchen wurden gebaut, Reliquien angeschafft und Wallfahrten organisiert. Die Menschen hofften auf Vermittler, die bei Gott Fürbitte leisteten: Christus, Maria und die ganze Schar der Heiligen. Und sie verlangten auch nach sinnlicher Erfahrbarkeit der Glaubensinhalte: Bildwerke entstanden, qualitätvolle Kunstwerke in den Kirchen zum höheren Lob Gottes bis hin zu Holzschnitten und Wallfahrtsbildern für die breite Masse der Gläubigen – mediales Mittelalter!

108 Modell des Turms der Stadtpfarrkirche St. Martin in Landshut

Karl Stadlbaur, Landshut, 1867, Holz (Zeder?), Kugeln am Turmkranz mit Goldbronze gefasst, 138 × 20 × 17,5 cm, Museen der Stadt Landshut (HV 4177)

Drei Kirchen waren in der frühen Neuzeit im deutschen Sprachraum für ihre hohen Türme weithin berühmt: der Wiener Stephansdom (Südturm, 1433), das Straßburger Münster (Nordturm, 1439) und die Landshuter Stadtpfarrkirche St. Martin (heute: Stiftsbasilika und Stadtpfarrkirche St. Martin und Kastulus). Der Martinsturm – bis heute der höchst Backsteinturm der Welt – gesellt sich hier zu den Türmen zweier großer Domkirchen und nimmt insofern in diesem Dreiergestirn eine Sonderstellung ein.

Die Fundamentierung ist für 1444/45 belegt. Eine Reisekostenrechnung des Münchner Stadtbaumeisters Lucas Rottaler vom 19. Juli 1500 zeigt die Vollendung an. Er war abgeordnet

108

worden, um „das zymer- und dachwerch auf sannd Marteins kirchen und dem turn zu besichten". Zwei Jahrzehnte später trat mit der Liebfrauenkathedrale in Antwerpen eine weitere Kirche in Konkurrenz: Albrecht Dürers Tagebuchnotizen zur Besteigung des 1521 fertiggestellten Nordturms – „der soll höher sein dann der zu Straßburg", hält er ausdrücklich fest – reflektieren ein wenig von der Faszination, die diese herausragenden architektonischen Landmarken auf die Menschen der Vormoderne ausübten.

Der ‚Erbauer' des Turmmodells, Karl Stadlbaur, war frei resignierter Pfarrer von Gündlkofen bei Landshut. Das Modell entstand im Jahr seines Amtsverzichts, der mit seiner Übersiedlung nach Landshut verbunden war. Als Mitglied des Historischen Vereins für Niederbayern widmete er sich vorzugsweise bau- und kirchengeschichtlichen Themen. Stadlbaurs Forschungen zum Baumeister von St. Martin führten ihn zu der Annahme, dass es sich um einen gleichnamigen Vorfahren des Baumeisters Hanns Stethaimer handle, unter dem die Fundamentierung des Martinsturms erfolgte. Erst Theo Herzog konnte diese Vermutung 1958 widerlegen. Th. St.

Lit.: Herzog, Meister Hanns von Burghausen; Niehoff, Jahrhundert(w)ende; Stadlbaur, Grabmal.

109 Pfahl aus dem Fundament der St. Martinskirche in Landshut

Landshut, Holz, L. 180 cm, Archäologische Staatssammlung München

Der Baugrund der Martinskirche in Landshut ist aufgrund der Nähe zur Isar feucht und daher für die Errichtung schwerer Steinbauten nicht optimal geeignet. Unter den Fundamenten wurden deshalb mehrere hundert Holzpfähle eingeschlagen, um einen besseren Halt für die steinernen Mauern zu schaffen. Solche Pfahlroste konnten im oberen Bereich zusätzlich durch waagrechte Balken umfasst und stabilisiert werden. Die Pfähle konnten teilweise zwar sehr lang sein, trotzdem wurde oft keine festere Bodenschicht erreicht, wie dies heute bei modernen Bohrfundamenten angestrebt wird. Vielmehr sorgte die Reibung der Vielzahl dieser Pfähle für die Festigkeit des Gebäudes, dessen Gewicht sich gleichsam auf viele Schultern verteilte, ähnlich wie dies bei der modernen Mikropfahltechnik der Fall ist. Solche Holzpfähle finden sich nicht nur in Flussniederungen, sie konnten überall dort, wo der Baugrund zu weich war, zum Einsatz kommen. Vereinzelt ist auch die Reduzierung solcher Pfahlfelder auf neuralgische Punkte, beispielsweise unter Gebäudeecken, zu finden, was allerdings wegen der unterschiedlichen Bodensetzung Bauschäden nicht mit letzter Sicherheit verhindern konnte. Ebenso macht sich eine Veränderung des Wasserhaushalts im Boden negativ bemerkbar, wenn durch dauerhaftes oder zeitweises Absinken des Wasserspiegels die Holzpfähle trocken fallen und anfangen sich zu zersetzen. Die aufliegenden Fundamente verlieren damit den ursprünglichen Halt. M. Wo.

Lit.: Häck, Fundgrube Landshut.

110 Auferstehungschristus

Bayern, um 1480/90, Laubholz, farbig gefasst, 95,5 × 31 × 24 cm, Museen der Stadt Landshut (2630)

Ernst schaut der Auferstandene auf den Betrachter, den Kopf leicht geneigt, die Rechte zum Segensgestus erhoben. Noch sind die Wundmale, Zeichen des Leidens, sichtbar – doch anders als beim Motiv des Schmerzensmannes erscheint Christus hier in vollkommener Gestalt als Sieger über den Tod. Nagelspuren im Mantel auf Kniehöhe unterhalb der linken Hand lassen vermuten, dass der Auferstandene ursprünglich mit seiner linken Hand eine Kreuzesfahne, Symbol des Sieges über den Tod, umfasste.

Die Figur wurde 1963 aus Privatbesitz erworben, ihre genaue Herkunft ist nicht bekannt. Die jetzige Fassung stammt wohl aus der Barockzeit. Eine anlässlich des Ankaufs durchgeführte Untersuchung fand unter dem Inkarnat eine gut erhaltene ältere, „wärmere" Fassung, unter dem Gold des Mantels dagegen haben sich nur noch „Spuren der ursprünglichen Fassung in Rot bzw. Blau" erhalten. Die linke Hand ist ergänzt.

Mindestens seit dem 14. Jahrhundert spielten im liturgischen Geschehen der kirchlichen Festtage ‚handelnde Bildwerke' eine wesentliche Rolle für die Vergegenwärtigung und das Nacherleben des Heilsgeschehens durch die Gläubigen. So war es üblich, die Figur des Auferstandenen am Ostermorgen aus dem Grab zu heben und auf dem Hochaltar aufzustellen. Dort blieb sie, bis sie an Christi Himmelfahrt über eine Zugvorrichtung in das Gewölbe emporgezogen wurde und durch das sogenannte Himmelsloch entschwand. Da sich bei der hier vorgestellten Skulptur keine eindeutigen Spuren einer Befestigung zum Aufziehen finden, könnte man, wie bei anderen Figuren belegt, für diese Himmelfahrt einen mandorlaförmigen Rahmen benutzt haben. Alternativ ist an eine ursprüngliche Aufstellung als Gesprengefigur in einem Altar zu denken. M. Te.

Lit.: Niehoff, Vor Leinberger, Teilbd. 2, S. 418f., Kat.-Nr. 60 (Irmengard Hahn); Tripps, Bildwerk; Museumsinventar (Schriftverkehr 1963).

110

111 Kopf eines Minoritenmönchs

Regensburg, um 1340, Grünsandstein, farbig gefasst, 30 × 24,5 × 19,5 cm, Museen der Stadt Regensburg (K 1933/102)

Schon um 1221, nur ein gutes Jahrzehnt nach der päpstlichen Anerkennung des Franziskanerordens, waren die ersten Minderbrüder nach Regensburg gekommen. 1226 erhielten sie von Bischof Konrad IV. eine Behausung und die Kapelle St. Salvator im Osten der Stadt. Dort entstand in der zweiten Hälfte des Jahrhunderts das Langhaus der Ordenskirche St. Salvator. Kurz nach den Minoriten wurde im Jahr 1229 mit den Dominikanern der zweite Bettelorden nach Regensburg gerufen. Deren Niederlassung mit der Klosterkirche

111

St. Blasius wurde am westlichen Stadtrand errichtet. Die beiden heute noch bestehenden riesigen Bettelordenskirchen – mit die größten in Deutschland – in Form frühgotischer Basiliken konnten bürgerliche Begräbnisstätten und eine enorme Zahl von Gläubigen aufnehmen. Und die Menschen kamen! Sie hörten dort Predigten in der Volkssprache statt in Latein, die von den Bedürfnissen des städtischen Alltags ausgingen und auch die Liturgie der Messe verständlich erklärten. Besonderen Erfolg hatte der Franziskaner Berthold von Regensburg, dessen Predigten zu sprichwörtlichen Massenveranstaltungen wurden. Sein Grab befindet sich im spätgotischen, einst mit prächtigen Glasfenstern geschmückten Hochchor der Regensburger Minoritenkirche, der in der zweiten Hälfte des 14. Jahrhunderts errichtet wurde – ein anschauliches Zeugnis für den wirtschaftlichen Erfolg des Konvents, der von Regensburger Bürgern reiche Zuwendungen in Form von Legaten oder Grundstücksüberschreibungen bekam. Damit aber das franziskanische Armutsgebot eingehalten werden konnte, musste die Verwaltung durch einen Prokurator erfolgen.

Offenbar in der Zeit, als der Hochchor errichtet wurde, zwischen 1320 und 1340, entstand auch die hier gezeigte Skulptur. Sie stellt das Haupt eines jungen Minoritenmönchs dar, dessen breites, freundlich blickendes Antlitz große Glaubenszuversicht auszustrahlen scheint. Gut sichtbar sind die Tonsur und der obere Teil des Ordensgewands, vermutlich mit einer Kapuze im Nacken. Das Fragment gehörte vielleicht zu einer fast lebensgroßen Skulptur, es wurde 1933 bei Umbauarbeiten im einstigen Minoritenkloster aufgefunden. P. W.

Lit.: Angerer, Regensburg, Bd. 2; Grieb, Franziskaner, S. 73–77; Hausberger, Geschichte; Hilz, Minderbrüder; Wolf u. a., Ludwig der Bayer, bes. S. 169, Kat.-Nr. 3.15 (Anja Ried).

112 Hl. Anna Selbdritt

Umkreis Meister der Blutenburger Apostel,
um 1490/1500, Laubholz und Nadelholz, polychrom gefasst, 174 × 66,5 × 42,5 cm, Diözesanmuseum Freising (L 9902), Leihgabe der Ernst von Siemens Kunststiftung

Die aufgrund stilistischer Parallelen dem Umkreis des Meisters der Blutenburger Apostel zugeschriebene Figurengruppe zeigt die hl. Anna mit der Tochter Maria und dem Enkelkind Jesus auf den Armen. Die unrealistischen Größenverhältnisse betonen die Bedeutung der monumental dargestellten Anna als Urmutter der Heiligen Familie, wie sie im apokryphen Protoevangelium des Jakobus geschildert wird. In der Gestalt einer ehrenhaften Hausfrau trägt Anna einen edlen Mantel in Pressbrokat über einem grünen Kleid mit Blütenmuster. Haube und Kinnbinde umrahmen ihr hieratisch wir-

112

kendes und zugleich sanftes Gesicht. Die kleine Marienfigur stellt die Muttergottes dar, die konzentriert in einem Buch blättert, während Jesus einen Apfel in der Hand hält und so auf die Erlösung der Menschen vom Sündenfall Adams und Evas verweist. Die gesamte Ikonografie ist heilsgeschichtlich zu verstehen: Im Mutterleib Annas wird Maria unbefleckt, das heißt ohne den Makel der Erbsünde, empfangen und bringt ihrerseits jungfräulich den Gottessohn zur Welt. Der Kult der hl. Anna verbreitete sich ab dem 15. Jahrhundert virulent in Deutschland, vermittelt vor allem durch die in den Städten wirkenden Bettelorden. In den bayerischen Städten des Spätmittelalters war diese Art der Darstellung allgegenwärtig. P. T.

Lit.: Anneser u. a., Madonna; dies., Münchner Kunst.

113 Marientod

1490, Holz, geschnitzt, polychrom gefasst,
49 × 103 × 20 cm, Stadtmuseum Ingolstadt (1729)

„Dormitio" oder „Marientod" bezeichnet einen Bildtypus, der den Tod der Muttergottes im Kreis der Apostel darstellt. Quellen dazu finden sich in Schriften des 6. Jahrhunderts, die das Sterben und die Himmelfahrt Mariens thematisieren, den „Transitus Mariae". Wenngleich eine biblische Grundlage fehlt, fand das Motiv seit dem frühen Mittelalter Eingang in Legenden und Erzählungen, die auch den romanischen und gotischen Bilderkanon in Malerei und Bildhauerei prägen.

Allen Darstellungen gemeinsam ist das Sterbebett im Zentrum. Maria, auf ein Kissen gebettet, ist umgeben von den Aposteln. Der hier gezeigten Szene eines unbekannten Künstlers wohnt eine berührende Intensität inne. Das zeitgenössische Inventar mit Bettstatt und Truhe sowie Bettzeug, Bücher und Gerätschaften verraten den städtischen Bezug. Ihre Kleidung lässt die Dargestellten als Vertreter der Universität, des Bürgertums und – in der Figur des Petrus – als Mitglieder des Klerus erscheinen.

Das Relief teilt das Geschehen in drei Segmente. Links gruppieren sich vier Apostel hinter einer mit einem aufwendig gearbeiteten Schloss versehenen Truhe, zwei von ihnen halten ein Buch, einer blickt mit trauriger Miene zur Seite. Im Zentrum ist die Sterbende, im Bett aufgerichtet, zu sehen, sie hält zusammen mit dem Apostel Johannes die brennende Sterbekerze. Am Kopfende sitzt unten auf der Bettkante ein starr vor sich hinblickender Apostel mit einem Buch in der Hand, am Bettende hat sich ein Apostel mit Buch auf einen Schemel gesetzt und schaut betrübt zu Boden. Johannes stellt die Verbindung her zum rechten Bildsegment mit dem Apostel Petrus als beherrschender Figur. Petrus, die Augen auf die Muttergottes gerichtet, hält ein Buch und einen Weihwasserwedel. Die übrigen Anwesenden blicken in verschiedene Richtungen, einer hält ein Versehkreuz, ein anderer ein Weihrauchgefäß mit glühenden Kohlen.

Das Relief liest sich von links nach rechts: Der irdischen Trauer folgt das sich Versenken in die Schrift, dem menschlichen und himmlischen Beistand im Sterben folgt am Ende der Reihe der Apostel mit dem über dem Kopf gehaltenen Weihrauchfass. Gleichsam schon in der Zukunft angekommen, mit dem Rücken zum Geschehen, verweist sein weit nach oben gerichteter Blick auf die Himmelfahrt Mariä. B. Sch.

Lit.: Holzherr, Darstellung; Smith Lewis, Apocrypha Syriaca, S. 12.

113

114 Hl. Martha

1470–1475, Laubholz, polychrom gefasst,
76 x 32 x 24 cm, Diözesanmuseum Freising (P 72)

Die Holzfigur zeigt die hl. Martha von Bethanien als modisch gekleidete Dame des Spätmittelalters. Sie trägt einen weiten goldenen Mantel, der ihr rotes hochgegürtetes Kleid bedeckt, und eine mit Kinnbinde fixierte Flügelhaube. Die Figur gilt als Gegenstück zur Skulptur der hl. Maria Magdalena (Kat.-Nr. 115) und wie diese wird sie in einem Eintrag von 1860 als „Perle der Sammlung" des Freisinger Priesterseminars bezeichnet. Beide Figuren befanden sich ursprünglich wohl im Schrein eines Flügelaltars, welcher in der Literatur mit dem Magdalenenaltar des Freisinger Doms oder dem der Hofmark Haimhausen identifiziert wird. Neuere Untersuchungen stellen diese Vermutungen infrage und sprechen sich für eine Aufstellung im privaten beziehungsweise höfischen Kontext aus.

Der Überlieferung nach waren Martha und Maria von Bethanien Schwestern des Lazarus und Freundinnen Jesu. Nach dessen Tod erreichten sie auf wunderbare Weise Südfrankreich, wo sie die Botschaft Christi verkündeten. In der Nähe von Tarascon soll Martha einen Drachen mit Kreuzzeichen und Weihwasser gezähmt haben, welcher hier als Attribut erscheint. In souveräner Pose beobachtet die Heilige das Ungeheuer zu ihren Füßen. Mit der einen Hand führt sie den mit verdrehtem Kopf zu ihr aufblickenden Drachen an der Kette, mit der anderen Hand rafft sie ihren Mantel. Ihre selbstbewusste Haltung und die modische Kleidung bringen die höfische Eleganz der Figur besonders zum Ausdruck, auch wenn die Tuchhaube der hl. Martha „bürgerlicher" erscheinen mag als die raffiniert gefaltete Hörnerhaube der hl. Maria Magdalena (Kat.-Nr. 115). Schon früh ist in der Tradition der katholischen Kirche die Figur der Maria von Bethanien, die Jesus im Haus des Simon die Füße salbte (Joh 12,3), mit der Büßerin Maria Magdalena verschmolzen. P. T.

Lit.: Anneser u. a., Münchner Kunst; Fahr u. a., Freising; Kürzeder/Roll, Bestandskatalog.

114

115 Hl. Maria Magdalena

1470–1475, Laubholz, polychrom gefasst,
80 x 34 x 20,5 cm, Diözesanmuseum Freising (P 71)

Die Figur der Maria Magdalena fällt dem Betrachter sofort ins Auge. Nicht nur blickt sie ihn direkt an, auch ihre Kleidung hebt sie heraus: Neben dem goldenen Gewand in der Art eines Surcots – ein ärmelfreies Obergewand – und dem pelzbesetzten Unterkleid sticht ihre Hörnerhaube hervor, eine Kopfbedeckung, die im ausgehenden 14. und im 15. Jahrhundert von hochgestellten Frauen getragen wurde. Der unbekannte Künstler setzte das Motiv der büßenden Sünderin in außergewöhnlicher Art und Weise um, indem er Maria Magdalena als adlige Dame darstellt, die in selbstbewusst-aufrechter Körperhaltung und mit ihrer edlen Gewandung vornehmen Charakter gewinnt. In der linken Hand, mit der sie zugleich ihr Gewand rafft, präsentiert sie ihr Attribut, das Salbengefäß, das sie mit der offenen rechten Hand leicht abzustützen scheint – eine beinahe tänzerisch anmutende Geste. Weder Haltung noch Mimik lassen erkennen, dass hier der dramatische Moment dargestellt ist, in dem sie sich aufmacht, den Leichnam Christi zu salben. Vielmehr repräsentiert die Skulptur eine Dame aus der zeitgenössischen adeligen Oberschicht, dies würde auch zu ihrem Aufstellungsort passen. Entgegen früheren Annahmen, es handle

115

sich um eine Altarfigur des Magdalenenaltars im Freisinger Dom, wird seit neuesten Untersuchungen eine Aufstellung in privatem, möglicherweise höfischem Kontext angenommen. N. Sch.

Lit.: vgl. Kat.-Nr. 114.

116 Heiliger Handwerker (hl. Eligius?)

Meister von Rabenden zugeschrieben,
München oder Rosenheim (?), um 1520, Laubholz, gefasst (Sichtfassung 17./18. Jahrhundert),
100 × 48 × 44,5 cm, Diözesanmuseum Freising,
Leihgabe der Metropolitankirchenstiftung
Zu Unserer Lieben Frau, München (M 536)

Der sogenannte heilige Handwerker kann aufgrund seines fehlenden Attributs nicht eindeutig identifiziert werden. Ältere Vermutungen sahen in ihm den hl. Josef oder den hl. Crispinus, neuerdings wird der hl. Eligius, Patron der Schmiede und Goldschmiede, in Erwägung gezogen. Die Zuschreibung der aus einem Block geschnitzten Figur an den Meister von Rabenden, wie sie Philipp Maria Halm 1911 aufgrund stilistischer Merkmale vorschlug, erscheint überzeugend.

Der Künstler betont die weltliche Erscheinung des Handwerkers, die durch das bewegte Arrangement des Faltenwurfs in Szene gesetzt wird. Typisch für den Kleidungsstil der Epoche sind auch die breiten Ochsenmaulschuhe. Auffällig ist die polychrome Fassung: Zwar handelt es sich hierbei um eine barocke Übermalung, doch entspricht diese weitestgehend der ursprünglichen Farbgestaltung. Sie verleiht der Figur neben der feinen Gestaltung des Gesichts, der Kopfhaare und des Bartes eine besondere Dynamik. Die reiche Vergoldung hingegen überhöht die Person des einfachen Handwerkers zu einem Heiligen.

Im Zuge der bayerischen Städteentwicklung formierte sich im Spätmittelalter eine bürgerliche Handwerkerschicht, die auch in der Kirche ihre Auftraggeber fand. Die Skulptur steht nicht zuletzt durch ihren überlieferten ursprünglichen Aufstellungsort im Münchner Dom für die Verbindung von Kirche, Kunst und Handwerk. Dort besaß seit 1471 die Goldschmiedezunft – als einzige Münchner Zunft – eine Kapelle. Der heilige Handwerker ist ein herausragendes Beispiel für die Schnitzkunst der ausgehenden Spätgotik, sie repräsentiert eine aufstrebende Bürgerschicht, für die das Leben und Arbeiten in der Stadt beste Chancen bot. N. Sch.

Lit.: vgl. Kat.-Nr. 114; Hamm u. a., Wald, S. 156, Kat.-Nr. 041 (Patrick Charell).

116

117 Apostelpredigt

Gabriel Mäleßkircher (um 1425/30–um 1495), um 1470, Öltempera/Nadelholz, 82 × 123 × 4 cm, Diözesanmuseum Freising (D 8903)

Das Gemälde des Münchner Malers Gabriel Mäleßkircher zeigt eine lebhafte Kirchenszene: Viele Bürger hören den Worten des Apostels zu und scheinen dabei aus ganz unterschiedlichen Motivationen an der Predigt teilzunehmen. Manche wirken interessiert, einige wenden sich ab, andere wiederum sind in ein Gespräch vertieft. Dargestellt ist ein Querschnitt durch die Stadtgesellschaft des ausgehenden 15. Jahrhunderts. Die versammelten Zuhörer tragen die für die Zeit typische Kleidung, wobei die vielfältigen Kopfbedeckungen, vor allem der Frauen, ins Auge fallen, so die Hörnerhaube oder der Hennin, wie die hohe, kegelförmige Haube mit dem von der Spitze herabhängenden Schleier genannt wird. Auch die spitzen Schnabelschuhe gehörten zur Tracht der bürgerlichen Oberschicht.

Die Predigt war ursprünglich nicht Bestandteil der lateinischen Liturgie, sie wurde erst im Mittelalter in der jeweiligen Volkssprache üblich. Die Predigtunterweisungen hatten großen Zulauf und noch im 15. Jahrhundert kamen dabei mobile Kanzeln zum Einsatz, wie hier eine zu sehen ist. Je nach Bedarf konnte so an verschiedenen Orten gepredigt werden. Durch die schlichte Möblierung und den reduzierten Raumeindruck einer spätgotischen Kirche lenkt der Künstler die Aufmerksamkeit auf die bunte, vielfältige Zuhörerschaft. An der „Apostelpredigt" ist abzulesen, dass die Pfarrkirche nicht nur Ort der Heilsverkündigung war, sondern auch des Sehens und Gesehenwerdens: ein Raum für bürgerliche Selbstrepräsentation, wie sie die aufwendige Kleidung und der zur Schau getragene Wohlstand wirkungsvoll zum Ausdruck brachten. N. Sch.

Lit.: Anneser u. a., Münchner Kunst; Fahr u. a., 20 Jahre Diözesanmuseum.

117

Monstranzen, Lanzen, Literaten

Die Städte wuchsen und gediehen. Kultur – in ihrer besonderen Form als höfische, ritterliche Kultur – fand nicht mehr nur auf der Adelsburg statt. Ritterturniere wurden nun in der Stadt ausgetragen und mancher Bürger ließ sich sein Haus mit Szenen aus der ritterlichen Abenteuerdichtung ausmalen.
Das städtische Bürgertum entwickelte aber auch eigene Formen kultureller, vor allem religiöser Feste und Inszenierungen. Großer Beliebtheit erfreuten sich Prozessionen durch die Stadt. Mit Reliquien und Heiligenfiguren zogen Zünfte und Bruderschaften durch die Straßen, oft ganz spontan, aus Sorge um die Ernte, aus Angst vor Seuchen oder kriegerischen Übergriffen. Dabei waren die Prozessionen nicht nur Ausdruck der Volksfrömmigkeit, sie waren auch und vor allem Unterhaltung und Spektakel und muten aus heutiger Sicht oft sehr säkular an.

118 Monatsbild mit Turnierszene

Hans Wertinger (um 1465/70–1533),
Landshut, um 1516/25, Mischtechnik/Holz,
33,5 × 40,8 cm, Bayerische Verwaltung der staatlichen Schlösser, Gärten und Seen, Stadtresidenz Landshut (LaRes.G0040), erworben mit Unterstützung der Ernst von Siemens Kunststiftung, der Kulturstiftung der Länder und des Sparkassenverbandes Bayern

EvS ERNST VON SIEMENS KUNSTSTIFTUNG

Das malerisch reizvolle Tafelbild gehört zu einer Reihe von Monatsbildern des Landshuter Malers Hans Wertinger, für die man einen Auftrag Herzog Ludwigs X. für seinen Landshuter Hof annimmt. Als die früheste bisher bekannte Stadtansicht Landshuts und die einzige Darstellung eines Turniers in der altbayerischen Residenzstadt ist das kleinformatige Gemälde von herausragender Bedeutung.
Trotz der Vermischung realer und komponierter Elemente ist die spätmittelalterliche Stadtkulisse eindeutig als der einstige Marktplatz, die heutige Altstadt, zu erkennen. Der Blick führt durch den charakteristischen langgestreckten Straßenmarkt, gesäumt von den typischen Giebelhäusern mit Lauben und hölzernen Vordächern, wie sie Jakob Sandtners Stadtmodell von 1571 (vgl. Kat.-Nr. 129 sowie Abb. S. 10) überliefert. Am Ende des Straßenzugs erscheinen als markante Bauten die Heiliggeistkirche und das Spitaltor. Während der Maler links in freier Verortung die Stadtkirche

118

St. Martin mit ihrem Turm als Wahrzeichen Landshuts hinzugefügt hat, scheint die Häusergruppe im Mittelgrund rechts mit dem drei Gebäude umfassenden Rathaus und zwei Bürgerhäusern die damalige Situation exakt wiederzugeben. Ganz vorne rechts angeschnitten ist das vornehme Patrizierhaus, in dem bei der Landshuter Hochzeit 1475 die Braut logiert hatte (vgl. Kat.-Nr. 101). Vor diesen zentralen Gebäuden ist der Turnierplatz abgeschrankt, auf dem zwei Reiterpaare im Stechen zu sehen sind. Der rotbestrumpfte Herr in vornehmer schwarzer Schaube mit Pelzkragen und Barett im Vordergrund, der auch auf anderen Monatsbildern der Serie wiederkehrt, wird als Herzog Ludwig X. gesehen. Ein Schlitten deutet die winterliche Jahreszeit an, wobei die Turnierdarstellung in Monatszyklen typisch für den Februar ist.

Der geschnitzte Barockrahmen des Renaissancebildes verweist mit dem spanischen Königswappen auf seine Provenienz aus dem spanischen Königshaus, wohin es durch dynastische Verbindungen aus bayerischem Herrscherbesitz gelangt sein könnte. B. L.

Lit.: Langer/Heinemann, Herzog Ludwig X.

119 Riefelharnisch

Landshut, um 1515/20, in Teilen später ergänzt, Eisen, Stahl, H. 182 cm, Museen der Stadt Landshut (3139)

Im ausgehenden 15. Jahrhundert entwickelte sich Landshut unter den Reichen Herzögen Ludwig und insbesondere Georg zu einem der Zentren der Plattnerkunst in Deutschland. Auch nach dem Ende des selbstständigen Herzogtums Bayern-Landshut blieb die Residenzstadt Produktionsstandort für Harnische. Neue Impulse erhielt das Plattnerhandwerk durch die Einrichtung der Hofhaltung Ludwigs X. in Landshut im Jahr 1516.

Der in die frühen Jahre Ludwigs X. zu datierende Reiterharnisch weist oben am Rücken zwei Schlagmarken auf: links Landshut, rechts EB. Der Harnisch lässt sich bislang keinem Meister zuweisen, die Identifizierung des Meisters E. B. mit Erhart Wolf beziehungsweise Erhart Plattner erscheint gewagt. Die Rüstung repräsentiert einen neuen, erstmals um 1500 auftretenden Harnischtyp, den sogenannten Riefelharnisch. Charakteristisch für diesen ist die Verzierung der Oberfläche – mit Ausnahme der Beinröhren – durch gleichgerichtete Grate. Ihre strahlenförmige Anordnung betont die plastische Form des Harnisches.

Im Riefelharnisch spiegelt sich die zeitgenössische Mode mit ihrer parallelen Faltenbildung wider, ebenso der Übergang vom Schnabelschuh zum Kuhmaulschuh. Dazu kamen technische Vorteile: Versuche und Berechnungen, die Georg Ritter von Kern im Rahmen seiner Studien zum Riefelharnisch unternahm, ergaben im Vergleich zum glatten Harnisch sowohl eine wesentlich höhere statische Festigkeit als auch eine erhöhte Widerstandskraft gegenüber Zug- und Biegekräften. Neben Änderungen in der Mode waren es wohl vor allem ökonomische Gründe, die zum Verschwinden dieses in der Herstellung aufwendigen und teuren Harnischtyps um 1535 führten. M. Te.

Lit.: Ritterwelten, S. 195–199, Kat.-Nr. 17 (Franz Niehoff); Ritter von Kern, Entwicklung.

119

120 Berliner Neidhart-Handschrift c

Nürnberg, um 1464, Handschrift/Papier, 32,3 × 23 cm,
Staatsbibliothek zu Berlin – Preußischer Kulturbesitz,
Handschriftenabteilung (Ms. germ. fol. 779, fol. 131r–269v)

Die Berliner Neidhart-Handschrift, auch als Ried'sche Handschrift bekannt, ist mit insgesamt 130 Liedtexten die bei weitem umfangreichste Quelle von Neidhart-Liedern und enthält auch mit Abstand die meisten Melodien (45). Sie entstand vermutlich im Nürnberg der 1460er-Jahre zunächst als reine Neidhart-Sammlung und wurde erst im 16. Jahrhundert mit weiteren Schriften des 15. Jahrhunderts zu einem Codex zusammengebunden. Der Kompilator scheint versucht zu haben, alle unter dem Namen „Neidhart" verfügbaren Lieder in möglichst vollständigen Fassungen inklusive der Melodien zusammenzustellen. Obendrein wurden die Lieder durchnummeriert, weitgehend konsequent nach Sommer- und Winterliedern sortiert und jeweils mit einem Titel versehen.

Besonders augenfällig ist die äußerst einheitliche Anlage der Handschrift, die von nur einer Hand in Text und Notation geschrieben wurde. Die Melodien sind – bis auf „Der Tisell tasell" (c 29) – in rhythmusloser, deutscher Choralnotation ohne Notenschlüssel niedergeschrieben und den Liedtexten textlos vorangestellt. Formale Abschnitte sind in den Melodien gelegentlich durch kürzere oder längere Striche im System angezeigt, können aber auch gänzlich fehlen. Lesung und Deutung der an sich klar notierten Melodien sind also einer ganzen Reihe von Unwägbarkeiten unterworfen. Es bleibt dabei die Frage, wieso der Schreiber oder Kompilator dieses reduzierte Layout gewählt hat. Die Antwort liegt wohl im Wunsch nach einer absoluten Homogenität des Erscheinungsbildes. Die Handschrift wurde so angelegt, dass sie einheitlich und, trotz Lücken im Detail, vollständig wirkt. Auch ließen sich Ergänzungen bruchlos in die Handschrift nachtragen, sollte zu einem späteren Zeitpunkt eine fehlende Melodie auftauchen.

Das Format diente aber nicht nur der Verschleierung von Lücken und der effektiven Raumnutzung. Bei einer so

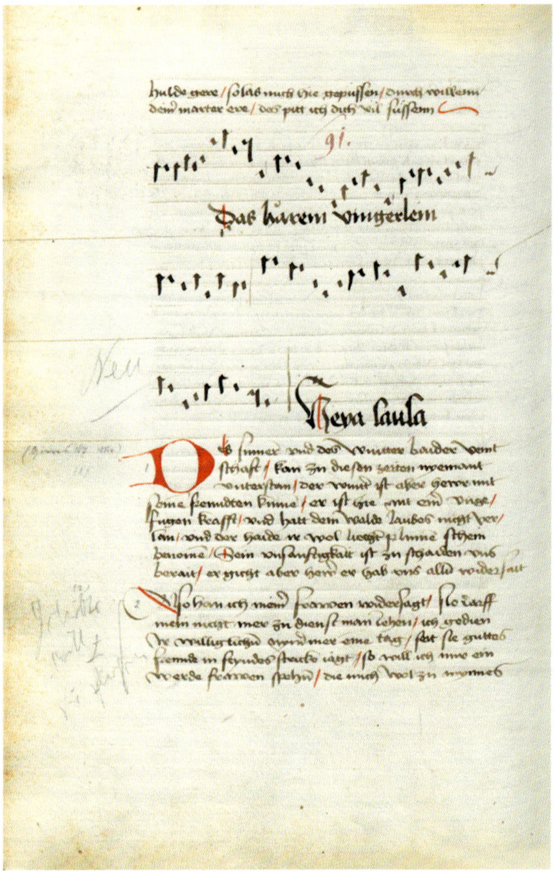

120

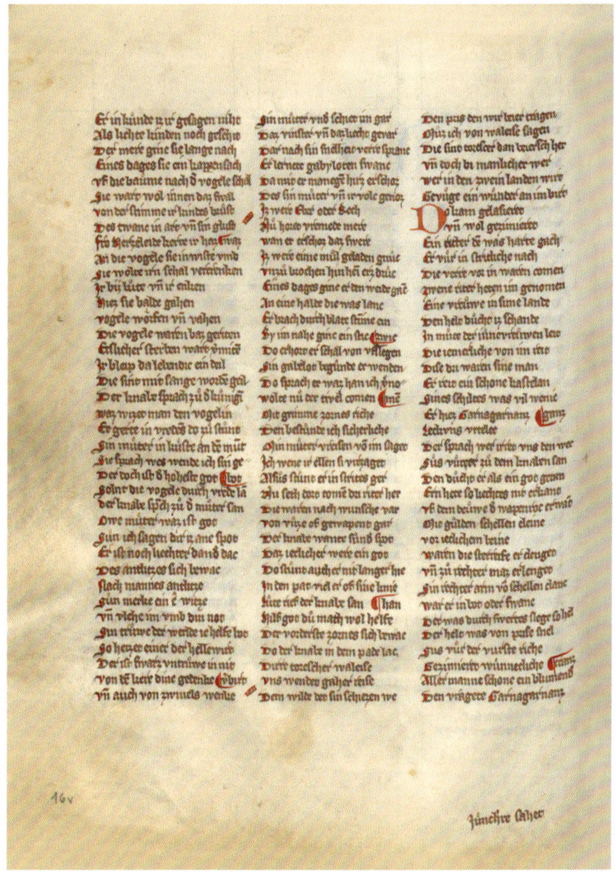

121 a

enzyklopädisch angelegten Sammlung ist mit Sicherheit davon auszugehen, dass die Vorlagen aus sehr unterschiedlichen Quellen zusammengeführt werden mussten, die neben uneinheitlichen Text- und Melodiefassungen wohl auch unterschiedliche Gestaltungsprinzipien und Notationen aufgewiesen haben. In diesem Sinne könnte die Anlage der Handschrift den kleinsten gemeinsamen Nenner ihrer Vorlagen widerspiegeln. Die identische Einrichtung der Systeme für alle Melodien erfüllte nicht nur ein formales Kriterium, sondern war zugleich eine Absichtsbekundung für die Vervollständigung.

Die Melodien der Berliner Neidhart-Handschrift haben großen Einfluss auf das heute vorherrschende Neidhart-Bild. Das hat zwei Gründe: Zum einen ist hier der überwiegende Teil der Neidhart-Melodien überliefert, zum anderen galt diese Überlieferung in der Forschung als besonders zuverlässig – trotz oder vielleicht gerade wegen der fehlenden Parameter in der Niederschrift, die wohl auch Unsicherheiten des Schreibers verschleiern. Sicherlich übten dabei die sorgfältige und durchdachte Anlage sowie die saubere Niederschrift mit nur wenigen Korrekturen – im Wesentlichen also rein formale Aspekte – einen erheblichen Einfluss auf diese Einschätzung aus. M. L.

Lit.: Bennewitz-Behr, Neidhart-Handschrift; Evers, Lieder, S. 69–71; Lewon, Melodienüberlieferung; Müller u. a., Neidhart-Lieder, Bd. 3, S. 518–522, Bd. 1 und 2 (Liedtexte und Melodien).

121

a Wolfram von Eschenbach: Parzival

Westdeutschland (Köln ?), 1340, Pergamenthandschrift, 36,5 × 27 cm, Österreichische Nationalbibliothek, Wien, Sammlung von Handschriften und alten Drucken (Cod. 2775)

b Wolfram von Eschenbach: Parzival

Landshut (?), 70er-Jahre 13. Jahrhundert, Pergamenthandschrift, 107 Blätter, 31,25 × 22 cm, Bayerische Staatsbibliothek München (Cgm 18)

In seinem höfischen Roman „Parzival" schildert der wohl aus dem heutigen Wolframs-Eschenbach in Franken stammende Dichter, selbst ein Ritter, wie sich der unbedarfte Jüngling Parzival auf die Suche nach dem Heiligen Gral begibt. Das umfängliche Werk hat einen längeren Entstehungsprozess und Wolfram nennt mehrere Gönner und Höfe, die ihn unterstützten. Dazu gehörten auch die Wittelsbacher, wohl am Landshuter Hof, denn Wolfram lobt in seinem Werk – wenngleich nicht ohne Ironie – die Bayern: „ein prîs den wir Beier tragn, / muoz ich von Wâleisen sagn: / die sint tœrscher denne beiersch her, / unt doch bî manlîcher wer" („Man rühmt uns Bayern etwas nach, das auch für die Wâleisen gilt; ich muss aber sagen, dass die noch blöder sind als die Leute in Bayern, und sind dabei große Kämpfer."). Auch in zwei in

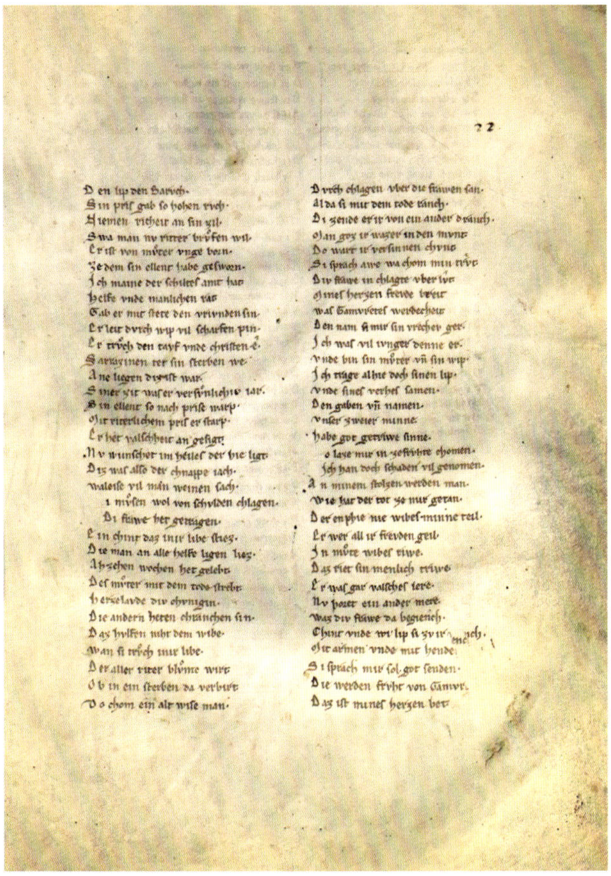

121 b

der Bayerischen Staatsbibliothek aufbewahrten Pergamenthandschriften findet sich diese Stelle. Während Handschrift O (Cgm 18) vom ausgehenden 13. Jahrhundert nur den „Parzival" aufweist, enthält Handschrift G (Cgm 19) aus der Mitte des 13. Jahrhunderts auch die Tagelieder, Wolframs einzigen, aber umso kostbareren Beitrag zum Minnesang, der bei den Wittelsbachern ebenfalls in hohem Ansehen stand. K. W.

Lit.: Wolfram von Eschenbach, Parzival; Heinzle, Wolfram von Eschenbach; Klemm, Handschriften; vgl. auch den Essay von Klaus Wolf in diesem Band.

122 Christus auf dem Palmesel

Kelheim, um 1470/80, Lindenholz, farbig gefasst,
126 × 45 × 118 cm, Museen der Stadt Landshut (HV 56)

Weit verbreitet und zahlreich waren Bildwerke des auf der Eselin reitenden Christus seit dem ausgehenden Mittelalter. Die Chronisten schildern farbig ihre Verwendung im Nachspielen des Einzugs Christi in Jerusalem, bis im 18. Jahrhundert Ausschweifungen und übermäßiger Alkoholkonsum während des Umzugs – sodass „ausser dem Heiland und Esel, niemand anderer nüchtern zurückkam" – zum Verbot der Palmprozessionen führten. Die dadurch überflüssig gewordenen eselreitenden Christusfiguren wurden abgestellt, vergessen, zerstört. Der hier gezeigte Palmeselchristus überdauerte nach der Überlieferung im Rathaus zu Kelheim und kam 1872 nach Landshut in die Sammlung des Historischen Vereins für Niederbayern.

Christus sitzt segnend auf dem Esel. Das Bildwerk ist aus massiven – nicht ausgehöhlten – Holzblöcken geschnitzt, die zuvor mit dicken Dübeln verbunden wurden. Die Extremitäten und der Eselsbauch sind angestückt. Das Holz weist zahlreiche breite Risse auf, die schon früh mit Holzstücken verschlossen und mit Eisenbändern, Nägeln und Dübeln

122

zusammengehalten wurden. Deutlich sichtbare Verzerrungen, besonders auffallend im Gesicht, konnten aber nicht verhindert werden. Fünf übereinanderliegende Farbfassungen zeugen dennoch von der lang dauernden Wertschätzung. Die offenbar abgefaulten Hufe der Eselin und der verloren gegangene Wagen lassen eine spätere Lagerung unter ungünstigen Bedingungen vermuten. Das Bodenbrett und die Stütze dürften wohl im Zuge der musealen Präsentation ergänzt worden sein. A. K.

Lit.: Meidinger, Beschreibung (Zitat S. XX); Niehoff, Vor Leinberger, Skulptur, S. 416f. (mit weiterer Literatur).

123 Monstranz

Philipp Dirr (1582–1633), 1625–1636, Lindenholz, vergoldet, H. 122 cm, Diözesanmuseum Freising, Leihgabe der Domkirchenstiftung Mariä Geburt und St. Korbinian, Freising (F 12)

Die im zweiten Viertel des 17. Jahrhunderts geschaffene Holzmonstranz ist ein Werk des Weilheimer Bildschnitzers Philipp Dirr, der damals im Dienst des Freisinger Fürstbischofs Veit Adam von Gepeckh stand. Es handelt sich wohl um die Nachbildung einer vergoldeten Silbermonstranz des Goldschmieds Sixt Schmuttermaier, die 1468 realisiert und 1697 wieder eingeschmolzen wurde. Ein vergleichbares Silberexemplar, ebenfalls von Sixt Schmuttermaier, befindet sich heute in der Stadtpfarrkirche im niederösterreichischen Waidhofen a. d. Ybbs, wo die Fürstbischöfe von Freising über Besitz verfügten.

Die fein geschnitzten Figürchen der Heiligen Korbinian und Sigismund sowie der Muttergottes geben in vereinfachter Form die Monumentalskulpturen des Freisinger Hochaltars von Philipp Dirr und die ihm wohlbekannte Marienfigur von St. Pölten in Weilheim wieder. Die Anfertigung einer Holzkopie nach dem Silberoriginal hatte vermutlich rein praktische Gründe, nämlich durch das geringere Gewicht dem Priester das Tragen des Allerheiligsten bei der Fronleichnamsprozession zu erleichtern. Das Fest des „Leibes des Herrn“ erhielt in Bayern, besonders im Zuge der Gegenreformation, erhebliche Bedeutung. Die Teilnahme aller Stände an der prachtvoll gestalteten Prozession war gleichsam Pflicht und wurde

123

auch als öffentliche Bühne zur Repräsentation ihrer Stellung innerhalb der städtischen Gesellschaft genutzt. P. T.

Lit.: Fahr u. a., Freising.

124 Vortragekreuz

Mitte 14. Jahrhundert, Silber, Kupfer vergoldet, Bronze vergoldet, 53,3 × 39,8 cm, Kunstsammlungen des Bistums Regensburg, Leihgabe der Dompfarrei St. Ulrich (L 1982/0046)

Ein Prozessionskreuz wird beim feierlichen Einzug zur Heiligen Messe, bei Begräbnisfeiern sowie Wallfahrten vorangetragen. Im Drei-Nagel-Typus hängt der aus Bronze gegossene und vergoldete Corpus Christi mit durchgebogenen Armen am Kreuz. In der Frömmigkeit der Compassio, des Mitleidens, die ihren Höhepunkt Ende des 14. Jahrhunderts erfuhr, erscheint der sterbende Jesus direkt an den Betrachter gewandt. Das bis dahin vorherrschende majestätische Bild von Christus als König hatte sich gewandelt zur Darstellung des leidenden Menschensohns. Die Rückseite des Kreuzes zeigt in den Vierpässen symbolische Darstellungen Christi: in der Mitte das Lamm Gottes, oben der sich für seine Jungen opfernde Pelikan, unten der Löwe, der seine Jungen wachbrüllt, links der Vogel Strauß vor seinem Nest, der seine Eier von der Sonne ausbrüten lässt, rechts der sich im Feuer verjüngende Phönix.

Das Vortragekreuz aus der ehemaligen Damenstiftskirche Niedermünster stammt aus unruhigen Zeiten. Sechs aufeinander folgende Bischöfe, die kaum noch im Dienst der großen Reichspolitik standen, lenkten das Hochstift Regensburg im 14. Jahrhundert. Seit 1245 regierten sich die Regensburger selbst, kein Herzog und auch kein Bischof hatte in den städtischen Angelegenheiten mitzubestimmen. Dies hielt die Bürger jedoch nicht davon ab, großzügige Stiftungen für ihr Ansehen und vor allem auch für ihr Seelenheil zu tätigen. M. B.

124

Die Zierden des Landes 1500–2020

Die neuen Städte halfen den Herzögen in der Ausübung ihrer Herrschaft über Land und Leute. Die Städte waren Verwaltungszentren, die herzoglichen Rentmeister, Richter, Mautner oder Kastner hatten hier ihren Sitz. Eigenen Charakter erhielten in der Zeit der Landesteilungen zwischen 1255 und 1506 München, Ingolstadt und Landshut als Residenzstädte der Wittelsbacher, aber auch Burghausen als Nebensitz der Reichen Herzöge ist hier zu nennen.

Seit der Mitte des 16. Jahrhunderts ließen die Wittelsbacher Herzöge ihr Land „aufnehmen", also von Hofmalern abbilden und von Wissenschaftlern beschreiben: Stadtansichten wurden gezeichnet, Stadtmodelle in Auftrag gegeben, das Land wurde kartografisch erfasst und Landesbeschreibungen wurden angefertigt. Die Städte und ihr Bürgertum wurden sich bewusst, dass sie tragende Pfeiler des Herzogtums waren. Über ihre alten Rechte wachten sie mit Argusaugen. Zugleich entwickelten sie einen Lokalstolz, wie er nicht zuletzt in den zahlreichen Stadtansichten sichtbar wird, in denen die ‚points of interest' dekorativ in Szene gesetzt werden. Es sind bis heute die im 13. Jahrhundert gegründeten Städte, die Bayern prägen.

Tafelsilber

Im Jahr 1554 beauftragte Herzog Albrecht den Ingolstädter Gelehrten und Drucker Philipp Apian mit der kartografischen Erfassung des Herzogtums Bayern. Beeindruckt von dem detailgetreuen Modell, das der Straubinger Drechslermeister Jakob Sandtner von seiner Heimatstadt erstellt hatte, gab der Herzog 1568 Modelle seiner Residenzstädte in Auftrag. Herzog Albrechts Sohn Wilhelm folgte dieser Tradition: Nachdem eine Aufforderung an die Pfleger im Land, Ansichten der Städte und Märkte zu liefern, nicht den gewünschten Erfolg gebracht hatte, ließ er ab 1584 das Antiquarium der Münchner Residenz von seinem Hofmaler Hans Donauer mit Ansichten der Städte seines Herzogtums ausmalen – heute stellen sie eine wichtige Geschichtsquelle dar.

Mehr noch als auf ihre Burgen und Märkte waren die Herzöge auf ihre Städte stolz. Die Städte gehörten zu den großen Schätzen des Landes – sie waren das herzogliche Tafelsilber! Schätze waren aber auch die Urkunden und Inventare aus der Anfangszeit des wittelsbachischen Herzogtums, dokumentieren sie doch die Rechte und Besitzansprüche, welche die Wittelsbacher seit der Verleihung der Herzogswürde im Jahr 1180 angesammelt hatten.

125 Herzogsurbar

1231/34, Pergament, 35 Bll., 14 nicht geb. Bll., 24 × 17 cm, Bayerisches Hauptstaatsarchiv, München (Kurbayern Äußeres Archiv 4734)

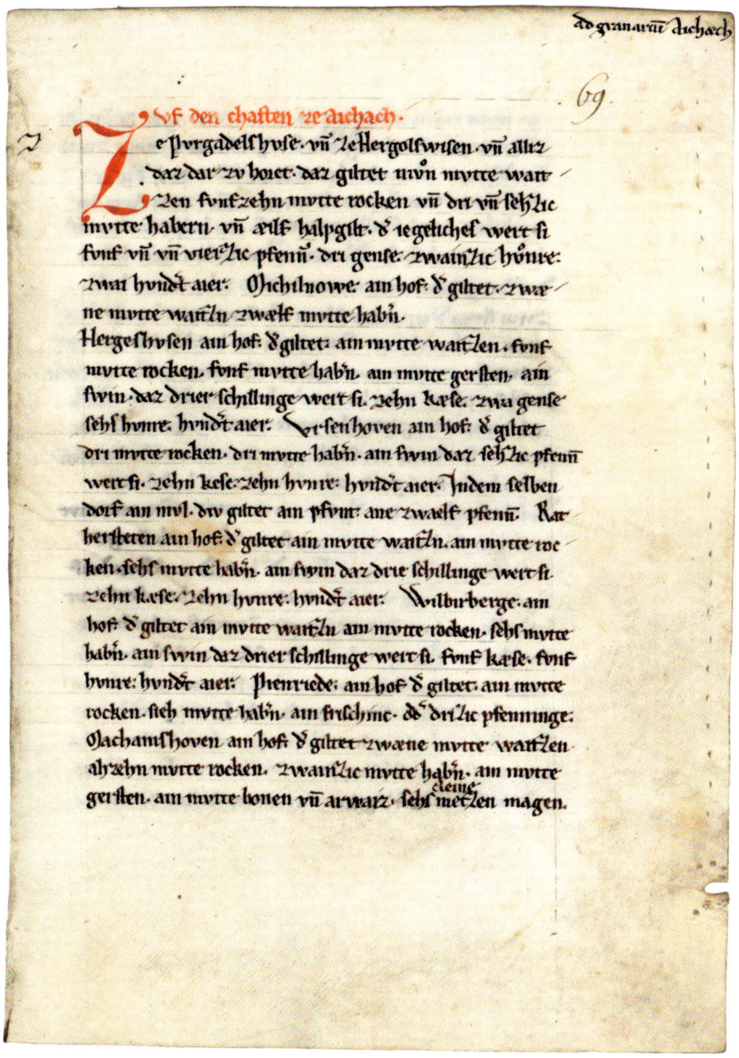

125

Das älteste bayerische Herzogsurbar steht in einer Reihe mit anderen landesfürstlichen Besitzverzeichnissen wie denjenigen der Habsburger oder der Přemysliden. Es listet im Einzelnen die Einkünfte der bayerischen Herzöge auf und gibt Einblick in Organisation und Verwaltung des Herzogtums. Aus dem Urbar, das am Anfang der Territorialisierung des Herzogtums steht, lassen sich die nutzbaren Besitzungen und Rechte der Herzöge um die Mitte des 13. Jahrhunderts ersehen. Detailliert sind die Einkünfte und Rechte aufgeführt, die dem bayerischen Herzog aus Eigenbesitz, Lehen und Vogteien zustanden. Neben den Abgaben der Meierhöfe, Mühlen und Tavernen sind auch die Anteile an der Salzgewinnung in Reichenhall aufgelistet sowie die Einkünfte aus den Kirchen- und Klostervogteien und Abgaben aus dem Markt- und Zollrecht.

Die Handschrift wurde zwischen 1231 und 1234 unter Herzog Otto II. angelegt, wobei einzelne Angaben einen früheren Zeitpunkt wiedergeben. Laut Ingrid Heeg-Engelhart war es nach der Ermordung von Ottos Vater Ludwig I. im Jahr 1231 notwendig geworden, den Umfang des herzoglichen Besitzes schriftlich zu dokumentieren. Sowohl die Absicht, den erblichen Besitz des Herzogtums weiterzugeben, als auch die zunehmende territoriale Konkurrenz von Adelsherrschaften, Grafschaften und Vogteien boten gute Gründe für diese Niederschrift. W. J.

Lit.: Heeg-Engelhart, Herzogsurbar.

126

126

Erstes Testament Konradins von Staufen

Wilten, 16. April 1263, Pergamenturkunde, Wachssiegel an rot-grünen Seidenschnüren, 30,5 × 26,5 cm, Geheimes Hausarchiv, München (Hausurkunde 58)

In der am 16. April 1263 in Wilten ausgestellten Urkunde übertrug Konrad II., König von Jerusalem und Syrien und Herzog von Schwaben, im Falle seines erbenlosen Todes seinem Onkel, Herzog Ludwig von Bayern, seinen gesamten Besitz. Konrad, genannt Konradin, war unter der Vormundschaft seines Onkels aufgewachsen. Als Enkel Friedrichs II. war er der letzte legitime männliche Staufer. Seine Besitzungen in Italien, vor allem das Königreich Sizilien, verwaltete sein Onkel Manfred. Dieser konnte zwar die Herrschaft in Mittelitalien stabilisieren, die Feindschaft des Papstes gegen die staufische Umklammerung des Kirchenstaats von Norden und Süden blieb aber ungebrochen. Die Verfügung im Fall eines erbenlosen Todes – Konradin war 1263 elf Jahre alt – deutet auf erste Pläne Konradins und seiner Berater für einen Italienzug hin. Das Interesse der Wittelsbacher dürfte, ganz pragmatisch, in einem potenziellen Landzuwachs im Bereich des Herzogtums Schwaben gelegen haben.

Bei der zweiten Urkunde Konradins, ausgestellt am 24. August 1266 in Augsburg, wird im Fall eines fehlenden Nachfolgers neben Herzog Ludwig II. auch Herzog Heinrich XIII. von Niederbayern als Erbe eingesetzt. Die Situation in Italien hatte sich für Konradin dramatisch verschlechtert, da Papst Clemens IV. das Königreich Sizilien an Karl von Anjou gegeben hatte, der die verhasste staufische Herrschaft beseitigen sollte. Für Konradin stand sein Erbe auf dem Spiel. Die Unterstützung für einen Italienzug durch seine Wittelsbacher Verwandtschaft war nun entscheidend. Die anfängliche Hilfe, die sich Konradin mit seinen Zugeständnissen hinsichtlich seiner Nachfolge erkauft hatte, löste sich allerdings bald schon in Nichts auf, als die Wittelsbacher von Konradin, der seit 1267 gebannt war, die Begleichung von Schulden forderten. Kurz darauf, 1268, trat dann der Erbfall ein: Konradin, der mit einem kleinen Heer nach Süditalien gezogen war, wurde in der Schlacht von Tagliacozzo von Karl von Anjou besiegt und am 29. Oktober 1268 in Neapel enthauptet. Durch den Erbfall gewannen die Wittelsbacher vor allem am schwäbischen Lechrain und mit Lauingen und Donauwörth an der oberen Donau Territorien, die über die alten Stammesgrenzen hinausreichten. W. J.

127

a „Bairische Landtaflen"

Philipp Apian (1531–1589)/Jost Ammann (1539–1591), Ingolstadt, 1568, Papier/Buchdruck, 40,2 × 29 cm, Staats- und Stadtbibliothek Augsburg (2 H 12)

b Schrobenhausen, Landsberg am Lech

Philipp Apian, zwischen 1554 und 1563, Feder/Papier, teilweise koloriert, 16 × 44 cm und 14 × 30 cm, Bayerische Staatsbibliothek München (Cgm 5379(3)

Im Jahr 1554 erhielt der Ingolstädter Mathematikprofessor Philipp Apian von Herzog Albrecht V. den Auftrag, eine genaue Karte Bayerns anzufertigen. Dafür waren sieben Jahre Reisen durch das Land nötig, um dieses zu vermessen, und weitere zwei Jahre, bis die Karte schließlich 1563 vollendet war. Damit war Bayern Mitte des 16. Jahrhunderts das am genauesten vermessene Land in der in Europa bekannten Welt. Herzog Albrecht ließ die – heute verlorene – Karte, die eine Größe von 25 Quadratmeter hatte, in der Hofbibliothek anbringen.

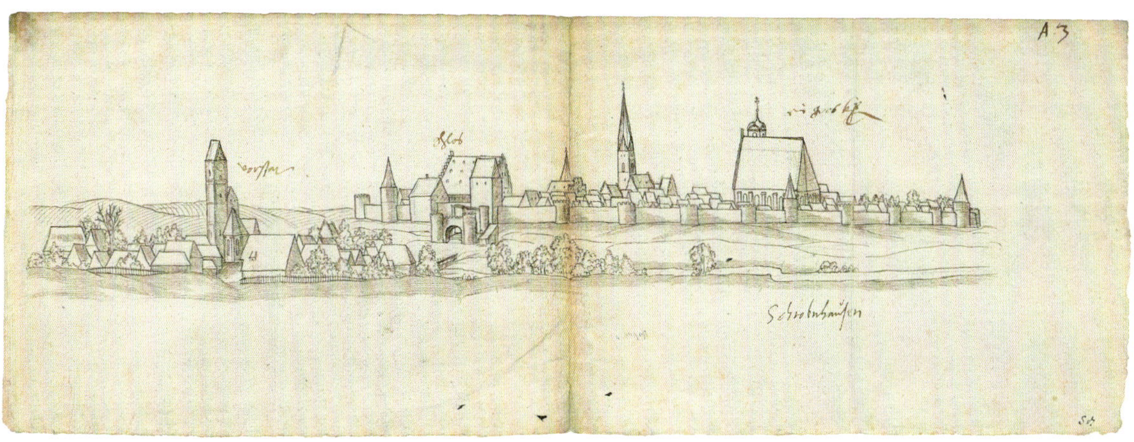

127 b
Schrobenhausen

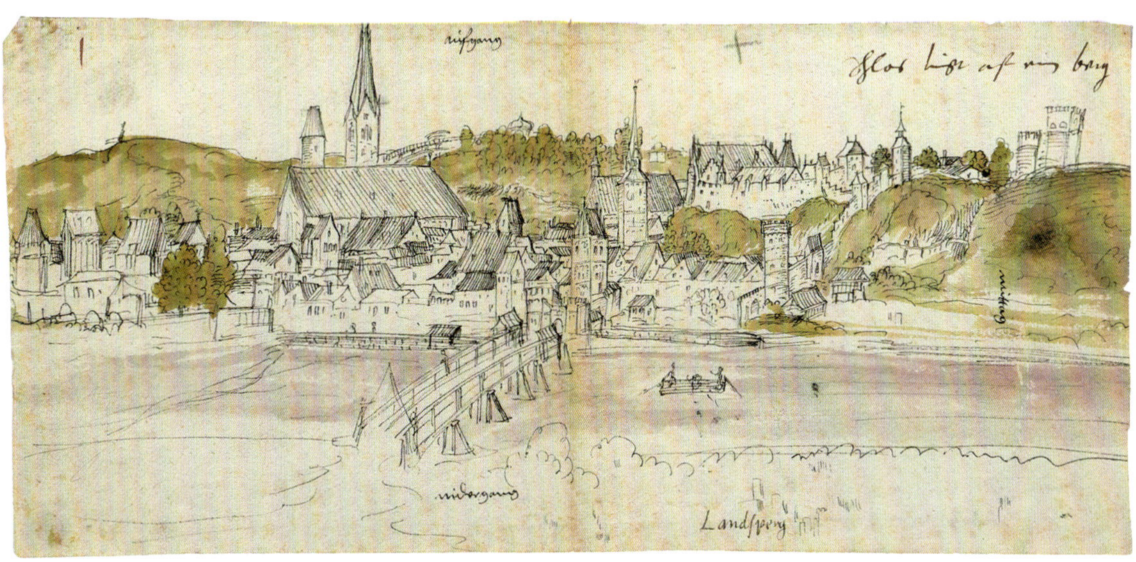

127 b
Landsberg

127 a

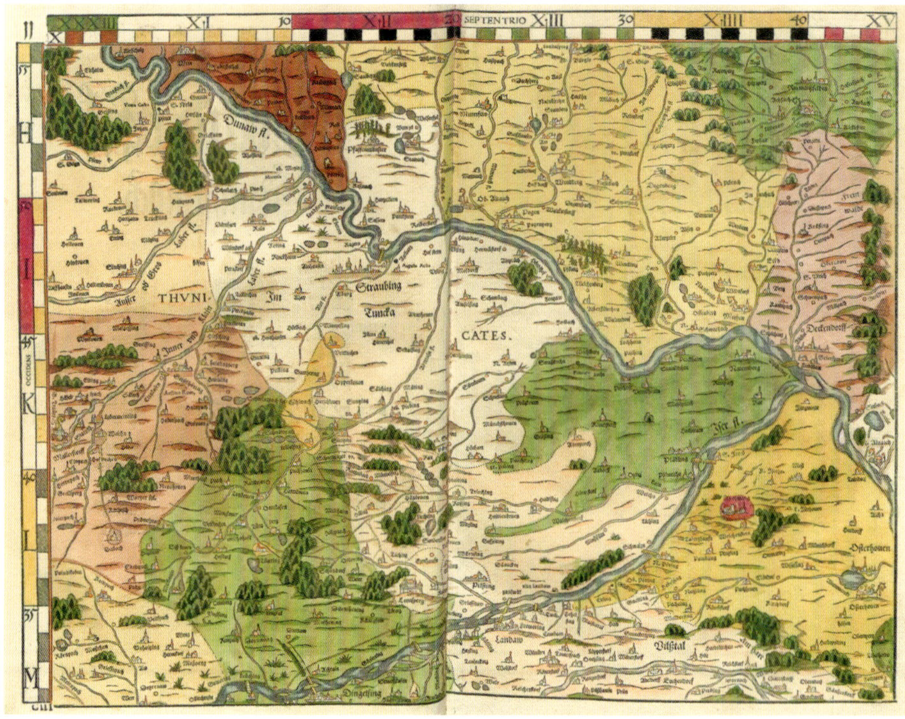

Da diese Karte auch und vor allem für Verwaltung und Wirtschaft wertvoll war, ließ der Herzog eine Fassung in kleinerem Maßstab für den Druck erstellen. Apian unterteilte die Karte in 24 Segmente, hinzu kam eine Übersichtskarte. Diese Version wurde von Jost Amman in Holz geschnitten. Die „Bairischen Landtaflen" (a) erschienen erstmals 1568 in Philipp Apians eigener Druckerei. Wie auf der Ursprungskarte sind das Gewässernetz, Berge und Waldgebiete, das Verkehrsnetz – dargestellt durch größere Brücken – präzise wiedergegeben, dazu sind die Orte – von der Stadt bis zum kleinen Weiler –, sowie Klöster und Stifte, Schlösser und Herrensitze, aber auch Wirtschaftsbetriebe wie etwa Glas- und Eisenhütten eingezeichnet. Abgebildet ist hier die Tafel Nr. 11 mit der Stadt Straubing.

Auf seinen Reisen durch das Land hatte Apian auch Federzeichnungen von Städten, Märkten, Burgen und Klöstern angefertigt (b), die durch ihre topografische Genauigkeit eine ebenso wertvolle Quelle wie seine Landkarte darstellen.

Mit seiner umfassenden Bestandsaufnahme hinterließ Apian nicht nur eine wertvolle Geschichtsquelle, seine Vermessung des Landes bildete fast 250 Jahre lang die Grundlage für alle kartografischen Darstellungen Bayerns. S. Sch.

Lit.: Wolff, Philipp Apian; Die Vermessung Bayerns.

128

a 49 Wappenstöcke von Städten und Märkten in Bayern

Holz, geschnitzt, 36,5 × 33,5 × 4 cm, je 2,5 × 2,7 × 3 cm, Stadtarchiv München (HV-AP-06)

b 45 Wappenstöcke von Städten und Märkten in Bayern

Holz, geschnitzt, je 3,1 × 2,7 × 2,4–2,5 cm, Bayerisches Nationalmuseum, München (R 9106, 9107, 9109, 9111, 9112, 9115, 9118–9120, 9122–9125, 9127, 9129–9132, 9134, 9135, 9138, 9141, 9144, 9146, 9149, 9153, 9181, 9187, 9193, 9225, 9245, 9269, 9271, 9273, 9274, 9276, 9280, 9297, 9200, 9301)

Im Zuge seiner umfassenden Recherchen für die Anfertigung der ersten Landkarte des Herzogtums Bayern (vgl. Kat.-Nr. 127) legte Philipp Apian eine eigene Sammlung von 660 Wappen bayerischer Bistümer, Klöster, Adelsfamilien sowie

128 a

von Städten und Märkten an, die er für eine beabsichtigte, aber nie realisierte Publikation 1562 in Holz schneiden ließ. Franz Graf von Pocci, Vorstandsmitglied des 1837 gegründeten Historischen Vereins von Oberbayern, kaufte 194 dieser Holzmodel bei einem Händler und gab sie im Tausch an den Verein, der später weitere Exemplare erwarb, sodass sich der Bestand auf heute 250 Stücke rundete. Zur gleichen Zeit hatte auch das Bayerische Nationalmuseum 100 solcher Holzstöcke erworben.

Anlässlich der 700-Jahr-Feier des Hauses Wittelsbach im Jahr 1880 edierte der Historische Verein die Topografie Apians und fügte in einem Anhang „Philipp Apians Wappensammlung der altbayerischen Landschaft wie des zu seiner Zeit abgegangenen Adels" an, der eine Liste der 660 Wappenstöcke mit heraldischer Beschreibung sowie Abbildungen aller Wappen enthält. Die Liste ist in drei Gruppen eingeteilt: I. Geistliche Bank mit Bistümern, Stiften, Klöstern und Kommenden (Nr. 1–90); II. Adel (Nr. 91–537); III. Städte und Märkte (Nr. 538–660), also insgesamt 123 Orte. Die fehlenden Wappen wurden aus Abbildungen in Wappenbüchern und -sammlungen reproduziert oder von anderweitig vorhandenen Siegeln abgenommen, um so die originale Apian-Sammlung zu rekonstruieren.

Der Apian-Bestand im Stadtarchiv München, das seit 1943 alle Sammlungen des Historischen Vereins verwahrt und betreut, umfasst 49 solcher Ortswappen, darunter auch Aichach und Friedberg sowie mit Nr. 661 (Neuötting) ein in der Edition von 1880 noch nicht erfasstes Wappen. Aus dem Bestand des Bayerischen Nationalmuseums sind 45 Wappen von Städten und Märkten überliefert. M. St.

Lit.: Jahn u. a., Adel in Bayern, S. 92 (Reinhard Heydenreuter); Primbs, Einleitung, bes. S. 479–497 (Verzeichnis der Apian'schen Wappenstöcke).

129 Modelle der Städte München, Landshut, Ingolstadt, Straubing und Burghausen

Jakob Sandtner, Straubing/München, 1568–1574,
Bayerisches Nationalmuseum, München (Modell 1–5),
3D-Präsentation, Fa. illustrated architecture, Oberkrämer/Haus der Bayerischen Geschichte, Augsburg

Die fünf Modelle bayerischer Städte, die Herzog Albrecht V. zwischen 1568 und 1574 anfertigen ließ, sind weltweit einzigartig als einheitliche Serie der verschiedenen Residenzstädte eines mächtigen Herzogtums (vgl. Abb. S. 10 ff.). München, Landshut, Ingolstadt und Straubing waren die Hauptstädte der alten Teilherzogtümer. Mit der Präsentation dieser Städte demonstrierte der Herzog seine unangefochtene Herrschaft über den seit 1506 geeinten Territorialstaat.

Die herzogliche Macht gegenüber den jeweiligen Städten als Gemeinwesen wird in der verblüffend exakt und detailliert wiedergegebenen Topografie veranschaulicht: In Landshut und Burghausen – das immer nur Nebenresidenz, seit 1507 jedoch auch Rentamt war – thronen die Burgen

128 b

hoch über der Stadt, schützend und zugleich beherrschend. In München, Ingolstadt und Straubing nehmen sie distanzierte Rand- beziehungsweise Eckpositionen ein, worin sich ebenso ein Spannungsverhältnis ausdrückt. In nur einem Fall, Landshut, verlegte ein Herzog seine Residenz ins Stadtinnere und wählte betont eine zentrale Position, mitten unter den Bürgern, dem Rathaus gegenüber: Herzog Ludwig X. folgte mit seiner 1536 bis 1543 erbauten Stadtresidenz baukünstlerisch, aber auch gesellschaftspolitisch Vorbildern der italienischen Renaissance. Landshut, die übrigen Städte aber kaum weniger, waren indes vorwiegend von stolzen Bürgerhäusern geprägt.

So wie heute Besucher die Modelle im Bayerischen Nationalmuseum erfahren, mag sie auch der Herzog seinen Gästen im damals neu erbauten Marstall- und Kunstkammergebäude vorgeführt haben: als wohlgeordneter Organismus mit Kaufmannshäusern, Verwaltungsbauten, Handwerksbetrieben, Kirchen und Klöstern, Infrastruktur und Verteidigungsanlagen. Die Sandtner-Modelle bilden eine wertvolle historische Quelle, denn nirgends lässt sich besser nachvollziehen, wie sich die Städte bis zum 16. Jahrhundert entwickelt haben. S. W.

Lit.: von Reitzenstein, Stadt; Sauerländer, Kunstkammer, S. 603–607.

130 a

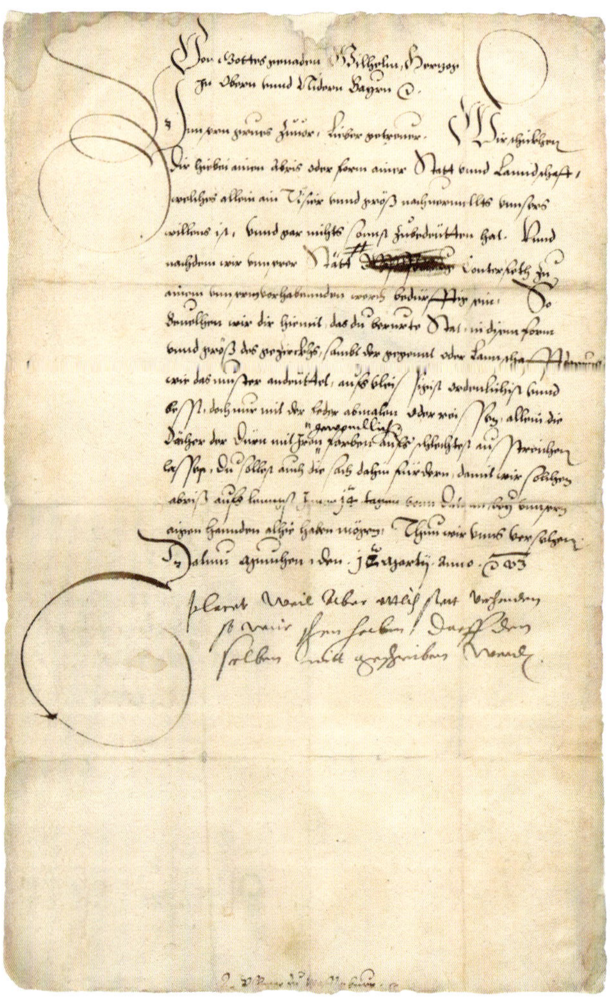
Von Gottes gnaden Wilhelm, Herzog in Obern unnd Nidern Bayrn etc.

130

a Befehl an den Pfleger zu Wasserburg wegen „abconterfeyhung"

1583, Papier, Tinte, 32 × 21 cm, Bayerisches Hauptstaatsarchiv, München (GR Fasz. 990, Nr. 6)

b Antwortschreiben des herzoglichen Pflegers von Friedberg sowie des Pflegers von Erding

1583, Papier, Tinte, 33, × 22,3 cm und 33 × 22 cm, Bayerisches Hauptstaatsarchiv, München (GR 990/6)

Wie schon sein Vater Albrecht V. zeigte Herzog Wilhelm V. großes Interesse an der ikonografischen Aufnahme Bayerns. Für den Regenten bot die Fertigung wirklichkeitsgetreuer Ortsansichten offenbar praktischen Nutzen wie ästhetisches Vergnügen, hatte aber gleichermaßen Bedeutung für die Repräsentation seines fürstlichen Selbstverständnisses. Entsprechend mussten topografische Abbildungen zum reichen, vielgestaltigen Bildprogramm des Antiquariums in der Münchner Residenz zählen, das Herzog Wilhelm zur „Fürstentafel" als einem wesentlichen Teil des höfischen Zeremoniells umgestalten ließ.

Die Vorbereitungen für dieses Projekt begannen bereits 1583. Am 12. März erhielten die herzoglichen Pfleger in den vier Rentämtern München, Landshut, Straubing und Burghausen den Befehl, innerhalb von nur zwei Wochen je eine bildliche Aufnahme, ein „Conterfeth", der 34 bayerischen Städte anfertigen zu lassen; beigefügt war als Muster („Visier") ein „abris oder form", ebenso die genaue Ausführungsbestimmung, wonach eine authentische Federzeichnung erwartet wurde, die aber – abgesehen von den Dachansichten – nicht naturgetreu koloriert sein sollte.

Der Aufruf fand nur ungenügende Resonanz. Überliefert sind die Antworten von 23 Pflegern, die den zögerlichen Fortgang des Unternehmens dokumentieren. Die Witterungsverhältnisse waren schlecht, viele Wege kaum passierbar, weshalb sich etliche Maler weigerten, die ihnen erteilten Aufträge auszuführen. Vielfach fehlte auch die Erfahrung, sich einer solchen Aufgabe zu unterziehen. Aus diesem Grund wurde 1584 der Maler Hans Donauer d. Ä., dem Münchner Herzogshof in vielfacher Weise künstlerisch verbunden, mit den topografischen Aufnahmen beauftragt. In Einzelfällen halfen ihm andere Künstler, mit denen er persönlich bekannt war, unter ihnen Michael Ersinger, Engelhard de Pee und Christian Tegler, mit Entwürfen entlegenerer Orte. 1586 begann Donauer mit der Ausführung des Zyklus im Antiquarium, der wohl erst im Frühjahr 1599 von Bartholomäus Reitter (gest. 1622) vollendet worden sein dürfte (vgl. Kat.-Nr. 131). M. K.

Lit.: Abreß, Hans Donauer d. Ä.; Liedke, Hans Donauer; Volk-Knüttel, Antiquarium.

131 Städtebilder im Antiquarium der Münchner Residenz: Abensberg, Aichach, Deggendorf, Dingolfing, Grafenau, Landau, München, Neuötting, Rain, Reichenhall, Schärding, Vilshofen, Weilheim, Wemding

Kopien nach Hans Donauer d. Ä. (um 1521–1596) und Werkstatt sowie Bartholomäus Reitter (gest. 1622), München, 1945–1955, Malerei/Metallunterlage, je ca. 100 × 160 cm, Bayerische Verwaltung der staatlichen Schlösser, Gärten und Seen, Residenz München (Res.Mü G o. Nr.)

Die von Hans Donauer d. Ä. im Auftrag Herzog Wilhelms V. geschaffenen Ansichten zeigen die Hauptorte des Herzogtums Bayern präzise im Zustand des späten 16. Jahrhunderts und sind somit ein bedeutendes Zeugnis der Landesgeschichte. Beim Bombenangriff auf die Münchner Residenz im April 1944 gingen 12 der insgesamt 34 Städteansichten im Gewölbe des sogenannten Antiquariums verloren. Die restlichen 22 Bilder begannen aufgrund schädigender Witterungseinflüsse schon bald zu verfallen, weshalb sich die zuständige Bayerische Schlösserverwaltung zur Herstellung originalgroßer Kopien entschloss. Dies bot dem in Verruf geratenen Doerner-Institut der Staatsgemäldesammlungen, einer NS-Gründung, Gelegenheit zur Profilierung. Der Leiter der maltechnischen Abteilung, Heinrich Neufang, nennt in einem am 29. November 1945 vorgelegten Arbeitsplan die „Rekonstruktion nach Bildern aus dem Antiquarium der Residenz zu München, Anwendung der im Institut zu diesem Zweck hergestellten Farbpigmente nach alten Rezepturen und Auswertung der Erfahrungen von Eloxal als Bildträger". Die leichten Aluminiumplatten kamen jedoch nicht, wie zunächst vorgesehen, an das rekonstruierte Gewölbe. Bis 1958 wurden die Städtebilder unter Leitung von Fritz Haeberlein, einem früheren Kollegen Neufangs, nach dessen Vorlagen und historischen Fotografien originalgetreu erneuert beziehungsweise restauriert. H. N.

Lit.: Bauer/Rupprecht, Corpus der barocken Deckenmalerei 3/2, S. 67ff.; Burmester, Kampf; ders., Hakenkreuzfahnen (Zitat S. 106); Heym, Antiquarium.

131

132

132 Fußschale

Leonardo Ascanio Bettisi („Don Pino"), Faenza, 1576, Majolika, Ø 24 cm, H. 6,5 cm, München, Bayerische Verwaltung der staatlichen Schlösser, Gärten und Seen, Residenz München (ResMü.K.VI.0091)

Die Fußschale ist Teil eines umfangreichen Majolikaservices, das für Herzog Albrecht V. von Bayern 1576 in Faenza in der Werkstatt des Leonardo Bettisi gefertigt wurde. Majoliken gehörten seit dem 16. Jahrhundert zum Inventar europäischer Fürstenhöfe, wo sie nicht nur der Repräsentation dienten, sondern auch dem Gebrauch. Von dem Service existieren heute noch mindestens 108 Teile wie Teller, Schüsseln, Fußschalen, Flaschen, Salzgefäße, ein Kühlbecken und ein Kerzenleuchter, die alle mit dem bayerischen Herzogswappen dekoriert sind. Man muss davon ausgehen, dass das Service ursprünglich wesentlich umfangreicher war. 1751 führt das Inventar der Nymphenburger Magdalenenklause, wo die Majoliken damals aufbewahrt wurden, noch 191 Teile auf.

Die für Faenza charakteristische skizzenhafte Malerei zeigt Darstellungen aus der Bibel, der römischen Geschichte und der antiken Mythologie. Dabei ist interessant, dass bestimmte Geschirrformen jeweils einem Themenkreis zugeordnet sind; das heißt, dass mit jedem Gang ein bestimmtes Thema auf der Tafel platziert wurde. So sind die Fußschalen, in denen Obst und Konfekt zum Dessert serviert wurde, ausschließlich mit Szenen aus der römischen Geschichte bemalt. Die Bildvorlagen, Holzschnittillustrationen aus zeitgenössischen Büchern, waren begrenzt, sodass die Maler auch auf eigene Bilderfindungen angewiesen waren. Die hier abgebildete Szene ist unspezifisch und lässt sich keinem konkreten Ereignis zuordnen.

Die drei Themenbereiche spiegeln historische sowie humanistische Bildung und somit die Weltläufigkeit Albrechts V. wider. 1576, als das Service entstand, war das Antiquarium noch Antikenmuseum. Erst um 1600 wurde es zur „Fürstentafel" umgestaltet, deren Ikonografie die Formierung des bayerischen Herzogtums gleichfalls in einen weltgeschichtlichen Kontext stellte. G. S.

Lit.: Szczepanek, Fürstliche Majolika.

133 Ansicht von Amberg und Umgebung

Georg Schweiger (1550–1614), Amberg, um 1607, Steinmetz- und Ätzarbeit auf Solnhofer Platte, 61 × 95 × 61 cm, Stadtmuseum Amberg

Stadtansichten der frühen Neuzeit sind politisch. Das gilt nicht nur für die in herzoglichem Auftrag geschaffenen Veduten im Antiquarium der Münchner Residenz (vgl. Kat.-Nr. 130f.), sondern ebenso für eine bemerkenswerte Ansicht der kurfürstlichen Haupt- und Regierungsstadt der Oberen Pfalz: „Amberg uf 6 Meil wegs herum". Der ursprünglich bambergische Markt Amberg hatte sich im 13. Jahrhundert zur Stadt entwickelt und durch seinen ersten Stadtherrn aus dem Haus Wittelsbach, Herzog Ludwig II., das Stadtrecht erhalten, das im Jahr 1294 von dessen Sohn Herzog Rudolf I. bestätigt worden war. Mit dem Hausvertrag von Pavia (1329) gelangte das Gebiet auf dem bayerischen Nordgau als „Obere Pfalz" an die pfälzische Linie der Wittelsbacher, die auch die Kurstimme besaß. Als Zweitresidenz neben dem unterpfälzischen Heidelberg beanspruchte Amberg die Führungsrolle unter den Oberpfälzer Städten. Überdies war die Stadt mit ihren um das Jahr 1600 etwa 4000 Einwohnern ein Zentrum des eisenschaffenden Gewerbes mit engen wirtschaftlichen Verflechtungen nach Nürnberg und Regensburg sowie ins Böhmische. Die enorme wirtschaftliche Potenz des Amberger Bürgertums und die Residenzfunktion der Stadt spiegelten sich in diversen kurfürstlichen Bauten wider, allen voran im Schloss, in der gotischen Martinskirche, dem Rathaus und der mit fünf Stadttoren ausgebauten Befestigung.

All die architektonische Pracht präsentiert auch diese hochrangige Arbeit, die der Zimmerer und offenbar bildhauerisch hochbegabte Georg Schweiger, vermutlich auf Betreiben

Detail

des Amberger Rats, geschaffen hat. Vorlage für die aus der Vogelschau von Süden her gezeigte Ansicht ist ein Holzschnitt von Hanns Kannlpaldung aus dem Jahr 1583. Diese älteste eigenständige Gesamtansicht der Stadt Amberg war von einem tatsächlich nicht vorhandenen Standort aus komponiert; der Künstler hatte wohl verschiedene nach der Natur genommene Ansichten zusammengesetzt. Georg Schweiger ging für sein Kalksteinrelief noch wesentlich weiter: Er platzierte die von ihm aktualisierte Stadtansicht Kannlpaldungs inmitten einer weitläufigen und mit höchster Detailkenntnis ausgearbeiteten Natur- und vor allem Kulturlandschaft: Zu sehen sind Wälder, Weiden, Felder, Hofmarken, Hammerwerke und auch ein Schiffszug. Mit solchen Schiffszügen wurde das Roheisen aus der Oberpfalz über das Flusssystem Vils-Naab-Donau zum Umschlagplatz auf der Regensburger Eisenlände gebracht. Akribisch sind 45 Ortsbezeichnungen in der Legende unterhalb des Bildfelds festgehalten. Prominent im Vordergrund findet sich die lebendige Darstellung einer kurfürstlichen Jagd im Hirschwald. Es handelt sich um eine sogenannte eingestellte Jagd, bei der die Jagdtiere in ein umzäuntes Gebiet getrieben werden. Etwa in der Bildmitte schlängelt sich ein Reiterzug in Richtung Stadt. Man erkennt, wie die Amberger Räte vor der Stadt ihrem Herrn, Kurfürst Friedrich IV., die Stadtschlüssel überreichen – eine Erinnerung an den ersten Besuch Friedrichs im Jahr 1596.

Man kann dieses Relief also als Reverenz einer stolzen Residenzstadt an ihren Stadtherrn betrachten, wobei man allerdings einen wichtigen politischen Nebenaspekt vernachlässigen würde, der sich in einer seltsamen Begebenheit im Hirschwald unmittelbar nördlich der Jagdszene zeigt (s. Detail). Zu sehen ist ein Hirte, der seine in einer Hürde geborgene Schafherde mutig gegen angreifende Wölfe verteidigt. Diese biblische Szene – Christus schützt seine Herde – dürften die damaligen Betrachter wortlos als konfessionspolitische Anspielung verstanden haben. In den 1540er-Jahren hatten die Amberger Bürger auf eigenes Betreiben die Reformation im Sinne Martin Luthers und Philipp Melanchthons eingeführt. Die Amberger beharrten auch auf der Beibehaltung der lutherischen Lehre, als die Pfälzer Kurfürsten ab den 1560er-Jahren versuchten, die reformierte Lehre durchzusetzen. Langjährige, auch gewaltsame Konflikte waren die Folge, insbesondere in der Herrschaftszeit Friedrichs IV. Sollte jene kampfbetonte Verteidigung der Schafe gegen die von außen andringenden Wölfe, platziert in unmittelbarer Nähe der kurfürstlichen Jagd, nicht etwa auf die vom Landesherrn geförderten reformierten Prediger aus der Pfalz gemünzt sein? Stadtansichten können sehr politisch sein … P. W.

Lit: Behringer/Roeck, Bild; Frank, Amberg; Henker u. a., Der Winterkönig; Laschinger, Amberg. Haupt- und Regierungsstadt; ders., Amberg. Kleine Stadtgeschichte.

133

Wir Burgermeister und Räthe der Churfürstlichen Stadt Aichach, Oberlands Bayern, an dem Baar-Fluß gelegen, urkunden hiemit, und Kraft dieß, von Amts- und Obrigkeitswegen, daß allhie und ganzen Confinen herum (dem Allerhöchsten sey Dank gesagt!) die geringste Contagions- oder andere ansteckende Sucht- oder Krankheits-Gefahr nicht, sondern allenthalben ganz gut, rein, gesund und frischer Luft vorhanden sey; Dahero Wir Vorzeigern dieß, [illegible]

und sich, wie es einem ehrliebenden Menschen gebühret, aufgeführt, nun aber sein Glück weiters zu suchen Vorhabens ist, neben des Handwerks Mitfertigung und der Büchsenmeister Unterschrift auch als eine Kundschaft zu [illegible] allenthalben frey, sicher und ungehinderten Paß- und Repaßierung gegenwärtige Fede Sanitatis unter Unser gemeiner Stadt kleinern Insiegels (doch dem in all andern Weg ohne Schaden) auf [illegible] an Uns gestelltes Anlangen ertheilet haben den 20. Monats-Tag [illegible] Anno 1804

134

Der Stolz der Stadt

Nicht nur die Herzöge, auch die Bürger waren mit Stolz auf ihre Städte erfüllt. Auf sämtlichen verfügbaren Medien ließen sie ihre Städte porträtieren. Im Gegensatz zu den symbolhaften Darstellungen des Mittelalters, in denen die Stadt vor allem Kulisse ist, bemühte man sich nun um eine realistische Wiedergabe, auch wenn man dabei Idealbilder schuf, auf denen der wenig attraktive Alltag ausgeblendet blieb. Stadtveduten wurden populär; die Skyline der Stadt, ihre Türme und Mauern, wurden zum Markenzeichen.

Auch auf ihre althergebrachten Sonderrechte waren die Bürger und Magistrate stolz. Waren die alten Stadtrechtsprivilegien verloren gegangen oder, wie so oft, den Flammen zum Opfer gefallen, bemühte man sich um Abschriften – nicht nur aus Tradition oder Prinzip, sondern vor allem auch, um bei Streitigkeiten mit den benachbarten Grundherren, den Marktorten oder den landesherrlichen Beamten seine Sonderrechte darlegen zu können.

Im Königreich Bayern war es dann 1808, im Zuge der Montgelas'schen Reformen, erst einmal vorbei mit den Sonderrechten der Städte. Sogar die Bürgermeister sollten nicht mehr gewählt, sondern vom königlichen Innenministerium ernannt werden. Doch mit dem Gemeindeedikt von 1818 wurde die kommunale Selbstverwaltung wieder errichtet – ein Sieg des Selbstbewusstseins der Bürger und der bayerischen Städte über den bürokratischen Zentralismus.

134 Handwerksbrief mit Ansicht der Stadt Aichach

Aichach, 1804, Papierhandschrift, 43 × 55 cm, Kupferstich: Johann Georg Grueber, Augsburg, 1757, Stadtmuseum Aichach (4/0005)

Der 17-jährige Joseph Jaser aus Stätzling bei Friedberg hatte ein halbes Jahr beim Aichacher Metzgermeister Stephan Petz in Diensten gestanden, als er sich im Januar 1804 auf den Weg machte, um als Geselle auch anderenorts zu arbeiten und sein Können und Wissen zu vertiefen. Bei seinem Abschied erhielt er ein Ausweisdokument, das ihm sein Vorhaben erleichtern und mögliche Schwierigkeiten ausräumen sollte. In dieser „Kundschaft zu seiner allenthalben frey, sicher und ungehinderten Paß- und Repaßierung" bestätigen Bürgermeister und Rat der kurfürstlichen Stadt Aichach, dass sich Jaser „wie es einem ehrliebenden Menschen gebühret" verhalten habe. Darüber hinaus weist man – wohl nicht ohne Stolz – darauf hin, dass in und um Aichach keine ansteckenden Krankheiten herrschten, „sondern allenthalben ganz gut, rein, gesund und frischer Luft vorhanden sey". Der wandernde Geselle konnte jedoch nicht nur diese Informationen vorweisen, sondern den Menschen in der Fremde auch ein Bild dieser wohlgeordneten Stadt zeigen: Über dem Text ist ein Kupferstich zu sehen, der die „Stadt Aichach In Bayren" von Osten darstellt. Der Stecher Johann Georg Grueber aus Augsburg hatte die perspektivisch etwas unbeholfene Ansicht um 1757 geschaffen. Insgesamt vermittelt die Abbildung jedoch eine gute Vorstellung von Aichach. Wie Sichtvermerke auf der Rückseite belegen, kamen Jaser und mit ihm die Ansicht der Stadt Aichach mindestens bis nach (Bad) Ischl in Oberösterreich und nach Stainz in der Steiermark. Ch. L.

Lit.: Brandner/Lechner, Aichach, S. 42f.; Hecht, Aichach.

135 Ansicht der Stadt München von Osten

München, vor 1723/25, Lindenholz, Vergoldung, 48 × 86,5 cm, Bayerisches Nationalmuseum, München (R 3811)

Das Relief zeigt die Ansicht der Stadt München von Osten, gesehen von einem Standpunkt knapp südlich des Gasteig. Der Blick über die Isar und die älteste, für die Stadtgründung 1158 maßgebliche Brücke war der am häufigsten dargestellte – am bekanntesten zweifellos in der Vedute Canalettos von 1761. Ein beeindruckender Prospekt entfaltet sich vom Angertor über das Sendlinger Tor, die Kreuzkirche, St. Michael, den Schönen Turm (das Westtor der ersten Stadtbefestigung), St. Peter, die Frauenkirche, das Isartor mit dem vorgelagerten Roten Tor, St. Salvator, die Theatinerkirche bis zur Residenz mit der Neuveste. Genauere Prüfung zeigt allerdings, dass offenbar mehr Wert auf eine malerische Wirkung als auf topografische Genauigkeit gelegt wurde. Denn nicht nur sind durchgängig die Türme zu hoch – ein beliebtes Mittel zur Hervorhebung –, auch wurden einige Türme und Turmgruppen hinzukomponiert. So erscheinen in der linken (südlichen) Bildhälfte zwischen der Kreuzkirche und dem Turm, der wohl die Damenstiftskirche meint, nicht weniger als zehn Türme in der Ferne, die es nie gegeben hat, fast als wollte sich München größer und prächtiger präsentieren als es in Wirklichkeit war. Auch die Übersteigerung und Konzentrierung der Kirchtürme in der Au gibt dieser einen urbaneren Charakter, als sie damals hatte. Liebevoll sind Details dargestellt wie das zu sogenannten Gantern aufgestapelte Floßholz auf der Lände rechts im Bild, die Kaserne auf der Kohleninsel, wo heute das Deutsche Museum steht, oder die lockere Bebauung vor den Mauern im Gegensatz zur dichten Baukulisse der eigentlichen Stadt.

135

Die Zeitstellung des Reliefs ist nur ungefähr zu bestimmen: Die Isarkaserne wurde ab 1715 erbaut, die Neuveste 1750 durch Brand zerstört; die Wiedergabe der aus Balken gezimmerten Brückenpfeiler der östlichen Isarbrücke grenzt den Entstehungszeitraum auf vor 1723/25 ein, als dieser Teil der Isarbrücke Pfeiler aus Stein bekam. Rätselhaft ist der Rahmen des Reliefs, dessen vier Schenkel aus zehn Abschnitten zusammengesetzt wurden. Die Ornamentik, ein Stab aus Lorbeerblättern, könnte aber mit der Entstehungszeit des Reliefs übereinstimmen. Das Relief kam schon im 19. Jahrhundert in das Bayerische Nationalmuseum, doch seine Herkunft und sein ursprünglicher Zusammenhang sind ungeklärt. S.W.

Lit.: Unveröff.

136 Antependium

Landshut (?), nach 1704, Seide, Stickerei, 94 × 193 cm, Pfarrkirchenstiftung St. Martin in Landshut

An die 500 Jahre nach der Gründung der Stadt Landshut durch Herzog Ludwig den Kelheimer entstand dieses prachtvolle Antependium, das den Stipes des einstigen barocken Schutzengelaltars in der Pfarr- und Stiftskirche St. Martin zierte. Die wohl von den Landshuter Ursulinen geschaffene filigrane Stickerei auf Seide zeigt eine Ansicht der Stadt Landshut, die sich vor allem durch ihre bemerkenswerte Detailliebe auszeichnet.

In den unsicheren Zeiten des Spanischen Erbfolgekriegs entstanden, veranschaulicht die Darstellung den Stolz der Bürger auf ihre Stadt sowie das Selbstverständnis, für ihren Schutz himmlischen Beistand erbitten zu dürfen. Der große, in der Art römischer Soldaten gerüstete Schutzengel im Vordergrund ist gerade dabei, Feinde der Stadt in die Flucht zu schlagen. Mit erhobenem Schwert vertreibt er die Reiter, drei Wächter tun es ihm gleich, sodass die Eindringlinge gar nicht in die Nähe der Stadttore – rechts das erhaltene Ländtor – gelangen. Zu den Toren führen Brücken über die Isar, dahinter weitet sich die städtische Siedlung innerhalb der Mauern: Rechts ragt inmitten der Bürgerhäuser St. Martin empor, weiter außen ist die abgegangene Dreifaltigkeitskirche an ihrem Zwiebelturm zu erkennen, die nach 1450 nach der Vertreibung der Juden unter Herzog Ludwig dem Reichen über der Synagoge errichtet worden war. Hoch über der Stadt thront auf dem Burgberg die mächtige Trausnitz, im ausgehenden Mittelalter Sitz der Reichen Herzöge von Bayern-Landshut. Weiter links erhebt sich die zweite Pfarrkirche St. Jodok, die mit der Gründung der Freyung 1338 erbaut worden war. M.A.

137 Schützenscheibe

Trostberg (?), 1798, Holz, bemalt, Ø 112 cm, Stadtmuseum Trostberg (1118)

Ursprünglich dienten Schützenscheiben als einfache Zielscheiben für die Übungen und Wettschießen der Schützengesellschaften, sie waren aus Holz gefertigt und mit einem Nagel, dem „Zweck", in der Mitte versehen. Ab dem 16. Jahrhundert wurden sie, vor allem in Süddeutschland, für besondere Anlässe wie Herrschaftsjubiläen, Festschießen oder Hochzeiten aufwendig bemalt. Mitglieder der Gesellschaften, prominente Gönner oder Honoratioren stifteten die Scheiben, auf denen historische Ereignisse, Ortsansichten, derbe Scherze, allegorische Bildthemen

136

und andere Motive dargestellt wurden, die immer auch den Zeitgeschmack widerspiegeln.

Die Hochzeitsscheibe aus Trostberg, datierend aus dem Jahr 1798, wurde wahrscheinlich vom Bräutigam gestiftet, der Mitglied der Trostberger Schützengesellschaft war. Zu sehen sind zwei Stadtansichten: Oben ist München mit dem Dom und zahlreichen Kirchtürmen detailreich dargestellt, unten – allerdings in schlechterem Erhaltungszustand – ebenso liebevoll ausgeführt das etwa 80 Kilometer entfernte Trostberg mit der Stadtpfarrkirche St. Andreas und dem Schlossberg mit der Burg. Während sich die Braut – in der Hand eine Armbrust – aus dem Münchner Karlstor kommend auf den Weg macht, erwartet sie der Bräutigam in Trostberg vor dem westlichen Torturm. Passend zum Anlass ist der „Zweck" hier eine Rose, umgeben von einem Kranz. Die nur unvollständig erhaltene Inschrift rühmt die Freundschaft und fordert die Schützenbrüder auf, zur Ehre des Bräutigams zu schießen. M. W.

Lit.: Braun, Zielscheiben; Paulson, Bilderwelten.

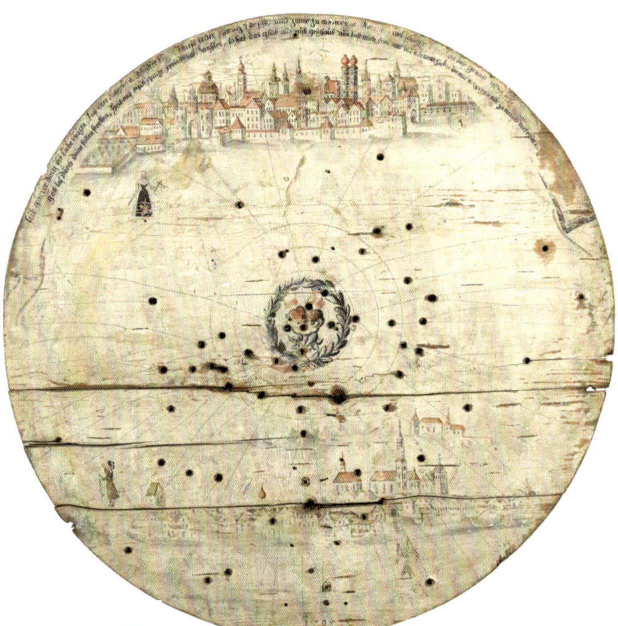

137

138 Bouillontasse mit Ansicht von Schongau

München, um 1825/30, Porzellanmanufaktur Nymphenburg, Hartporzellan, Aufglasur, polierte Vergoldung, Tasse: 9,5 × 9 × 11,3 cm; Untertasse: Ø 15,7 cm, H. 3,1 cm, Bayerisches Nationalmuseum, München (71/14 a–b)

Verbunden mit einem neuen Naturgefühl, wuchs im Biedermeier das Interesse der städtischen Bevölkerung an der landschaftlichen Umgebung. Zunehmend besuchten die Münchner das Alpenvorland, erkundeten Land und Landschaft, sammelten Eindrücke. Dem Publikumsgeschmack folgend, bot auch die Nymphenburger Manufaktur, von Kronprinz Ludwig 1815 zur „Königlichen Kunstanstalt" erhoben, bei den gemalten Dekoren in den 1830er-Jahren vermehrt bayerische Landschaftsmotive an. Die Vorlage bildeten Grafiken oder (kleinformatige) Aquarelle.

Auf der Wandung des hier gezeigten Trinkgefäßes in antikisierenden Formen, das nach dem Musterbuch der Nymphenburger Manufaktur von 1831 dem „Bouillonbecher Nr. 7" entspricht, findet sich in bunten Muffelfarben vor der pittoresken Kulisse der Alpen eine Ansicht der Stadt Schongau von Norden. Gegenüber dem ausladenden Vorder- und Hintergrund erscheint der naturgetreue Prospekt auf einem relativ schmalen waagerechten Streifen. Dabei

139

gelingt es dem unbekannten Künstler, die vielgestaltige Formensprache der Bauten, deren dominierenden Mittelpunkt die Pfarrkirche Mariä Himmelfahrt bildet, fein zu schildern. Einen sichtbaren Eindruck scheint auf ihn insbesondere die das urbane Gemeinwesen noch im 19. Jahrhundert symbolhaft und sicher umfassende Stadtmauer hinterlassen zu haben. M. K.

Lit.: Himmelheber u. a., Kunst des Biedermeier, S. 246, Kat.-Nr. 234 (Hildegard Wiewelhove); Weniger, Objekte, bes. S. 39.

138

139 Ansicht der Stadt Deggendorf

Deggendorf, Mitte 18. Jahrhundert, Silber, getrieben, ziseliert, 19 × 43 cm, Stadtmuseum Deggendorf / Katholische Kirchenstiftung Mariä Himmelfahrt

Votivgaben aus Silber sind nichts Ungewöhnliches, die Darstellung einer ganzen Stadt ist jedoch eher selten und bezeugt einen besonderen Anlass der Stiftung, die das gesamte Gemeinwesen betroffen haben dürfte. Das Silberrelief trägt die Beschaumarke der Stadt Deggendorf und stammt somit von einem heimischen Silberschmied. Allerdings ist die Meistermarke so unkenntlich, dass keine genaue Werkstattangabe möglich ist.

Im Jahr 1743 litt Deggendorf im Zuge des Österreichischen Erbfolgekriegs unter mehrmaliger Besatzung und Brände zerstörten große Teile der Stadt. In diesem Umfeld dürfte ein Anlass für die Votation begründet sein. Als Votivgabe war das Silberrelief ursprünglich der Deggendorfer Grabkirche zugeordnet, die bis 1992 Mittelpunkt der sogenannten Gnad gewesen ist, einer Wallfahrt, die auf einer judenfeindlichen Hostienlegende beruhte.

Das Relief zeigt die von einer Stadtmauer eingefasste Stadt, die nur durch vier Brücken über den Stadtgraben und durch die Tortürme zugänglich war. Im Zentrum der Stadt ist der erst 1727 von Johann Michael Fischer errichtete Turm der Grabkirche zu sehen, der von einer Monstranz als Zeichen der „Gnad-Wallfahrt" bekrönt ist. Links daneben wird der Treppengiebel des Deggendorfer Rathauses mit dem Rathausturm sichtbar. Deutlich abgesetzt schließen sich außerhalb der Stadtbefestigung das Katharinenspital an und die erhöht von einer Mauer umgebene Stadtpfarrkirche. B. P.-S.

Lit.: Petschek-Sommer, Ansichten.

140 Truhe

Passau, wohl um 1550, Eisen, Stahl, geschmiedet, bemalt, Öl- und Temperafarbe, 50 × 89 × 48 cm, Oberhausmuseum Passau (235)

Die rechteckige Truhe mit Flachdeckel ist an der Vorderseite mit zwei massiven Laschen und den dazugehörigen Bügeln für Hängeschlösser ausgestattet sowie einem großen kreisförmigen Schlüsselschild. Auf der Innenseite des Deckels findet sich ein Schließmechanismus mit 12 Verriegelungen, der mit floralen Ornamenten aufwendig gearbeitet ist. Die Außenseite der Truhe ist durch aufgesetzte Stahlbänder in quadratische und rechteckige Felder unterteilt, die auf der Vorderseite und den beiden Seiten bemalt sind. Auf der Vorderseite sind ein Mann und eine Frau in Renaissancetracht sowie ein Hirsch und ein laufender Mann zu erkennen. Das zentrale Feld unter dem Schlüsselschild ist von einer Tierfratze beherrscht. Die Randfelder links und rechts sowie die Seitenteile zieren florale Motive. Auf der Außenseite des Deckels befinden sich zwei Aufschriften in der im 19. Jahrhundert in der Verwaltung gebräuchlichen Kurrentschrift. Diejenige in roter Farbe auf den unteren Feldern ist nicht mehr vollständig zu entziffern, diejenige im oberen Feld in weißer Farbe lautet: „Stiftungen Reserve Kassa". Die Truhe könnte also zur Aufbewahrung von Stiftungsgeldern gedient haben. Es gab in Passau zahlreiche bürgerliche Stiftungen, die von städtischer Hand verwaltet beziehungsweise unterstützt wurden. Es hat sich hierbei vielleicht um eine Zweitverwendung der Truhe gehandelt, da die Beschriftung dem Augenschein nach erst später aufgebracht wurde. Damit wäre auch das Fehlen eines städtischen Hoheitszeichens zu erklären.

Die Truhe entspricht von ihrer dekorativen Verarbeitung her – besonders was den Schlüsselmechanismus an der Innenseite betrifft – durchaus dem Typus Truhen, der bis in das 19. Jahrhundert als Stadtkassen in Gebrauch war. Solche Truhen wurden zur Lagerung von Urkunden, Einnahmen und Rechnungsbüchern benutzt und hatten durch ihren Schauwert auch repräsentative Funktion. Sie wurden bei Sitzungen des städtischen Rates mit geöffnetem Deckel präsentiert, was den bei solchen Stadtkassen üblichen aufwendigen Schlossmechanismus auf der Innenseite erklärt. Die Inventarnummer lässt darauf schließen, dass das eindrucksvolle Objekt bereits zur städtischen Museumssammlung gehörte, die um 1900 im Passauer Rathaus ausgestellt war. St. B.

Lit.: Wurster u. a., Weißes Gold, S. 27, Kat.-Nr. 56 (Herbert W. Wurster).

140

141

141 Kopialbuch der Stadt Aichach

Aichach, 1661, Papier, Pergamenteinband, 39,5 × 67 cm, Stadtmuseum Aichach (271)

Zum kostbarsten immateriellen Besitz einer Stadt gehörten die Rechte, die ihr von den Landesherren verliehen worden waren. Oft waren die Originalurkunden, wie im Falle Aichachs, im Dreißigjährigen Krieg vernichtet worden. Anderen Orten vergleichbar, bemühte sich die Stadt Aichach um Kopien der Urkunden, die sie 1661 vom Herzog auch erhielt. Insgesamt verzeichnet das Kopialbuch neun landesherrliche Urkunden aus der Zeit von 1347 bis 1599.

Große Bedeutung für die Stadt hat ein Privileg, das 1347 von Kaiser Ludwig dem Bayern in seiner Rolle als Herzog von Bayern besiegelt worden war. Vermutlich war die Initiative dazu von der Stadt ausgegangen, namhafte Geldbeträge, die dafür flossen, dürften dem klammen Kaiser das Zugeständnis erleichtert haben. Das Privileg, eine Einzelfallregelung, bezieht sich auf das Verfahren vor dem Stadtgericht Aichach und gesteht zu, dass neben dem Landrecht von 1346 das Münchner Stadtrecht Anwendung finden solle. Auch wenn sich dieses Recht möglicherweise in der Praxis nicht umsetzen ließ, wurde es mehrfach bestätigt. Ab dem 16. Jahrhundert zog es die Stadt vor allem bei Kompetenzkonflikten mit den landesherrlichen Beamten heran. Bis heute wird das Privileg von 1347 als Meilenstein der Aichacher Geschichte gesehen. Ch. L.

Lit.: Heydenreuter, Kaiser Ludwig der Bayer.

142 Schlüssel zum Inneren Isartor in Landshut

Landshut, 1763, Schlüssel: Eisen, 15,5 × 4,5 cm, zugehöriger Beutel: Leder, Messing, Museen der Stadt Landshut (HV1312d)

Als 1851 der Historische Verein für Niederbayern erstmals eigene Ausstellungsräume bezog, fanden sich unter den gezeigten Objekten auch „Die alten Stadtthorschlüssel von Landshut". Es ist nicht bekannt, wann sie ihre Funktion verloren hatten. Anhaltspunkte gibt zum einen das Ende der nächtlichen Schließung der Stadttore in München 1805, zum anderen der Abbruch von Innerem Isartor und Kapuzinertor in Landshut 1809 beziehungsweise 1810.

Erhalten haben sich fünf Schlüssel samt zugehörigen Lederbeuteln, zwei weitere Schlüssel sind verloren. Auf jedem Lederbeutel bezeichnet ein Messingschild den Namen des Tors. Beim Schild für das Innere Isartor ist der Name eingeritzt, die anderen Plaketten tragen eingeprägte Buchstaben sowie die Jahreszahl 1763. Die Lederbeutel selbst unterscheiden sich zum Teil in ihrer Machart und wurden offenbar zu unterschiedlichen Zeiten angefertigt. Bereits die Stadtkammerrechnung von 1703 (fol. 117[r]) vermerkt eine Neuanfertigung: „Sebastian Märchel, burger und Söckhlern, vor 5 Neugemachte Peitl so zu dennen Thor Schliessln gebraucht werden, Laut Zötlß 4 f. 20 X".

Über den praktischen Gebrauch berichtet Sebastian Meidinger 1785 in seiner Stadtbeschreibung: Die Schlüssel „liegen beym löblichen Bürgermeisteramt, [und es] werden umwechslungsweis wochentlich Bürger zur Thorsperre geordnet, wo jeder bei Thurmstrafe Abends vor dem Sperrläuten zum amtirenden Bürgermeister geht, und da die Schlüßl zu demjenigen Thor abhohlt, zu dem er beordert worden". M. Te.

Lit.: Unveröff.; Meidinger, Beschreibung (Zitat S. 233).

142

143 König Maximilian I. Joseph von Bayern

Daniel Sedlmayr (1802–1871) nach Clemens von Zimmermann (1788–1869), Aichach, um 1820, Hinterglasmalerei, 72 × 52 cm, Stadtmuseum Aichach (9/0982)

Die Jahre nach 1800 brachten vielfältige Veränderungen für Bayern mit sich. Aus dem Kurfürstentum wurde ein Königreich, das sich nun über zahlreiche neu hinzugekommene Gebiete erstreckte. Um das Land einheitlich verwalten zu können, war ein staatlicher Neuaufbau nötig. Dabei wurden viele traditionelle Sonderrechte abgeschafft. Neben der Kirche betraf dies vor allem die Städte, deren Eigenständigkeit das Gemeindeedikt von 1808 zunächst weitgehend beendete. Erst die Verfassung von 1818 gestand den Kommunen wieder Selbstverwaltungsrechte zu.

Die Bedeutung dieser Verfassung kommt ebenso wie die Rolle des Königs als Souverän in dem Gemälde zum Ausdruck, das Clemens von Zimmermann im Auftrag des Augsburger Magistrats 1818 schuf. Es zeigt König Maximilian I. Joseph im königlichen Ornat. Auf dem Tisch liegt neben Krone und Zepter die Verfassungsurkunde für das Königreich Bayern, auf der die Hand des Königs ruht. Der Augsburger Verleger Johann Lorenz Rugendas kopierte Zimmermanns Gemälde als Lithografie, die dem jungen Aichacher Maler Daniel Sedlmayr wiederum als Vorlage für sein Hinterglasgemälde diente. Die Transformation der Darstellung hinter Glas hatte neben einigen Ungenauigkeiten auch eine Verkehrung der Seiten zur Folge. In seinen kräftigen Farben dürfte das großdimensionierte Hinterglasbild zu den repräsentativen Ausstattungsstücken in einem wohlhabenden Haushalt oder einer öffentlichen Institution in der nun königlichen Stadt Aichach gehört haben. Ch. L.

143

Städteland Bayern

Die heutige Städtelandschaft in Altbayern war innerhalb weniger Generationen entstanden, von etwa 1200 bis um das Jahr 1300. Dann war es mit dem Gründerfieber zu Ende. Die Herzöge gründeten zwar weiterhin kleinere Märkte oder erhoben ihre Märkte gelegentlich zu Städten, aber die große Zeit der Stadtgründungen war vorbei. Wie Franken und Schwaben mit ihren zahlreichen Reichsstädten war auch Altbayern nun ein Städteland. Den altbayerischen Städten standen viele turbulente Jahre bevor, doch mindestens ebenso viele geruhsame, unaufgeregte, in denen die Dinge ihren Lauf nahmen. Der Grundstein aber für ein urbanes Leben, für eine Lebensweise, die sich vom Leben auf dem Land unterscheidet, war vor rund 800 Jahren gelegt worden.

144

144 Brunnensäule

1599, Stein, 128 × 43 × 43 cm,
Stadtmuseum Deggendorf (2793)

Löwen sind in Bayern allgegenwärtig – zumindest in Form symbolischer Tierdarstellungen, als Wappentier und Sympathieträger. Neuestes Beispiel hierfür ist die gewaltige Löwenskulptur, mit der die Besucher des Hauses der Bayerischen Geschichte im Foyer des neuen Regensburger Museums begrüßt werden. Dieses mehrere Meter hohe Exemplar war ursprünglich als Werbefigur vor einem Oktoberfestbierzelt im Einsatz und vermittelt in seiner zum Biergenuss einladenden Gestalt eine gewisse bayerische Gemütlichkeit. Jedenfalls gehört er heute zu den beliebtesten Fotomotiven nicht nur des Museums, sondern auch der Stadt. So geht es auch vielen anderen Löwenskulpturen in ganz Bayern – seien es die bronzenen Wächter der Residenz in München oder der Brunnenlöwe auf dem Coburger Marktplatz. Letzteres Beispiel zeigt, dass nicht alle Löwenfiguren mit dem Wappentier der Wittelsbacher verbunden sein müssen – Coburg kam bekanntlich erst 1920 zum Freistaat.

Beim Deggendorfer Brunnenlöwen steht es dagegen außer Frage. Er entstammt der herzoglich bayerischen und wittelsbachischen Sphäre. Das eigentlich mit der Pfalzgrafschaft bei Rhein verbundene Wappentier des Löwen wurde neben den ursprünglich den Grafen von Bogen zugehörigen Rauten (vgl. Kat.-Nr. 052) bereits im 13. Jahrhundert Symbol des Gesamthauses Wittelsbach. Und so ist es folgerichtig ein Löwe, der die Stadtherrschaft der Wittelsbacher Herzöge über Deggendorf symbolisiert. Auf dem von einem Baluster getragenen Postament thront das Tier in aufrechter Haltung. Die sorgsam frisierte Mähne wirkt ein wenig wie ein Kapuzenmantel. Mit den Pranken hält er zwei Wappenschilde, einer zeigt das herzoglich-bayerische Wappen mit seiner gevierten Kombination aus Löwen und Rauten, wie man es seit der Mitte des 14. Jahrhunderts kennt. Seit dieser Zeit lässt sich auch das Wappen der Stadt Deggendorf belegen, ein zinnenbekröntes Stadttor über silbernen Wellen, Symbol der Lage der Stadt an der Donau. Dieses in schlichterer

Form ausgeführte Wappen – die seit 1371 nachweisbaren Wellen fehlen hier – schmückt den zweiten Schild.

Der breit gelagerte Deggendorfer Marktplatz erstreckt sich in Nord-Süd-Richtung und erweitert damit die alte Handelsstraße aus dem Bayerischen Wald in Richtung Donauübergang. Seit dem 14. Jahrhundert befand sich – ähnlich wie in Straubing – inmitten des Marktplatzes ein Wachtturm. Ausweislich einer Bauinschrift ließ der Rat direkt an der Südseite des Turms im Jahr 1535 ein repräsentatives Rathaus errichten – bis heute markantes Wahrzeichen der Stadt. Vielleicht ist der Röhrenbrunnen vor dem Rathaus damals entstanden. In dieser Zeit des 15./16. Jahrhunderts wurden die meisten Hausbrunnen im Stadtgebiet verfüllt. Man kann dies als Hinweis darauf sehen, dass damals wohl als Ersatz Wasserleitungen in die Stadt geführt wurden. Im Jahr 1599 wurde eine hölzerne Röhrenwasserleitung vom Starzenbach her im Osten der Stadt erneuert. Diese Jahreszahl trägt auch die Figur des Brunnenlöwen. Der von ihm bekrönte Trinkwasserbrunnen blieb bis zum Jahr 1886 in Betrieb. Als eine neue Druckwasserleitung errichtet wurde, für die der alte Brunnen nicht mehr ausgelegt war, brach man diesen ab und ersetzte ihn durch einen kleinen Springbrunnen. Der Löwe, einstmals Symbol der wittelsbachischen Stadtherrschaft, wanderte in das Stadtmuseum. P. W.

Lit.: Behrendt, Deggendorf; Dehio, Niederbayern, S. 81f.; Geschichte der Stadtplätze; Volkert, Bilder.

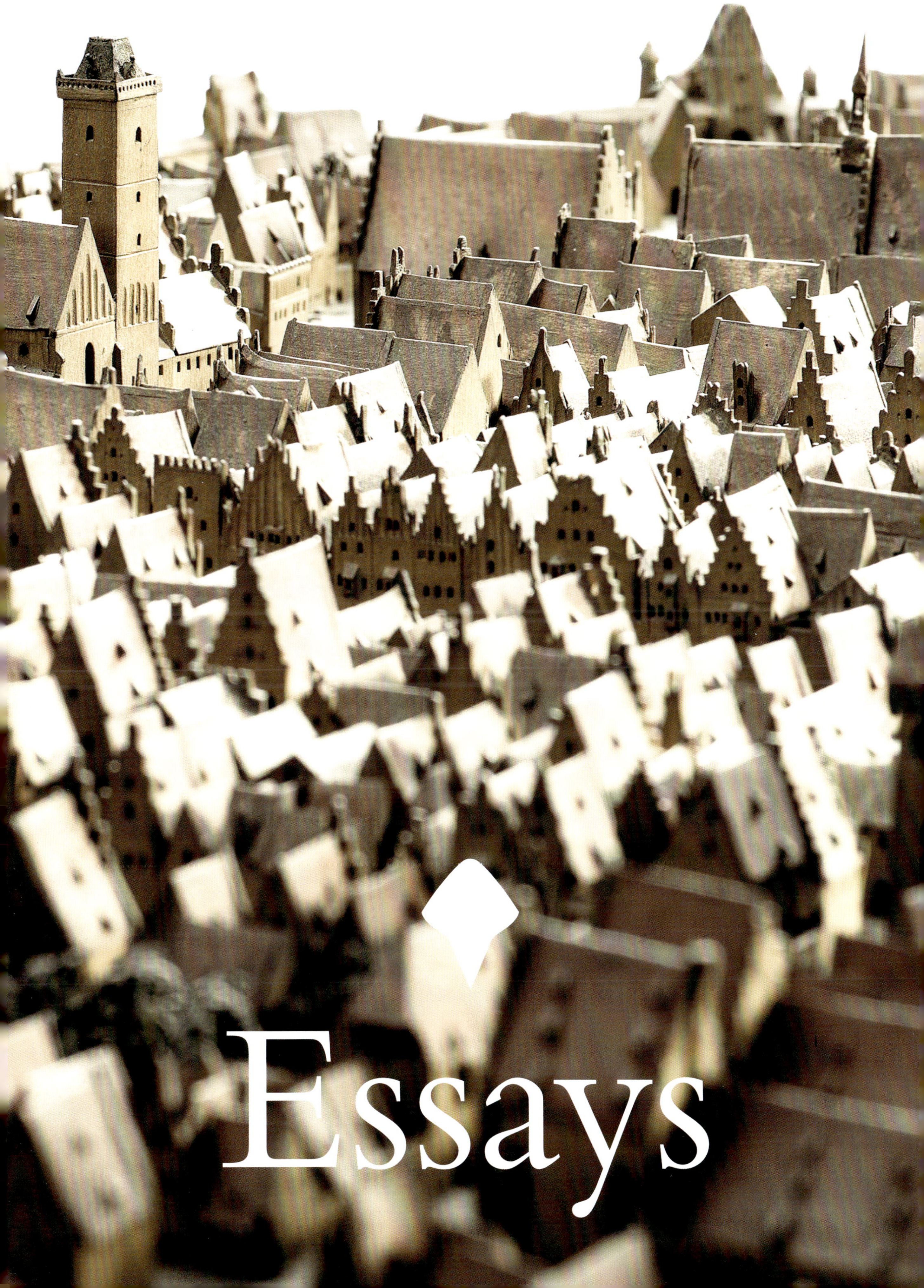

Essays

Der Aufstieg der Wittelsbacher. Personen, Räume, Orte

Jürgen Dendorfer

Der Aufstieg der Wittelsbacher zur Herzogswürde ist ein viel behandeltes Thema der bayerischen Landesgeschichte. Wie es dazu kam, dass sie im Jahr 1180 Herzöge von Bayern wurden, danach fragen die Geschichtsschreiber Bayerns schon seit dem späten Mittelalter. Woher stammte diese Adelsfamilie und wie erklärt sich ihr Weg an die Spitze des Herzogtums, von der sie in den folgenden Jahrhunderten nicht mehr weichen sollte?

Die Antworten der Forschung auf diese Fragen stehen deutlich unter dem Eindruck des 1180 erreichten Erfolgs. Seit langem entlarvt ist der Versuch, die wittelsbachische Herzogsdynastie des 13. Jahrhunderts über den ersten gesicherten Grafen von Scheyern in der Mitte des 11. Jahrhunderts in die Vergangenheit zurückzuverfolgen.[1] In glorreichen Ursprüngen der Familie, in genealogischen Verbindungen zu den bayerischen Herzögen des 10. Jahrhunderts, den Liutpoldingern, zu den ostfränkischen Karolingern oder in gar noch weiter zurückliegenden Zeiten wird heute niemand mehr die Anfänge der Wittelsbacher suchen. Zu eindeutig dienten solche Argumentationen schon seit ihrem ersten Auftreten im 13. Jahrhundert der Begründung wittelsbachischer Herrschaft durch Herkunft.[2] Spätestens im 19. Jahrhundert fielen derartige genealogische Fiktionen unter dem Blick der kritischen Geschichtswissenschaft in sich zusammen. Alle nachfolgenden Bemühungen über die Schwelle des 11. Jahrhunderts hinab eine wittelsbachische Vorgeschichte zu entwerfen, dürfen als gescheitert gelten. Zu unwägbar sind die methodischen Probleme einer besitzgeschichtlich-genealogischen Methode, auf die sich Spekulationen über an der Herkunft von Besitztiteln und Herrschaftsrechten erkennbare Vorfahren stützen müssten. Noch schwerer wiegt, dass eine wesentliche Vorannahme nicht trägt: und zwar, dass sich die adelige Familienstruktur vor dem 11. Jahrhundert mit der danach vergleichen lasse. Was Adel war, wandelte sich; eine neue adelige Familienformation, das Adelsgeschlecht, entstand möglicherweise erst im 11./12. Jahrhundert.[3] So gut wie keine hochmittelalterliche Adelsfamilie lässt sich deshalb haltbar in das Frühmittelalter zurückverfolgen. Vor allem aber widerspricht die implizite Erklärung für den wittelsbachischen Aufstieg, die solchen genealogischen Kontinuitätserzählungen zugrunde liegt, nämlich die unveränderliche Zugehörigkeit zur Herrschaftselite im Herzogtum, dem, was sich in besser dokumentierten Zeiten erkennen lässt: eine spürbare Dynamik des Herrschaftsaufbaus von Generation zu Generation, deren Schlüsselmomente – die Rangerhöhung zum Pfalzgrafen oder zum Herzog – in ganz bestimmten, nicht voraussehbaren Situationen stattfanden. Die Wittelsbacher waren also nicht schon immer da, sie waren nicht Teil einer frühmittelalterlichen königlich-herzoglichen Regentenschicht Bayerns, sondern sie stiegen innerhalb weniger Generationen seit der Mitte des 11. Jahrhunderts auf.

Was aber war dann entscheidend für ihren Weg zur Herzogswürde? Die heute maßgeblichen Deutungen setzen bei der Dynamik des Aufstiegs an und wählen eine landesgeschichtliche Perspektive, indem sie auf den Herrschaftsaufbau in der Region blicken.[4] Dieser sei bei den frühen Wittelsbachern besonders fortschrittlich und erfolgreich gewesen: Burgenbau, Klostergründungen und das Sammeln von Vogteien seien Indikatoren für eine frühe Konzentration eines Adelsgeschlechts neuen Typs, das die Kumulation der Herrschaftsrechte in diesem Umfang ermöglichte und diese Dynamik erkläre. Diese Deutungen haben viel für sich, einschränkend ist aber zu bemerken, dass auch sie unter dem Eindruck des wittelsbachischen Erfolgs stehen. Vom erreichten Ziel aus gedacht, wird eine strukturelle Zwangsläufigkeit der Entwicklung angenommen, die jedoch nur eine Seite der Erklärung sein kann. Problematisch wird sie dann, wenn vom Faktum der 1180 erlangten Herzogswürde und des im 13. Jahrhundert entstehenden Landesstaats auf die Motive der Handelnden vor diesem Zeitraum geschlossen wird. Die Wittelsbacher hätten danach über Generationen hinweg durch ihre Territorialpolitik, durch den Erwerb von Besitzungen, durch Burgenbau und Klostergründungen zielgerichtet und planmäßig ihre Herrschaft arrondiert und gleichsam als Krönung dieses Wegs habe Friedrich Barbarossa das Herzogtum Bayern an Pfalzgraf Otto verliehen.

Beachtenswert ist, dass sich auf territorialer Ebene im 12. Jahrhundert eine erstaunliche Erweiterung wittelsbachischer Herrschaft fassen lässt, deren Bedeutung allerdings nur im Vergleich mit anderen Adelsfamilien des Hochmittelalters zu bestimmen ist. Da es diesen bisher nicht in belastbarer Weise gibt, stellen sich Zweifel ein. Hatten die Wittelsbacher vor 1180 wirklich ausgedehntere Herrschaftsrechte, etwa eine größere Anzahl an Burgen und Vogteien als zum Beispiel die Grafen von Sulzbach, die Grafen von Bogen oder die Andechs-Meranier?[5] Sicher nicht. Arbeiteten sie zielgerichteter als andere auf ihren Erfolg hin? Das mag sein, lässt sich aber nicht belegen. Konnten sie ihren Erfolg planen? Nein, dafür wurden Erfolg und Scheitern hochmittelalterlicher Adelsgeschlechter im 12. Jahrhundert auf eine für uns nur schwer vorstellbare Weise durch kontingente Faktoren, durch Zufälle bestimmt.

Will man den offenen Horizont der Entscheidungen der Zeitgenossen zumindest als Möglichkeit anerkennen, dann sind solche Faktoren in Betracht zu ziehen.

Die größte Ungewissheit stellt der biologische Zufall dar: Das Fortbestehen adeliger Herrschaften ist vom Vorhandensein eines männlichen Nachkommen, eines Sohns, abhängig. Die Grafen von Sulzbach etwa, denen in der zweiten Hälfte des 12. Jahrhunderts weite Teile des bayerischen Nordgaus, des Gebiets nördlich von Regensburg, unterstanden, die um den Chiemsee und im Berchtesgadener Land dominierten und auch an der Donau über Besitzschwerpunkte verfügten, starben schon 1188 aus, nachdem der einzige Sohn des letzten Grafen 1167 im Heer Barbarossas vor Rom den Tod gefunden hatte.[6] Diesem Schicksal war nicht zu entkommen. Viele andere Beispiele ließen sich anführen; die Wittelsbacher aber hatten enormes generatives Glück, denn ihre Vater-Sohn-Folge bricht seit der Mitte des 11. Jahrhunderts nicht ab.

Doch der biologische Zufall führte noch auf andere Weise Regie: Sind mehrere Söhne vorhanden, die wiederum Söhne haben, bilden sich eigenständige Adelsfamilien auf der Grundlage der Besitzungen der Herkunftsfamilie. Schon nach ein oder zwei Generationen können diese Familien über ein eigenständiges Profil verfügen, sie benennen sich anders, haben andere Herrschaftsschwerpunkte und unterscheiden sich in ihren politischen Präferenzen. Auch für das 12. Jahrhundert fragt die Forschung heute stärker als früher danach, wie maßgeblich der Rahmen des Adelsgeschlechts überhaupt für die Handelnden war;[7] verstanden sich die Wittelsbacher als Wittelsbacher? Sie nannten sich seit 1115 nach der Burg Wittelsbach beziehungsweise wurden nach ihr benannt.[8] Aber eigentlich muss man genauer sein. Die Forschung bezeichnet als Wittelsbacher einen übergreifenden, genealogisch rekonstruierten Verwandtschaftsverband, den es so in der Wahrnehmung der Zeitgenossen nicht gegeben hat.[9] Unter ihn sind die Grafen respektive Herzöge von Dachau und Valley subsumiert, die ein ziemlich eigenständiges Profil aufweisen. Die Dachauer bestehen über drei Generationen, die Valley sogar bis in die zweite Hälfte des 13. Jahrhunderts über vier Generationen.[10] Nach dem Erwerb der Herzogswürde im Jahr 1180 deutet sich auch eine pfalzgräfliche Linie an. Es gilt also, zwischen späteren genealogischen Konstruktionen eines Geschlechts, *den* Wittelsbachern, und den für die Zeitgenossen wichtigen politischen Identitäten zu unterscheiden.

Und eine letzte Einschränkung sei erlaubt: Dass die Wittelsbacher handelten oder dieser oder jener Wittelsbacher die Initiative ergriff, dass er Herrschaftsrechte erwarb, Klöster oder Städte gründete, ist eine Annahme über Handlungsspielräume eines Adeligen im hohen Mittelalter. Das Sprechen in dieser Form verdeckt aber mitunter durchaus vielfältigere und kompliziertere Konstellationen. Herrschaft ist im Mittelalter nicht ohne Konsens der Betroffenen möglich.[11] Bei gut dokumentierten Entscheidungen adeliger Herren werden in erstaunlichem Umfang Aushandlungsprozesse sichtbar. Dieses neue Bild ist nicht nur für die Deutung des Aufstiegs der Wittelsbacher, sondern auch für eine Sicht auf die Stadtgründung als Prozess wichtig.

Obwohl sich damit für den Aufstieg der Wittelsbacher keine neuen Fakten gewinnen lassen, kann man ihn mit anderen Akzenten beschreiben, wenn man ihn nicht vom Ergebnis her denkt, sondern mit Zufällen, überraschenden Wendungen und sich plötzlich eröffnenden Chancen

rechnet. Gesteht man den Handelnden eine solche offene Zukunft zu, so ist es sinnvoll, das von der Forschung erarbeitete Fakten- und Ereignisgerüst in drei Phasen einzuteilen: eine erste, die von den Anfängen bis in das zweite Jahrzehnt des 12. Jahrhunderts reicht, eine zweite, die sich bis in die Jahrhundertmitte erstreckt, und eine dritte, deren Abschluss und Höhepunkt die Herzogserhebung Ottos im Jahr 1180 bildet.

Anfänge im 11. Jahrhundert

Um die Mitte des 11. Jahrhunderts wird in Freisinger Traditionsnotizen zuerst ein Graf Otto von Scheyern („comes Otto de Skirun") genannt, der Vogt der Freisinger Bischofskirche war.[12] Über dessen Vorfahren wissen wir nichts Gesichertes. Bemerkenswert ist, dass Graf Otto und seine Nachfahren keinen Besitz östlich der Enns, im wilden Osten des früh- und hochmittelalterlichen Bayerns hatten, wie er bayerische Adelsfamilien mit Wurzeln im 9. oder 10. Jahrhundert kennzeichnet. Alle anderen Indikatoren, mit denen sich der Rang einer bayerischen Adelsfamilie im hohen Mittelalter bewerten lässt, verorten Otto und seine Nachfahren zudem im unteren gräflichen, wenn nicht sogar edelfreien Milieu. Haziga, seine Gemahlin, war in erster Ehe mit einem Edelfreien, Hermann von Habsberg-Kastl, vermählt.[13] Der Rang der Ehemänner und Ehefrauen verweist auf den Rang einer Adelsfamilie. In den Heiratsverbindungen der Wittelsbacher spiegelt sich bis an das Ende des 12. Jahrhunderts eine eher bescheidene Stellung wider.[14] Der Versuch der ersten Generationen der Grafen von Scheyern, eine eigene Grablege zu errichten, der mit der Gründung einer klösterlichen Zelle durch Haziga in Bayrischzell zuerst fassbar wird, war ebenfalls von überschaubarem Zuschnitt und erst nach Jahrzehnten mit mehreren Ortswechseln sollte es dem Enkel dieses ersten Ottos gelingen, in der namengebenden Burg Scheyern dauerhaft ein Kloster zu etablieren.[15] Stefan Weinfurter sah diese frühe Phase des Aufstiegs, in denen die Wittelsbacher in Eichstätter Quellen schon als „Räuber" bezeichnet werden, durch die beengte Ausgangslage der Familie charakterisiert[16] – im Altsiedelland, in dem Herrschaftsrechte längst vergeben waren, ging anders als auf dem Nordgau oder im Osten des Herzogtums jeder Erwerb neuer Herrschaftsrechte auf Kosten anderer. Zug um Zug werden neue Herrschaftsrechte der späteren Wittelsbacher sichtbar. Sie kamen möglicherweise aus dem Erbe der Grafen von Ebersberg und Kühbach, sicher aber gingen sie auf Kosten der Besitzungen der Bischöfe von Freising. Wie in vielen anderen Fällen war die Vogtei über die Güter einer Bischofskirche das bevorzugte Mittel zum Herrschaftsaufbau. Diese Veränderungen sind greifbar, sie bleiben aber in dieser ersten Phase überschaubar. Wenig bis nichts spricht dafür, dass es sich bei den Grafen von Scheyern um eine besonders hervorragende Familie handelte, und es fällt nicht leicht, in den wenigen Belegen eine weiter in die Zukunft weisende Dynamik als bei anderen Familien zu erkennen.

Umso einschneidender erscheint daher der Umbruch in den ersten Jahrzehnten des 12. Jahrhunderts. Voraussetzung dafür war generatives Glück: Graf Otto von Scheyern hatte vier Söhne. Damit war die Weitergabe der Herrschaft gesichert. Hinzu kam, dass auf Dauer nur die männlichen Nachkommen zweier Söhne überlebten, was eine zu starke Zersplitterung der nicht sehr umfänglichen Besitzungen verhinderte. Die Nachkommen der beiden Söhne benannten sich nach Dachau und nach Wittelsbach. Aus den Grafen von Scheyern gingen damit zwei neue, eigenständige Familien hervor, wie aus ihrer dauerhaften Bezeichnung nach einer Burg und der Grablege in einem jeweils eigenen Kloster deutlich wird.[17] Doch selbst diese Zweiteilung der Scheyerner Besitzungen hätte zu einer Marginalisierung der Adelsfamilien durch Zersplitterung der Herrschaftsgrundlagen führen können, wären da nicht zwei Ereignisse gewesen, die für den weiteren Aufstieg der Wittelsbacher eine neue Grundlage schufen.

Generatives Glück und dynastischer Zufall.

Zum einen war es wieder ein dynastischer Zufall: Otto, ein Enkel des ersten Grafen von Scheyern, war zwar auch nur mit einer Edelfreien verheiratet, doch stammte diese aus der bedeutenden Familie der Pettendorf-Lengenfeld-Hopfenohe,[18] die umfangreiche Besitzungen auf dem bayerischen Nordgau hatte. Als Ottos Schwiegervater um 1115 ohne Söhne starb, erbte er erhebliche Besitzungen der Familie seiner Frau. Damit entstand für die Grafen von Scheyern ein ganz neuer, bedeutender Herrschaftsraum: nördlich von Regensburg, an den Flüssen Naab und Vils aufwärts, bis weit nach Norden, mit dem Zentrum der Burg Lengenfeld. In dieser Region errichtete Otto mit dem Kloster Ensdorf auch die Grablege für sich und seine Frau.[19]

Neben den dynastischen Chancen, die sich in dieser Zeit ergaben, war das Pfalzgrafenamt, das Otto zwischen 1115 und 1121 erhielt, der wesentliche

Schritt, der die Wittelsbacher über das Gros der bayerischen Adeligen hob.[20] In der adeligen Ranggesellschaft des hohen Mittelalters kam einer solchen Hervorhebung besondere Bedeutung zu. Es gab um 1100 in Bayern zahllose Edelfreie, aber nur etwa zwei Dutzend Grafen, vier Markgrafen und einen Pfalzgrafen.[21] Der Rang brachte Vorrang und Vorrechte, er ermöglichte Zugang zum König, den der Pfalzgraf in Bayern vertrat, und schuf damit bisher ungeahnte Handlungsspielräume, ganz abgesehen von den mit dem Pfalzgrafenamt verbundenen Rechten oder der Ausstattung mit Amtsgut.

Aus Grafen werden Pfalzgrafen

Warum aber stieg Graf Otto zum Pfalzgrafen von Bayern auf? Dafür spielt der Bezug zum König die entscheidende Rolle, am Königshof wurde im 12. Jahrhundert Rang zugewiesen.[22] Das heißt, dass sich die Verleihung der Pfalzgrafenwürde nicht allein aus den Logiken des wittelsbachischen Herrschaftsaufbaus erklären lässt und auch nicht nur aus der Perspektive des bayerischen Herzogtums. Bis in die erste Hälfte des 13. Jahrhunderts war das staufische Königtum ein wichtiger, wenn nicht der entscheidende herrschaftliche Faktor in Bayern. Die spätmittelalterliche Entwicklung zum wittelsbachischen Territorialherzogtum und die in diesem Rahmen entstandenen historiografischen Traditionen haben diese Zusammenhänge etwas verdeckt.

Im Hochmittelalter aber waren die Könige, von den Saliern bis zu den Staufern, häufig in Regensburg, einer Stadt, die nicht nur das „caput Bawarie" war, wie es in einer zeitgenössischen Quelle heißt, sondern auch ein zentraler Hoftagsort des Königtums für das gesamte Reich.[23] Von einem König, Heinrich V., erhielt Pfalzgraf Otto in Regensburg die Pfalzgrafenwürde. Heinrich V. war ein angefochtener König, der mit und gegen Fürsten seines Reichs mit den Päpsten um die Lösung des Investiturstreits rang.[24]

Spektaktulärer Höhepunkt dieser Auseinandersetzungen war ein europaweit wahrgenommener Skandal, die Gefangennahme des Papstes unmittelbar vor der geplanten Kaiserkrönung in Rom 1111.[25] Danach wurde es schwierig für Heinrich V., er zerrieb sich in Kämpfen mit den geistlichen und weltlichen Großen, nur mit Mühe konnte er sich behaupten. Als er sich über Jahre hinweg in Italien aufhielt, galt er im Reich sogar als abkömmlich.

Bemerkenswert ist, dass alle diesbezüglichen Quellen über den späteren Pfalzgrafen Otto auf dessen außerordentliche Nähe zum König hinweisen, die ab 1111 sichtbar wird, also in der Zeit der zunehmenden Krise der Königsherrschaft Heinrichs V. Wenn nun der „treue Dienst" Ottos für den König hervorgehoben wird,[26] wenn der Pfalzgraf Indersdorf als Sühne für seine Beteiligung an den Vorgängen in Rom im Jahr 1111 gründete,[27] dann zeigt dies, dass er sich seine Rangerhöhung im Königsdienst erarbeitet hat, in einer Phase, in der Heinrich V. auf jede Unterstützung angewiesen war. Und dennoch musste sich für Otto die Gelegenheit erst ergeben, durch den Tod, möglicherweise auch durch die Absetzung seines Vorgängers.[28] Planen ließ sich die Rangerhöhung nicht, doch sich im Königsdienst auszuzeichnen, war erfolgversprechend.

Der Weg zur Herzogswürde führt über den König

Mit der Pfalzgrafenwürde erreichten die Wittelsbacher eine neue Ebene in ihrer Geschichte. Graf Otto von Scheyern nannte sich nun nicht mehr nach Scheyern, sondern zuerst 1115 Graf, dann 1121 Pfalzgraf von Wittelsbach. Nicht selten aber wird er auch schlicht als „palatinus", als Pfalzgraf, tituliert. Das weist darauf hin, wie einschneidend das neue Amt für sein Selbstverständnis war, für ihn, den Sohn eines Grafen. Auch die Aktionsräume der Familie verlagerten sich nun: Aus den Anfängen an Ilm, Paar, Amper und Glonn in einer Region fernab der politischen Zentren des Herzogtums verschoben sich die Schwerpunkte an die Donau, in den Raum nördlich und südwestlich von Regensburg, den politischen Zentralraum des Herzogtums im Umfeld der bayerischen Metropole Regensburg. Das Erbe der Herren von Pettendorf-Lengenfeld-Hopfenohe und die Pfalzgrafenwürde hoben das Scheyerner Grafengeschlecht schlagartig auf die Bühne der großen Politik, nicht nur im Herzogtum sondern auch im Reich. In den folgenden Jahrzehnten erweiterte sich das Koordinatennetz der nunmehrigen Pfalzgrafen von Wittelsbach um neue, bestimmende Punkte: den König und seinen Hof und, mit deutlichem Abstand, die bayerischen Herzöge. Die Wittelsbacher nahmen nun Anteil an den politischen Auseinandersetzungen der Zeit und gestalteten sie mit. Sie werden aufgrund ihrer räumlichen Stellung um Regensburg und ihres Einflusses als Pfalzgrafen Teil der Konflikte, die in Bayern bis 1156 um die Herzogswürde geführt werden.

Hier seien einige Bemerkungen zum Herrschaftsaufbau und der Territorialpolitik der Wittelsbacher in den Jahrzehnten nach 1120 vorangestellt. Pfalzgraf Otto I. und sein Sohn Pfalzgraf Otto II., der 1180 die Herzogswürde erlangen sollte, zogen Ministeriale der Freisinger Hochstiftskirche auf ihre Seite, sie errichteten Burgen und drei neue Klöster: Scheyern, Ensdorf und Indersdorf. Detaillierte Forschungen lassen den Zugewinn an Herrschaftsrechten erkennen.[29] Doch eine expansive herrschaftliche Dynamik, die nicht auf ähnliche Weise auch andere Adelsfamilien der Zeit aufwiesen, ein im Vergleich bemerkenswert großer Umfang an Besitz- und Herrschaftsrechten oder ein außergewöhnlich rasanter Zugewinn ist im Vergleich mit anderen Adelsfamilien nur schwerlich festzustellen. Das Besondere an den wittelsbachischen Pfalzgrafen war nicht, dass sie Ministerialen hatten, Burgen bauten, Klöster gründeten oder Vogteien erwarben, das Besondere war ihre Stellung zum König und zum Herzog, daran entschied sich ihr weiterer Aufstieg. An den Zeugenlisten der Königsurkunden lassen sich im 12. Jahrhundert Konjunkturen der Königsnähe und Königsferne bedeutender Großer erkennen. Bei Pfalzgraf Otto I. zeigt sich ein klares Bild: Unter Lothar III., dem aus Sachsen stammenden König, ist er anders als andere Bayern erstaunlich häufig am Königshof belegt.[30] In der nachfolgenden Regierungszeit des ersten Staufers, König Konrads III., sind seine numerischen Nennungen zwar beträchtlich, bei genauerem Zusehen aber zeigt sich, dass er sich nur wenige Male für längere Zeit am Königshof aufhielt, in kurzen Phasen, die von relativer Königsferne abgelöst wurden.[31] Unter Friedrich I. Barbarossa kehren sich die Vorzeichen wieder um: Pfalzgraf Otto II. kommt in einem Drittel der Urkunden bis 1167 vor, er gehört nun zum ständigen Begleiter des Königshofs und zu den engsten Vertrauten des Staufers.[32]

Diese schwankende Anwesenheit der Pfalzgrafen am Königshof weist auf unterschiedliche politische Loyalitäten hin. Sie entsprechen dem, was über die adelige Gruppenbildung im bayerischen Herzogtum des 12. Jahrhunderts bekannt ist, in der dem König eine besondere Stellung zukam.[33] Die Nähe zu König Lothar ist bemerkenswert, sie korrespondiert offenbar mit einer immer wieder erkennbaren Nähe des Wittelsbachers zum welfischen Herzog von Bayern, dem Schwiegersohn des Königs. Der Verbundenheit mit dem Welfenherzog entspricht wenig später die Distanz zum Stauferkönig Konrad III. und seinem Umfeld, zu dem seine (Halb-)Brüder, die neuen Herzöge von Bayern aus der Familie der Babenberger, und deren Brüder, die Bischöfe von Passau und Freising, gehörten.[34] Erstaunlich deutlich lassen sich diese Konfliktlinien erkennen und die Pfalzgrafen von Wittelsbach damit einer Gruppe zuordnen. König Konrad III. versuchte die Welfen als Herzöge von Bayern abzulösen und das Herzogtum mithilfe seiner babenbergischen Brüder zu regieren. Es gibt wenige Anzeichen für eine Opposition unter den Großen des Herzogtums, am deutlichsten aber standen aufseiten des abgesetzten welfischen Herzogs die Grafen von Dachau und Valley, das heißt die Verwandten der Pfalzgrafen, und in einer Halbdistanz, die dann allerdings in einen offenen Konflikt umschlug, die Pfalzgrafen von Wittelsbach. Sie waren zwar noch am Königshof, aber auffälligerweise gibt es gerade in der Zeit Konrads III. mehrere Königsurkunden, mit denen dieser versuchte seinen Bruder auf dem Freisinger Bischofsstuhl zu unterstützen – Urkunden, die unzweifelhaft gegen die Vögte des Hochstifts gerichtet waren.[35]

Um 1150 eskalierten die territorialen Konflikte um Freising und Tegernsee. Bischof Otto von Freising rief den Papst an, der Pfalzgraf Otto die Exkommunikation androhte,[36] und Konrad III. zog 1151 nun sogar militärisch gegen Otto, den er in seiner Burg Kelheim belagerte.[37] Otto unterwarf sich und stellte seinen Sohn als Geisel für künftiges Wohlverhalten – ein durchaus übliches Verfahren der Konfliktlösung. Wie weitere Bestimmungen des Friedens aussahen, ist nicht bekannt, denn König Konrad starb wenig später. Viel zu erhoffen hätte der Pfalzgraf von diesem König aber nicht gehabt, dem Bruder Bischof Ottos von Freising, der sich dem Wittelsbacher hartnäckig widersetzte. Den Tod König Konrads dürfte Otto deshalb nicht betrauert haben, zumal die überraschende Wahl des Neffen des Verstorbenen, Herzog Friedrichs von Schwaben, zum neuen König für die Wittelsbacher eine Chance bedeutete.[38] Schlagartig setzen nun die Belege für ihre Anwesenheit am Königshof ein. Gerade die geschassten bayerischen Adeligen der letzten Jahre rücken in neue Positionen ein: Der Graf von Dachau wird gleich nach der Königswahl zum Herzog von Meranien erhoben, auch die Welfen erhalten verschiedene Titel und den Rückgewinn des Herzogtums Bayern in Aussicht gestellt.[39] In diesem begünstigenden Umfeld entfaltete Pfalzgraf Otto II. von Wittelsbach eine Aktivität für Friedrich Barbarossa, die mit wenig anderem im Reich vergleichbar ist. Er war mit dem König auf den Italienzügen, er war sein Legat und Stellvertreter und er erscheint bei vielen Schlüsselszenen der Regierungszeit Barbarossas.[40] Dieser intensive Königsdienst schlug sich lange Zeit nicht in konkretem Erwerb neuer Besitzungen oder Titel nieder, doch ließen sich Ruhm und Ehre an der Seite Friedrich Barbarossas in Italien gewinnen – und das war nicht wenig. Die Historiografie der Zeit ist voll von solchen Geschichten über Otto von Wittelsbach. Dennoch verlangte Dienst auf Dauer Verdienst und man darf unterstellen, dass zumindest die berechtigte Erwartung bestand, bei Gelegenheit eine Gegenleistung zu erhalten, die über die Rangverleihung zum Pfalzgrafen hinausging. Doch lag es nicht in Händen des Wittelsbachers, dies zu forcieren. Der Kaiser ging nur unwillig, getrieben von den Fürsten, gegen Heinrich den Löwen, den Herzog von Bayern und Sachsen, vor und entzog ihm seine Herzogtümer.[41] Die Großen am Hof dürften über die Neuvergabe des Herzogsamts beraten haben, wenn am Ende die Lösung stand, die Markgrafschaft Steier zum Herzogtum zu erheben und auch dem Andechs-Meranier einen Herzogstitel, denjenigen von Meranien, anzubieten. Pfalzgraf Otto wurde also im Oktober 1180 Herzog neben anderen Herzögen, aber er wurde Herzog von Bayern. Auch diese Rangerhöhung bot mehr Potenzial als tatsächliche Herrschaftsrechte – ein Potenzial, das die Wittelsbacher zu nutzen wussten.

Der Aufstieg der Wittelsbacher vollzog sich also nicht zwangsläufig. Die Grafen von Scheyern hatten zuerst und vor allem biologisches Glück, sie erarbeiteten sich dann Chancen zur Rangerhöhung und nutzten die Möglichkeiten, die ihnen die Königsnähe bot. Berechenbar war davon wenig und in jeder Generation hätte dieser Weg scheitern können. Es waren einzelne Persönlichkeiten, die diesen Aufstieg vorantrieben durch ihre Beziehungen zu anderen Adeligen, zu den Herzögen, vor allem aber zum König.

Von 1180 rückblickend lässt sich erkennen, wie sich auf dem Weg der Wittelsbacher zur Herzogswürde Räume und Orte veränderten. So war die Erweiterung von den Anfängen im Freisinger Raum hin in den politischen Zentralraum des Herzogtums um Regensburg und an der Donau maßgebend. Neben vielen Orten waren die Klöster Ensdorf, Indersdorf und Scheyern,[42] die Burgen, vor allem Wittelsbach,[43] aber auch Wartenberg oder (Burg-)Lengenfeld[44], und vor allem das nahe Regensburg gelegene Kelheim wichtig.[45] Für die wittelsbachischen Stadtgründungen sind insbesondere die Burgen zu betrachten, um die sich schon vor 1200 präurbane Kerne feststellen lassen[46], so etwa in Kelheim.[47] Sollten an diesen Burgorten sogar lokale Kräfte, etwa Ministeriale, greifbar sein, wäre es erhellend, den Prozess der Stadtgründung als Stadtwerdung im Wechselspiel zwischen ihnen und den wittelsbachischen Stadtherren zu deuten.[48] Auch auf diesem Feld wird man in der Beurteilung, wie planmäßig und zielgerichtet die Wittelsbacher gehandelt haben, skeptischer als früher sein dürfen.

Anmerkungen

1 Fried, Herkunft, S. 29–31 **2** Moeglin, Ancêtres; ders., Genealogie; ders., Selbstbewußtsein **3** So die These von Schmid, Problematik; zur Einordnung und Rezeption: Mertens/Zotz, Einleitung; Lubich, Verwandtsein; Jussen, Perspektiven **4** Fried, Herkunft; Weinfurter, Aufstieg; Seibert, Ordnung **5** Zur vergleichenden Einordnung jeweils mit älterer Literatur: Dendorfer, Adel **6** Ders., Gruppenbildung **7** Wichtig für diese Diskussion: Hechberger, Staufer und Welfen; Lubich, Verwandtsein; am Beispiel der frühen Staufer: Dendorfer, Familie; mit wichtigen Differenzierungen auch: Lyon, Princely Brothers and Sisters **8** MGH D H V 145, dazu nun: Paulus, „Wittelsbach" **9** Zu dieser Problematik bei den Wittelsbachern: Dendorfer, Memoria, S. 21–24 **10** Fried, Landgerichte Dachau und Kranzberg, S. 5–10; Scherbaum, Die Grafen von Valley **11** Schneidmüller, Herrschaft **12** Holzfurtner, Haziga und Otto **13** Zu Haziga: Schlütter-Schindler, Frauen; zur Familie der Habsburg-Kastl: Dendorfer, Gruppenbildung, S. 124–127 **14** Schlütter-Schindler, Frauen, S. 3–24 **15** Störmer, Hausklöster; Kramer, Geschichtsschreibung; Quellengrundlage für den Ortswechsel in: Stephan, Traditionen, Nr. 1–5, S. 3–19; ders., Urkunden, Nr. 1–5, S. 3–20 **16** Weinfurter, Aufstieg, S. 136–139; zur Quellenstelle: Weinfurter, Geschichte, c. 35, S. 62f. **17** Dendorfer, Memoria, S. 21f. **18** Wanderwitz, Adel; Schmid, Pettendorf-Lengenfeld-Hopfenohe, S. 319–340 **19** Störmer, Hausklöster, S. 142f. **20** Grundlegend zum Pfalzgrafenamt und zur Datierung der Übertragung der Pfalzgrafenwürde an Otto von Wittelsbach: Paulus, Pfalzgrafenamt, S. 282–290 **21** Dendorfer, Adel **22** Ders., Grafen, Markgrafen, Herzöge **23** Schmid, Regensburg, S. 56–120; Schmid, Civitas regia **24** Weinfurter, Reformidee; Dendorfer, Heinrich V. **25** Schneidmüller, Kaiser Heinrich V.; ders., Kaisertum **26** MGH D H V 145 **27** Paulus, Pfalzgrafenamt, S. 290 **28** Ebd., S. 288 **29** Die Literatur bis 2002 zusammenfassend und erschließend: Seibert, Ordnung; ergänzend: Mages, Kelheim, S. 39–67; Schmid, Landgericht Haidau-Pfatter, S. 138–168 **30** Zum Folgenden: Paulus, Pfalzgrafenamt, S. 291–305 **31** Ebd., S. 295–302 **32** Plassmann, Struktur, S. 76–81; Uebach, Ratgeber, S. 201–209 **33** Dendorfer, Gruppenbildung **34** Zu diesen Zusammenhängen: Dendorfer, Herzog und Adel; ders., Herzog, Könige und Große, S. 342–346; Deutinger, Bayern **35** Weissthanner, Regesten der Bischöfe von Freising, Nr. 313, 339, 350 **36** Ebd., Nr. 404–406, S. 256f. **37** RI IV/1,2, Nr. 746, S. 320 **38** Zur Erhebung durch Barbarossa und der damit verbundenen Wende vgl. Görich, Friedrich Barbarossa, S. 93–115 **39** Ebd., S. 117–143 **40** Vgl. Anm. 32 **41** Weinfurter, Erzbischof Philipp von Köln; Görich, Jäger des Löwen **42** Vgl. Störmer, Hausklöster; Dendorfer, Memoria **43** Straßburger, Stammburg (mit älterer Literatur) **44** Zeune, Burgen, S. 227–231 **45** Zum Bezug zu Regensburg: Schmid, Territorialpolitik **46** Störmer, Siedlungen **47** Schmid, Kelheim. Die Stadt am Fluß; ders., Kelheim in der Zeit der frühen Wittelsbacher; Mages, Kelheim; zur archäologischen Erfassung des Stadtgebiets von Kelheim: Eibl/Meier, Frühgeschichte; Hensch, Einblicke **48** Zu dieser Betrachtungsweise methodisch anregend für eine vergleichende Betrachtung: Zeilinger, Stadt

Die frühen Wittelsbacher und ihre ersten Städte. Die Städtepolitik der Herzöge Otto I., Ludwig I. und Otto II.

Gabriele Schlütter-Schindler

Die besten Informationen über die städtebaulichen Aktivitäten der bayerischen Herzöge verdanken wir dem lebhaften Interesse Abt Hermanns von Niederaltaich an der Welt außerhalb seiner Klostermauern. In die Annalen seines Klosters trug er jeweils ein, wann sein Landesherr mit dem Bau einer Stadt begonnen hatte: „oppidum construere cepit";[1] gleichzeitig brachte er in diesen wenigen Worten seine Vorstellung von den Umständen einer Stadtgründung zum Ausdruck: Der Herzog hatte durch seine Initiative einen länger andauernden Prozess in Gang gesetzt. Kein hic et nunc vorgenommener Gründungsakt ist gemeint, vielmehr war mit ersten Maßnahmen zum Ausbau eines Ortes begonnen worden, denen sich eine Phase der Entwicklung anschloss. Die Forschung verwendet dafür den Begriff Stadtwerdung.[2] Unter günstigen Bedingungen entstand ein Gemeinwesen, das über die Abgaben und Steuern seiner Bürger das landesherrliche Finanzvolumen erheblich bereicherte.

Vorrangiges Motiv für die Entscheidung, beträchtliche Mittel zum Ausbau einer Stadtanlage aufzuwenden, war das Bedürfnis nach Sicherheit gegenüber begehrlichen Nachbarn und Konkurrenten. Wie beim Burgenbau galt es, den eigenen Machtbereich zu stützen, möglichst auch zu erweitern, etwa in Herrschaftsräume schwächelnder Rivalen vorzustoßen und sich dort festzusetzen. Hinzu kamen als Kriterien des wirtschaftlichen Faktors die Anbindung an Straßennetze und Brücken, die Schiffbarkeit von Flussläufen. An derart vorteilhaft gelegenen Plätzen wurden bereits bestehende Wehrbauten und benachbarte präurbane Siedlungskerne genutzt, also existierende Anlagen, gerne auch aus fremden Besitzzusammenhängen, forciert ausgebaut.

Als Pfalzgraf Otto von Wittelsbach 1180 von Kaiser Friedrich I. mit dem Herzogtum Bayern belehnt wurde, leuchtete Regensburg als „metropolis ac sedes ducatus", als zentraler Ort königlicher Machtentfaltung und Herzogssitz.[3] Die legitimierende Kraft und Kontinuität stiftende Ausstrahlung der alten Metropole war für die neue Herzogsfamilie von unverzichtbarer Bedeutung. Folglich lud Otto zu seinem ersten Auftritt als neuer Herzog nach Regensburg.[4] Im Ringen um das städtische Regiment, das zwischen Kaiser, Bischof, Herzog und aufstrebender Bürgerschaft immer heftigere Formen annahm,[5] drohte Otto die Gefahr, aus dem alten Zentrum verdrängt zu werden. Vermutlich nicht lange nach seiner Erhebung zum Herzog entschloss er sich, in das nahe Kelheim auszuweichen,[6] von wo aus er die Regensburger ‚Szene' im Blick behalten konnte.

Kelheim

Die Kelheimer Burganlage hatten die Wittelsbacher schon während ihrer Pfalzgrafenzeit genutzt,[7] nun sollte sie ihnen für eine Übergangszeit als Ersatz dienen, bis ihre ‚erste Adresse' wieder der Herzogshof am Alten Kornmarkt sein würde. Kelheim wurde durch Einbindung präurbaner Kerne als Gegenstadt zu Regensburg konzipiert. In dem neuen Zentrum hielten sich insbesondere die Frauen und Kinder auf, es kann somit als „bevorzugter Wohnsitz der Herzogsfamilie" bezeichnet werden.[8] Hoheitliche Akte übten Herzog Otto I. und ebenso sein Sohn und Nachfolger, Ludwig I., überwiegend in Regensburg aus, auch Otto II. urkundete weiterhin dort und lud zu Landtagen und Fürstentreffen in die alte Metropole.

Mit dem Ausbau Kelheims begannen die frühen Wittelsbacher, ihre auf einem herrschaftlichen Programm basierende Städtegründungspolitik. Das Ziel war die Rückgewinnung Regensburgs. Die Herzöge bauten die an den großen Ausfallstraßen gelegenen Burgen um die alte Metropole aus und förderten planvoll die Orte in einem weiteren Umkreis. Ludwig besetzte wahrscheinlich Pettendorf und Regenstauf mit herzoglichen Ministerialen, stärkte südlich der Donau das verkehrsgünstig gelegene Abbach sowie Mintraching. Die an den wichtigen Handelsrouten positionierten Städte Kelheim, Cham, Straubing, Landau an der Isar und Landshut umlagerten Regensburg, kontrollierten die Zufahrtswege und schlossen es ein.[9]

Kelheim blieb Familienwohnsitz bis zur Bluttat von 1231, als Herzog Ludwig I. am Donauufer durch die Hand eines unbekannten Mörders den Tod fand.[10] Wie sein Vater, Herzog Otto I., wurde Ludwig im alten Hauskloster Scheyern bestattet.[11]

Landshut

Die Herzoginwitwe Ludmilla wandte sich unmittelbar nach der Mordtat Landshut zu. Landshut war von Ludwig I. ab 1204 zunächst als militärischer Stützpunkt vor allem gegen den erstarkten Bischof von Regensburg ausgebaut worden,[12] dessen nahe gelegene Straßburg er vielleicht schon während der kriegerischen Auseinandersetzungen 1203 zerstört hatte.[13] Präurbane Siedlungsgrundlagen begünstigten die ersten Bauarbeiten um St. Martin, für die Burg konnten bereits vorhandene Wehrelemente genutzt werden. In den folgenden Jahren muss die Burg eine repräsentative Ausgestaltung erhalten haben,[14] bot also gewiss die wohnlichen Voraussetzungen für eine langfristige Aufnahme der Familie. Von hier aus betrieb Ludmilla ihre Klostergründung Seligenthal, besetzte sie mit den in Bayern noch unbekannten Zisterzienserinnen und finanzierte deren Ausstattung aus ihrem elterlichen Erbe am Hohen Bogen im Bayerischen Wald.[15] Im Zusammenhang mit Ludmillas Aktivitäten wird deutlich, dass 1232 in Landshut bereits ein Spital existierte,[16] also gewisse für eine Stadt wesentliche Einrichtungen schon bestanden.

Mit Seligenthal schuf die Herzogin ihrer Familie eine neue Stätte der Memoria,[17] und zwar in einer bisher unbekannten Form, nicht in der Stille und Abgeschiedenheit der alten Hausklöster, sondern unweit des Wohnsitzes und gut erreichbar gelegen. Der Klosterbau, der in Sichtweite der Einwohner des aufstrebenden Gemeinwesens entstand, demonstrierte nachhaltig die Präsenz der ersten Familie des Landes. Landshut übernahm nun die Funktion Kelheims als Familienwohnsitz. Davon zeugen die von Aventin überlieferten Notizen des Passauer Domdekans Albert Behaim wie die spätere Aussage Herzog Heinrichs XIII. über das „precipuum domicilium", den bevorzugten Wohnsitz seines Vaters und Großvaters.[18] Behaim hielt sich wiederholt am Landshuter Hof Herzog Ottos II. auf und berichtet von einem nächtlichen Überfall Anfang August 1240.[19] Der Herzog wurde zwar nicht angetroffen, wohl aber die Frauen. In jenen unruhigen ersten Augusttagen starb die Herzoginmutter Ludmilla, Ottos Gemahlin Agnes litt an einer fiebrigen Erkrankung.[20] Die Chancen, den Herzog selbst dort anzutreffen, waren durchaus gegeben.[21] Gleichwohl war Otto II. noch immer viel unterwegs und versah seinen Herrschaftsalltag wie seine Vorgänger überwiegend vom Sattel aus. Als Ludwig I. im Jahr 1214 die rheinische Pfalzgrafschaft übernahm,[22] könnte ihm Landshut als Vorbild für den Ausbau Heidelbergs vom Burgweiler zum Zentrum seines neuen Landes gedient haben, die archäologischen und bauhistorischen Befunde sprechen dafür.[23]

Cham

1204, im Jahr der Entscheidung für das Landshuter Bauprojekt, gelang Ludwig I. die Übernahme der Mark Cham nach dem Tod Bertholds III. von Cham-Vohburg. Die Ehe des letzten Diepoldinger Markgrafen mit der herzoglichen Schwester Elisabeth war kinderlos geblieben und Ludwig konnte den bedeutenden Besitzkomplex seines Schwagers mit den Schwerpunkten Vohburg[24] und Cham offenbar ohne erkennbare Schwierigkeiten übernehmen, was keinesfalls selbstverständlich war.[25] Zur selben Zeit heiratete Ludwig die Přemyslidin Ludmilla von Böhmen, verwitwete Gräfin von Bogen,[26] und entwickelte gemeinsame Interessen mit der neuen Verwandtschaft, mit König Ottokar I. von Böhmen.[27] Aus der Reichsburg Cham und dem bereits bestehenden „novum forum", dem neuen Markt der Diepoldinger, wurde die Stadt an der Straße nach Böhmen. Nicht ganz 50 Jahre später, im Sommer 1251, warteten dort Herzog Otto II. und sein Schwiegersohn König Konrad IV. vergeblich auf den böhmischen König, von dem sie sich Hilfe und Unterstützung für die staufische Sache erhofft hatten.[28]

Straubing

Für Straubing und Landau an der Isar wurde Herzog Ludwig I. im Zusammenhang mit einer erkennbaren Schwächung der dort ansässigen dominierenden Geschlechter aktiv. Als er 1218 in nächster Nähe zum Herrschaftsschwerpunkt der Bogener auf Augsburger Kirchengrund mit dem Bau der Straubinger Neustadt um St. Jakob begann,[29] hatte Graf Berthold III. von Bogen im August desselben Jahres vor Damiette den

Tod gefunden. Die Bogener Grafen gehörten seit jeher zu den heftigsten Rivalen der Wittelsbacher. Ludwig I. vermochte die Söhne Ludmillas aus ihrer ersten Ehe mit dem ruppigen Albert III. von Bogen[30] weder durch seine Möglichkeiten als Landesherr noch durch die Einbindung in die eigene Familie im Zaum zu halten.[31] Nach dem Tod Bertholds von Bogen war Albert IV., bislang kinderlos, der letzte Hoffnungsträger des Geschlechts, der dritte Bruder war geistlich geworden. Der Wittelsbacher nutzte die günstige Gelegenheit und demonstrierte dem Bogener seine landesherrliche Präsenz: 1224 hielt er in Straubing einen von zahlreichen Großen besuchten Gerichts- beziehungsweise Landtag.[32] Vier Jahre später, zu Pfingsten 1228, wurde hier Herzog Otto II. mit dem Schwert umgürtet; die geladene Gästeschar dürfte über einen Landtag weit hinausgegangen sein, selbst der König war gekommen.[33] Folglich sind die städtischen Strukturen als soweit funktionsfähig einzuschätzen, dass Bewirtung, Unterbringung, Unterhaltung und Betreuung einer feiernden höfischen Gesellschaft gewährleistet werden konnten.

Landau an der Isar

Im Landauer Raum wurde Herzog Ludwig I. die Vereinnahmung der für sein Vorhaben notwendigen Besitzungen und Rechte zum einen durch das Aussterben der reich begüterten Zullinger, zum anderen durch die Zurückhaltung der wohl zu keiner wirksamen Gegenwehr fähigen Ahauser erleichtert. 1224 konnte er den Ausbau von Landau, einen Tagesritt entfernt von Straubing, in Angriff nehmen.[34] Das auf halber Strecke zwischen Landshut und Passau gelegene Landau wurde von den Herzögen wiederholt zu Treffen mit den Bischöfen von Passau genutzt.[35]

Dingolfing

Für Otto II. vermerkte Hermann von Niederaltaich zu 1251 den Baubeginn von Burg und Stadt Dingolfing. Die Entscheidung Ottos ist sicher im Zusammenhang mit der seinem Sohn kurz zuvor gelungenen Eroberung der Teisbacher Feste des Regensburger Bischofs zu sehen.[36]

Gegründet, übernommen, ausgebaut und gefördert

Hinweise auf die Existenz weiterer Gemeinwesen und ihre urbanen Anfänge lassen sich über die Einträge im ältesten Herzogsurbar, hin und wieder im Rahmen unterschiedlicher Rechtshandlungen, Vergabungen oder auch Zollprivilegien gewinnen. Neuötting etwa findet im Zusammenhang mit dem 1231 von Ludwig I. gegründeten Kollegiatstift Altötting Erwähnung. Gewiss hatte der Herzog das zwischen Altötting und dem Inn gewachsene Neuötting um einiges früher anlegen lassen in der Hoffnung, so die Dominanz des Salzburger Erzbischofs im Salzhandel brechen zu können.[37] Für die Existenz von Erding ist die einzige Quelle das älteste Herzogsurbar, dessen Abfassungszeit 1231/34 eine gewisse Datierungshilfe bietet. Folglich dürfte es Ludwig I. gewesen sein, der Erding als Gegenposition zum Freisinger Bischof neben Altenerding platzierte. Die Errichtung des Mauerrings um etwa 1250 fällt in die Herrschaftsjahre Herzog Ottos II.[38] Aichach ist unter Ludwig I. noch als „villa" bezeugt.[39] Als Schlüsseljahr der Stadtwerdung kann 1235 gelten, der wesentliche Schritt erfolgte also unter Ludwigs Sohn Otto II.[40] Im Weilheimer Raum dürften die Wittelsbacher seit dem Gewinn der Pollinger Vogtei, an die Ludwig I. spätestens 1224 gelangt war,[41] präsent gewesen sein. Die Schadensmeldung von einem abgeholzten Wald, für den Otto II. dem Stift Polling 1236 Ersatz leistete, wird in der Literatur überwiegend mit der Errichtung einer Befestigung für Weilheim in Verbindung gebracht und als Vorstufe der Stadtwerdung interpretiert.[42]

Das „castrum" der Grafen von Burghausen war nach deren Aussterben 1163/68 an das Herzogtum gefallen, die Talsiedlung stammte aus dem von Ludwig I. mit dem Salzburger Erzbischof 1229/31 verhandelten Lebenauer Erbe.[43] Die wachsende Bedeutung des Handelsplatzes im Schutz der wehrhaften Burg[44] erschließt sich über die Erwähnungen in den von Ludwig I. wie Otto II. ausgestellten Zollprivilegien.[45]

Die Stadtwerdung von Deggendorf und Ingolstadt dürfte den entscheidenden Schub nach dem Tod des letzten Bogener Grafen und dem Anfall des Erbes 1242 an Otto II. erhalten haben. Der Herzog forcierte den Ausbau der Deggendorfer Neustadt zwischen dem „castrum" der Bogener und dem Gelände der Propstei von Niedermünster.[46] Von der nun in Ottos Hand befindlichen Niederaltaicher Vogtei profitierte das auf klösterlich-herzoglichem Grund angesiedelte Ingolstadt.[47]

Den Zugriff Herzog Ottos II. auf Vilshofen, das Einfallstor in den ostbayerischen Raum, begünstigte der unter den Nachkommen aus zwei Ehen Heinrichs I. von Ortenburg ausgebrochene Erbstreit. 1241 besetzte der Herzog die Ortenburger Gründung, die wichtige Kontrollfunktionen an der Donau wahrnahm, und machte sie zur Grenzstadt gegen das Bistum Passau.[48]

Rain nennt Ludwig II. im Jahr 1257 „civitas nostra", also unsere Stadt, unser Gemeinwesen. Von der strategisch wie wirtschaftlich günstigen Position aus ließ sich die Konkurrenz zwischen Donau und Lech, die Graisbacher wie die Pappenheimer, ins Auge fassen. Den Stützpunkt kann bereits der Vater vorbereitet, der Sohn ihn in seiner Entwicklung weiterhin gefördert haben.[49] Die Gründungsfrage blieb lange unentschieden, zuletzt wurde Ludwig II. favorisiert.[50] In manchen Fällen wird offenbleiben müssen, ob der Vater oder der ihm nachfolgende Sohn den ersten Schritt unternommen hat, der allerdings nicht zwangsläufig der entscheidende auf dem Weg zur Stadtwerdung gewesen sein muss.

Ungewiss bleibt auch, wie weit Ludwig I. bis zu seinem Tod auf dem Weg zur Stadtherrschaft in München wirklich gekommen war.[51] Es könnte ihm nach dem Ausfall der Andechser im Münchner Raum seit 1208 gelungen sein, bestehende Rechte des Freisinger Bischofs in einem Umfang und auf eine Weise an sich zu bringen, die ihm den Bau des Heiliggeistspitals[52] und die in das frühe 13. Jahrhundert zu datierende erste Stadterweiterung[53] ermöglicht haben. Den archäologischen Befunden aber lassen sich keine schriftlichen Zeugnisse hinzufügen, denen mehr als der Nachweis der mehrmaligen herzoglichen Präsenz[54] abzuringen ist. Sicherer Beleg für die wittelsbachische Dominanz in München dürfte die Einberufung eines Landtags im Sommer 1240 durch Otto II. sein.[55]

Eine völlig veränderte Situation trat 1255 mit der Bildung der neuen Teilherzogtümer Ober- und Niederbayern ein. Für Niederbayern erfüllte Landshut weiterhin seine Aufgaben als zentraler Ort für den Herzog und seine Familie. Die günstige Lage Münchens innerhalb des neuen Herzogtums Oberbayern ließ Ludwig II. zunehmend an der Isar verweilen und mit dem Ausbau des Alten Hofs[56] begann der Aufstieg Münchens zur späteren Residenzstadt.

Fazit

Letztlich haben die Wittelsbacher ihr ursprüngliches ‚Programmziel', die Wiedervereinnahmung der „metropolis Bavariae", nicht erreicht. Der Kampf um Regensburg war spätestens entschieden, die Stadt dem Herzogtum endgültig verloren, als Kaiser Friedrich II. im Jahr 1245 der Bürgerschaft die Selbstverwaltung gewährte.[57] Mit ihrer merkbar auf den Donauraum, auf den herrschaftlichen Zentralraum des frühen Mittelalters, ausgerichteten Städtepolitik hatten Otto I. und Ludwig I. zwar die alte Metropole nicht zurückgewinnen können, diesen Raum verwaltungs- und wirtschaftstechnisch aber mit funktionierenden Gemeinwesen besetzt. Folgerichtig wandte sich Otto II. nun nach Süden und übertrug das System auf das gesamte Herzogtum, auf diese Weise die Stabilisierung der eigenen Herrschaft wie den Ausbau des Landes über die entstehende Ämterorganisation gleichermaßen fördernd und den Territorialisierungsprozess vorantreibend.

Anmerkungen

1 Hermanni Altahensis Annales, MGH SS 17, S. 386 (zu 1204, Landshut), S. 387 (zu 1218, Straubing) (zu 1224, Landau [abweichende Formulierung]), S. 395 (zu 1251, Dingolfing) **2** Zur Verwendung des Begriffs in der vergleichenden Stadtgeschichtsforschung vgl. Schmid, Deggendorf, S. 16 **3** Ottonis episcopi Frisingensis Chronica sive Historia de duabus civitatibus, MGH SS rer. Germ., S. 349, s.a. S. 269, 272, 319 **4** Die Nachweise für Herzog Otto I. und Herzog Ludwig I. sind überwiegend aus den Herzogsregesten zu gewinnen, die in den Kommentaren auch die einschlägigen Literaturangaben bieten: RHB O I 3 **5** Schmid, Regensburg, S. 78–83 **6** RHB O I 9; bes. Schmid, Kelheim, S. 10–12 **7** RHB S. 1 (Belagerung durch König Konrad III. 1151) **8** Schmid, Kelheim, S. 16 **9** Ebd., S. 19–22; Schmid, Territorialpolitik, S. 376–381 **10** RHB L I 626 **11** RHB O I 49, L I 2, L I 3, L I 626 **12** RHB L I 111 **13** RHB L I 100, L I 108, L I 211 § 15 (die Straßburg betreffend) **14** Störmer, Wittelsbacher, S. 17–19; Seeger, Doppelkapelle **15** Schlütter-Schindler, Frauen, S. 25–29; dies., Frauenklöster, S. 413–417 **16** Stiftungsurkunde Ludmillas von 1232, vgl. Herzog, Landshuter Urkundenbuch, S. 16f., Nr. 22 **17** Zum Einsatz der wittelsbachischen Frauen, die Memoria ihrer verstorbenen Ehepartner zu pflegen und über Schenkungen zu sichern, vgl. Schlütter-Schindler, Frauen, zusammenfassend S. 100–105 **18** MW1, S. 315, Nr. 130: „quod cum progenitores nostri, pater et auus, suum precipuum in Lantshut habuerint domicilium" (1279 August 17) **19** Die Aventinischen Excerpte aus den Acten des Albert von Beham, in: Höfler, Albert von Beham, S. 17 (zu 1240) **20** Die Angaben zum Todestag Ludmillas in den Nekrologen schwanken zwischen dem 3., 4. und 5. August, Zusammenfassung der Quellenbelege bei Schlütter-Schindler, Frauen, S. 27, Anm. 110; die Erkrankung von Agnes („febris acuta") erwähnt Behaim in einem Bericht an den Papst, Aventinische Excerpte, in: Höfler, Albert von Beham, S. 15 (zu 1240) **21** Die in Bearbeitung befindlichen Regesten Ottos II. werden die Häufung der herzoglichen Aufenthalte zeigen. **22** RHB L I 223 **23** Schlütter-Schindler, Ludwig I., S. 246f. und die dort angegebene Literatur **24** Vohburg entwickelte sich zu einem wichtigen Verwaltungsschwerpunkt, vgl. Schmid, Anfänge der Stadt Vohburg, S. 491–520; Küss, Diepoldinger, S. 94; vgl. jedoch Friedel, Vohburg, S. 136–138, 140; 1246 heiratete König Konrad IV. dort Elisabeth, die Tochter Ottos II., vgl. Annales Sancti Rudberti Salisburgenses, MGH SS 9, S. 789 (zu 1246) **25** RHB L I 106 **26** RHB L I 114; Schlütter-Schindler, Ludwig I., S. 229 **27** RHB L I 110, L I 194, L I 466, L I 472 **28** Hermanni Altahensis Annales, MGH SS 17, S. 395 (zu 1251) **29** RHB L I 307 **30** Das Urteil Abt Hermanns von

Niederaltaich ist hinreichend bekannt, De advocatis Altahensibus, MGH SS 17, S. 373f. **31** Schlütter-Schindler, Ludwig I., S. 230, 236f. **32** RHB L I 452, L I 453 **33** RHB L I 552 **34** RHB L I 465 **35** RHB L I 593 und L I 594 (1230); MB 29/2, S. 203–205, Nr. 210 (1246/48) **36** Hermanni Altahensis Annales, MGH SS 17, S. 395 (zu 1251); Annales Osterhovenses, MGH SS 17, S. 546 **37** RHB L I 605; Schwaab, Altötting, S. 282–284; s.a. MB 2, S. 199, Nr. 18 (1236 April 4, Zollbefreiung Ottos II. für Baumburg) **38** Heeg-Engelhart, Herzogsurbar, S. 72f., Nr. 686–689; Herleth-Krentz/Mayr, Landgericht Erding, S. 215–217; Schmid, Kelheim, S. 21; Schmid, Wege, S. 416; Körner/Schmid, Handbuch der Historischen Stätten. Bayern 1, S. 203f. (Cornelia Oelwein) **39** RHB L I 611 **40** Die in der Urkunde Herzog Ottos II. vom 23. Mai 1235 (MW 1, S. 56f., Nr. 24) erwähnte Flucht von Kühbacher Klosterleuten bezieht Liebhart, Aichach, S. 66–70 (Zitat S. 70), auf das nahe gelegene Aichach. **41** RHB L I 92, L I 463 **42** MB 10, S. 49f., Nr. 12 (1236); Keyser/Stoob, Bayerisches Städtebuch, Bd. 2, S. 729–733; Thoma, Entstehungsprozesse, S. 124 (mit der älteren Literatur) **43** RHB L I 133 und L I 608 **44** Schwaab, Altötting, S. 305f., 314–331; nicht zu halten ist die Aussage von einer Stadtrechtsverleihung durch Otto II. 1235 in Keyser/Stoob, Bayerisches Städtebuch, Bd. 2, S. 117, 119, und von Bosl, Burghausen, S. 281 **45** RHB L I 133 (nach 1206 Januar 15, für Raitenhaslach); MB 4, S. 529f. (ohne Nr.) (1231 September 16 – 1235 November 19, für Suben); Krausen, Urkunden des Klosters Raitenhaslach, S. 106f., Nr. 118 (1235, für Raitenhaslach); von Frast, „Stiftungen-Buch", S. 120 (1244 März 24, für Zwettl) **46** Schmid, Deggendorf, S. 15–24 (mit kritischer Sichtung der älteren Literatur) **47** Freilinger, Ingolstadt, S. 42–45; Hofmann, Geschichte, S. 45–51, 128 **48** Annales Scheftlarienses maiores, MGH SS 17, S. 341f. (zu 1240); Schmid, Einbau, S. 18–26 **49** MB 16, S. 272f., Nr. 10 (1257 Juli 4); Hufnagel/Hiereth, Landgericht Rain, S. 4–7, 35f.; Nadler, Neuburg an der Donau, S. 70f., 76, 82–84 **50** Körner/Schmid, Handbuch der Historischen Stätten. Bayern 1, S. 672; Liebhart, Rain am Lech, S. 47–49 (mit Rückblick auf die ältere Literatur); zuletzt Liebhart, Aichach, S. 66f. **51** Maier, Herrschaftsinhaber, S. 40, nennt Ludwigs Vorgehen einen „offensiven, usurpatorischen Vorgang". **52** RHB L I 157 **53** Behrer, München, S. 145f., 248, 265 **54** RHB L I 89 (um 1200), L I 233 (1212–1215), L I 288 (1214–1218), L I 432 (1222), L I 507 (um 1225/26), s.a. L I 167 **55** Aventinische Excerpte, in: Höfler, Albert von Beham, S. 24 (zu 1240) **56** Störmer, Residenzen, S. 1–13; Schmid, Der Alte Hof zu München, S. 265–275; ders., München, S. 383–385 **57** Schmid, Regensburg, S. 118f.

Die Andechs-Meranier, ihre Städtegründungen und die Entstehung der Städtelandschaft im östlichen Franken

Günter Dippold

Die Andechs-Meranier[1] waren wohl die einzige Familie, die im Bayern des späten 12. Jahrhunderts noch ernsthaft mit den Wittelsbachern konkurrierte.[2] Sie hatte damals längst den Rahmen Bayerns gesprengt und ihren Herrschaftsschwerpunkt zunehmend nach Franken verlagert. Die Wahl der Grablege – 1204 und 1228 noch der Kapitelsaal des Stifts Dießen[3], 1231 die Kirche der Zisterzienserabtei Langheim[4] – mag hier als Beleg genügen.

Der Aufstieg der Grafen von Andechs und ihre Rolle im östlichen Franken

Frühe Schwerpunkte des Geschlechts, das schon um die Jahrtausendwende zu den magni imperii, zu den Großen des Reichs, zu rechnen ist, lagen im 11. Jahrhundert um Wasserburg am Inn und um den Ammersee sowie in Tirol. In das östliche Franken griffen die Grafen von Dießen-Andechs allerdings nicht schon im 11. Jahrhundert durch die Heirat mit einer Tochter des letzten Schweinfurters aus, wie die Forschung lange geglaubt hat. Vielmehr waren die beiden Ehen Graf Bertholds II. (gest. 1151) dafür verantwortlich. Die erste mit Sophie aus dem Grafengeschlecht von Weimar-Orlamünde brachte ihm wohl Besitz um Coburg; die zweite, nach 1132 mit der Grafentochter Kunigunde von Vornbach geschlossen, bescherte nicht nur Einfluss an Inn und Ilz, sondern auch Güter um Kulmbach.[5] Erstmals bezeichnete sich 1135 Berthold II. als „comes de Plassenperch" nach der Plassenburg ob Kulmbach.[6]

Sein Sohn Poppo erweiterte die Macht in Ostfranken, indem er die Erbtochter des Grafen Reginboto von Giech heiratete und so Besitz im Obermainbogen und auf der nördlichen Frankenalb erlangte;[7]

der andechsische Machtbereich behinderte damit die territoriale Expansion der Bamberger Kirche im Osten und Nordosten.

Poppos Bruder und Erbe, Graf Berthold III. (gest. 1188), beerbte den Wolfratshausener Zweig seines Geschlechts[8] und stieg überdies zum Markgrafen von Istrien auf, offenbar in der Nachfolge der Grafen von Weimar. Wenig später, 1180, als die Wittelsbacher die bayerische Herzogswürde erlangten, wurde sein gleichnamiger Sohn zum Herzog von Meranien erhoben.[9] Es mag Kaiser Friedrich Barbarossa darum zu tun gewesen sein, die Gleichrangigkeit beider Familien zu verdeutlichen.

Die Heiraten der Töchter Herzog Bertholds IV. (gest. 1204) hatten europäische Dimension: Der König von Frankreich, der König von Ungarn, der Herzog von Schlesien wurden Bertholds Schwiegersöhne.[10] Zwar waren die andechs-meranischen Töchter womöglich Instrumente kaiserlicher Bündnis-, sprich: Heiratspolitik, doch waren die Verbindungen jedenfalls sichtbarer Ausdruck des Rang- und Machtzuwachses der Andechs-Meranier.

Auch in der Reichskirche stieg die Familie auf. Der Bruder Bertholds III., Otto (gest. 1196), wurde Bischof von Brixen, 1177 dann Bamberger Oberhirte. In der Folge besetzten, von einer kurzen Pause abgesehen, bis 1242 Andechser den Bamberger Bischofsstuhl.[11] Dies bedeutete einen Machtgewinn im östlichen Franken, da das Gegeneinander der Bamberger Kirche einer- und der Andechser andererseits schlagartig einem engen Miteinander wich – und dessen Profiteur war die Familie.

Ein Sohn Herzog Bertholds wurde durch den Einfluss seiner Schwester, der ungarischen Königin, Erzbischof von Kalocsa in Südungarn, später Patriarch von Aquileia.[12] Das Geschlecht hatte zu Lebzeiten des letzten Herzogs sogar eine notable Heilige vorzuweisen: Elisabeth von Thüringen, die mütterlicherseits dem Haus Andechs-Meranien entstammte.[13] Ihr Onkel, Herzog Otto I., schloss 1208 die Ehe mit der Barbarossa-Enkelin Beatrix, Erbin der Pfalzgrafschaft Burgund.[14] Nun beherrschten die Andechs-Meranier vollends ein europäisches Reich, das Gebiete und Rechte in Franken und Bayern, Istrien und Dalmatien, Tirol und Burgund umfasste.

Bereits 1248 aber erlosch die Familie mit Herzog Otto II. Zu seiner Zeit, seit den 1230er-Jahren, begann ihr Stern zu sinken; zumal in Bayern wurde sie von den wittelsbachischen Herzögen zurückgedrängt. Es ist bezeichnend, dass die Schwestern des letzten Herzogs – immerhin Urenkelinnen eines Kaisers – nicht mehr Fürsten heirateten, sondern Grafen, eine gar nur einen Edelfreien.

Das östliche Franken als städteloser Raum bis in das frühe 13. Jahrhundert

Die Andechs-Meranier fanden im östlichen Franken, in der Diözese Bamberg, einen weitgehend städtefreien Raum vor – so wie auch das Bistum eine weitgehend klosterfreie Landschaft war; östlich vom meranischen Hauskloster Langheim, reich ausgestattet durch das Geschlecht, gab es weder eine Abtei noch ein Stift, abgesehen vom bambergischen Eigenkloster Michelfeld in der heutigen Oberpfalz.

Während beispielsweise für Würzburg bald nach der Mitte des 11. Jahrhunderts eine Stadtmauer nachgewiesen ist, Handwerker und „mercatores" erwähnt sind und insonderheit „urbani cives", Stadtbürger, vorkommen,[15] während also Würzburg um 1060/70 Merkmale einer Stadt aufwies, sucht man ähnlich eindeutige Strukturen in Bamberg vergebens. Hier ließen sich zwar Kaufleute und Handwerker im Sand, auf dem schmalen Schwemmland zwischen Domberg und Regnitz, nieder – archäologische Spuren weisen in die Zeit vor der Bistumsgründung – und die Siedlung dehnte sich, wohl in der zweiten Hälfte des 12. Jahrhunderts, auf die von beiden Regnitzarmen gebildete Insel aus.[16] Doch befestigt waren diese beiden Marktsiedlungen wohl nicht vor dem ersten Drittel des 13. Jahrhunderts[17] und erst in der zweiten Jahrhunderthälfte begegnet die „universitas civium", die Gemeinschaft der Bürger, als handelnde Körperschaft.[18] Forchheim, im Frühmittelalter ein nicht unbedeutender Pfalzort,[19] scheint gleichfalls erst in der ersten Hälfte des 13. Jahrhunderts städtische Eigenschaft erlangt zu haben.[20] Auch frühe bischöfliche Stadtgründungen sind nicht auszumachen. Karlstadt, im beginnenden 13. Jahrhundert durch einen Würzburger Oberhirten nahe der alten Siedlung Karlburg planmäßig angelegt,[21] hat keine Parallele im Bambergischen.

Andechs-meranische Stadtgründungen im östlichen Franken und in anderen Herrschaftsgebieten

Die ersten Städte im heutigen Oberfranken scheinen auf die Andechs-Meranier zurückzugehen.[22] Es ist nicht zu verhehlen, dass sich die folgenden Betrachtungen nur auf eine schmale Datenbasis stützen – was freilich für viele Stadtgründungen dieser Phase gilt. Die wenigen Belege aus der Zeit der Herzöge Otto I. und II. sind rasch aufgezählt: Scheßlitz wird 1230 in einer meranischen Urkunde als „civitas" bezeichnet,[23] ebenso 1231 Bayreuth in einem Diplom des Bamberger Dompropstes, der allerdings Andechser war; die andechs-meranische Herrschaft über Bayreuth ist anderweitig nachgewiesen.[24] Um sein „forum" Lichtenfels zu Füßen der gleichnamigen Burg zu befestigen, erhielt Herzog Otto I. Stämme aus einem Wald seines wenige Kilometer entfernten Hausklosters Langheim, das er dafür entschädigte.[25] Herzog Otto II. urkundete mehrmals in Weismain – und eben nicht auf der nahen Burg Niesten, auf der er dann 1248 sein Leben beschloss – und in Weismain ist 1247 auch ein Vogt, „aduocatus de Wizmoin", nachgewiesen.[26] Eingedenk terminologischer Unschärfen bedeutet das wohl: Das Vorhandensein einer Bürgerschaft in Scheßlitz und Bayreuth, eine Befestigung in Lichtenfels und die Eigenschaft als Amtssitz in Weismain sprechen immerhin vage für städtischen Charakter zu meranischer Zeit.

Für andere Städte ist die Gründerschaft durch die Andechs-Meranier weit spekulativer. Bei Herzogenaurach deutet allein der Ortsname, seit 1320 belegt, darauf hin, dass die neue Stadt neben der alten Siedlung Uraha/Aurach als Gründung der Meranier-Herzoge gelten könnte. Zwar wurde diese Annahme[27] inzwischen in Frage gestellt,[28] doch überzeugen andere Möglichkeiten – etwa der bayerische Herzog als Stadtgründer – noch weniger. Dass Aurach/Herzogenaurach bambergisch war, widerspräche einer meranischen Stadtgründung nicht, denn fürstliche Stadtanlagen auf Kirchengrund sind vielfach nachzuweisen und nicht zwangsläufig war dabei der Stadtgründer im Besitz des Vogteirechts. Ingolstadt[29] und Straubing[30] sind Beispiele hierfür.

Auch für Coburg und Neustadt bei Coburg sowie für Kulmbach wurden die Andechs-Meranier als Stadtgründer in Erwägung gezogen. In Kulmbach mag man als Indiz das Stadtwappen ansehen, wie es zuerst das „sigillum civitatis" um die Mitte des 15. Jahrhunderts überliefert: Neben dem Zollernschild – die Nürnberger Burggrafen beherrschten die Stadt seit 1340 – verweisen Löwe und Adler auf die früheren Stadtherren.[31]

In Hof an der Saale berichtet die älteste erhaltene Stadtchronik des Lehrers M. Enoch Widmann, 1592 abgefasst, von der Entstehung der Stadt. Nukleus der Entwicklung war die Pfarrkirche St. Lorenz. Ihr ausgedehnter Sprengel[32] umfasste das nach einem Flüsschen benannte Regnitzland, in dem 1230 Rechte der Andechs-Meranier nachgewiesen sind – einer der wenigen Belege für ihre Präsenz in diesem Raum.[33] Neben der kleinen Siedlung um St. Lorenz habe sich, so Widmann, eine Marktsiedlung entwickelt, die „alte stadt", die Herzog Berthold „mit burgerlichen statuten, gesetzen und privilegien begnadet" habe.[34] Die ältere Forschung hat eine Verwechslung mit dem gleichnamigen Vohburger Grafen aus dem Geschlecht der Diepoldinger erwogen; jedoch muss deren angebliche Herrschaft über das Regnitzland als nicht belegt gelten.[35]

Weiter berichtet Widmann, dass die Altstadt dank der fürstlichen Förderung derart gewachsen sei, dass „den einwohnern zu bauen nicht mehr raum ubrig war".[36] Daraufhin habe Herzog Otto I. die neue Stadt an einem Hang zur Saale hin gegründet. Deren Anlage sei jedoch ins Stocken geraten, da der letzte Meranier-Herzog, Otto II., „nur in wollusten" gelebt habe, sodass ihm das Geld für den Ausbau fehlte. Erst sein Neffe, Graf Otto von Orlamünde, der in diesem Raum das meranische Erbe behaupten konnte, habe die Stadt nach 1248 zu ihrer vollen Größe gebracht.[37]

Was hier Überlieferung und was humanistische Ausschmückung ist, lässt sich schwer entscheiden. Grundsätzlich erscheint die Abfolge der Stadtwerdung plausibel. Auch in Bayreuth entstand die Stadt in gewisser, hier etwas größerer Distanz (gut 2 Kilometer) von einer älteren, gleichnamigen Marktsiedlung, die dann, nach Entstehung der Neustadt, als Altstadt bezeichnet wurde.[38] Glaubhaft ist ferner die von Widmann dargelegte lange Dauer der Stadtwerdung. Selbst wenn man die Meranier-Herzöge als Gründer der genannten Städte annimmt, währte der Ausbau, sprich: die Ummauerung und die vollständige Bebauung innerhalb des Mauerrings, gewiss Jahrzehnte. In Lichtenfels deuten archäologische Befunde auf den Bau der in Resten erhaltenen Stadtmauer erst im 14. Jahrhundert hin.[39]

Mit aller gebotenen Vorsicht wird man feststellen dürfen, dass die neue Siedlungs- und Rechtsform Stadt – ein ummauerter Ort[40] mit Zentralfunktionen, einer differenzierten Einwohnerschaft, die sich, und dies scheint der wesentliche Punkt, selbst verwaltete und als „communitas civium" dem Stadtherrn gegenübertrat – durch die Andechs-Meranier nach Ostfranken kam. Denn auch in ihren anderen Machtbereichen hat die Familie Städte angelegt: In Istrien gelten die Andechs-Meranier als Gründer von Stein (heute Kamnik)[41] und Windischgraz (heute Slovenj Gradec)[42]. In Tirol hat das Geschlecht Innsbruck zur Stadt ausgebaut. Möglicherweise „umbfing" Herzog Otto I., wie der Hofer Chronist Widmann berichtet, den Ort „mit einer stadmauer".[43] Sicher ist, dass Otto II. den Bürgern 1239 die von seinen Vorfahren verliehenen Rechte verbriefte.[44] In Bayern befestigte Herzog Otto I. den Markt Dießen 1231 mithilfe des dortigen Stifts – worin man durchaus eine Parallele zu Lichtenfels sehen kann.[45] Auch als Stadtgründer von Erding wurde er, zumindest als eine von mehreren Möglichkeiten, in Erwägung gezogen.[46]

Motive andechs-meranischer Stadtgründungen

Welche Intention die Meranier mit dem Ausbau ihrer Städte in Franken verfolgten, ist nicht bekannt. Nur die bauliche Struktur und spätmittelalterliche Belege, etwa zu den Marktrechten, bilden Anhaltspunkte – wobei die Möglichkeit der Rechtsminderung in nach-meranischer Zeit immerhin erwogen werden sollte.

Gewiss verliefen durch jede Stadt Fernwege; da und dort mögen sie gar eigens verlegt worden sein, um sie gleichsam hindurchzuzwingen.[47] Besonders wichtig waren die Straßen – samt Saalebrücke an der Nordecke der Neustadt – für Hof, das sich bis in das Spätmittelalter dank seines regen Handels zur mit Abstand größten Stadt im Zoller'schen Franken entwickelte, einwohnerstärker als die Hauptresidenzen Kulmbach und Ansbach zusammen.[48]

Die Hauptdurchgangsstraße weitete sich in den meisten genannten Städten innerorts zu einem Straßenmarkt. Umso erstaunlicher ist die geringe Zahl von Jahrmärkten, die die Stadt abhalten durfte: Bayreuth, Herzogenaurach und Weismain zwei, die Hofer Neustadt gar nur einen, Lichtenfels immerhin fünf.[49] Angesichts dessen scheinen wirtschaftliche Motive, was den bürgerlichen Handel anging, eher nachgeordnet gewesen zu sein – wenngleich die ökonomische Blüte Hofs in eine andere Richtung weist.

Kaum eine der Städte war geistliches Zentrum. Die Pfarrkirche für die Hofer Neustadt war und blieb lange Zeit St. Lorenz, ein Stück vor den Stadtmauern,[50] und auch die Pfarrkirche für Bayreuth war, längstens bis in das frühe 15. Jahrhundert, St. Nikolaus in der Altstadt.[51] Lichtenfels besaß zwar, nachgewiesen ab 1207, einen Pfarrer, jedoch mit einem höchst begrenzten Sprengel, zu dem neben der Stadt lediglich ein Dorf gehörte. Die alte Pfarrei Staffelstein umschloss die Stadt gleichsam.[52]

Scheßlitz hatte zwar eine noch auf die Zeit vor der Bamberger Bistumsgründung zurückgehende Pfarrkirche, doch stand sie nicht innerhalb des Stadtmauerrings; vielleicht ließ die vorhandene Kirchhofmauer dies nicht nötig erscheinen. Auch in Kulmbach befand sich die ummauerte Pfarrkirche nicht in, sondern neben der Stadt.[53]

In mehreren Stadtgrundrissen fällt ein relativ großes Gelände auf, das im Spätmittelalter den Verwaltungssitz für das jeweilige Amt beherbergte.[54] Am besten ist dies noch in Weismain zu erkennen, wenngleich der heutige Kastenhof – so die seit dem ausgehenden Mittelalter gebräuchliche Bezeichnung – erst im frühen 18. Jahrhundert errichtet wurde. Ab 1348 nachweisbar, lag er in der Nordecke des Weichbildes. Zentrales Gebäude war die 1480 erwähnte „steinen Kempnaten im Kastenhoff", die damals nicht mehr bewohnt war, sondern als Getreidespeicher diente – ein Indiz für hohes Alter; 1605 wurde sie abgebrochen. Sie stand inmitten eines rund 90 mal 50 Meter großen Areals, an dessen Rand Wirtschaftsgebäude ihren Platz hatten. Die gesamte Anlage war zur übrigen Stadt hin durch eine Mauer mit einem Tor abgegrenzt; ferner verfügte sie über eine eigene Öffnung im Stadtmauerring, wobei eine Zugbrücke den Stadtgraben überspannte.[55]

> **Welche Intention verfolgten die Andechs-Meranier mit dem Ausbau ihrer Städte in Franken?**

In Scheßlitz umfasste der Kastenhof, hier an der Südostecke der Stadtanlage, eine eingefriedete Fläche von fast 6000 Quadratmeter. Eine ähnliche Anlage gab es in Lichtenfels, die freilich der Bahnbau der 1840er-Jahre massiv veränderte. Der von einer eigenen Mauer umschlossene Kastenhof an der Nordwestecke des Mauergürtels hatte als Mittelpunkt ebenfalls eine steinerne Kemenate, die, ab 1413 nachzuweisen, 1486 durch eine Explosion beschädigt und 1742 abgetragen wurde. Auch in Hof besaß das „Schloss", platziert in der Südwestecke der angelegten Stadt, burgartigen Charakter. In Bayreuth ging aus dem Komplex an der Nordostecke der Kernstadt – 1375 als „Haus", 1412 als „Veste" bezeichnet – das sogenannte Alte Schloss hervor. 1472 war hier das „sloß sere baufellig"; ab 1481 wurde es als Getreidespeicher genutzt.[56] In Herzogenaurach befand sich an der Nordfront der Stadtbefestigung ein ab 1348 nachgewiesenes „castrum" mit U-förmigem Grundriss, eingefasst von einer hohen Mauer aus Buckelquadern.

In Analogie zu Königsstädten ist anzunehmen, dass zu den vornehmen Aufgaben der meranischen Städte die Beherbergung des Herzogs und seines Gefolges zählte. Auffälligerweise sind die meisten Urkunden Herzog Ottos II. in Städten ausgestellt: je drei in Lichtenfels und Weismain, eine in Scheßlitz, eine in Innsbruck. Dem stehen nur zwei fränkische Burgen als Ausfertigungsorte gegenüber: Fürstenau zwischen Kulmbach und Bayreuth 1243 und Niesten für die Verfügungen des todkranken Herzogs im Juni 1248.[57] Offenbar sind die nachmaligen „Kastenhöfe" in Lichtenfels, Scheßlitz und Weismain, die „Schlösser" in Bayreuth, Hof und vielleicht Herzogenaurach als Herzogspfalzen zu betrachten. Die Städte waren mithin nicht zuletzt Residenzorte für den Herzog, der, wie der König, sein hohes Gewerbe im Umherziehen trieb.

In den meisten Städten sind auch Ministerialensitze nachgewiesen, acht im Hof des 15. Jahrhunderts, vier in Bayreuth, einer in Scheßlitz und in Lichtenfels. Sie hatten ihren Platz nicht in der Stadtmitte, sondern nahe der Stadtmauer – offenbar um neuralgische Punkte, an denen die Topografie einen Angriff auf die Stadt begünstigte, zusätzlich zu schützen.[58] Wie durch die Erwähnung eines Vogts in Weismain 1247 angedeutet, war jeder der wahrscheinlichen Meranier-Gründungen ein, meist sehr umfangreiches, Amtsgebiet zugeordnet, das von der Stadt aus verwaltet wurde und den Handwerkern oder brauenden Bürgern den für ihre Geschäfte nötigen Absatz ermöglichte.

Insgesamt lässt sich festhalten, dass es den Andechs-Meraniern primär wohl nicht um die Schaffung wirtschaftlicher oder kirchlicher Zentren ging als vielmehr um die Anlage von Großburgen, die für sie temporärer Aufenthaltsort und regionaler Verwaltungsmittelpunkt waren. Den Nachteil, den die Alternative Burg besaß, hat Wilhelm Störmer treffend umrissen: „Die Burg ... erforderte für den Burgherrn einen hohen Baukostenunterhalt, teure Söldnerbesatzung und kostspielige Burghutvasallen, da letztere große Burglehen verlangten."[59] Durch die städtische Bürgerschaft schuf sich der Fürst obendrein eine „breitere Kriegerschicht, die er zur Verteidigung seiner terra heranziehen konnte".[60]

Städtegründungen im nach-meranischen Ostfranken

Das Erlöschen der Andechs-Meranier im Jahr 1248 löste in Franken einen mehrjährigen Erbfolgestreit aus, in dem drei Schwestern des letzten Herzogs beziehungsweise ihre Ehemänner wesentliche Rollen spielten: Burggraf Friedrich III. von Nürnberg (gest. 1297), der Edelfreie Friedrich von Truhendingen sowie die Witwe des 1247 gestorbenen Grafen Hermann von Orlamünde und ihre Söhne. In den Raum Coburg griff ferner der ehrgeizige Graf Hermann von Henneberg (gest. 1290)[61] aus, an den Obermain um Lichtenfels und Weismain der Bamberger Bischof. Der ostfränkische Radenzgau, wo die Meranier eine hegemoniale Stellung behauptet hatten, verteilte sich auf mehrere miteinander konkurrierende Mächte.[62]

Eine Phase reger Stadtgründungspolitik nahm dann im frühen 14. Jahrhundert, namentlich unter Ludwig dem Bayern, ihren Anfang und währte bis in die letzten Jahre Karls IV.[63] Die überwiegende Mehrzahl der ostfränkischen Städte ist in diesen knapp 60 Jahren entstanden. Der Edelfreie Konrad von Schlüsselberg (gest. 1347),[64] der sich, gefördert durch Ludwig den Bayern, kraftvoll ein Herrschaftsgebiet aufbaute,[65] schuf binnen weniger Jahre drei Städte: ab 1315 Waischenfeld am Ostrand, ab 1323 Ebermannstadt im Westen und, um seine Herrschaft bis in den Steigerwald auszudehnen, ab 1336 das nach ihm benannte Schlüsselfeld.[66] Waischenfeld machte Front gegen die bambergischen Burgen Gößweinstein und Pottenstein; Ebermannstadt rundete das schlüsselbergische Land gegen das ebenfalls bambergische Forchheim hin ab und Schlüsselfeld trat in Konkurrenz zum bambergischen Höchstadt, das um dieselbe Zeit entstand.

Eines hatten die ostfränkischen Städte des 14. Jahrhunderts bei aller Unterschiedlichkeit gemein – und dies steht in Kontrast zu den meranischen

Gründungen: ihre Grenzlage. Die jüngeren Städte Frankens hatten vor allem „Stützpunktcharakter".[67] Sie lagen immer in einer Randzone des jeweiligen Territoriums, um das Erreichte zu sichern und womöglich einen Brückenkopf für eine Expansion zu bieten. Das Gebiet um Bamberg, der Kern des Hochstifts, war weitgehend städtelos. Dagegen gründeten die Bischöfe Städte an der Peripherie: Teuschnitz, Stadtsteinach[68] und Kupferberg[69] im Norden, Pottenstein und Hollfeld im Osten, Höchstadt im Südwesten, Zeil im Westen.

Nicht immer entstand tatsächlich eine Stadt; vielmehr konnte allein die Aussicht auf ihre Gründung Mittel der Politik sein. So gewährte Kaiser Ludwig 1328 dem Burggrafen Friedrich IV. von Nürnberg für sieben Orte das Stadtrecht,[70] doch nur einer, Wunsiedel im Fichtelgebirge, wurde tatsächlich Stadt, wobei die Stadtgründung hier bereits vor 1328 in Gang gekommen war.[71] Der Kaiser ermächtigte den Zollern beispielsweise, Wonsees, Kasendorf und Mussen zu Städten auszubauen. Sowohl Wonsees als auch Kasendorf erscheint später lediglich als Markt[72] – beiden Orten fehlte ein wesentliches städtisches Merkmal, die Mauer – und Mussen blieb ein unbedeutendes Dorf.

Warum dann die Urkunde? Kasendorf und Wonsees lagen in der Nähe bambergischer Städte und des orlamündischen Kulmbach, Mussen war der südliche Nachbarort von Münchberg, das die Herren von Sparneck zur Stadt ausbauten.[73] Das kaiserliche Privileg diente wohl als politisches Faustpfand, mit dem der Nachbar unter Druck gesetzt werden konnte.

Die Randlage der neuen Städte verhinderte, dass sie Mitte eines größeren Amtssprengels werden konnten. So blieben sie in ihrer Entwicklungsmöglichkeit von Beginn an buchstäblich begrenzt. Zwar ist der Terminus der Minderstadt[74] abwegig, weil es sich um rechtlich vollwertige Städte handelte, aber ohne Einzugs- und Absatzgebiet blieben sie klein und differenziertes Handwerk konnte sich schwer halten, wenn nicht eine befahrene Straße Kundschaft brachte oder zahlungskräftige Auftraggeber in der Nähe waren.[75] Zudem fehlte den jungen Städten in der Regel der Residenzcharakter; auch Niederadelssitze fanden sich in ihnen oft nicht.[76] Der Unterschied zu den auf das 13. Jahrhundert zurückgehenden Gründungen ist augenfällig. Diese frühen Städte waren wohl keine solchen Missgeburten wie ihre Schwestern des 14. Jahrhunderts. Ihre Entwicklung aber wurde durch das Ende der Andechs-Meranier gehemmt.

Anmerkungen

1 Über das Geschlecht zuletzt ausführlich: Schütz, Die Grafen von Dießen und Andechs; vgl. auch Hennig, Andechs-Meranier **2** Gegen die Annahme einer Rivalität beider Geschlechter bereits vor 1180: Dendorfer, Verwandte, S. 97f. **3** Zur Memoria in Dießen: Sauer, Fundatio und Memoria, bes. S. 63f. **4** Machilek, Zisterze Langheim **5** Göldel, Weimar **6** Oefele, Geschichte, S. 114, Nr. 37a; zur Lage der Plassenburg des 12. Jahrhunderts: Burger-Segl, Überlegungen; auch Rupprecht, Plassenberg, S. 27 **7** Pflefka, Bistum Bamberg, S. 76f.; zu den genealogischen Hintergründen: Konrad-Röder, Die Herren von Wonsees, S. 82–85 **8** Dendorfer, Verwandte, S. 80, 85 **9** Aigner, Voyvodina Meranija, S. 42–44 **10** Lyon, Princely Brothers and Sisters, S. 155–159 **11** Hierzu abwägend Pflefka, Bistum Bamberg, S. 29–38: „Die Andechser hatten zwar eine Vetoposition in der Bamberger Kirchenleitung inne, die Entscheidungen zuungunsten ihres Hauses weitestgehend verhinderte; gefügiges Werkzeug und Objekt Andechser Hausmachtinteressen wurde[n] das Bistum und sein Domkapitel aber nur in sehr engen Grenzen." (S. 37f.); vgl. auch Lyon, Andechs-Meranier **12** Okoliš, Patriarh Bertold, S. 165, 167, 170–173 **13** Reber, Elisabeth von Thüringen; Pörnbacher, Heilige, S. 164–168; aus früherer Zeit ist Mechthild von Dießen zu nennen, später dann Elisabeths Tante, Hedwig von Schlesien; Pörnbacher, Mechthild; Klemenz, Heilige Hedwig von Andechs **14** Zur literarischen Relevanz der Heirat: Seelbach, Nachwort, S. 282–284 **15** Wendehorst, Bischofssitz, S. 63; differenzierend Arnold, Ringen, S. 95 **16** Gunzelmann, Die Kunstdenkmäler von Oberfranken. Stadt Bamberg. Stadtdenkmal und Denkmallandschaft 1, S. 179f., 207–209, 218, 221f., 246–253 **17** Schöpplein, Stadtmauer **18** Zuletzt Esch, Institution, S. 49f.; dies., Räume, S. 172 **19** Ninness, Forchheim; Weber, Forchheim **20** Rupprecht, Forchheim, S. 195f. **21** Bünz, Reichsbischof, S. 308 **22** Die Darstellung folgt im Wesentlichen Dippold, Städtegründungen; ders., Städte **23** Oefele, Geschichte, S. 191, Nr. 571 **24** Herrmann, 750 Jahre Stadt Bayreuth, S. 11f. **25** Oefele, Geschichte, S. 243f. **26** Einzelnachweise bei Winkler, Weismain, Bd. 1, S. 123–136 **27** Mayer, Anfänge, S. 56f. **28** Frenken, Eck- und Wendepunkte, S. 17f. **29** Hofmann, Geschichte, S. 45f. **30** Freundorfer, Straubing, S. 36 **31** Stadler/Egloffstein, Graf von und zu, Wappen, S. 245f. **32** Bünz, Regnitzland, S. 224–227 **33** Ebd., S. 207 Anm. 21, S. 214; Bünz ignoriert jedoch, dass 1223 unter den Ministerialen des Meranier-Herzogs ein Rudegerus de Hirzperc/Hirsberg erscheint, dessen namengebender Sitz, Hirschberg an der Saale, ein Stück flussabwärts von Hof stand; dieser Ort gehörte im ausgehenden Mittelalter kirchlich zu Gefell, einer Tochterpfarrei von Hof; Oefele, Geschichte, S. 183, Nr. 528–530. **34** Rösler, Enoch Widmann. Chronik, S. 46 **35** Bünz, Regnitzland, S. 212–214 **36** Rösler, Enoch Widmann. Chronik, S. 46 **37** Ebd., S. 47 **38** Der Übergang des Ortsnamens auf die neue Stadt und die Bezeichnung der Vorgängersiedlung als „Alt(en)stadt" ist an verschiedenen Stellen belegt; hierzu beispielsweise Herrmann, Altenstadt-Problem; von Reitzenstein, Namenskontinuität, bes. S. 9–11; im Fall Bayreuths bestreiten den Vorgang jedoch Segl/Burger-Segl, Alt-Neues; dagegen Scherbaum, Siedlungsbefestigungen, S. 199f. **39** Scherbaum, Siedlungsbefestigungen, S. 197f. **40** Allgemein zur Bedeutung der Stadtmauer für die städtische Identität: Heinzmann, Gemeinschaft **41** Štih, Kranjska, S. 31f. **42** Košan, Andeš Slovenj Gradec, S. 91 **43** Rösler, Enoch Widmann. Chronik, S. 47 **44** Oefele, Geschichte, S. 209f. Nr. 666; Auge, Stadtwerdung, bes. S. 329–331 **45** Oefele, Geschichte, S. 194, Nr. 584; hierzu Herrmann, Stadtrechtsverleihungen **46** Deutinger, Anfänge, S. 20–22, 24, 29 **47** Einzelheiten bei Dippold, Städtegründungen, S. 190 **48** Rechter, Reichssteuerregister, S. XVIIIf. **49** Nachweise bei Dippold, Städtegründungen, S. 191 **50** Bünz, Regnitzland, S. 216f., 224 **51** Pöhlmann, Pfarrei Bayreuth, bes. S. 16f. **52** Dippold, Pfarrei Lichtenfels, S. 8f.

53 Ders., Städtegründungen, S. 191 **54** Ebd., S. 190 (mit Belegen für die folgenden Einzeldaten) **55** Ruderich, Kunst- und Architekturgeschichte Weismains, S. 98–100, zur barocken Anlage S. 125–129 **56** Seyboth, Residenzen, bes. S. 594f. **57** Zu diesen Burgen: Burger-Segl, Streifzüge, S. 125–128, 191–193 **58** Einzeldaten bei Dippold, Städtegründungen, S. 190f. **59** Störmer, Gründung, S. 585 **60** Ebd., S. 575 **61** Über ihn Wagner, Hermann I. Graf von Henneberg **62** Unentbehrlich immer noch von und zu Aufseß, Streit; ferner Mötsch, Ende; ders., Langenstadter Spruch [15.9.2019] **63** Einen Überblick bietet Unger, Grundzüge, bes. S. 71–76 **64** Weiß, Konrad II. von Schlüsselberg **65** Voit, Schlüsselberger **66** Dippold, Stadtanlage **67** Störmer, Gründung, S. 566 **68** Rupprecht, Stadtsteinach, S. 48 **69** Ders., Konrad Kürschner, S. 101f. **70** von Stillfried/Mercker, Monumenta Zollerana **71** Jäger, Wunsiedel, Bd. 1, bes. S. 73 **72** Stadler/Egloffstein, Graf von und zu, Wappen, S. 236, 368; zu Kasendorf auch: Barth, Kulmbach, S. 253; ein ähnlicher Fall ist Baunach, für das die Grafen von Truhendingen ein Stadtrechtsprivileg erlangten; hierzu Ruß, Baunacher Stadtrecht **73** Dietel, Münchberg **74** Zuerst bei Stoob, Forschungen, Bd. 1, S. 41; hierzu jüngst Ehbrecht, „Minderstadt" **75** Hierzu die Klagen aus dem bambergischen „gräntz-stättlein" Stadtsteinach bei Dippold, Kleinstädte, S. 204 **76** Zu den Adelssitzen in Stadtsteinach vgl. Rupprecht, Stadtsteinach, S. 83–85

Du sage zu Landeshuote, wir leben alle in hôhem muote! Neidhart, Wolfram und andere Dichter an städtischen Höfen der Wittelsbacher

Klaus Wolf

Als Herzöge und Landesherren, als Städtegründer wie als Mäzene mittelhochdeutscher Literatur befanden sich die frühen Wittelsbacher in bester Gesellschaft. Mit ihrem Aufstieg übernahmen sie ganz selbstverständlich – vor allem dann im 13. Jahrhundert – die repräsentativen und kulturellen Gepflogenheiten der großen Dynastien im Reich, der Staufer, Welfen, Zähringer oder Ludowinger. Dazu gehörten nicht zuletzt die mäzenatischen Traditionen, denn die Förderung der Künste, insbesondere der Literatur, fällt eben auch auf den Förderer positiv zurück, der sich damit längerfristig ‚Memoria' sichert – und zu Lebzeiten bereits Prestige bei den Standesgenossen. Dies wussten vor allem die Staufer, die auf dem Mainzer Hoffest 1184, aber ebenso bei ihren Italienaufenthalten im 12. und 13. Jahrhundert die Crème de la Crème der europäischen Minnesänger um sich versammelten, die Troubadours und Trouvères, nicht zu vergessen die berühmte sizilianische Dichterschule, ebenso die einheimischen mittelhochdeutsch dichtenden Sänger wie Friedrich von Hausen, der zugleich ein enger Gefolgsmann Kaiser Friedrich Barbarossas war. Aber die Staufer rezipierten nicht nur die europaweit als exklusive Standesdichtung geschätzte Liebeslyrik, die natürlich gesungen wurde – ein Sohn Friedrich Barbarossas trat sogar selbst als dichtender Minnesänger auf. Und es ist eben dieser Sohn Barbarossas, der als Kaiser Heinrich VI. den Codex Manesse, die umfangreichste Sammlung mittelhochdeutscher Lyrik, eröffnet.[1] Minnesang gehörte im wahrsten Sinn des Wortes zum guten Ton.[2] Diesen Tönen der minnesingenden Nachtigallen, wie sie Gottfried von Straßburg im Literaturexkurs seines „Tristan"-Romans nennt, lauschten am Stauferhof auch die Wittelsbacher,[3] die seit den Zeiten Friedrich Barbarossas bis hin zu dem ebenfalls selbst Minnelieder dichtenden und singenden Konradin zu den Gefolgsleuten der Staufer gehörten. Von daher sind die Wittelsbacher, was die Minnesangforschung bisher übersehen hat, geradezu als versierte Kenner der damals modernen europäischen Minnelyrik am Stauferhof einzuschätzen. Der allerneuesten Mode entsprach es auch, die aktuelle altfranzösische Romanliteratur zu lesen oder im Vortrag zu hören. So waren es wohl die Zähringer, die für Hartmann von Aue, den Pionier des mittelhochdeutschen Artusromans, die altfranzösischen Romane des Chrétien de Troyes als Vorlagen oder Quellen besorgten.[4]

Die Frage, wo die mittelhochdeutschen Artusromane geschaffen und vor allem vorgetragen wurden und wo die Minnesänger ihre Lieder zum Besten gaben, scheint mit Richard Wagner leicht beantwortbar. Während in der Oper „Tannhäuser" der berühmte mittelalterliche Sängerkrieg auf der Wartburg stattfindet, treten in den „Meistersingern" in der Reichsstadt Nürnberg Handwerker wie der Schuster Hans Sachs in einen bürgerlichen Sängerwettstreit ein. Richard Wagner zementiert in seinen Bühnenwerken das romantische Klischee vom Minnesänger auf der Ritterburg und vom Meistersinger in der (reichs-)städtischen Schusterwerkstatt. Doch dieses literarische Bild entspricht nach jüngerer Forschung nicht der historischen Wirklichkeit, denn es gab auch Meistersinger, die keine Handwerker, sondern akademisch gebildete Gelehrte waren, und auch die Wartburg steht nicht auf einsamen Höhen, sondern thront über der Stadt Eisenach. Zudem gibt die mittelhochdeutsche Literatur selbst deutliche Hinweise auf die urbane Lebensweise, zumindest beim Hochadel. So berichtet das um 1200 verschriftlichte, tendenziell übrigens eher antiwittelsbachische „Nibelungenlied" über die Herkunft von Gunther, Gernot, Giselher und Kriemhild mit wünschenswerter Klarheit bereits in der ursprünglichsten Fassung: „Ze Wormeze bî dem Rîne // si wonten mit ir kraft. in diente von ir landen // vil stolziu ritterschaft."[5] („In Worms am Rhein lebten sie mit ihrer Heeresmacht. Ihnen diente eine stattliche Ritterschar aus ihren Landen.")

Das Nibelungenlied, das aus älteren mündlichen Vorläufern wohl in Passau zu einem mittelhochdeutschen Heldenepos zusammengeführt und verschriftlicht wurde, kennt als städtische Schauplätze neben Worms und Xanten vor allem Passau, wo Kriemhilds Onkel Pilgrim als bischöflicher Gastgeber der Burgunden fungiert. Während die ältere Sagentradition ohne den christlichen Bischof Pilgrim und ohne die Stadt Passau auskam und sich auf die burgundischen Könige sowie auf Hagen, Dietrich von Bern und insbesondere auf die großen Frauengestalten Brünhild und Kriemhild konzentriert, stellt der zeitgenössische Kommentar zum archaischen strophischen Nibelungenlied, die formal moderne paargereimte „Nibelungenklage", die Bischofsstadt Passau als Ursprung der Dichtung heraus: „Von Pazowe der biscof Pilgerîn / durch liebe der neven sîn / hiez scrîben ditze maere / wie ez ergangen waere, / in latînischen buochstaben, / daz manz für wâr solde haben, / swerz dar nâch erfunde, / von der alrêrsten stunde, / wie ez sich huob und ouch began, / und wie ez ende gewan / umbe der guoten knechte nôt, / und wie si alle gelâgen tôt. / daz hiez er allez schrîben. / ern liez es nicht belîben, / wand im seit der videlaere / diu kuntlîchen maere, / wie ez ergie und geschach; / wand erz hôrte unde sach, / er und manec ander man. / daz maere prieven dô began / sîn schrîber, meister Kuonrât. / getichtet man ez sît hât / dicke in tiuscher zungen."[6] („Bischof Pilgrim von Passau befahl aus Liebe zu seinen Verwandten, diese Geschichte aufzuschreiben, und zwar in einem lateinischen Werk, damit man es für wahr hielte, was sich zugetragen hatte, nämlich wie es in den allerersten Anfängen begann und wie es mit den tapferen Kriegern zu Ende ging und sie alle tot da lagen. Dies ließ er alles aufschreiben. Pilgrim ließ nicht davon ab, denn der Fiedler teilte ihm die hörenswerte Geschichte mit, genau so, wie es sich zugetragen hatte, weil er sie selbst hörte und sah, er und viele andere Männer. Die Geschichte schrieb sein Kanzlist, der Magister Konrad nieder. Später hat man sie häufig in deutscher Sprache weitergedichtet.")

Bei aller passauischen Quellenfiktion, welche einen Augenzeugenbericht in ein lateinisches Buch verwandelt, eine Fiktion, die man im 19. Jahrhundert als teutonische „Nibelungias"[7] für bare Münze nahm, atmet die Darstellung der Nibelungenklage auch Authentizität. In der urbanen Passauer Kanzlei des Bischofs Wolfger von Erla, der als Mäzen Walthers von der Vogelweide bekannt ist, muss man sich die vielbeschworene Nibelungenwerkstatt vorstellen, in der an den schriftlichen Fassungen des mündlich tradierten Nibelungenstoffs gefeilt wurde. Und ein Bischof Wolfger von Erla als Alter Ego des pseudo-nibelungischen Bischofs Pilgrim in Passau wie als Förderer Walthers von der Vogelweide und Auftraggeber von Nibelungenliedhandschriften mutet im 11. Jahrhundert wenig kurios an, wenn man weiß, dass sich die Zeitgenossen darüber mokierten, dass Bischof Gunther von Bamberg – nomen est omen! – am liebsten Heldenlieder von Attila alias Etzel hörte.[8] Jedenfalls erweisen sich so die Bischofsstädte Bamberg und Passau als Rezeptions-, aber auch als Produktionsorte von weltlicher und dezidiert höfischer Literatur.

Neben der Donaustadt Passau ist nicht erst für die Zeit um 1200 die Donaustadt Regensburg eine Pflegestätte mittelhochdeutscher Literatur: Mit dem Regensburg Heinrichs des Löwen und mit diesem ehrgeizigen Welfen selbst werden das „Rolandslied" wie die „Kaiserchronik" verbunden. Und um 1230 denkt man sich auch die Entstehung des „Kudrun"-Epos in Regensburg.

Dieses Heldenepos atmet durchaus merkantilen, städtischen Geist, wenn etwa die Brautwerbung um Hilde nicht zuletzt durch eine Kaufmannslist gelingt, eine eher urbane Taktik im Gegensatz zu allnächtlichem heldenepischen Kampf um die Braut, wie er in der archaischen Hilde-Sage stattfand. Mit Regensburg sind auch die Burggrafen der Stadt aus dem Geschlecht der Riedenburger verbunden. Seit der Entdeckung des sogenannten Budapester Fragments 1984, welches freilich der Regensburger Buchmalerschule zugewiesen wird, geht man von der Identität eines einzigen Künstlers aus, dessen wandlungsfähiges Minnesangkorpus manchmal unter dem Autornamen Burggraf von Regensburg, manchmal unter Burggraf von Riedenburg firmiert. Angehörige dieses Geschlechts waren mit dem Babenbergerherzog Heinrich II. Jasomirgott verwandt.[9] An dessen städtischer Wiener Residenz kann man sich die Darbietung des donauländischen Minnesangs vorstellen mit den Minnestrophen nicht nur des Burggrafen von Regensburg, sondern auch mit dem „Falkenlied" des Kürenbergers, das in Kriemhilds Falkentraum metrisch-formal und inhaltlich-metaphorisch widergespiegelt wird. Auch Dietmar von Aist gehört zu diesen Minnesängern, die früheste Liebeslyrik in deutscher Sprache überhaupt, noch unbeeinflusst von den Troubadours und Trouvères.

> Minnesang hatte seinen Ort vor allem in den Städten.

Minnesang hatte seinen Ort also von Anfang an in Städten wie Wien und Regensburg. Von daher verwundert es nicht, dass Fresken mit Motiven des Minnesängers Neidhart im Spätmittelalter in Wien und Regensburg die Wände der Säle schmückten. Aber auch wenn bisweilen auf zugigen Ritterburgen Literatur vorgetragen wurde, wobei man Wolfram von Eschenbach als Kronzeugen nennen kann, der etwa die Burg Wildenberg im Odenwald beschreibt, wo jedoch eher nur wenige Verse seines „Parzival"-Romans entstanden, hatte gerade dieser wohl größte hochmittelalterliche Epiker auch an städtischen Höfen vorgetragen. So nennt er als Gönner den Landgrafen Hermann von Thüringen in Eisenach, der mit Sophie, der Schwester Herzog Ludwigs I. von Bayern, verheiratet war. Wenn darüber hinaus Wolfram sich und das Publikum im „Parzival" als „wir Beier" tituliert, so ist dies durchaus ernst zu nehmen trotz seiner Herkunft aus Wolframs-Eschenbach, denn in diesem im hohen Mittelalter wohl nordbairisch-ostfränkischen Übergangsraum konnte er durchaus bayerische Herren gehabt haben. Auch weist der im „Parzival" erwähnte „hêr Heinrich von Rîspach" auf den Landshuter Hof. Damit wäre wohl das heutige Reisbach an der Vils, zwischen Landshut und Passau gelegen, gemeint. Für zeitweise wittelsbachische Gönnerschaft zum Nutzen Wolframs spricht nicht zuletzt die geradezu enthusiastische Wolfram-Verehrung der Wittelsbacher, die sich noch im Spätmittelalter bei Ulrich Füetrers wolframischen „Titurel-Strophen" am Münchner Hof manifestierte. Überhaupt München! Diese Gründung Heinrichs des Löwen wurde von den Wittelsbachern nicht nur dankbar übernommen, sondern auch kraftvoll ausgebaut, um einen Gegenpol zu Regensburg zu schaffen, das sich je länger je mehr als Freie Reichsstadt von der wittelsbachischen Umklammerung zu befreien suchte.

München hatte mit dem Alten Hof eine Residenz, derer sich insbesondere Ludwig der Bayer bediente, wenn er mit Marsilius von Padua und William von Ockham die intellektuelle Elite Europas als Speerspitze gegen das Papsttum in Avignon hier und im Franziskanerkloster in Stellung brachte. „München leuchtete" – um das berühmte Diktum Thomas Manns zu gebrauchen – durchaus schon unter Ludwig IV. Obwohl dieser Wittelsbacher ganz traditionell ein Reisekaiser war, nutzte er gerade die Städte für seine Politik. Auf Reisen machte er, wie sein Itinerar zeigt, vorzugsweise in Städten Station, beispielsweise in Nürnberg oder Frankfurt am Main. In Frankfurt ergötzte man sich in Zeiten des Interdikts, als die Eucharistiefeier päpstlicherseits untersagt war, an der Inszenierung des Letzten Abendmahls im Passionsspiel, ebenso in Worms, wo man den von Avignon eingesetzten Gegenbischof als Pharisäer verspottete, beides inszeniert auf großen städtischen Plätzen, denn Passionsspiele waren je länger je mehr im Spätmittelalter urbane Massenveranstaltungen. In Nürnberg unterstützte Ludwig den Bayern der steinreiche Konrad Groß, was der städtisch-gelehrte Magister Konrad von Megenberg, der in Paris, Wien und Regensburg wirkte, im Prolog seines astronomischen Sphärentraktats betonte. Unter Ludwig dem Bayern wird überhaupt die Stadt als Literaturort wichtig, durchaus auch in pragmatischen Gattungen, denn unter dem Wittelsbacher König und späteren Kaiser stellte die königliche Kanzlei massenhaft Urkunden in der Volkssprache für Städte und Stadtbürger aus, deren Privilegien er sich im wahrsten Sinne des Wortes ausmünzen ließ.[10]

Während Ludwig der Bayer von Anfang an stark auf München und weniger auf Landshut setzte, auf das er erst später Einfluss nahm, waren es dort auch andere Wittelsbacher, die die Stadt ausbauten, denn castrum und oppidum zu Landshut gaben in der Summe eine repräsentative Residenz. Davon sang etwa Neidhart, der wohl innovativste Minnesänger des 13. Jahrhunderts, schon kurz nach der Stadtgründung: „Bote, nu sage dem liepgenaemen wîbe, / daz ze wunsche gât sô wol mîn schîbe! / dû sage ze Landeshuote, / wir leben alle in hôhem muote, / niht unvruote!“[11] Der Bote soll also der Geliebten in Landshut ausrichten, dass sein Glücksrad sich günstig drehe und er in gehobener Stimmung lebe. Die historischen Ereignisse, an denen Neidhart partizipierte, sind wohl im Kreuzzug ab 1217 zu sehen, an dem Herzog Ludwig I. teilnahm. 1221 wird Neidhart zusammen mit dem Herzog nach Landshut zurückgekehrt sein. Während Neidhart im Codex Manesse als „her Nithart“ firmiert, gibt es in seinen Liedern die Figur des Ritters oder Knappen „von Riuwental“. Das kann man wörtlich übersetzen als „Tal der Reue“ oder „Tal der Tränen“, etwa als ironisches Pendant zu „vallis lacrimarum“, wonach wir alle „in hac lacrimarum valle“ leben. Denkbar wäre aber auch ein Anklang an den Ort Reintal bei Landshut, denn wenn man Riuwental bairisch diphthongiert, was zur Zeit Neidharts schon im Gange war, und anschließend das diphthongierte Reuental noch bairisch entrundet, kommt man ebenso auf Reintal und damit auf einen Ort bei Landshut. Jedenfalls ist der Minnesänger Neidhart in seiner Frühzeit sicher nach Landshut zu verorten, wobei die Wittelsbacher mit ihm den damals modernsten Minnesänger förderten, neben dem Walther von der Vogelweide, zumindest künstlerisch, durchaus alt aussah. Für die Verbindung zum Haus Wittelsbach spricht auch, dass sich Neidhart – genauer das lyrische Ich – in dem zitierten Kreuzlied nach seiner Heimat, der von Herzog Ludwig dem Kelheimer 1204 gegründeten Stadt Landshut, zurücksehnt. Mit dem Tod Herzog Ludwigs I. dürften Neidharts Beziehungen zu Landshut beendet gewesen sein, der sich nun dem letzten Babenberger, Herzog Friedrich dem Streitbaren, zuwendete: „Des hân ich ze Baiern lâzen allez, daz ich ie gewan, / unde var dâ hin gein Ôsterrîche und wil mich dingen / an den werden Ôsterman.“ Unter Zurücklassung von allem materiellen und immateriellen Besitz verließ der Dichter das Herzogtum Bayern, um sich der Herrschaft in Österreich zuzuwenden. Dort verbrachte er wohl seine zweite Lebenshälfte.

Dabei ist Neidharts Wirken für den Bischofshof in Salzburg nicht zu vergessen, so in seinem Winterlied 37, welches das Heimweh auf einem Kriegszug beschwört. Schmerz bereitet ihm das Fernsein von der Zivilisation, welche durch die Flamen, deren Literatur Neidhart am diesbezüglich versippten Wittelsbacher Hof kennengelernt hat, repräsentiert wird wie auch durch die Lektüre mittelhochdeutscher Büchlein: „Marke, dû versinc! / dîn lant daz lît uneben. / ich unde manec Flaeminc / muoz hie unsafte leben. / Der ê dâ heime tiutschiu büechel las, / der muoz hie rîten umbe fuotergras. / in riuwet, daz er nicht dâ heime enwas.“ Das lyrische Ich fleht den Bischof an, nach Bayern zurückzukehren, wo eine Ehefrau warte, die es mit der Treue nicht so genau nehme: „Bischof, nu rûme ez hie, / daz dirz vergelte got! / ein wîp ich heime lie, / diu ist ein toerschiu krot, / Die überredet vil lîhte ein ander man …“ Die folgende Strophe bekräftigt noch einmal die Notwendigkeit der Rückkehr nach Bayern; die lange Trennung hatte seiner Mechthild, der derb-kraftbayerisch geschmähten „Matz“, dereinst schon Albträume beschert. „Ditz ist ein ringiu vart, / die wir gein Beiern tuon. / her bischof Eberhart, / nu sî ein staetiu suon, / Sît ich der Marke den rugge hân gekêrt. / des bat ich got: nu hât er michs gewert. / das ungemach troumt mîner Matzen vert.“

Formal, vom Strophenbau her, liegt in diesem Winterlied eine konventionelle Kanzone vor, die Leitgattung des Hohen Minnesangs, welche aber durch den für das Publikum des frühen 13. Jahrhunderts zunächst ungewohnten Text ironisch gebrochen wird. In einer jüngeren Handschrift des 15. Jahrhunderts, die gleichwohl eine vermutlich noch auf den Dichter Neidhart selbst zurückgehende Fassung konservieren dürfte, gerinnt das Heimweh durchaus überraschend sogar zur mittelhochdeutschen ‚Bayernhymne‘: „Sô wol dir, Beierlant! / jâ waere ich gerne in dir: / dâ hân ich wîp erkant, / der ich unsafte enbir. / Dêst lanc, daz ich ir keine nie gesah / (des muoz mîn herze lîden ungemach), / und deich ze mîner Matzen nicht ensprach.“ Der Text lobt – ganz ähnlich wie Walther von der Vogelweide in seinem berühmten Preislied und Heinrich Hoffmann von Fallersleben im darauf gründenden „Lied der Deutschen“ – die Frauen: „Gepriesen seist Du Land der Bayern! / Gerne

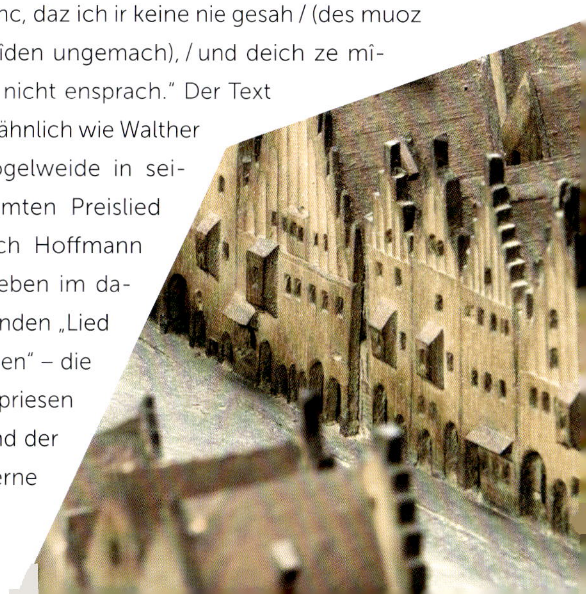

würde ich in Dir leben: / Dort habe ich viele Frauen erkannt [durchaus im biblischen Sinne!], / welche ich nicht gerne vermisse. / Lang ist`s her, seit ich sie zuletzt gesehen habe / (darunter muss mein Herz heftig leiden), / und dass ich zu meiner Matz nicht mehr gesprochen habe."

Neidharts ‚Bayernhymne', mehr noch seine von ihm selbst bezeugte Apostrophierung des Landshuter Hofs, erweisen die Wittelsbacher als Verehrer des Minnesangs. Und noch Ludwig der Bayer nimmt kundig Anteil am Minnesang seines Zeitgenossen Reinhard von Westerburg. Daneben werden der Kaiser und seine Vorfahren wiederholt von den Sangspruchdichtern positiv erwähnt. Überhaupt ist es auffällig, wie oft die Wittelsbacher von den Sangspruchdichtern für ihre Freigebigkeit gepriesen werden. Während die Minnesänger ursprünglich vornehme Adelige waren – erinnert sei an Kaiser Heinrich –, handelte es sich bei den Sangspruchdichtern eher um ein künstlerisches Prekariat, das in der Regel zu den Unfreien gehörte und Heischestrophen verfasste, in denen um milde Gaben gesungen wurde. Wenn sich nun die Wittelsbacher hier generationenübergreifend großzügig erwiesen, durften sie darauf zählen, von den Dichtern rühmend besungen zu werden. Namen wie Walther von der Vogelweide, der Ludwig den Kelheimer preist, oder die Sangspruchdichter Bruder Wernher und der Tannhäuser begründeten den Ruf der Wittelsbacher als Mäzene.[12] In der mittelhochdeutschen rittermäßigen Georgslegende des Reinbot von Durne wird Herzog Otto II. zusammen mit seiner Gemahlin sogar direkt als Auftraggeber genannt. In jedem Fall erwiesen sich die Wittelsbacher Herzöge im 13. Jahrhundert in der Summe nicht nur als Städtegründer innovativ, sondern auch als Förderer der Dichtkunst. Ob freilich in der wittelsbachischen Stadtgründung Aichach oder auf der Burg Wittelsbach Minnesang ertönte, ist nicht mehr ermittelbar.

Anmerkungen

1 https://digi.ub.uni-heidelberg.de/diglit/cpg848/0007 [19.06.2019] **2** Vgl. Schweikle, Minnesang **3** Vgl. Hahn, Literaturschau **4** Vgl. Cormeau/Störmer, Hartmann von Aue **5** Reichert, Nibelungenlied, S. 43, Strophe 4 **6** Zitiert nach Pörnbacher, Bayerische Bibliothek, Bd. 1, S. 245 **7** Vgl. Heinzle, Die Nibelungen **8** Dazu und zum Folgenden ausführlich: Wolf, Bayerische Literaturgeschichte, passim **9** Vgl. Knapp, Literatur des Früh- und Hochmittelalters, passim **10** Vgl. Wolf, Leben **11** Dieses und die folgenden Neidhart-Zitate nach Wolf, Bayerische Literaturgeschichte, passim **12** Zum Ganzen umfassend: Bumke, Mäzene

Die Stadtgründungen der Wittelsbacher im 13. und 14. Jahrhundert. Stadtgestalt und Stadtbaukunst

Achim Hubel

Wenn für das Mittelalter von ‚Stadtbaukunst' die Rede ist, dürfte dies zunächst verwundern, denn erst seit der Renaissance werden Städte, Siedlungen, Plätze auch nach dezidiert baukünstlerischen Kriterien betrachtet. Die nach idealen Konzepten entwickelten Entwürfe von Plätzen und ganzen Städten, geprägt von Symmetrie und Blickachsen, bestimmen bis heute unsere Vorstellung von repräsentativer Gestaltung. Die stadtbaukünstlerischen Ideale der Renaissance strebten nach der Wiederbelebung der römischen Antike, die man nicht nur als Vorbild ansah, sondern zu größter Vollendung steigern wollte. Auch das römische Ideal bestand in einer streng geordneten Stadtstruktur, wie die Rekonstruktion des Kastells Castra Regina von 179 n. Chr., dem Gründungsjahr der Stadt Regensburg, zeigt (Abb. 1).

Wie alle römischen Kastellanlagen – und nach Möglichkeit auch alle von den Römern gegründeten Städte – wies Castra Regina einen von hohen Mauern umgrenzten rechteckigen Grundriss auf sowie ein aufwendiges, von langen Säulenhallen begleitetes Straßenkreuz, das in den vier Stadttoren mündete.

Am Schnittpunkt dieser Hauptstraßen lag südlich das Praetorium, die Residenz des Kommandanten; ansonsten gruppierten sich die Häuser der Offiziere und die Baracken der Soldaten möglichst symmetrisch um diese vorgegebenen Strukturen herum. Albrecht Dürer hat mehr als 1300 Jahre später, in seinem 1527 erschienenen Spätwerk „Etliche vnderricht zu befestigung der Stett, Schlosz vnd Flecken", Grundriss und Bebauungsplan einer aus dem Quadrat entwickelten Idealstadt veröffentlicht,[1] die in ihrer Struktur genau den Vorgaben entspricht, wie sie für das Kastell Castra Regina maßgeblich waren – hier wird sichtbar, wie Dürer sich den Ideen der Renaissance öffnete, die er bei seinen Italienreisen kennengelernt hatte.

Vergleicht man die Rekonstruktion von Castra Regina mit einem Luftbild der Stadt Regensburg, in das zur Veranschaulichung die Mauern des römischen Kastells rot eingezeichnet sind (Abb. 2), fallen erstaunliche Unterschiede auf. Das streng geordnete Straßensystem und die symmetrische Stadtstruktur sind komplett aufgegeben worden. Nur die Fröhliche-Türken-Straße, die Gesandtenstraße und die Schwarze-Bären-Straße zeigen noch Reste des früheren Straßenverlaufs. Insgesamt wird eine völlig andere Stadt sichtbar, die mit dem verwinkelten Straßennetz, den asymmetrisch angelegten Plätzen, den Hauptgebäuden außerhalb jeder Straßenachse eher verwirrend wirkt. Man fragt sich, warum in der nachantiken Zeit der vorgegebene übersichtliche Stadtgrundriss nicht beibehalten wurde.

Eine überzeugende Antwort auf diese Frage hat Werner Gauer[2] gegeben: Demnach hatte Castra Regina nach dem Abzug der Römer in der zweiten Hälfte des 5. Jahrhunderts zum einen sehr viel weniger Bewohner, zum anderen lebten hier vor allem Handwerker und Bauern, die auch die Flächen vor der Stadt – vor allem die fruchtbaren Böden donauabwärts – genutzt haben dürften. Die monumentalen Stadtmauern von Castra Regina dienten ihnen als Schutz vor feindlichen Angriffen. Von den Anforderungen einer städtischen Organisation und Verwaltung dürften sie jedoch kaum Ahnung gehabt haben; sie verwendeten zwar das Vorhandene weiter, wie etwa die Brunnen, wären aber nicht in der Lage gewesen, die in einer dicht besiedelten Stadt nötige Infrastruktur – von der Wasserversorgung über die Abwasserentsorgung bis hin zum Unterhalt der Straßen und Plätze – zu gewährleisten.

Die Bewohner der nachantiken Epoche kannten nur die Holzbauweise in Form von Holz- oder Fachwerkhäusern. Selbst die vorgefundenen römischen Steingebäude, die nach den feindlichen Zerstörungen – um die Mitte des 3. Jahrhunderts, um 270/90, um 360, mit den Alemanneneinfällen im 5. Jahrhundert – noch als Ruinen existierten, konnten sie nicht wiederaufbauen. Nicht einmal die umgestürzten Säulenhallen entlang den Hauptstraßen und die zusammengefallenen Steinhäuser wurden beseitigt. Damit erklärt sich, warum die Straßen im nachantiken Regensburg komplett verlagert wurden. Sie entstanden aus den Trampelpfaden, auf denen sich die Bewohner ihren Weg zwischen den Ruinen gebahnt hatten. Auf freien Flächen, die nicht erst mühsam geräumt werden mussten, dürften sie die Holzhäuser errichtet haben, die allmählich Straßen und Gassen begrenzten. Ohne hier auf die Entwicklung der Regensburger Stadtgestalt mit ihren vom 6. bis zum 10. Jahrhundert entstehenden weltlichen und geistlichen Herrschaftszentren näher eingehen zu können, sei darauf hingewiesen, dass man – wie der Blick auf den Stadtgrundriss zeigt – während dieser ganzen Zeit niemals an eine Wiederherstellung der römischen Stadtgestalt dachte, ja nicht einmal ansatzweise ähnliche städtebauliche Prinzipien verfolgte wie in der Antike. Diese Erkenntnis ist von größter Wichtigkeit, weil sich die Vorstellung vom Gefüge einer Stadt und ihrer Struktur während des ganzen Mittelalters kaum mehr geändert hat.

Ein großer zeitlicher Sprung führt nun zu den Städten, welche die Wittelsbacher Herzöge nach der Übernahme des Herzogtums Bayern im Jahr 1180 in den folgenden zwei Jahrhunderten gegründet haben. Der Grundriss dieser Städte, wie er sich heute zeigt, ist in einem langen Prozess von der Gründungsphase des 12. und 13. Jahrhunderts bis zum Spätmittelalter entstanden. Am Beginn steht die Stadt Landshut, die 1204 zusammen mit der Burg Trausnitz von Herzog Ludwig I. gegründet wurde, wobei an dieser Stelle schon eine kleinere Siedlung mit einer Martinskirche existiert hatte. Leicht lässt sich erkennen, dass die Stadt keinerlei rechtwinklige oder symmetrische Strukturen wie eine römische Stadt aufweist. Sie war aber auch keine zufällig aus dem Verlauf von Trampelpfaden und beliebig platzierten Häusern gewachsene Siedlung wie das frühmittelalterliche Regensburg. Stattdessen wird an ihr ein neues, konsequent durchgehaltenes Gestaltungsprinzip sichtbar (Abb. 3). Entscheidend dafür war der monumentale Straßenmarkt, der mit seinen Ausmaßen von 600 mal 40 Metern die Stadtgestalt bis heute dominiert. Zu beiden Seiten des Straßenmarkts wurden die Häuser aufgereiht, und zwar nicht in einer durchgehenden Flucht, sondern aufgeteilt nach Hofstättenblocks, die jeweils mehr oder weniger rechtwinklige Häusergruppen umfassten und durch schmale, senkrecht zum Straßenmarkt verlaufende Gassen voneinander abgegrenzt waren. Diese waren wiederum durch Quergassen untereinander verbunden, sodass es keine Sackgassen gab, sondern ein allseitig verknüpftes Straßensystem entstand.[3]

Man kann sich vorstellen, dass Landvermesser die Stadtstruktur vorgaben, hochqualifizierte Fachleute mit umfassenden geometrischen Kenntnissen. Für die Errichtung einer Stadt ‚auf der grünen Wiese' waren Fragen wie die Geländebeschaffenheit, die Wasserzufuhr und -ableitung, der Platzbedarf für Stadtmauer, Stadttore und die sonstige militärische Befestigung von großer Bedeutung. Insgesamt berücksichtigte man elastisch die Geländevorgaben, sodass man keineswegs einen rektangulären Stadtgrundriss wie in der Antike anstrebte, sondern ohne weiteres auch schiefwinklig verlaufende Gassen und unterschiedliche Maße für die Aufteilung der Hofstättenblocks in Kauf nahm.[4] Es gibt keine Erkenntnisse darüber, ob und inwieweit der Herzog selbst in die Stadtplanungen eingegriffen hat. Auffallend ist aber, dass die späteren Stadtgründungen der Wittelsbacher weitgehend ähnliche Grundrisse übernahmen.

Sowohl für Landshut wie auch für die späteren Wittelsbacher Stadtgründungen stellt sich die Frage, ob hier der Begriff der ‚Stadtbaukunst' angemessen ist. Können wir Phänomene ausmachen, die eindeutig künstlerische Intentionen verraten? Zur Beantwortung dieser Frage soll eine der berühmtesten Stadtansichten der mittelalterlichen Malerei herangezogen werden, die auf dem von Ambrogio Lorenzetti 1337/39 für den Palazzo Pubblico der Stadt Siena geschaffenen Fresko „Das gute Regiment" zu sehen ist (Abb. 4). Dem Betrachter bietet sich der Anblick einer prachtvollen mittelalterlichen Stadt mit größeren und kleineren Gebäuden, manche noch romanisch, die meisten bereits im gotischen Stil. Es handelt sich um die Stadt Siena selbst, wie am typisch schwarz-weiß gestreiften Glockenturm des Doms und der Domkuppel ganz links oben zu erkennen ist. Die Häuser sind in mannigfachen Farben und Formen vorgeführt, mit genau geschilderten Fenstern, Erkern, Balkonen, Verkaufsläden und Einfahrten, verschiedenen Giebelformen, Dächern, Zinnenkränzen – eine reiche, blühende Stadt, die allerdings keine klare städtebauliche Ordnung erkennen lässt. Im Gegenteil: die Häuser sind scheinbar wahllos nebeneinander gereiht, um kleinere Plätze herum oder eng gestaffelt hinter-, ja übereinander – mit einer antiken Stadtgestalt hat dies nichts zu tun.

Das Wandbild ist typisch für ein Phänomen, das die Darstellungen der Gotik kennzeichnet, wie es Otto Pächt ausführlich analysiert hat:[5] Sie kennen keinen einheitlichen Bildraum. Man muss sie vielmehr mit den Augen abwandern und entdeckt dabei immer neue Einzelheiten. Das ganze Fresko will folglich selektiv, Stück für Stück betrachtet werden – es legt keinerlei Wert auf die Berücksichtigung von Größenverhältnissen oder perspektivischen Unterscheidungen zwischen vorne und hinten. Auch das vielfältige Treiben der Bürger, das sich auf Straßen und Plätzen abspielt, ergibt kein zusammenhängendes Bild, sondern zerfällt in simultane Einzelszenen. So sieht man etwa ganz vorne in der Mitte eine Gruppe junger Männer und Frauen, die einen Reigentanz aufführen. Sie sind, obwohl scheinbar in der gleichen Ebene wie die anderen Personen, im Maßstab deutlich größer dargestellt; vermutlich sollen sie die Lebensfreude und die positive Stimmung in der Stadt betonen. Die nach links ziehende Prozession, deren Mittelpunkt eine kostbar gekleidete, bekrönte junge Frau auf einem Schimmel bildet, ist vom Rang her wohl höher einzuschätzen, aber erheblich kleiner gezeigt. Die Reiter oberhalb des Reigentanzes sind so groß, dass sie gar nicht durch die Toröffnungen passen würden. Weitere Szenen zeigen rechts in einem großen Gebäude einen Schuster bei der Arbeit und einen Händler, der Gewürze und Arzneien anbietet. Zwischen diesen wird überraschend Einblick in einen Hörsaal gewährt, in dem ein Gelehrter von der Kathedra aus seine Studenten unterrichtet.[6] Dem Maler

1 Castra Regina, Rekonstruktion: ArcTron 3D GmbH

2 Luftbild von Regensburg mit Umriss des römischen Kastells

3 Landshut, Straßenmarkt mit allseitig verknüpftem Straßensystem

4 Das gute Regiment, Ambrogio Lorenzetti (um 1290–um 1348)

1

2

3

4

8

5

9

6

10

7

ging es offensichtlich darum zu zeigen, was diese Stadt aufzubieten hat, von den prächtigen Gebäuden, den Kirchen und Türmen bis hin zu Handel und Gewerbe, Bildung und Vergnügen. Er führt dies alles in lebendig geschilderten Details vor Augen – aber er versucht nicht im Geringsten, Häuser und Szenen topografisch zu verorten. Erst das Auge des Betrachters, das buchstäblich über das ganze Bild wandert, erfasst die Einzelheiten, um sie zu einem Gesamtbild zusammenzufügen. Auf diese Weise entsteht in unserem visuellen Gedächtnis ein lebendiges Stadtbild, das in seiner Vielschichtigkeit so reizvoll wirkt, dass man Kennzeichen antiker Architektur wie Symmetrie, Ausrichtung auf Blickachsen, zentralisierende Ordnung überhaupt nicht vermisst. An dieser Stelle beginnt man zu verstehen, warum mittelalterliche Städte von antiker Stadtgestalt nichts wissen wollten, sondern eigene Kriterien entwickelten, die durchaus mit künstlerischen Überlegungen verbunden waren.

Mit dieser selektiven Sehweise erklären sich auch die vielen Simultandarstellungen der mittelalterlichen Malerei. Gemeint sind damit Bilder, die nicht nur einem Thema gewidmet sind, sondern die zahlreiche, oft zeitlich oder örtlich weit auseinanderliegende Szenen zeigen, die sich auf einer das ganze Bild füllenden Landschafts- oder Stadtdarstellung abspielen. So sieht man etwa auf den gemalten Altarflügeln des 1431 datierten Tiefenbronner Altars von Lukas Moser insgesamt fünf Szenen aus dem Leben der hl. Maria Magdalena, die mit Architektur- und Landschaftsausschnitten so kunstvoll ineinander verflochten sind, dass man beim Abwandern mit dem Auge stets neue Details entdeckt, gleichzeitig aber auch in einer wahrhaft irrealen Kombination das Leben der Heiligen vermittelt bekommt. Auf den zwei Tafeln des „Meisters der Ulrichslegende" (um 1455, Kirche St. Ulrich und Afra, Augsburg) sieht man je einen kontinuierlichen Bildraum, der Innenräume und Außendarstellungen mischt, um an wechselnden Orten insgesamt sechs Szenen aus dem Leben des hl. Ulrich vorzuführen. Der von einem unbekannten Maler um 1470 geschaffene Altar in der Pfarrkirche St. Brictius in Schöppingen (Westfalen) stellt auf drei gemalten Altarflügeln die ganze Passion Christi dar, und zwar in 15 Szenen – von der Gefangennahme Christi bis zu seiner Himmelfahrt. Je nach Thema spielt sich das Ereignis innerhalb einer Architekturkulisse oder in der freien Landschaft ab, wobei die Szenen mit ihren Hintergründen oft geradezu nahtlos ineinandergreifen. Das Auge des Betrachters muss alle Altarbilder von links nach rechts abtasten; damit erlebt er das Leiden Christi hautnah und ohne Unterbrechung in einer einzigen Abfolge von Bildmotiven. In dem Tafelbild „Die sieben Freuden Mariens" von Hans Memling aus dem Jahr 1480 (Alte Pinakothek, München) werden innerhalb einer scheinbar zusammenhängenden Landschaft aus der Vogelschau zahlreiche Szenen vorgeführt, die man jeweils einzeln für sich betrachten soll. Im Zentrum steht die Anbetung der Hl. Drei Könige, an die sich nach links und rechts, nach oben und unten in einer kontinuierenden Darstellung immer weitere Themen anschließen, welche dem Betrachter – weit über die „sieben Freuden" hinaus – insgesamt 25 freudige Ereignisse aus dem Leben Mariens, von der Verkündigung bis zur Himmelfahrt, zeigen.[7]

Mit diesem Wissen um die Sehgewohnheiten des Mittelalters lässt sich nun auch die Gestalt einer Stadt wie Landshut analysieren. Strenge Regelhaftigkeit im Sinne einer Gesamtstruktur war damals bestimmt nicht das Ideal eines Stadtgrundrisses. Im Gegenteil, man stößt sogar dort auf die Abkehr von einem starren Schema, wo ein solches problemlos möglich gewesen wäre. So bilden die Bürgerhäuser in Landshut keine durchgehende Flucht zum Straßenmarkt hin aus; sie sind unterschiedlich hoch und in ihrer Achse fast immer etwas verschoben, sodass das eine Haus mehr vorspringt, das andere zurückweicht, ein weiteres leicht schräg in der Flucht steht. Offensichtlich wollten die Stadtplaner statt langweiliger

5 Landshut, Straßenmarkt, Blick zu St. Martin, Fotografie vom Juli 1907

6 Landshut, Straßenmarkt, Blick zur Heiliggeistkirche, Fotografie vom Juli 1907

7 Landshut, St. Martin von Osten, Fotografie vom September 1931

8 Katasterplan Landshut, 1810

9 Katasterplan Straubing, 1827

10 Straubing, Stadtplatz, Fotografie vom August 1928

Reihen eine Häuserfolge in leicht rhythmischer Lebendigkeit. Auch der etwa 24000 Quadratmeter große Straßenmarkt ‚Altstadt' weist nicht die Gestalt eines langgezogenen Rechtecks mit geraden Seiten, sondern eine leichte Bogenschwingung auf, die vor allem das südliche und das nördliche Ende charakterisiert (Abb. 8). Das kann kein Zufall sein und schnell versteht man, dass dieses Ausschwingen genauso zur Vitalität der Stadt beiträgt wie die leicht versetzten Häuserfluchten. Die bogenförmige Gestaltung lässt den Platz viel lebendiger erscheinen, als dies bei einer schnurgeraden Häuserflucht der Fall wäre.

Bewusst gewählter Gestaltung sind auch die Asymmetrien geschuldet, die sich beim Blick vom Straßenmarkt nach Süden ergeben: Hier rückt der 130 Meter hohe Turm der Martinskirche ins Blickfeld, der, anders als die Kirche selbst, fast in der Mitte des Platzes zu stehen scheint, so sehr bildet er einen Point de vue als Hauptakzent der Altstadt (Abb. 5). Schaut man dagegen nach Norden, findet sich eine Art Schauwand mit verblüffender Wirkung: Der Straßenmarkt verjüngt sich trichterförmig, die Häuser wachsen von links und von rechts her zusammen, dahinter erscheint die Spitalkirche Heilig Geist, die einen großen Riegel über den Häusern bildet und die Stadtgestalt hier zusammenfasst (Abb. 6 und Abb. 2 im Essay von G. U. Großmann). Diese Abschlüsse der Altstadt nach beiden Seiten kann man nur mit bewusst gefassten stadtkünstlerischen Ideen erklären.

Die Martinskirche wartet mit einer weiteren Überraschung auf. Ihre Längsachse ist nicht genau nach Osten hin ausgerichtet, sondern leicht gegen den Uhrzeigersinn gedreht. Dadurch aber weist der Chorschluss genau zu der von Nordosten heranführenden Kirchgasse hin. Wenn man von der Kirchgasse kommt, erlebt man am Ende der Straße einen grandiosen symmetrischen Blick auf die Chorfassade von St. Martin (Abb. 7), die zudem von dem leicht versetzt dahinter aufragenden Kirchturm überhöht wird. So verläuft die Kirchgasse schief im Vergleich zu den übrigen Querstraßen, ist aber genau auf den Chor als Blickachse ausgerichtet. Und während die Martinskirche schief innerhalb des sie einfassenden Platzes (Martinsfriedhof) sitzt, ragt der Turm in einer großartigen Schrägansicht in den Straßenmarkt hinein. Solche Überraschungsmomente sind typisch für eine mittelalterliche Stadt. Immer wieder wird mit Blickachsen gearbeitet, mit höchst raffinierten Verschiebungen der Häuser und Straßen und einer Variationsfreude, die den Betrachter sowohl frappiert als auch bereichert.

All diese Beobachtungen führen zu dem Schluss, dass den Erbauern und Bewohnern einer mittelalterlichen Stadt die Vorstellung einer übergreifenden symmetrischen und rechtwinklig gegliederten Struktur völlig fremd war. Sie gestalteten ihre Siedlung Stück für Stück, zwar nach praktischen Kriterien wie der Erfordernis eines großen Stadtplatzes, aber ansonsten waren sie am Wachsen der Stadt im Detail interessiert, mit einem separierenden Blick, der sich an Überraschungsmomenten erfreute, dem aber eine gleichmäßig durchgeplante Gestalt fremd und langweilig vorgekommen wäre. Die Bewohner sahen ihre Stadt so, wie sie ein Gemälde betrachteten, Stück für Stück, mit der Freude an immer neuen Entdeckungen – aber ohne jedes Interesse an einer auf dem Reißbrett entworfenen symmetrischen Struktur.

Landshut erlebte von der Gründung an einen raschen Aufschwung, sodass schon gegen Ende des 13. Jahrhunderts unter Herzog Heinrich XIII. eine Stadterweiterung notwendig wurde. Sie folgte – weg von der Isar – nach Osten hin den Klöstern der Dominikaner und der Franziskaner, die sich bereits 1271 beziehungsweise 1280 hier vor der Stadt angesiedelt hatten. Die Fläche der Stadt Landshut hatte sich damit verdoppelt. Erneut bildete ein großer Platz, die ‚Neustadt', den Mittelpunkt (Abb. 8). Die Anlage dieses 500 mal 30 Meter umfassenden Platzes verwundert, denn als Straßenmarkt hätte der Platz ‚Altstadt' ausgereicht. Der neue Platz hatte denn auch eine andere Funktion: Er mündete nicht in Verkehrswegen nach Norden und Süden, wo auch Stadttore fehlten, sondern diente ausschließlich den Stadtbewohnern. Praktischerweise wurden die Quergassen der „Altstadt" nach Osten hin verlängert, sodass man bequem von einem Platz zum anderen gehen konnte. Damit besaß Landshut ein ‚Leitersystem' mit den lang gestreckten Plätzen als den ‚Holmen' der Leiter und den schmalen Querstraßen als ‚Sprossen' und wies damit Ähnlichkeiten zum 1158 gegründeten Lübeck auf. Vor allem dürften sich die Bürger selbst einen zweiten großen Platz gewünscht haben, diesmal weniger für den Handel, sondern für kommunale Ereignisse wie Feste aller Art, Theateraufführungen, Prozessionen, Festumzüge, Turniere, sportliche Ereignisse wie sie im berühmten „Landshuter Ringerbuch" überliefert sind.

Ein weiteres Beispiel unter den wittelsbachischen Städten ist das 1218 gegründete Straubing, etwa zwei Kilometer westlich des 897 erstmals urkundlich erwähnten Königshofs „Strupinga" mit der alten

Pfarrkirche St. Peter. Diesen hatte Kaiser Heinrich II. seinem Bruder Bischof Bruno von Augsburg geschenkt, von dem er an das Augsburger Domkapitel gelangte. Mit der Gründung von Straubing, dessen Grund zum Teil weiterhin dem Augsburger Domkapitel gehörte, besetzte Herzog Ludwig I. einen bedeutsamen Platz direkt am topografisch wichtigen Knick der Donau und dem den Fluss querenden Handelsweg, der von München/Landshut über Cham bis Prag führte.[8] Das Rückgrat der Stadt bildet, wie in Landshut, ein 600 Meter langer Straßenmarkt, von dem aus schmale Querstraßen nach Norden wie Süden die Stadt erschließen (Abb. 9). Als einzige breite Querstraße kreuzt den Platz genau in der Mitte der erwähnte nord-südlich gerichtete Handelsweg (Steinerstraße / Simon-Höller-Straße). Da die Pfarrkirche St. Peter weit weg im Osten lag, gab es keine Möglichkeit, den Kirchturm wie in Landshut als Point de vue des Hauptplatzes zu präsentieren. Diese städtebauliche Lücke füllte der 1316 errichtete monumentale Stadtturm. Dieser Turm, Wachturm und Repräsentationszeichen zugleich, steht genau an der Kreuzung von Ost-West- und Nord-Süd-Achse; diese wichtigen Verkehrsstraßen führen von beiden Seiten direkt auf den Torturm zu, in der Querrichtung sogar durch ihn hindurch.

Wie in Landshut besitzt der riesige Straubinger Stadtplatz keinen rektangulär geraden Umriss, sondern ist leicht bogenförmig geschwungen. Für das Stadtbild hat das spannende Konsequenzen: Die auf der mittleren Platzachse stehenden zahlreichen Denkmäler wie Dreifaltigkeitssäule, Tiburtiusbrunnen, Stadtturm und Jakobsbrunnen rücken etwas aus der Achse, wenn man mitten auf dem Platz steht, sodass sie sich nicht gegenseitig verdecken, sondern nebeneinander zu stehen kommen (Abb. 10). Der Bogen ist seit der griechischen Antike ein Mittel, um die Spannung von Architektur zu steigern. Jeder griechische Tempel besaß im Unterbau, dem Stylobat, und beim Gebälk eine Kurvatur, die sich leicht nach oben wölbte. Die Säulen selbst waren im Umriss ebenfalls leicht bogenförmig geschwungen. Einem ähnlichen Kunstprinzip dürften die Planer der wittelsbachischen Städte gefolgt sein. Der bogenförmige Grundriss des Platzes wirkt sich nicht nur auf die Position der Denkmäler aus, sondern auch auf die Erscheinungsweise der Häuser, welche den Platz begrenzen. Sie bilden eine leichte Kurve, die im Blick nach Norden konkav, im Blick nach Süden konvex wirkt. So stehen die Häuser, die auch nebeneinander nicht immer bündig anschließen, in einer lebendigen, spannungsreichen Position zum gesamten Platz, der sich an seinen Enden auch noch verjüngt, sodass dort die Häuser näher zusammenrücken.

Am Straubinger Straßenmarkt (Ludwigsplatz und Theresienplatz) gab es von Anfang an keine kirchlichen Gebäude, außer der kleinen Frauenkapelle am Westende, die später zur Jesuitenkirche umgebaut wurde. Für weitere Kirchen und Klöster stand kein repräsentativer Platz mehr zur Verfügung; so verschwanden die Stiftskirche St. Jakob (erstmals 1288 erwähnt), die Spitalkirche Hl. Dreifaltigkeit (14. Jahrhundert), die Karmelitenkirche Hl. Geist (1368), die Kirche St. Veit (nach 1393) und die Ursulinenkirche (1691) im Bereich der Hofstättenblocks nördlich beziehungsweise südlich des Hauptplatzes. Aber die Bauherren verstanden es geschickt, ihre Kirche trotzdem präsent werden zu lassen. Blickt man vom Stadtplatz in die Jakobsgasse hinein (Abb. 11), ragt am Ende der Straße beherrschend der Kirchturm von St. Jakob auf und erzielt einen der Überraschungseffekte im Hinblick auf Sichtachsen und Blickbeziehungen, wie sie sich schon in Landshut gefunden haben. Geht man umgekehrt von der Jakobsgasse oder der Bernauergasse Richtung Stadtplatz, hat man stets die Dreifaltigkeitssäule im Blick, die genau an der Kreuzung dieser Straßen mit dem Stadtplatz aufgestellt wurde. Steht man vor dem Stadtturm mit Blickrichtung Simon-Höller-Straße, fällt der schlanke, hoch aufragende Turm der Spitalkirche ins Auge. Die Kirche St. Veit setzt sich mit ihrem Turm beim Blick durch die Steinergasse Richtung Stadtturm in Szene. Schaut man in die Albrechtsgasse, schiebt sich der Turm der Karmelitenkirche ins Blickfeld. Besonders raffiniert ist die Aussicht, wenn man vor der Burggasse steht: Hier sieht man zunächst links den mächtigen gotischen Chor der Karmelitenkirche und rechts die sich in die Straße vorschiebende Fassade der Ursulinenkirche, bis weiter hinten der Querriegel des Herzogsschlosses auftaucht. Man muss also auf dem Weg zum Schlosstor zwei Klöster passieren, die sich zwischen Stadt und Schloss geschoben haben und dem Herzog gleichsam geistlichen Schutz bieten.

Das Herzogsschloss befindet sich von der Stadt aus gesehen in der Nordostecke, also eher in einer Randlage. Es versteckt sich so, dass man es vom Stadtplatz aus lediglich durch die Burggasse weit hinten stehen sieht. Nur dort gibt es auch einen Zugang durch einen Torturm. Das Schloss ist also zur Stadt hin gut befestigt, fällt aber auch kaum auf. Dagegen ist die Nordseite des Schlosses direkt an das Ufer der Donau gerückt (Abb. 12). Zum Fluss hin öffnet sich der mehrgeschossige Fürstenbau mit acht

Fensterachsen, beiderseits eingerahmt von zwei mächtigen Türmen, welche die Ecken des Hauptbaus markieren. Die Donau war damals eine der wichtigsten Verkehrsachsen Europas, die von Ulm über Regensburg und Passau bis Wien und Budapest führte. Alle Schiffe auf dieser Route kamen direkt in Sichtweite des Schlosses vorbei: Der Herzog präsentierte sich so unübersehbar als Stadt- und Landesherr. 1480 wurde die Donau so verlegt, dass sie direkt am Schloss vorbeiführt. Da die Donau direkt westlich des Schlosses einen Knick nach Norden macht, konnte der Herzog die Gründungsfläche der Stadt nicht weiter verschieben. So wurde die östliche Stadthälfte auf Grundbesitz des Augsburger Domkapitels errichtet, was zahlreiche Streitigkeiten zur Folge hatte, bis sich Stadt und Herzog 1535 freikaufen konnten.

Auch die Stadt Deggendorf zeigt eine den Beispielen Landshut und Straubing sehr ähnliche Stadtgestalt, welche deshalb mit Vorsicht als typisch wittelsbachisch bezeichnet werden könnte. Mit Straubing hat Deggendorf auch gemeinsam, dass es im Süden, noch vor der eigentlichen Stadtentstehung, bereits eine Siedlung mit einer Pfarrkirche und einem Spital gab (Abb. 13), die aus ursprünglich herzoglichem Besitz an das Damenstift Niedermünster in Regensburg gelangt war. Erst die Säkularisation zu Beginn des 19. Jahrhunderts löste diese Verbindung.[9] Gegründet wurde die Stadt auf einer ansteigenden, vor Hochwasser geschützten Fläche, die annähernd die Form eines leicht gewölbten Schildkrötenpanzers hat. Damit erinnert Deggendorf deutlich an die Hansestadt Lübeck, die 1158 vom bayerischen Herzog Heinrich dem Löwen gegründet worden war. Lübeck war durch die Trave, den Travekanal und die aufgestaute Wakenitz allseitig von Wasser umgeben und dadurch gut geschützt. Wie Lübeck war Deggendorf durch die westlich vorbeifließende Donau und zahlreiche Bäche, die zusammengefasst und um die Stadt gelegt wurden, von Wasser umgeben und zusätzlich zur Stadtmauer befestigt. Während diese besondere Stadtlandschaft Lübeck bis heute prägt, lässt sich das in Deggendorf kaum mehr nachvollziehen. Die Wassergräben sind verschwunden, die Fläche zwischen Donau und Stadt wurde seit dem 19. Jahrhundert systematisch bebaut. Die hier stehenden Industrie-, Werft- und Hafenanlagen beeinträchtigen nicht nur die Donaulandschaft, sie verdecken auch die Altstadt, sodass man von der Donau aus nur die Spitzen der Kirchtürme und des Stadtturms identifizieren kann.

Die Innenstadt von Deggendorf hat ihre Struktur weitgehend erhalten, auch wenn die Zahl der alten Häuser und damit der Baudenkmäler mit Landshut und Straubing nicht annähernd mithalten kann. Im Zuge des Österreichischen Erbfolgekriegs verlor die Stadt im zweiten Viertel des 18. Jahrhunderts viel mittelalterliche Bausubstanz. Die Stadtmitte charakterisiert wieder ein monumentaler, etwa 400 mal 40 Meter umfassender Straßenmarkt (Oberer Stadtplatz / Luitpoldplatz / Michael-Fischer-Platz). Im Grundriss erscheint auch dieser Hauptplatz nicht rektangulär, sondern leicht gebogen, setzt also ebenfalls auf Spannung und Lebendigkeit. Eine Querachse (Bahnhofstraße / Pfleggasse) kreuzt den Hauptplatz und teilt die Stadt in vier Quartiere. Am Kreuzungspunkt steht der um die Mitte des 14. Jahrhunderts errichtete Stadtturm, zu dem zwei Gebäude in der Platzmitte gehören: nördlich die mit dem Turm errichtete, heute umgebaute Kapelle St. Martin, der älteste Sakralbau innerhalb der Stadtmauern, und südlich das 1535 angebaute Rathaus (Abb. 14). An den Enden des Hauptplatzes sowie der Querachse befand sich je ein Stadttor. Vor dem südlichen Tor lag das jüdische Ghetto. In einer beispiellosen Aktion überfielen Deggendorfer Bürger im Jahr 1338 das Ghetto, brannten die Häuser nieder und ermordeten die jüdischen Bewohner. Zur Rechtfertigung dieser Schandtat erfand man später die Legende,

11 Straubing, Blick durch die Jakobsgasse zur Kirche St. Jakob, Fotografie von 2019

12 Straubing, Blick auf das Herzogsschloss, Fotografie von 2019

13 Deggendorf, Katasterplan, 1827

14 Deggendorf, St. Martin und Rathaus, Fotografie von 1910/20

15 Dingolfing, St. Johannes, Fotografie von 2019

16 Dingolfing, Obere Stadt, Fotografie vom September 1908

17 Dingolfing, Kastnerhaus, Fotografie von 2009

11

12

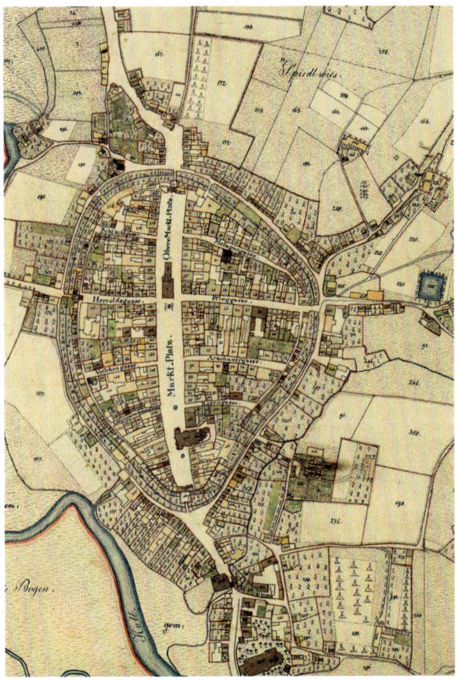

13

14

15

16

17

die Juden hätten konsekrierte Hostien geschändet. Angeblich erwiesen sich diese Hostien als wundertätig; damit konnte eine einträgliche Wallfahrt begründet werden. Nun wurde der Straßenmarkt um das Areal des früheren Ghettos etwa 100 Meter nach Süden verlängert. Die hier errichtete Wallfahrtskirche Zum Heiligen Grab Christi ragt mit ihrem Westteil weit in den Straßenmarkt hinein und bildet einen ähnlichen städtebaulichen Akzent wie die Landshuter Martinskirche. Der Kirchturm wurde 1722/28 neu errichtet und zu monumentaler Höhe gesteigert; Bauführer war der später hochberühmte Münchner Architekt Johann Michael Fischer. Am nördlichen Ende des Straßenmarkts (Oberer Stadtplatz) fehlt heute der frühere Abschluss mit Stadttor und Randbebauung. Belanglose Gebäude und eine Tiefgarageneinfahrt sind eindringliche Beispiele für die Rücksichtslosigkeit, mit der Stadtplaner ein mittelalterliches Ensemble gänzlich zu ruinieren in der Lage sind.

Die 1251 von Herzog Otto II. gegründete Stadt Dingolfing zeigt im Vergleich zum Bisherigen eine ungewöhnlich abweichende Struktur. Diese lässt sich allerdings mit der Entstehungsgeschichte der Stadt begründen. Der bayerische Herzog suchte durch seine Stadtgründungen nicht nur die Landesherrschaft zu sichern, er griff auch Besitzungen des Regensburger Bischofs an, um die Machtverhältnisse zu stabilisieren. So ließ der Herzog 1251 die zur Sicherung eines Isar-Übergangs angelegte bischöfliche Festung Teisbach zerstören. Zur Feste gehörte der auf einer Niederterrasse südlich des Flussübergangs gelegene Ort Dingolfing, der schon seit agilolfingischer Zeit nachweisbar ist, mit der Kirche St. Johannes, einer Basilika des 13. Jahrhunderts. Auf einer westlich an den Ort anschließenden Hochebene ließ Otto II. eine eigene, befestigte Siedlung anlegen, die in feindlichem Gegensatz zur Siedlung im Tal errichtet und militärisch streng gesichert war. Diese Vorsichtsmaßnahmen erübrigten sich allerdings, nachdem der Herzog 1265 den Bischof zum Verzicht auf alle Rechte in Dingolfing gezwungen hatte. Einziger Stadtherr war nun Herzog Otto II. und die beiden Stadtteile konnten zusammenwachsen, wenngleich die Höhenunterschiede bestehen blieben.[10]

Aufgrund der Topografie der älteren Unterstadt war dort die Anlage eines einheitlichen Straßenmarkts nicht möglich. Stattdessen entwickelte man zwei fast im rechten Winkel zueinander gerichtete Plätze: die Bruckstraße nach Nordwesten, Richtung Isarübergang, und nach Nordosten die Wollerzeile (Marienplatz). Den Schnittpunkt der beiden Plätze überragt die Kirche St. Johannes, die ab 1467 durch einen Neubau ersetzt wurde, der als dreischiffige Hallenkirche mit Chorumgang nach dem Vorbild der Landshuter Heilig-Geist-Kirche konzipiert wurde und zu den bedeutendsten spätgotischen Sakralbauten Niederbayerns gehört (Abb. 15). Mit ihrem hoch aufragenden Turm verbindet St. Johannes die Unterstadt optisch mit der Oberstadt und lässt die Stadtteile zumindest an dieser Stelle zusammenwachsen.

Der Weg in die Oberstadt ist bis heute von den alten Verteidigungsanlagen geprägt: Man muss den durch Tore abgesicherten, von hohen Mauern flankierten Steinweg passieren, bevor man die Oberstadt erreicht, die einen völlig anderen Charakter als die Unterstadt zeigt (Abb. 16). Auf den ersten Blick gleicht sie mit ihrem lang gezogenen, bogenförmig geführten Platz den Landshuter und Straubinger Straßenmärkten – doch fanden hier kein Handel und keine Märkte statt. Das Hochplateau war vielmehr dem Herzog und seinen Beamten vorbehalten. So finden sich hier das reich gegliederte spätgotische Kastnerhaus (um 1400/20) als Absteige der Herzöge (Abb. 17), das Pflegamt, der herzogliche Getreidekasten, mehrere Adelshäuser und das Rathaus. Erst 1612 wurde mit der Hochbrücke, die auf fünf Rundbögen die Asenbachschlucht überspannt, ein weiterer Zugang zur Oberstadt von Süden her geschaffen. Dingolfing ist ein Musterbeispiel dafür, dass die Prinzipien wittelsbachischer Stadtgestaltung, wie sie hier referiert wurden, fantasievoll abgewandelt werden konnten. Allerdings haben der Österreichische Erbfolgekrieg – wie in Deggendorf – und vor allem der Stadtbrand von 1743 viele mittelalterliche Häuser zerstört. Auch die wirtschaftliche Entwicklung seit den 1970er-Jahren mit den BMW Werken hat einen rigorosen Umgang mit der alten Bausubstanz nach sich gezogen, sodass in der Unterstadt – außer der Pfarrkirche – fast keine Baudenkmäler mehr erhalten sind.

Eine dritte, gleichzeitig mit Dingolfing und Deggendorf erfolgte wittelsbachische Stadtgründung ist Ingolstadt. Nachdem die Stadt bereits im 14. Jahrhundert um fast das Dreifache erweitert, im 16. Jahrhundert zur Landesfestung ausgebaut und im 19. Jahrhundert mit einem klassizistischen Festungsstern versehen wurde, ist die ursprüngliche Stadtstruktur heute weitgehend verunklärt.[11] Die Vorstellung der weiteren als wittelsbachische Gründungsstädte geltenden Orte Landau an der Isar, Kelheim, Burghausen, Braunau, Cham, Neuötting, Neustadt an der Donau, Auerbach, Vohburg, Waldmünchen, Weilheim, Rain am Lech, Landsberg am Lech, Traunstein, Aichach und Friedberg[12] würde den

Rahmen dieses Beitrags sprengen, in dem es vor allem darum ging herauszuarbeiten, welche Besonderheiten der Stadtgestalt den Begriff ‚Stadtbaukunst' verdienen. Es sind Phänomene, die sich in den vorgestellten Beispielen als charakteristische Merkmale – vor allem durch die Straßenmärkte und Blickachsen – erwiesen haben und als Gemeinsamkeiten wittelsbachischer Stadtentwicklung gelten dürfen.

Anmerkungen

1 Vgl. von Wilckens, Albrecht Dürer, S. 355–357 und 360f. **2** Gauer, Castra Regina; ders., Urbs; ders., Stadtkernforschung; Dehio, Regensburg und die Oberpfalz, S. 449–452 und S. 456–459 (Achim Hubel) **3** Hingewiesen sei auf die Darstellung zu den wittelsbachischen Gründungsstädten bei Kratzsch, Gründungsstädte (zu Landshut vgl. S. 321–325); Dehio, Niederbayern, S. 278–282 (Volker Liedke) **4** Vgl. zum Stadtgründungsverlauf allgemein Meckseper, Kunstgeschichte, S. 70–80 **5** Pächt, Gestaltungsprinzipien **6** Vgl. Carli, Toskanische Malerei, S. 82–86; vgl. die ausführliche Beschreibung bei Schmidt, Freskenzyklus (mit Angabe der älteren Literatur), S. 65–68 **7** Zum Tiefenbronner Altar vgl. Landolt, Die deutsche Malerei, S. 72–76; zum Meister der Ulrichslegende vgl. ebd., S. 106–108; zur Passion Christi in St. Brictius vgl. Musper, Gotische Malerei, S. 212–214; zu den „Sieben Freuden Mariens" vgl. Schawe, Alte Pinakothek, S. 330–337 **8** Vgl. Kratzsch, Gründungsstädte, S. 325–327; Dehio, Niederbayern, S. 651–653 (Michael Brix) **9** Vgl. Kratzsch, Gründungsstädte, S. 330–332; Dehio, Niederbayern, S. 74f. (Michael Brix) **10** Vgl. Kratzsch, Gründungsstädte, S. 332f.; Dehio, Niederbayern, S. 86 (Gerhard Hackl) **11** Liebhart, Die frühen Wittelsbacher **12** Ebd., S. 307–317

Ansteckungsgefahr. Die Attraktivität und die Grenzen städtischen Lebens in den 1150er- bis 1250er-Jahren

Martin Kaufhold

„Opus civitatis" – Zum Nutzen der Stadt

Im Jahr 1158 wandte sich der Herzog von Sachsen und Bayern, Heinrich der Löwe, an den Grafen von Holstein mit der Bitte, ihm seine Rechte über den Hafen und die Insel Lübeck abzutreten. Der Graf weigerte sich. Daraufhin ließ Heinrich eine eigene Stadt nicht weit von Lübeck erbauen. Aber die neue Siedlung florierte nicht. Sie war mit größeren Schiffen nicht erreichbar. So bedrängte der Herzog den Grafen erneut, bis dieser schließlich nachgab. Heinrich der Löwe lud Kaufleute und Siedler aus den Königreichen des Nordens nach Lübeck ein. „Von der Zeit an", so der zeitgenössische Chronist Helmold von Bosau, „gedieh das Leben in der Stadt, und die Zahl ihrer Bewohner vervielfachte sich." (Ab eo tempore prosperatum est opus civitatis, et multiplicatus est numerus accolarum eius.)[1]

Sein Bericht über die Grundlegung der späteren Größe Lübecks, die sich im Jahr 1158 so weit entfernt von Bayern vollzog, zeigt die Bedingungen städtischen Wachstums jener Zeit. Da war die Gunst des Herzogs, der die nötigen Markt- und Zollrechte verleihen und in der Anfangsphase Abgaben erlassen konnte. Aber dies reichte nicht, wie deutlich zu sehen war, als Heinrichs eigene Gründung in der Nähe des ersten Lübeck scheiterte. Die Lage war wichtig. Nicht nur die allgemeine, sondern die exakte Lage. Wo genau befand sich der Hafen, wie konnte er gesichert werden, wie gut war er erreichbar? Eine wichtige Rolle spielten die Kaufleute. Sie betrieben Handel, kauften, verkauften, beförderten oder lagerten die Waren, die wirtschaftlichen Erfolg brachten. Der Herzog verlieh die Rechte dazu, aber es musste auch Akteure geben, die damit etwas anfingen. Lübeck war eine Neugründung, die Siedler anlocken sollte. Sie wurden ausdrücklich eingeladen und der Herzog sicherte ihnen Frieden, also Schutz und Sicherheit, zu.[2]

Hier geht es um die spezifischen Kräfte einer Zeit, die an ganz unterschiedlichen Orten vergleichbare Entwicklungen in Gang brachten. Das sehen wir, wenn wir Helmold von Bosau in seiner Slawenchronik weiter folgen. Er berichtet, wie Herzog Heinrich der Löwe auf Geheiß Kaiser Friedrich Barbarossas zur Belagerung von Mailand aufbrach.[3] Wer aus dem damaligen Sachsen nach Mailand zog, kam über Augsburg, das Heinrich der Löwe in dem Jahr erreichte, in dem er die Erfolgsgeschichte Lübecks auf den Weg gebracht hatte. In Augsburg vermittelte Barbarossa zwischen ihm und dem Bischof von Freising jenen Ausgleich, in dem München erstmals urkundlich erwähnt wird.[4] Im selben Jahr 1158 fädelte Herzog Heinrich die Geschicke Lübecks und Münchens ein. Im Münchner Fall ging es, ähnlich wie in Lübeck, um konkurrierende Ansprüche, konkrete Wegverläufe und herrschaftliche Rechtevergaben.

Man musste am richtigen Ort sein und man musste die richtige Unterstützung haben. Die Anfänge von München und Lübeck, so weit voneinander entfernt, waren Ausdruck eines städtischen Potenzials im 12. Jahrhundert, das deutlich zu erkennen ist, nimmt man den weiteren Rahmen dieser Geschichte in den Blick. Das bedeutet, den Schauplatz des Augsburger Schieds von 1158 und das Ziel der Reise Barbarossas und Heinrichs des Löwen in diesem Jahr einzubeziehen – Augsburg und Mailand – und die Schicksale dieser beiden Städte in diesen Jahrzehnten zu berücksichtigen. Sie lassen die Dynamik des städtischen Lebens in einer Geschichte von Zerstörung und Wiederaufbau erkennen.

Zwei Jahre vor dem Augsburger Ausgleich hatte Barbarossa den Augsburgern ein Stadtrecht verliehen: das erste kaiserliche Stadtrecht in Deutschland, das erste königliche Stadtrecht für Augsburg, verliehen einer Stadt, die etwa 20 Jahre zuvor von einem König dieses Landes auf dem Weg zu seiner Kaiserkrönung zerstört worden war, weil er die Stadt aufseiten der Staufer sah, die sein Königtum infrage stellten.[5] König Lothar III. hatte Augsburg 1132 niederbrennen lassen, „die ganze Stadt ist unwiederbringlich zerstört," wie Bischof Hermann damals niedergeschlagen festhielt.[6] Es ist ein Eindruck, den andere Quellen stützen.[7] Weitere 20 Jahre später war die zerstörte Stadt wieder zu solcher Stärke erwachsen, dass sie von Barbarossa ein eindrucksvolles Stadtrecht erwirken konnte.[8] Das hatte nicht zuletzt damit zu tun, dass viele Gebäude aus Holz waren, die sich leichter neu errichten ließen als Steinbauten, aber der Ort hatte eben auch seine Ausstrahlung als städtisches Zentrum behalten, das Barbarossas ganze herrschaftliche Rhetorik mobilisierte.

Noch dramatischer verlief diese Geschichte von Zerstörung und Rückkehr in Mailand, zu dessen Belagerung Barbarossa und Heinrich der Löwe sich aufmachten. Während sie 1158/59 Mailand noch nicht endgültig in die Knie zwingen konnten, gelang es den kaiserlichen Truppen 1162 im Bündnis mit Mailands italienischen Gegnern, die rebellische Stadt zu erobern. Der siegreiche Kaiser ließ seinem Triumph freien Lauf. Er gab die Stadt seinen Verbündeten zur Zerstörung und Plünderung frei.[9] Barbarossa wollte Mailand auslöschen. Aber die Mailänder kamen zurück und mit ihnen ihre Stadt als eine machtvolle Größe. Gemeinsam mit ihren Verbündeten besiegten sie 14 Jahre nach der Zerstörung Kaiser Friedrich Barbarossa in der Schlacht bei Legnano und zwangen ihn in der Folge, ihr Recht auf die Bildung eines Stadtrats und auf den Zusammenschluss mit anderen Städten anzuerkennen. Dabei hatte Barbarossa genau das zu verhindern versucht.

Ansteckungsgefahr – städtische Bündnisse

Friedrich Barbarossa hatte in Italien ein Exempel statuieren wollen, um den selbstbewussten Bürgern die Ansprüche kaiserlicher Herrschaft tief einzuprägen. Er scheiterte.[10] Sein Enkel Friedrich II. machte in der Konfrontation mit den italienischen Städten 50 Jahre später dieselbe Erfahrung. Mailand und seine Verbündeten unterlagen dem staufischen Kaiser zunächst, kehrten aber erfolgreich zurück.[11] Die Staufer, die in Deutschland die Bildung vieler kleinerer Städte gefördert hatten, sahen in dem Zusammenschluss größerer Städte eine Gefahr, die sie entschieden bekämpften. In aller Schärfe ließ Friedrich II. im Jahr 1226 einen kleinen Städtebund am Rhein durch seinen Sohn König Heinrich (VII.) unterbinden.[12] Bedenkt man, dass über 90 Prozent der deutschen Städte damals weniger als 2000 Einwohner hatten, so versteht man, dass diese Städte Verbündete brauchten, um in irgendeiner Weise eigene Interessen vertreten zu können. Zum Jahr 1255 berichtet der bayerische Chronist Abt Hermann von Niederaltaich, dass die Städte am Rhein einen Zusammenschluss gebildet haben, der die zu hohen Zölle abgeschafft, die umliegenden Großen zur Räson gebracht und einen bis dahin ungekannten Frieden geschaffen habe.[13] Dieser Frieden sei „more Lombardicarum civitatum" errichtet worden: ein Städtebund am Rhein nach Art der lombardischen Städte, mit einer Ausstrahlung bis nach Bayern. Das war die Ansteckung, die Friedrich II. hatte verhindern wollen und die nun unmittelbar nach seinem Tod nicht mehr zu unterbinden war.[14]

Der Geist und die Seele der Stadt

Im Jahr 1221 war eine Gruppe von Missionaren über den Brenner nach Augsburg gekommen: 27 Franziskanerbrüder, ausgesandt vom Ordensgründer Fran-

ziskus, um den Deutschen das Evangelium zu predigen und es durch ihr Leben in apostolischer Armut zu bezeugen.[15] Es wurde bald eine Erfolgsgeschichte. Parallel dazu fassten die Dominikaner auch nördlich der Alpen Fuß.[16] Diese Bettelmönche hatten sich in ihrer Pastorale ganz auf das städtische Leben ausgerichtet. Ihre wortgewaltigen Prediger verliehen dem urbanen Lebensgefühl eine Stimme. Die Mönche zogen umher von Stadt zu Stadt, von Konvent zu Konvent. In Augsburg formulierte einer ihrer bedeutendsten Köpfe, Albertus Magnus, in den 1250er-Jahren ein Ideal für die städtische Gesellschaft, das tief vom Gedanken der Solidarität geprägt war. Er sprach von „Kommunikation", von „Gemeinschaft", von dem Leben aller Bürger der „civitas" unter dem Gesetz. Von dieser Gemeinschaft sollte das vorbildliche Zusammenleben unter dem Gesetz ausgehen, das auch die rohen Menschen außerhalb der Stadt veranlassen würde, diesen Regeln der Ehrbarkeit zu folgen. Eine solche Stadt war der Ort, wo die Bedrängten Zuflucht suchen und Schutz finden konnten. Die richtige Stadt war ein Ort, an dem viele Menschen lebten – „sie ist ansehnlich wegen der hohen Zahl ihrer Bürger ... Du wirst sehen und Du strömst über, und dein Herz wird sich wundern und geweitet werden, wenn die Fülle des Meeres dir zugetragen wird und das Glück der Völker zu Dir kommt." Es war ein Ideal, ein Ideal mit ansteckender Kraft.[17]

Die Grenzen des „opus civitatis"

Dennoch gilt es, nüchtern zu bleiben, gerade hinsichtlich der Zeit, in der Albertus Magnus in Augsburg über das städtische Leben predigte. Denn zu dieser Zeit, im Jahr 1256, stand in Deutschland eine Königswahl an und die Städte des Rheinischen Städtebunds verlangten von den Großen und den Fürsten des Reichs eine einmütige, eindeutige Königswahl. Sollten die Großen sich nicht auf einen König einigen und so den Frieden sichern, würden die Städte ihnen Waren und Kredite verweigern. Hier zog nun die Konfrontation herauf, die die Stauferkaiser aus Italien kannten und die sie hatten vermeiden wollen: ein politischer Gestaltungsanspruch der Bürger in den deutschen Städten – vorgebracht mit starken Worten und mit der Drohung von Sanktionen. Doch, und das muss man klar bilanzieren, anders als in Italien hatte die Drohung der rheinischen Städte keinerlei Wirkung. Die Großen des Reichs zeigten sich unbeeindruckt – und die Städte taten nichts. Es gibt keinerlei Hinweise auf einen Boykott, als die Fürsten 1257 in gespaltener Wahl zwei Könige wählten.[18] Tatsächlich zeigten sich hier die Grenzen der städtischen Gestaltungskraft. Es gab um 1250 viele Städte. Sie lieferten bedeutende Beiträge zur Wirtschaft und Kultur des Landes, aber sie wurden keine Größe, die Fürsten oder Herren ihre Politik aufzwingen konnte, wenn diese nicht wollten. Die Städte waren in dem Jahrhundert zwischen 1150 und 1250 auch in Deutschland sichtbar und hörbar geworden. Mächtig geworden waren sie nicht. In diesem Jahrhundert wurde das städtische Potenzial in einem fruchtbaren Umfeld ausbuchstabiert. Das politische Risiko für einen Fürsten war gering. Um 1250 konnte man absehen, worauf man sich einließ, wenn man einem Markt oder einer Siedlung das Stadtrecht erteilte.

Anmerkungen

1 Der ganze Vorgang in: Stoob, Helmold von Bosau. Slawenchronik, Kap. 86, S. 302–305 (Zitat Buch I 85 [86]) **2** Ebd., S. 305: „Der Herzog aber sandte Boten in die Hauptorte und Reiche des Nordens, Dänemark, Schweden, Norwegen und Rußland, und bot ihnen Frieden, dass sie Zugang zu freiem Handel in seine Stadt Lübeck hätten." **3** Ebd., Kap. 87 **4** „Der Markt, der bei Föhring abgehalten zu werden pflegt und die Zollbrücke werden dort künftig nicht mehr bestehen, ebenso wenig die Münze. Zum Ausgleich dafür hat unser Vetter Heinrich der Kirche von Freising ein Drittel der gesamten Einnahmen aus seinem Marktzoll bei München [„apud Munichen"] zu übergeben, entweder aus Abgaben für Salz oder für andere große oder kleine Waren, die von dort aus- oder eingehen." MGH DD 10,1 DF. I. 218, 1, S. 363–365 **5** Zu den Thronkämpfen dieser Jahre vgl. knapp: Rogge, Könige, S. 22–27 **6** Vgl. zu den Nachweisen für die Zerstörung von 1132: Zoepfl/Volkert, Regesten, Bd. 1, n. 475 **7** Ebd. **8** Das Stadtrecht von 1156: in: Die Urkunden Friedrichs I., MGH DD 10,1, DF. I. 147, 1, S. 246–250 **9** „Sie gaben sich bei der Zerstörung solche Mühe," schrieb ein zeitgenössischer Beobachter, „dass sie bis zum folgenden Palmsonntag so viel von den Mauern abbrachen, wie anfangs niemand glaubte, dass in zwei Monaten zerstört werden könne, und, wie ich wahrhaftig meine, der 40. Teil Mailands blieb nicht zur Zerstörung übrig." Acerbus Morena: Otto Morena und seine Fortsetzer, Buch über die Taten Kaiser Friedrichs, in: Schmale, Quellen, S. 179; vgl. dazu: Görich, Friedrich Barbarossa, S. 287–316 **10** Vgl. dazu auch knapp: Kaufhold, Wendepunkte, S. 93–98 **11** Vgl. zur Auseinandersetzung des Zweiten Lombardischen Stadtebunds mit Friedrich II.: Voltmer, Formen **12** MGH Const. 2, Nr. 294: „Wir wollen, dass die Bündnisse und eidlichen Verpflichtungen ... ungültig sind und widerrufen werden."; vgl. dazu etwa: Distler, Städtebünde, S. 219–230 **13** Hermanni Altahensis Annales, MGH SS 17, S. 397 **14** Die Dokumente zum Rheinischen Städtebund sind zusammengestellt in: Ruser, Urkunden, Bd. 1, S. 192–229; vgl. dazu ausführlicher (mit Literatur): Kaufhold, Interregnum, S. 168–215; Stürner, Handbuch der deutschen Geschichte, Bd. 6, S 291–297; Dilcher, Lega Lombarda, S. 155–180; Schulz, Stadtgemeinde, S. 17–39 **15** Vgl. dazu Boehmer, Jordan von Giano. Chronica, Kap. 21, S. 26; über die Anfänge in Augsburg vgl. Kaufhold, Franziskaner **16** Vgl. zu den Anfängen der Bettelorden: Lawrence, Friars **17** Die Predigten des Albertus Magnus: Schneyer, Predigtzyklus, Text S. 105ff. Hier ist vor allem die dritte Predigt von Belang, S. 119–126; vgl. zu diesen Predigten auch Meier, Mensch und Bürger, S. 35–47 **18** Vgl. Anm. 15

Städte als Burgen. Der Fall Friedberg

Hubert Raab

Die sogenannte hochmittelalterliche Warmperiode war verbunden mit einer Ausweitung der landwirtschaftlichen Flächen, mit agrartechnologischen Neuerungen, einer damit einhergehenden starken Zunahme der Bevölkerung und einem wirtschaftlichen Aufschwung durch vermehrten Handel und Produktivitätsverbesserungen im Gewerbe. Das Bevölkerungswachstum und vor allem auch das Vorbild italienischer Städtebauten veranlassten ab der Mitte des 12. Jahrhunderts die Staufer, ihre bisherige Politik, Burgen und Pfalzen zu errichten, durch eine Städtebaupolitik zu erweitern.[1] Hatte Bischof Otto von Freising über den staufischen Herzog Friedrich II. noch gespottet: „Herzog Friedrich zieht am Schwanz seines Pferdes immer eine Burg hinter sich her" (Dux Fridericus in cauda equi sui semper trahit castrum[2]), so änderte sich dies mit dem ersten staufischen König Konrad III. und mit Friedrich I. Barbarossa. Meist wurden allerdings keine neuen Städte errichtet, sondern die vorhandenen Burgen und Pfalzen, zuweilen auch Klöster, erweitert. Die zur Stadt erweiterte Burg oder, anders gesagt, die Stadt als Großburg bedeutete militärische und politische Sicherheit. Sie brachte dem Kaiser durch Abgaben, Steuern, Zinsen und Zölle zusätzliche Einkünfte. Dies betraf auch die mächtigen Adelsgeschlechter, die rasch die Vorteile der Urbanisierung erkannten und an dieser mitwirkten: die Welfen, die Zähringer, die Babenberger, viele weitere und auch die Wittelsbacher.[3]

In Altbayern gab es vor 1180 nur die alten Bischofs- und Römerstädte Regensburg und Passau, dazu die Bischofsstädte Freising und Eichstätt und am Rande Salzburg, knapp außerhalb lag die Römer- und Bischofsstadt Augsburg. In einer ersten Phase entstanden in Altbayern bis 1255 etwa 14 Städte, manche Orte wurden zu Städten erhoben. Als 1349 die Pest Bayern erfasste, zudem eine Klimaverschlechterung einsetzte, die zur „Kleinen Eiszeit" von etwa 1350 bis 1750 führte, wurde die zweite Phase der Städtegründungen jäh beendet.

Am Beginn dieser zweiten Phase steht die Neugründung von Friedberg.[4] Wie war es dazu gekommen? Der Aufstieg der Wittelsbacher gründete in ihrer Treue zum Kaiser, in einer zielorientierten Reichslandpolitik und nicht zuletzt im nicht planbaren Glück. Nach ihrem Umzug 1115 von Scheyern nach Oberwittelsbach, der aus strategischen und machtpolitischen Erwägungen erfolgt war, erhielten sie um 1120 das erbliche Pfalzgrafenamt verliehen. Als Vertreter des Königs in Bayern kontrollierten die Wittelsbacher nun die welfischen Herzöge und verwalteten die verstreut liegenden Reichsgüter.[5] Sie begannen eine „gezielte Erwerbspolitik nach Osten gegen das Hochstift Freising und nach Westen gegen das Hochstift Augsburg",[6] ihr Aktionsraum war insbesondere die Gegend um Oberwittelsbach.[7] Mit der Übertragung der Vogtei über den Besitz des Klosters St. Ulrich und Afra rechts des Lechs im Jahr 1131 erweiterten die Wittelsbacher ihren Einfluss bis an den Lechrain. Dann gingen sie daran, Ministerialen zu gewinnen.[8] Im Landkreis Aichach-Friedberg zeugen noch heute zahlreiche Burgställe von Ansitzen ehemaliger Edelfreien, die ab 1120/25 freiwillig oder unter Druck auf die Seite der Wittelsbacher getreten waren und als nun unfreie Ministerialen die Erlaubnis zum Bau von Burgen und zum Tragen von Waffen und einem Schildzeichen erhielten.[9] Turmhügelburgen schossen, wie Günther Florschütz es ausgedrückt hat, wie Pilze aus dem Boden.[10]

Als Pfalzgraf Otto II. im Jahr 1180 von Kaiser Friedrich I. Barbarossa mit dem Herzogtum Bayern belehnt wurde, hatten die Wittelsbacher den wohl wichtigsten Meilenstein ihres Aufstiegs erreicht. Nunmehr galt es, die Herrschaft in Altbayern flächendeckend auszubauen und durch Städte und Märkte abzusichern. Während um die Mitte des 13. Jahrhunderts die Durchdringung des Landes im Aichacher Bereich recht weit fortgeschritten war, was schon das erste Herzogsurbar von etwa 1230 zeigt, bestand im Friedberger Gebiet noch ein deutliches Vakuum. Der Aktionsraum der Wittelsbacher endete mit einer West-Ost-Linie wenig nördlich von Friedberg.[11] Bei oder etwas südlich von Friedberg endete das welfisch-staufische Gebiet am Lechrain. Hier versuchte nach dem Tod des Stauferkönigs Konrad IV. sein Sohn

Konradin die alte Macht wenigstens in Teilen zu erhalten. Dabei wurde er von seinem Onkel, Herzog Ludwig II. dem Strengen, unterstützt. Auch der Augsburger Bischof Hartmann trachtete danach, seine Bischofsherrschaft zur Landesherrschaft auszudehnen und richtete sein Augenmerk auf die andere Lechseite. Um das künftige Friedberg und entlang des Lechrains war bereits nicht unbedeutender Grundbesitz in Händen des Bischofs und des Domkapitels, so Kissing, die Burg Mergenthau, Wiffertshausen, Wulfertshausen, Dasing, Wessiszell, Derching, Tödtenried und weitere Besitzungen.[12]

In Augsburg war es den Bischöfen Siboto und Hartmann „allmählich gelungen, in ihrem Hochstift durch Inanspruchnahme hoheitlicher Rechte und Ausbau der Verwaltung ihre Landesherrschaft durchzusetzen und einen geistlichen ‚Staat' eigenen Rechts auszubilden"[13]. Dieser war jedoch von zwei Seiten gefährdet, einmal durch die bayerischen Herzöge, die auch westlich des Lechs Fuß fassen wollten, vor allem aber durch die südlich angrenzende ‚Bürgerstadt'. Bereits vor 1200 hatte sich hier, unterstützt vom Kaiser, eine „Markt- und Kaufleutesiedlung südlich der Domburg"[14] herausgebildet, die ihren Namen von der als „civitas" bezeichneten Bischofsstadt übernahm, ihre Einwohner waren die „cives", die Bürger. Die Emanzipation der bürgerlichen Stadt zeigt sich darin, dass sie mit einer Stadtmauer umgeben wurde. 1237 wird erstmals ein Stadtsiegel (sigillum civium Augustensium) genannt, 1257 Ratsherren (consules), 1260 ein neues bis 1806 gültiges Stadtsiegel, 1260 ein Rathaus (pretorium) und 1266 ein Bürgermeister (magister civium).

Das Gebiet östlich von Augsburg war aber nicht nur für den Wittelsbacher Herzog und den Augsburger Bischof wichtig, sondern auch für die junge Handelsstadt Augsburg, weil hier die einzige Brücke zwischen Landsberg und Rain am Lech den Lech überquerte. Bei der Brücke kamen vier Straßen zusammen: von Süden die bereits von den Römern angelegte Via Raetia, die über Partenkirchen und den Brenner nach Italien, mit einer Abzweigung nach Salzburg, verlief. Diese in der Lechebene verlaufende Straße existiert streckenweise heute noch als B2 beziehungsweise B17. Drei Straßen durchquerten das östliche Hügelland: die Straße von Regensburg über Schrobenhausen und Aichach, die heutige B300, sowie die seit der Römerzeit bestehende Straße nach Osten über Freising nach Passau und über Wels bis nach Pannonien beziehungsweise Ungarn, im Mittelalter „Oxenstraße" genannt, und die später als Salz- und Weinstraße bezeichnete Verbindung nach München. Diese Brücke war bei dem zunehmenden Handelsverkehr und dem beginnenden Salzhandel im Hinblick auf Zolleinnahmen für den bayerischen Herzog überaus wichtig, für die Augsburger Kaufleute war sie existenziell.

Ein kleiner Ansitz auf dem Lechrain, die Winzenburg, deren Lage, Größe und Zugehörigkeit ungeklärt sind, und die 1230 nur noch als „curia", als größerer Hof, bezeichnet wird, war für Herzog Ludwig II. bedeutungslos.[15] Um 1257 errichtete er deshalb am Lechrain die neue Burg „Fridberch".[16] Es ist ein typischer, programmatischer Name, der bedeutet, dass diese Burg Frieden bringt und sichert.[17] Frühe Burgen waren multifunktionale Anlagen, keine bloßen Militärbefestigungen. Die neue Burg sollte vor allem eine Repräsentation der Macht sein, einen Rechtsanspruch der Wittelsbacher auf das Gebiet an der Lechgrenze dokumentieren, dazu die Zölle der hier nach Augsburg verlaufenden Straßen sichern und der umliegenden Bevölkerung Schutz bieten.[18] Dies alles konnte die kleine Wittelsbacher Burg jedoch nicht leisten, sie war allenfalls eine schön gelegene Drohgebärde nach Westen. Da es östlich von Augsburg bisher weder einen Marktort noch eine Stadt gab, musste diese Lücke geschlossen werden.

Die zur Stadt erweiterte Burg bedeutete Sicherheit.

Zwischen der Kaufleute- und der Bischofsstadt Augsburg kam es immer wieder zu Auseinandersetzungen, ja sogar zu kriegerischen Handlungen. Als sich die Bürger 1263/64 von Bischof Hartmann in ihren Rechten bedroht fühlten, wandten sie sich an ihren Stadtvogt, den Herzog von Schwaben und König von Jerusalem und Sizilien, Konradin von Hohenstaufen, um Hilfe. Der 12-jährige Staufer stellte ihnen, zusammen mit seinem Vormund Herzog Ludwig II., am 6. Februar 1264 einen Schutzbrief aus, mit dem er die Bürger von Augsburg unter seinen besonderen Schutz nahm und ihnen für drei Jahre bei jeglicher Gewaltanwendung Hilfe zusicherte. Neben weiteren Schutzversprechungen wurde ihnen zugesagt, dass am Lech kein höherer als der gewohnte Zoll erhoben würde und dass die Straßen und Brücken zwischen dem Lechfluss und der Stadt Augsburg im Zusammenhang mit der geplanten Errichtung einer Stadt bei der Burg Fridberch nicht mehr als bisher beansprucht werden sollten. Zudem würden die Bürger der Stadt Augsburg nicht gezwungen, sich in der

„civitas Fridberch" niederzulassen beziehungsweise dort ihre Waren niederzulegen.[19] Dieser Schutzbrief stellt die Gründungsurkunde von Friedberg dar. Bewusst wird die Neugründung mit „civitas" wie Augsburg bezeichnet und ihr der Name der Burg übertragen – sie wird also zur erweiterten Burg, zur Großburg. Die künftigen Bürger erhielten wohl schon bald Privilegien, Rechte und Freiheiten. Sie hatten aber auch Pflichten zu erfüllen, Abgaben, Wehrdienst, Arbeitspflicht und Wachdienst zu leisten und sich der städtischen Gerichtsbarkeit zu unterwerfen. „Stadtluft macht frei nach Jahr und Tag", befreite also von der Abhängigkeit von einem Grundherrn, von Leibeigenschaft und Hörigkeit, gab aber nicht völlige Freiheiten.

Da außer den drei Hofstätten Punen, die nach archäologischen Befunden wohl südlich der heutigen Kernstadt lagen, und Winzenburg keine präurbane Ansiedlung im Nahbereich bestand, stellt Friedberg eine echte Neugründung dar. Graben und Wall mit einer hölzernen Palisade waren bei der Neugründung einer Stadt zwingend, die Stadtmauer kam oft, wie in Friedberg, erst später hinzu. Noch im Freiheitsbrief von 1383 ist „von dem Tull" und „den Zeinen", also von Palisaden, die Rede.[20]

Auch wenn dies spekulativ bleiben muss, lassen sich Überlegungen zu einer Grundvermessung von Friedberg anstellen. Der Grundkatasterplan von 1812 zeigt mit größter Wahrscheinlichkeit noch die Einteilung gemäß der Erstvermessung der Stadt. Beim Vermessen wurden der bayerische Fuß, wohl Münchner Maß, zu 0,292 Meter und die Rute (= 12 Fuß) zu 3,5 Meter verwendet. Messhilfen waren vermutlich ein Messseil zu 100 Fuß oder länger, der mit der Schnur gezogene Kreis, der rechte Winkel nach Pythagoras (Knoten im Verhältnis 3:4:5) und Messstäbe.[21] Die erste Turmstelle ergab sich aufgrund der Topografie im Nordwesten. Bildet man von dort ein gleichschenkliges Dreieck mit rechtem Winkel an der Mitte der Südseite der Burg, die in ihrer ersten Ausführung auch dort gestanden haben dürfte, so ergibt sich der zweite Turm an der Nordostecke – noch heute verläuft genau auf der Dreieckslinie im Osten die Mauer zur Burg. Von der Spitze des Dreiecks an der Burg wird durch die Mitte der Grundlinie eine 1000 Fuß (292 Meter) lange Linie gezogen, den Endpunkt stellt die Stadtmitte dar. Von hier aus berührt ein Kreis mit Durchmesser zum ersten Turm alle vier Stadtmauertürme, wobei der südwestliche wieder durch die Topografie auf der Kreislinie bestimmt wird. Der Steilabfall zur Lechebene bildet die westliche Abgrenzung, die deshalb nicht gerade verläuft. Im Norden gibt es keine Stadtmauer, da die Burg mit einem aus topografischen Gründen leicht nach Osten versetzten weiteren Turm, dem Pulverturm, und dem zweiten Turm, dem Folterturm, verbunden wird. Da die Stadt mit ihrer Schauseite wie eine Großburg von Westen her wirken sollte, war ihre Nord-Süd-Ausdehnung mit etwa 380 Meter und einschließlich der Burg mit 560 Meter wesentlich länger als die Ost-West-Ausdehnung mit etwa 300 Meter. Von größter Bedeutung bei der Neuanlage war neben strategischen Überlegungen die Zusammenlegung der Straßen durch die Stadt hindurch.

Nach der Hinrichtung Konradins 1268 in Neapel trat Herzog Ludwig II. das sogenannte Konradinische Erbe an, Gebiete an Lechrain und Oberer Donau, die das wittelsbachische Herrschaftsgebiet gut abrundeten. Ludwig II. war daran gelegen, den Streit mit dem Augsburger Bischof zu beenden, am 31. März 1270 schloss er einen Vertrag mit Bischof Hartmann über die Vogtei zu Augsburg. Beachtung verdient darin die Bemerkung, dass „cives August(enses) ex depositione salis apud Fridberch non sustinebunt per predictum Ducem impedimentum aliquod vel gravamen", dass also die Bürger von Augsburg durch eine herzogliche Salzniederlage in Friedberg keine Behinderung oder Beschwernis erleiden sollten.[22]

Die Augsburger merkten bald, dass ihnen die strategisch günstige Lage Friedbergs, der Ausbau zu einer Art Großburg vor ihren Augen Nachteile bringen würde. Dieser Befürchtung begegnete der Herzog 1272 mit der Ausstellung eines Schirmbriefs, der den Frieden im freien Handel und Wandel sichern sollte.[23] 1292 schloss er nochmals Verträge mit den Augsburger Bürgern und Bischof Wolfhart.[24] Als aber sein Sohn und Nachfolger, Herzog Rudolf I., im Streit mit dem Rat und dem Bischof von Augsburg die vier Kilometer südlich von Friedberg gelegene hochstiftische Burg Mergenthau zerstörte, zogen die Augsburger nach Friedberg und zerstörten 1296 ihrerseits die junge Stadt.[25] Hier zeigt sich, dass die „Großburg" die Aufgaben einer Burg nicht restlos erfüllen konnte: Ohne Mauern und effiziente Verteidigung bot sie wenig Schutz und war leicht zu erobern.

Mit dem Wiederaufbau der Stadt scheint es Probleme gegeben zu haben. Es fehlte nach wie vor eine starke Ringmauer, vielleicht waren auch die Einkünfte hinter den Erwartungen geblieben, obwohl die Zolleinnahmen am Lech den herzoglichen Säckel kräftig füllten.[26] Einen großen Rückschlag brachte sicherlich die Pest, die 1349 auf Bayern übergriff und der hier bis zu einem Drittel der Bevölkerung zum Opfer gefallen sein soll.

Wurde Friedberg bei der Teilung Oberbayerns 1310 zwischen den Brüdern Rudolf I. und Ludwig IV. noch als „div purch vnd div stat" bezeichnet,[27] so erscheint es in der Folge nur noch als Markt, so im Teilungsvertrag von Pavia 1329 „Fridberch burch und marcht"[28] oder im Teilungsvertrag von 1392 „Fridberg burg vnd margt mitsambt dem zoll an der Lechprugk"[29]. Als Markt wird Friedberg auch 1372 bezeichnet, als unter Herzog Stephan II. mit Augsburg eine Fehde ausbrach, in deren Verlauf die Augsburger mit 300 Mann wieder nach Friedberg zogen und „verpranten den Markt allen mit ainander und namen, waz si funden"[30]. Solche Städte zwischen einem Markt und einer Stadt werden in der Forschung auch als „Minderstädte" bezeichnet, doch scheint die Bezeichnung Markt oder Stadt fließend gewesen zu sein. So gaben die Herzöge Stephan III. und Johann II. am 6. April 1383 dem hier ausdrücklich als Stadt bezeichneten Friedberg einen neuen Freiheitsbrief, weil die alten Briefe „zue disen Zeyttn all verbrunnen sind".[31] Enthalten sind darin unter anderem die Rechte der Freiung, des Geleits, der Bürgeraufnahme, der Wochen- und Jahrmärkte, der Gastaufnahme, des Weiderechts, des Wegzolls, des Gerichts. Bestätigt war also der bekannte Rechtsgrundsatz „Stadtluft macht frei nach Jahr und Tag".[32] Schon ein Jahr später wurden etliche Augsburger Bürger aus Augsburg verbannt, weil sie sich in die Freiung Friedbergs begeben hatten.

Nach der erneuten Landesteilung von 1392 fiel Friedberg an das Teilherzogtum Bayern-Ingolstadt und wurde zur südlichen Grenzstadt. Bald ist die Rede vom „opidum Fridperg"[33] und vom Ausbau zu einer wehrhaften Stadt. In einer Erneuerung und Erweiterung der Stadtrechte vom 31. März 1404, in der nun die Wahl eines Stadtrats genannt wird, kann ausdrücklich der Beginn eines Mauerbaus herausgelesen werden. Bestraft sollte nämlich werden, wer „von der Maur, Tuell oder Zeinen, domitt unser Statt gefridtet were", etwas davonträgt.[34] Der Satz gibt auch eine zweite Deutung des Namens „Friedberg", nämlich: Die Stadt steht auf einem eingefriedeten, also mit einer Mauer oder Palisade umgebenen und somit geschützten Berg. Der Wappen- und Gedenkstein Ludwigs des Gebarteten in der Friedberger Stadtpfarrkirche St. Jakob vermerkt, dass der Herzog ab 1409 „den grawn und die mawr allew von neue lassen machen umb die Stat czu fridberg und den graben fuetern und all czwinger umb die vesst und all kempnaten von grund und newen machen lassen".[35] Der Ausbau Friedbergs zu einer wehrhaften Grenzstadt war die erste Maßnahme Herzog Ludwigs II. in einer längeren Reihe von Befestigungen in seinem Herzogtum.[36] Dies verweist auch auf die Bedeutung, welche die Sicherung an der Südgrenze hatte.

Ungeklärt ist bisher ein weiterer, im Süden und Osten verlaufender, tiefer Stadtgraben, der auf dem Katasterplan noch zu sehen, heute aber völlig eingeebnet ist. Geht er auf die Erstvermessung zurück oder erst auf die „zweite Stadtgründung" unter Ludwig dem Gebarteten nach 1400? Für das letztere Datum spricht, dass bei der Grenzlage zu den Münchner und Landshuter Vettern, mit denen es immer wieder zu Auseinandersetzungen kam, nun auch die leichter angreifbare Ost- und Südseite der Stadt durch eine Art Avant-Fosse, einen äußeren Graben, gesichert werden musste. Auf Veduten ist zu sehen, dass Friedberg nunmehr, unter Einbeziehung der Burg, einer von einer hohen Mauer mit Wehrgang und Schießscharten, dazu 24 Türmen umgebenen wehrhaften Großburg glich. Imposant war sie mit ihrer Schauseite hoch über dem Lechtal, Augsburg gegenüber. Vieles ist davon noch erhalten, wenn sich auch große Teile der Mauer und viele Türme hinter der Wohnbebauung verstecken. Obwohl die Neugründung Friedbergs als Grenzbastion an der Lechgrenze gegen Westen den Aktionsraum der Wittelsbacher nach Südwesten geöffnet hatte, zur echten türmereichen Großburg wurde Friedberg erst im Zuge der zweiten Stadtgründung unter Ludwig dem Gebarteten. Mit Recht kann so von einer „Stadtgründung als Prozess" gesprochen werden.

Allerdings brachte die Existenz einer so stark befestigten Stadt an dieser problematischen Stelle in exponierter Lage weder dauerhaften Frieden für andere noch bot sie den Bewohnern Sicherheit. Jeder Gegner, der von Westen kam – und das waren im Lauf der Geschichte viele –

musste zuerst Friedberg bezwingen. Dann war der Weg nach München frei und nicht mehr weit. Dies hatte zur Folge, dass die Stadt in 500 Jahren, von 1296 bis 1796, 13 Mal berannt, belagert und erobert, elf Mal geplündert und verheert und sechs Mal abgebrannt wurde.[37] Und noch 1945 versuchte das NS-Regime, den Lechrain mit Friedberg zur Festung auszubauen und den Einmarsch der Amerikaner durch Panzersperren am Zugang zur Stadt zu verhindern, was aber durch das beherzte Eingreifen von Friedberger Bürgern zum Scheitern verurteilt war.[38]

Anmerkungen

1 Zum hochmittelalterlichen Klimaoptimum bes. Lamb, Klima; Abel, Landwirtschaft, S. 43f.; Rösener, Landwirtschaft; Glaser, Klimageschichte Mitteleuropas, S. 21–27. In Deutschland soll eine Verdreifachung der Bevölkerung von vier auf 12 Millionen stattgefunden haben. **2** Ottonis et Rahewini Gesta Friderici I. imperatoris, MGH SS rer. Germ. 46, Zitat in Buch I, S. 359, Kap. 12; zu Herzog Friedrich II. s.a. Ehlers, Burgen und Pfalzen; Schwarzmaier, Friedrich II. **3** Maschke, Städte der Stauferzeit, S. 59, 64; Meckseper, Kunstgeschichte **4** Aus der umfangreichen Literatur bes. Liebhart, Die frühen Wittelsbacher; ders., Altbayerische Geschichte, S. 56–59; ders., Städte und Märkte **5** Zu den wittelsbachischen Pfalzgrafen ausführlich: Paulus, Pfalzgrafen **6** Patze, Herrschaft, S. 45 **7** Flohrschütz, Machtgrundlagen, S. 58ff. **8** Anneser, Wittelsbacher **9** Flohrschütz, Machtgrundlagen, bes. S. 48ff. **10** Ebd., S. 58 **11** Ebd., S. 58ff. **12** Layer/Wüst, Augsburger Hochstift, S. 287ff., bes. 299f. und Anm. 35 **13** Weitlauff, Augsburg, Bischof/Hochstift; Zoepfl, Bistum Augsburg, S. 192ff. **14** Schröder, Stadt Augsburg, S. 55; Zorn, Augsburg, S. 89–126 **15** Zwischen 1135 und 1146 sind mit Kûnradus de Winzenburch und Pilgerimus de Winzenburch zwei Namen des Adels als Zeugen überliefert, s. Müntefering, Traditionen. Da in der Tradition 77 ein Dommaier Konrad den Besitz übertragen lässt, ist die Überlegung berechtigt, dass die Zeugen „von Winzenburch" in Verbindung zum Augsburger Bischof standen. Die Winzenburg ist etwas später durch das erste Herzogsurbar von ca. 1230 eindeutig als wittelsbachisch bezeugt (MB 36a, S. 86). **16** Raab, Anfänge, S. 108–112; „Berg" wird ursprünglich synonym mit „Burg" verwendet. **17** von Reitzenstein, Lexikon schwäbischer Ortsnamen, S. 130 **18** Zeune, Burgen; ders., Symbole **19** Urkunde in: Fried/Lengle, Schwaben, Nr. 260, S. 301f.; Übersetzung von Sebastian Hiereth in: Friedberger Allgemeine vom 20.6.1964 **20** Raab, Jahre, S. 124–127 **21** Meckseper, Städtebau **22** Abgedruckt in MB 30 1, S. 118f.; Raab, Jahre, S. 119–130; zum Salzwesen unter den frühen wittelsbachischen Herzögen vgl. Wanderwitz, Herzöge **23** von Stetten, Geschichte, S. 76; QuE 5, S. 258ff. **24** QuE 5, S. 464ff. und S. 471ff. **25** Raab, Jahre, S. 120 **26** In einer Übereinkunft zwischen den Herzögen Rudolf und Ludwig vom 3. August 1311 wird der Zoll „ze Fridberch" ausdrücklich neben den Zöllen „ze Muenchen, ze Wazzerburch, ze Lantsperch, ze Niwenburch" genannt (QuE 6, S. 194f.). **27** QuE 6, S. 166 **28** Ebd., S. 302 **29** Ebd., S. 553 **30** von Stetten, Geschichte, S. 84; MGH SS 24, 55: „cives cum summo preposito, de czoler, qui fuit capitaneus eorum, exierunt de civitate, et plurimas villas et tria castella rapinis et incendio totaliter devastaverunt et civitatem Fridberch igni succenderunt"; Friedberger Heimatblätter 1957, S. 10 **31** Raab, Jahre, S. 124–127 mit Abb. 6 **32** Dazu Mitteis, Rechtsgrund **33** Leidinger, Veit Arnpeck. Sämtliche Chroniken, S. 405 **34** Raab, Herzogszeit, S. 133f. **35** Ebd., S. 134–136 mit Anm. 17 und 18 **36** Weitere Gedenksteine sind erhalten in Lauingen (1413), Schrobenhausen (1414), Wasserburg (1415), Rain am Lech (1417), Aichach (1418) und Schärding (1429). Ein weiterer von Kufstein (1415) ging verloren. **37** Zahlen nach Großmann, Ortsnamen, S. 46 **38** Becker, Kriegsende in Friedberg

Städte und Märkte im Wittelsbacher Land

Wilhelm Liebhart

Dem Mittelalter verdanken wir die europäische Stadt und die Lebensform des Bürgertums.[1] Der Landkreis Aichach-Friedberg beherbergt mit Aichach und Friedberg zwei Städte und fünf Märkte oder Marktflecken, von denen vier, nämlich Aindling, Inchenhofen, Kühbach und Pöttmes, wie die Städte auf das Spätmittelalter zurückgehen. Aichach und Friedberg entstanden als Städte im 13. Jahrhundert, die Märkte Aindling, Inchenhofen, Kühbach und Pöttmes im Lauf des 14. und 15. Jahrhunderts.[2] Mering, ein alter Zentralort am Lechrain, wurde erst 1912 zum Markt erhoben. Blickt man über den Landkreis und seine Nachbarregionen hinaus, ist zu konstatieren, dass die Mehrzahl der deutschen und europäischen Städte im Hoch- und Spätmittelalter entstanden ist, im Zuge eines gewaltigen Stadtgründungsprozesses, der zwischen 1050 und 1450 stattfand:[3] Landsberg (Stadt)[4], Dachau (Markt bis 1933)[5], Fürstenfeldbruck (Markt bis 1935)[6], Schrobenhausen (Markt bis 1450)[7] und Rain am Lech (Stadt).[8]

Stadt und Markt

In den Urkunden des späten Mittelalters werden Aichach und Friedberg als „Stadt" wie auch als „Markt" tituliert: Als 1310 die Brüder und Herzöge von Oberbayern, Rudolf und Ludwig IV., der spätere Kaiser, ihr Herzogtum teilten, erhielt letzterer neben anderen „Aychach div stat, Fridberch burch vnd stat ..., Schrovenhavsen der marcht".[9] 19 Jahre später, im wittelsbachischen Hausvertrag von Pavia 1329, heißt es aber „Fridberch burch vnd marcht" und „Aichach vnd Schrouenhusen di maercht".[10] Bei der Landesteilung von 1392 geht die Rede von „Fridberg burg vnd margt mitsambt dem zoll an der lechprugk", obwohl die Herzöge Stephan III. und Johann II. noch 1383[11] Friedberg als Stadt bezeichnet hatten. Hintergrund dürfte der Städtekrieg von 1388 mit seinen Zerstörungen gewesen sein. Im Teilungsvertrag von 1392 heißt es weiter: „Aychach burg vnd stat, Schrobenhäwsen der margt, Altenmünster der margt, Chübach der margt, Aynlingen der margt, sand Lienhart [Inchenhofen] der margt".[12] Ein Jahrzehnt später, 1404[13], sprechen Herzog Ludwig VII. von Bayern-Ingolstadt und 1434[14] auch Kaiser Sigismund endgültig von Friedberg als Stadt. Die unterschiedliche Bezeichnung in den erwähnten Urkunden erklärt sich aus der Tatsache, dass Friedberg und Aichach zeitweise nicht in der Lage waren, die Stadtsteuer aufzubringen, zu der sie veranlagt waren. Dies führte dann zur Herabstufung als Markt.

Die wittelsbachischen ‚Gründungsmärkte' lassen sich nicht – ohne dies hier im Einzelnen weiter ausführen zu können – der Typologie der sogenannten Minderstädte[15] zuordnen. Sie sind keine unfertigen, missglückten Städte, sondern stellen einen eigenen Siedlungstyp zwischen Stadt und Dorf, mit spezifischen Aufgaben dar. In jedem Fall aber gehörten die Märkte Altbayerns dem städtischen Rechtskreis an.

Urbanisierung im Spätmittelalter

Altbayern und Österreich erlebten im 13./14. Jahrhundert eine Phase der Urbanisierung, wie sie erst wieder im 20. Jahrhundert zu beobachten ist. Im Herzogtum Bayern bildete sich eine dreistufige ‚Städtelandschaft' mit den fünf Residenzstädten München, Landshut, Burghausen, Straubing und Ingolstadt, wenigen Kleinstädten wie Aichach, Friedberg und Rain als Landgerichtssitzen und vielen Marktflecken heraus.[16] Stadt und Markt dienten dem inneren Staatsaufbau.[17] Seine Bausteine waren die Bündelung von Grafschaften mit dem Hochgericht, das Sammeln von Klostervogteien, der Burgenbau und die Landfriedensgesetzgebung. Dazu kamen die mit dem Herzogsamt verbundenen ehemals königlichen Regalien wie das Geleitrecht auf den Straßen, der Wildbann mit dem Jagdrecht, der einträgliche Judenschutz, das Zoll- und Marktrecht sowie das Befestigungsrecht.[18] Im 13. Jahrhundert wurden die alten Grafschaften von Landgerichten oder Pflegämtern abgelöst, wie das ursprünglich vom Lech bis an die Ilm reichende Landgericht Aichach. Man darf in diesem Zusammenhang durchaus von einer mittelalterlichen Raum- und Landesplanung oder von „modernstaatlichen Entwicklungstendenzen"[19] sprechen. Zwischen 1180 und 1350 entstanden in Altbayern 23 bis 27 neue Städte und 50 Märkte oder Marktflecken. Den Anfang machte wohl Kelheim, sicher aber 1204 Landshut, gefolgt von Cham (nach 1204), Straubing (1218), Landau an der Isar (1224) und Ingolstadt (vor 1231). München ist ein Sonderfall.[20] Vor 1250 wurden Aichach und Rain am Lech und ab 1264 Friedberg gegründet. Zwischen 1240/70 entstand der Markt Dachau, um 1310 lassen sich erstmals die Märkte Schrobenhausen und Altomünster nachweisen, die Märkte Aindling, Inchenhofen und Kühbach seit der Landesteilung von 1392.

Städte und Märkte waren Amtssitze, Marktorte und Gewerbezentren in einem agrarischen Umland. Im Vordergrund stand nicht wie beim Burgenbau der Verteidigungszweck, obwohl dieser in Grenzlagen, wie etwa bei Landsberg am Lech, Friedberg oder Rain, eine Rolle spielte. Die Stadt galt als Festung, nicht aber der in der Regel unbefestigte Marktflecken. Die Befestigungen bestanden im 13. Jahrhundert aus Palisaden, Erdwällen und Wassergräben, erst im 14. Jahrhundert setzte sich die kostspielige Mauerbefestigung durch. Die befestigte Stadt sicherte den Landfrieden, die Grenzen, Straßen, Furten und Brücken. Mauern umgaben jede Stadt, aber ursprünglich nicht die Märkte, wie an Aindling, Inchenhofen und Kühbach zu sehen ist. Ummauerte Märkte stammen erst aus dem 15. Jahrhundert; sie stehen in Zusammenhang mit der Landesteilung von 1392, in der Oberpfalz mit den Hussiteneinfällen ab 1419. Beispiele für späte befestigte Märkte in der Region sind Dachau, Schrobenhausen vor der Stadterhebung (1450)[21] und Hohenwart[22] nach der Verlegung vom Klosterberg hinab in das Paartal. Eine Ausnahme bildet Pöttmes, wo die herzoglichen Brüder Rudolf und Ludwig IV. ihrem Vertrauten Heinrich von Gumppenberg 1310 das außerordentliche Recht zugestanden, einen Platz im Dorf Pöttmes („in villa Petems") zu „markten und zu befestigen" („in forando ac fortificando"),[23] also einen Marktplatz beziehungsweise eine Marktsiedlung anzulegen und zu befestigen. So entstand der mit Wall und Graben befestigte „Innere Markt", dessen beide Tortürme erhalten sind.

Zentralort Markt

Die im Vergleich zur Stadt deutlich kleineren, unbefestigten Märkte dienten als Zentralorte zwischen Dorf und Stadt in erster Linie wirtschaftlichen Zwecken, es dominierte das Versorgungshandwerk. Aus der Zeit um 1775 ist eine Statistik überliefert, welche die unterschiedliche Gewerbedichte vor Augen führt: Aichach zählte 129 Handwerksmeister (um 1800: 226 Anwesen), Inchenhofen 51 (um 1800: 133 Anwesen), Altomünster 51 (um 1800: 142 Anwesen), Aindling 43 (um 1800: 103 Anwesen) und Kühbach 34 (um 1800: 102 Anwesen).[24] Auf den Marktplätzen in Friedberg, Aindling oder Kühbach und auf den Straßenmärkten in Aichach, Inchenhofen und Pöttmes fand der Warenaustausch zwischen Stadt und Umland statt. Handwerker und Gewerbetreibende verkauften auf mehrtägigen Jahrmärkten, Wochenmärkten und Spezialmärkten ihre Produkte an die Landbevölkerung, die Bauern brachten Getreide, Vieh und Milchprodukte auf den Markt. Die Arbeitsteilung zwischen Stadt/Markt und Umland führte zur Konzentrierung und Monopolisierung des in Zünften organisierten Handwerks und Gewerbes auf Stadt und Markt. Für das Umland beziehungsweise das jeweilige Landgericht bestand ein Bannmeilenrecht, es herrschte Marktzwang. Über die lokale und regionale Versorgung hinaus gingen die Niederlags- und Stapelrechte für die Hauptexportartikel Salz, Getreide und Vieh. Das exklusive Salzniederlagerecht besaßen nur Friedberg, 1270 erstmals nachgewiesen, und seit 1371 Aichach.

Der Unterschied zwischen Stadt und Markt

Die Unterschiede zwischen Stadt und Markt lassen sich mit den Schlagworten Quantität, Qualität und Raumfunktion beschreiben, also mit Siedlungsgröße, Einwohnerzahl und Gewerbedichte (Quantität), Rechtsausstattung (Qualität) und dem wirtschaftlichen Einzugs- und Versorgungsgebiet (Raumfunktion). Rechtlich waren Städte und Märkte unterschiedlich ausgestattet. Aichach erhielt 1347 von Kaiser Ludwig IV. das Münchner Stadtrecht, ohne es aber realisieren zu können. Gleiches trifft auf Inchenhofen zu, das 1400 die Privilegien von Ingolstadt und Aichach bekam. Aindling bekam erst 1479 die Marktrechte von Inchenhofen und Altomünster, Kühbach 1481 gleichfalls von Inchenhofen, Altomünster und Aindling. Die Rechtsausstattung der Märkte lehnte sich an die der Städte an. Ein einheitliches altbayerisches Stadt- und Marktrecht hat es nie gegeben.[25] Der Markt verfügte über eine Ratsverfassung mit Bürgermeisteramt, das Siegel- und Wappenrecht, die freiwillige Gerichtsbarkeit (Notariat), die Niedergerichtsbarkeit über Bürger und Gäste, wobei der Landrichter zugleich Marktrichter war, das Pfändungsrecht im Umland, die Durchführung des Gantprozesses, das Musterungsrecht, das Besteuerungsrecht, das Satzungsrecht in Sachen der Gewerbepolizei und die praktische Gewerbepolizei.[26]

Landstandschaft

Die politische und wirtschaftliche Blütezeit der Städte und Märkte war das Spätmittelalter. Dem leisteten die Landesteilungen der wittelsbachischen Herzöge seit 1255 Vorschub, insbesondere die Teilung von 1392, die bis 1505 zur Entstehung der Teilherzogtümer Bayern-München, Bayern-Ingolstadt und Bayern-Landshut führte. Schon im Verlauf des 14. Jahrhunderts schlossen sich der Adel, die Prälaten der Stifte und Klöster und die Bürger der Städte und Märkte zu einer landständischen Korporation, den Landtagen, zusammen und waren hierin völlig gleichberechtigt.[27] Der 12. landständische Freiheitsbrief von 1374 nennt alle bürgerlichen Mitglieder der oberbayerischen Landschaft unserer Region wie Altomünster (Markt), Aichach (Stadt), Friedberg (Markt), Rain (Stadt), Schrobenhausen (Markt) und Dachau (Markt). Inchenhofen ist 1400, Kühbach 1430 und Aindling 1447 als Landstand nachgewiesen.

Aichach

Aichach[28], gelegen am Schnittpunkt der Altstraßen Augsburg–Regensburg (heute B300) und München–Rain–Donauwörth (heute Staatsstraße 2047) an der bei Ingolstadt in die Donau mündenden Paar, wird zwischen 1062 und 1080 erstmals in der Bedeutung von „Eichenwald" genannt. Das nahe Oberwittelsbach war Sitz der Grafen und Klostergründer von Kühbach, deren Nachfolger die Grafen von Scheyern beziehungsweise seit 1120 die Pfalzgrafen von Wittelsbach waren. Nach dem Mord Pfalzgraf Ottos IV. an König Philipp von Schwaben 1208 fielen die pfalzgräflichen Eigengüter, Reichslehen und Klostervogteien an das wittelsbachische Herzogshaus, das damit das oberbayerische Landgericht und Kastenamt Aichach-Wittelsbach aufbaute. Neuer Mittelpunkt wurde Aichach, während die Pfalzgrafenburg infolge der über Otto IV. verhängten Reichsacht ihre Bedeutung verlor. Sie soll 1209 bis auf die Grundmauern geschleift worden sein. Die erst im 14. Jahrhundert nachgewiesene Wasserburg Unterwittelsbach am Fuß des Burghügels lag direkt an der Straße Augsburg–Regensburg und besaß die Funktion einer Vorburg. Aus der vorstädtischen Zeit sind zwei Urkunden bekannt mit bemerkenswerten Begriffen wie 1177 „in burgo"[29] und um 1205 „in solemni foro"[30] Aichach. Eine Zollstätte der Reichsmarschälle von Pappenheim ist um 1216 belegt. Das mittellateinische Wort „burgus" ist vieldeutig und kann „Burg, befestigte Siedlung, Burgflecken, Vorort, Siedlung nahe einer Burg" bedeuten, doch hat Aichach ursprünglich keine Burg besessen.[31] Auch in den erwähnten Teilungsverträgen ist für Friedberg die Burg stets erwähnt, für Aichach jedoch erst 1392. So war Aichach wohl immer schon der zu Oberwittelsbach gehörige Burgflecken, in dem um 1205 ein Jahrmarkt und um 1216 eine Zollstation des Reichs nachzuweisen sind. 1210 verlieh Herzog Ludwig I. dem Deutschen Orden die Pfarrei Aichach mit fünf Filialkirchen. Diese Tatsache wurde für die Frühzeit der Stadtwerdung noch nicht gewürdigt. Komture saßen bis 1384 in der Stadt. Die Quellen sind im 13. Jahrhundert ausgesprochen spärlich. Aichacher Bürger erscheinen mit einer beachtlichen Steuerleistung urkundlich erstmals 1291, sodass zwischen 1209 und 1291 die Stadtgründung erfolgt sein muss. Weiter eingrenzen lässt sie sich aus einer Urkunde Herzog Ottos II. von 1235 für das nahe Benediktinerinnenkloster Kühbach:[32] Der Herzog erlaubte der Äbtissin, ihre Zinsleute oder Leibeigenen, wo auch immer sie sich aufhielten, zurückzuholen, was voraussetzt, dass sich Klosterleute der angestammten Herrschaft entzogen hatten. Wohin sollen sie geflohen sein, wenn nicht in die im Gang befindliche Anlage der Stadt Aichach? Weit und breit gab es außer Neuburg, Ingolstadt und München keine andere städtische Siedlung, in der man hätte bleiben können, sofern man nicht binnen eines Jahres von seinem Leibherrn aufgespürt und zurückgeholt wurde.

Der Beginn der Anlage eines regelmäßigen, doppelspurigen Straßenmarkts mit 330 Metern Länge neben dem älteren Dorf- und Kirchenbezirk ist für die Zeit um 1235 unter Herzog Otto II. anzunehmen. Die Anlage erfolgte auf Vogteigrund, auf Grund des Augsburger Benediktinerklosters St. Ulrich und Afra, dessen Vögte die Pfalzgrafen seit 1131 waren. Aufschlüsse vermittelt auch der Stadtgrundriss, der seitenverkehrt mit dem von Rain am Lech identisch ist, das erstmals 1257 unter Herzog Ludwig II. als Stadt erwähnt ist. Die Stadtgründung war ein Prozess. Die langwierige und kostspielige Ummauerung Aichachs erfolgte vor und nach 1331 (1418 Verstärkung), wie ein Privileg Kaiser Ludwigs IV. vor Augen führt. Um 1280 wird ein Aichacher Maß für das Landgericht erwähnt. 1293 erscheint das eigene Stadtsiegel, ein Eichbaum mit Blättern und Wurzeln. 1324 ist ein Aichacher Marktrecht bezeugt. 1347 verlieh Kaiser Ludwig IV. das Münchner Stadtrechtsbuch, das zusammen mit dem Landrechtsbuch im Stadtgericht des herzoglichen Landrichters Verwendung fand. Weitere landesherrliche Privilegien gewährten 1371 eine Salzniederlage, 1544 einen Weinmarkt und 1563 über die bürgerlichen Sachen hinaus die Mitwirkung an der Strafgerichtsbarkeit des Pflegers und einen fest umrissenen Burgfrieden.

Aichach gewann in der Ingolstädter (1392–1447) und Landshuter (1447–1503) Herzogszeit neben Ingolstadt zentrale Bedeutung: 1420 kam es zur Aichacher Einung gegen Niederbayern und 1504 zum Aichacher Landtag in Anwesenheit Kaiser Maximilians I. Um 1600 sind für Aichach 284 Häuser belegt. Seit dem 14. Jahrhundert hatte sich ein vielfältiges zünftisches Handwerks- und Gewerbewesen entwickelt – 1590 gab es neun Zünfte –, das der Versorgung des agrarischen Umlands diente. Der Austausch fand auf drei Jahrmärkten, 12 Viehmärkten und einem Wochenmarkt statt. Fernhandel ist nur im 14./15. Jahrhundert durch die Anwesenheit von Juden, belegt durch die Erhebung einer Judensteuer 1340, und vereinzelten Großkaufleuten während der Ingolstädter Zeit nachgewiesen.

Friedberg

Die Stadt[33] entstand an der östlichen, steil abfallenden Lechleite auf einem Hochplateau im Anschluss an eine ältere, vom Plateau abgesetzte Burg. Seit dem 13. Jahrhundert trafen hier an der Landesgrenze zu Schwaben die Straßen München–Augsburg, eine Salz-, Wein- und Poststraße, und Augsburg–Regensburg zusammen, um die Friedberger Ach und den Lech zu überschreiten. Am Lechrain endete die wittelsbachische Pfalzgrafschaft, hier begann der welfisch-staufische Machtbereich. Die Stadt Friedberg wurde auf dem Areal zweier Vorsiedlungen mit Namen Punen und Winzenburg angelegt. Im frühesten Güterverzeichnis der bayerischen Herzöge, dem ersten Herzogsurbar von 1231/34, erscheint ein Hof zu „Winzenpurch". Er stammte aus dem Besitz des geächteten letzten Pfalzgrafen von Scheyern-Wittelsbach. Punen taucht im zweiten Herzogsurbar von 1279/84, also nach dem Tod des schwäbischen Herzogs Konradin, auf mit dem Zusatz, dass drei Höfe („curiae") mit dem Hof von „Wintzenbvrch" zugunsten der Bürger in Friedberg, „divise sunt civibus in Frideberch", aufgeteilt worden seien. Bis auf die Winzenburg gehörte das für die Stadtgründung benötigte Areal also Herzog Konradin. In der

Gründungsurkunde vom 6. Februar 1264 kündigten Konradin und sein Onkel und Vormund Herzog Ludwig II. den Bürgern von Augsburg an, eine Stadt bei der Burg Friedberg (Winzenburg) errichten zu wollen.

Die staufisch-wittelsbachische Gründungsstadt entwickelte sich aufgrund von frühen Zerstörungen (1296, 1372, 1388, 1395 und 1422) nicht kontinuierlich. Um 1280 werden erstmals Bürger („cives") und 1291 Stadtsteuern genannt, 1297 wird ein Siegel erwähnt (Abdruck 1304). Nennungen sind 1310 „purch vnd div stat", 1329 „burch vnd marcht", 1383 „statt" und 1392 wieder „margt". Ab 1409 wurde die Stadtbefestigung verstärkt. Die Wittelsbacher Herzöge gewährten Friedberg 1270 eine Salzniederlage, bürgerliche Rechte 1383 und 1404 (drei Jahrmärkte, Wochenmarkt, Ratsverfassung), 1469 den Pflasterzoll und 1527 einen wöchentlichen Getreidemarkt. Seit der Gründung gehörte die Stadt zum Landgericht Aichach, 1404 entstand ein eigenes Landgericht Friedberg. Seit dem Spätmittelalter entwickelte sich das typische Zunfthandwerk. Der Salz- und Getreideexport Bayerns ging zum großen Teil hier, wo ein Stapelzwang herrschte, über die Grenze nach Schwaben.

Aindling

Unweit des Lechs, am nördlichen bayerischen Lechrain zwischen Friedberg und Rain am Lech gelegen, wird der Ort[34] 1033 erstmals in einem Diplom Kaiser Konrads II. als Königshof mit Eigenkirche genannt, der an die Domkirche Freising geschenkt wurde (Bestätigung 1052 durch Heinrich III.). Der Ortsname „Einlingun" leitet sich vom germanischen Personennamen Einilo des 6./7. Jahrhunderts ab. Im 12. Jahrhundert kam Aindling an die Wittelsbacher als Vögte des Hochstifts Freising. Das Wappen der lokalen Ministerialen, ein schwarzer Adlerfang, blieb im Siegel und als Wappen des späteren Marktes erhalten. Im Landgericht Aichach wurde der Ort um 1280 Sitz eines Schergen- und Unteramts mit einer eigenen Landschranne. Ein Teil des wittelsbachischen Grundbesitzes mit dem Dorfgericht kam 1434 an das Ingolstädter Münster Zur Schönen Unserer Lieben Frau und 1472 an die Landesuniversität Ingolstadt. Die Ingolstädter Herzöge bauten das Dorf ab 1392 zum Marktort aus. Abseits des alten Ortskerns um die Pfarrkirche St. Martin wurde um 1425 ein rechteckiger Marktplatz angelegt mit dem Rathaus in der Mitte (abgebrochen) und zehn Hofstätten. 1447 ist erstmals ein Marktsiegel nachgewiesen. Herzog Georg der Reiche von Bayern-Landshut verlieh 1479 die Marktrechte von Inchenhofen und Altomünster mit einem Wochenmarkt und drei Jahrmärkten sowie die bürgerliche Autonomie. Landwirtschaft und bescheidenes Handwerk prägten Aindling.

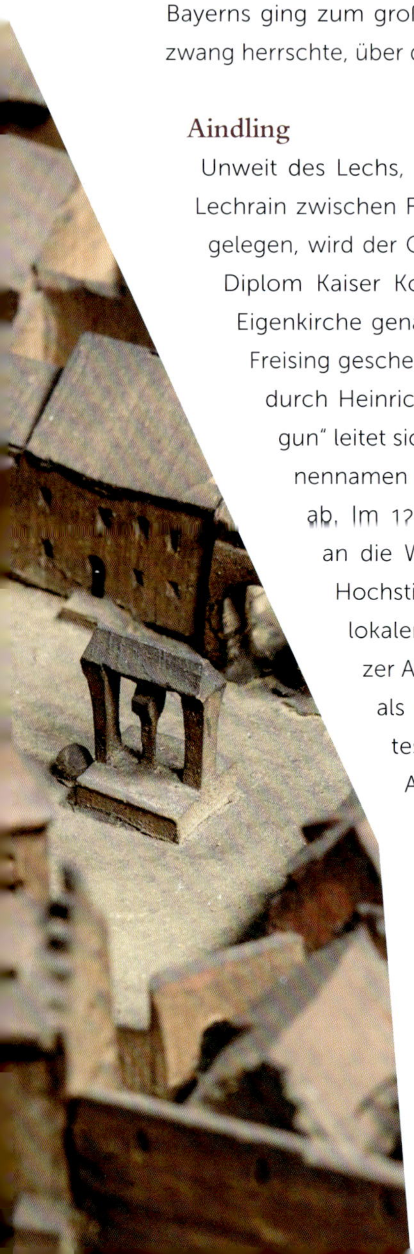

Inchenhofen

Um 1020/30 erscheint der Ort[35] erstmals als „Imichinhouen", abgeleitet vom Personennamen Imicho. 1266 schenkte der oberbayerische Herzog Ludwig II. das Patronatsrecht der Pfarrei Hollenbach mit der Filiale Inchenhofen dem Zisterzienserkloster Fürstenfeld. Zu diesem Zeitpunkt bestand der Weiler im Landgericht Aichach aus fünf Höfen mit einer Leonhardskapelle, zu der sich um 1250 eine Wallfahrt zum Gefangenen- und Viehheiligen Leonhard entwickelt hatte. Innerhalb weniger Jahrzehnte gehörte Inchenhofen zu den führenden Wallfahrtsorten Süddeutschlands, im Volksmund wurde aus Inchenhofen St. Leonhard. Die Betreuung der Wallfahrer besorgte von 1330 bis 1803 eine Propstei des Klosters Fürstenfeld. 1379 scheinen erstmals im Dorf lebende Aichacher Bürger auf. In der Landesteilung von 1392 wird das Dorf, das zum Herzogtum Bayern-Ingolstadt kam, als „Markt" bezeichnet. 1399 ist ein Siegel der Bürger in Inchenhofen belegt, das den Rautenschild, darüber wachsend den hl. Leonhard und einen knieenden Wallfahrer zeigt. Am 7. April 1406 gewährten die Herzöge Ernst von Bayern-München, in dessen Land das Kloster Fürstenfeld lag, und Stephan III. von Bayern-Ingolstadt die Privilegien der Städte Ingolstadt und Aichach, zwei Jahrmärkte und einen Wochenmarkt. Drei weitere Privilegien Stephans III. verbesserten 1406 die Rechtsstellung der Bürger gegenüber dem Fürstenfelder Niedergericht, schufen ein Marktgericht und verliehen das Pfändungsrecht. Kompetenzstreitigkeiten und Konflikte mit Fürstenfeld blieben nicht aus. 1405 parzellierten das Kloster Scheyern und 1413 das Domkapitel Freising ihre Höfe, um neue Hausstellen zu schaffen, wie sie bis heute bestehen. Die Wallfahrt veränderte die agrarische Struktur zugunsten des Kramerhandels und des Nahrungsmittelgewerbes. Als im Zuge der Säkularisation 1803 die Wallfahrt zurückging, spielte neuerlich die Landwirtschaft die Hauptrolle. 1818 wurde das Marktrecht aufgegeben.

Kühbach

An der Straße Augsburg–Regensburg (heute B300) gründeten im frühen 11. Jahrhundert die Grafen von Kühbach, wohl ein Seitenzweig der Ebersberger, ein dem hl. Magnus geweihtes Benediktinerinnenkloster, das König Heinrich II. im Jahr 1011 in seinen Schutz nahm.[36] Beim Kloster bestand ein Dorf, in dem die Äbtissin seit 1235 die Niedergerichtsbarkeit, das zivile Hochgericht und zwei Jahrmärkte (bestätigt 1405) besaß. 1347 erscheinen erstmals Aichacher Bürger zu Kühbach. Im Teilungsvertrag von 1392 wurde das im Landgericht Aichach gelegene Kühbach als „Markt" dem Herzogtum Bayern-Ingolstadt zugeteilt. 1428 werden Bürger erwähnt, ihr Siegel taucht aber erst 1489 auf. Um 1430 dürfte auch der trapezförmige Marktplatz mit dem Rathaus in der Mitte (1898 abgebrochen) angelegt worden sein. Herzog Georg von Bayern-Landshut verlieh am 28. September 1481 die Rechte von Inchenhofen, Altomünster und Aindling, das Pfändungsrecht und einen Wochenmarkt. Konflikte mit dem Kloster als Grund- und Niedergerichtsherrn blieben nicht aus. Landwirtschaft und ein bescheidenes Gewerbe prägten die Struktur der Siedlung.

Mering

Im Jahr 1021 erscheint Mering[37] am bayerischen Lechrain in einem Diplom Kaiser Heinrichs II. als „Moringa" und 1078 als „Moringen" im Augstgau in einer Urkunde König Heinrichs IV. Dem Namen liegt wohl der romanische Personenname Maurus zugrunde. Schon unter den Welfen und Staufern (ab 1191) war Mering am Lechrain ein Zentralort. 1268/69 fielen Mering und der sogenannte Heibisch mit dem Tod des staufischen Herzogs Konradin an die Wittelsbacher. Herzog Ludwig II. richtete ein Land- und Pfleggericht, Grafschaft genannt, mit Kastenamt ein. 1437/38 kam vom südlichen Nachbargericht Landsberg das Schergenamt Merching hinzu. 1799 wurde das kleine Gericht dem nördlichen Landgericht Friedberg zugeschlagen. Im Anschluss an eine Wasserburg entwickelte sich ein Dorf mit Marktplatz, das aufgrund von Größe und wirtschaftlicher Bedeutung den Charakter eines Marktfleckens besaß, ohne rechtlich einer zu sein. 1532 scheiterte der Versuch der Dorfvierer, einen Viehwochenmarkt zu erhalten, am Einspruch der nahen Stadt Friedberg.[38] Die Erhebung zum Markt erfolgte erst 1912, ein Wappen hatte 1838 bereits König Ludwig I. verliehen.

Pöttmes

876/83 erscheint der an einem Ausläufer des Neuburger Donaumooses gelegene Ort[39] erstmals als „Petinmoos" in der Bedeutung von „Sumpf oder Moos des Peto". 1280/81 verkauften die Grafen von Graisbach-Lechsgemünd das Dorf mit Grundbesitz und Dorfgericht sowie der Vogtei über die Güter des Benediktinerinnenklosters Monheim an den wittelsbachischen Ministerialen Hildebrand von Vohburg, der auf dem nahen Gumppenberg seit 1279 eine Burg besaß (1753 abgebrochen). Er war der Stammvater der freiherrlichen Familie von Gumppenberg, die den Wittelsbachern bis 1918 in verschiedensten Funktionen diente. 1310 verliehen die Herzöge Rudolf I. und Ludwig IV. den Gumppenbergern das Hals- und Hochgericht, einen Wochenmarkt und den Wegzoll auf der Altstraße Augsburg–Neuburg an der Donau. Als König gewährte Ludwig IV. den Gumppenbergern 1324 das Marktrecht von Neuburg und Aichach für das im Landgericht Rain gelegene Dorf. Abseits der älteren, unbefestigten Siedlung („Äußerer Markt") um die Pfarrkirche St. Peter und Paul entstand zwischen zwei Toren der befestigte „Innere Markt", eine typische Straßenmarktanlage mit der Kirche St. Johannes. Im „Inneren Markt" wurden in der Folgezeit herrschaftliche Gebäude wie das Schloss, zwei Brauhäuser, Amtshäuser und das Rathaus errichtet. Dort fanden neben dem Wochenmarkt die beiden Jahrmärkte statt. Eine Ehaft- und Marktordnung regelte 1514 das Verhältnis zwischen Bürgerschaft und adeliger Herrschaft, die im Patrimonialmarkt den Richter, den Bürgermeister und den Rat bestimmte. Wirtschaftlich war Pöttmes von Ackerbau, Viehzucht und Gewerbe geprägt.

Zusammenfassung

Mit den Begriffen Quantität, Qualität und Raumfunktion lassen sich Gemeinsamkeiten wie Unterschiede zwischen den Städten und Märkten des Wittelsbacher Landes charakterisieren. Die Städte Aichach und Friedberg, entstanden im 13. Jahrhundert, waren größer und ummauert, die Märkte, entstanden im 14./15. Jahrhundert, waren hinsichtlich der Bevölkerungszahl und der Gewerbedichte kleiner und offen. Gemeinsam waren ihnen die Zugehörigkeit zum Stadtrechtskreis und – soweit sie wittelsbachische Gründungen waren – die Mitgliedschaft im Landtag. Eine Ausnahme bildete Pöttmes als Patrimonialmarkt der Herren von Gumppenberg. Kühbach war zwar kein ‚Klostermarkt', musste aber um seine Eigenständigkeit gegenüber den besseren

Rechten der Äbtissin kämpfen. Gemeinsam war den Städten und Märkten die Funktion, das agrarische Umland auf Jahr-, Wochen- und Sondermärkten mit Gewerbeprodukten zu versorgen. Auch wenn die Landwirtschaft eine Rolle als Zubrot spielen konnte, sind sie jedoch nicht als Ackerbürgersiedlungen anzusprechen. Auch stellen die Märkte keine „Minderstadt" oder gar „Kümmerform" dar, sie stehen vielmehr als eigener Typus in der „Übergangszone zwischen Stadt und Land"[40] – und nicht zuletzt sind die Städte und Märkte des Wittelsbacher Landes bis heute Zentralorte geblieben.

Anmerkungen

1 Nipperdey, Aktualität **2** Liebhart, Die frühen Wittelsbacher **3** Stoob, Kartographische Möglichkeiten, S. 28f.; Isenmann, Stadt, S. 26–29 **4** Fried, Landsberg **5** Hanke, Dachau **6** Liebhart, Kloster Fürstenfeld und der Markt Bruck **7** Direktor, Schrobenhausen **8** Würmseher, Rain am Lech **9** Rall, Hausverträge, S. 130 **10** Ebd., S. 86f. **11** Raab, Jahre, S. 125 **12** Rall, Hausverträge, S. 193 **13** Raab, Herzogszeit, S. 134 **14** MB 14, S. 283–293 **15** Heinz Stoob sieht in den zwischen 1300 und 1450 entstandenen süddeutsch-österreichischen Märkten „Minderstädte" und „Kümmerformen" (Stoob, Minderstädte; dazu zuletzt Knittler, Minderstädte). Dagegen erkennt Edith Ennen (Minderstädte, S. 82) in ihnen „Zwischenformen zwischen Stadt und Dorf", die ein „Instrument der Territorialpolitik" (ebd., S. 85) der Landesherren waren. **16** Volkert, Städtewesen, S. 578–591; Störmer, Bedeutung, S. 113–133 **17** Klebel, Städte und Märkte; Liebhart, Die frühen Wittelsbacher; Störmer, Städte und Märkte **18** Fried, Grafschaft **19** Fried, Entwicklungstendenzen **20** Seibert/Schmid, München **21** Direktor, Schrobenhausen **22** Liebhart, Kloster, Wallfahrt und Markt, S. 483–487 **23** von Lori, Geschichte, S. 44, Nr. 24; Liebhart, Pöttmes, S. 450 **24** Bayerisches Hauptstaatsarchiv, GR 302b/46 (Gewerbe); Diepolder, Aichach, S. 42–44 **25** Riedner, Rechtsbücher, S. 274–307 **26** Heydenreuter, Bruck, S. 321f. **27** Lieberich, Landstände, S. 224 **28** Müller, Aichach; Liebhart/Wagner, Aichach **29** MB 22, S. 187 **30** Hundt, Urkunden, S. 19, Nr. 31 **31** Wagner, Burg in Aichach **32** Liebhart, Herzog Otto II. **33** Czysz, Stadtbuch Friedberg; Arnold-Becker, Friedberg; vgl. auch den Essay von Hubert Raab in diesem Band **34** Liebhart, Aindling; Sagstetter, Hoch- und Niedergerichtsbarkeit, S. 548–550 **35** Liebhart, Inchenhofen **36** Anneser u.a., Kühbach; Liebhart/Wagner, Kühbach **37** Schallermeir, Mering **38** Hiereth, Friedberg, S. 13 **39** Hufnagel/Hiereth, Landgericht Rain; Mayer/Wagner, Altlandkreis, S. 338–350; Liebhart, Pöttmes **40** Kießling, Zwischen Dorf und Stadt, S. 125

Zur Archäologie mittelalterlicher Stadtgründungen in Bayern – Zentralort, Burg oder Stadt. Eine ‚archäologische' Diskussion

Jochen Haberstroh

Im Verlauf der letzten beiden Jahrzehnte haben die Ergebnisse archäologischer Stadtkernforschung ältere Vorstellungen über frühstädtische Entwicklungen in Deutschland stark verändert. Die Archäologie erschließt unablässig neue Quellen und der Abgleich mit der historischen Überlieferung führt zu korrigierten Vorstellungen. Wo die Archäologie in den fünf Residenzstädten der Wittelsbacher – Burghausen, Straubing, Landshut, Ingolstadt und München – ihre spätmittelalterlichen Baubefunde mit den Holzmodellen des Jakob Sandtner aus den Jahren nach 1570 vergleicht (Abb. S. 10ff.), erstaunt die große Übereinstimmung, die fast bis zur Maßgenauigkeit reicht. Der Stadtgrundriss der Sandtner-Zeit darf aber nicht als die Stadtgestalt der Gründungszeit verstanden werden. Die Aufdeckung älterer Strukturen zeigt regelmäßig, dass das 16. Jahrhundert eine seit ihrer Entstehung schon mehrfach grundlegend veränderte Stadtstruktur vorgefunden hat.

Aber wo entstand überhaupt eine Stadt? Die grundlegenden Bedingungen der Siedlungstopografie wirkten nicht erst bei der Entstehung der mittelalterlichen Städte mit. Vor allem in vergleichsweise rohstoffarmen Regionen wie dem heutigen Südbayern hatten sie den Raum schon zuvor über Jahrtausende strukturiert (Abb. 1).

Zentrale Orte, die in funktionaler Hinsicht oft als Vorläufer der mittelalterlichen Städte zu verstehen sind, orientierten sich an denselben topografischen Zwangspunkten. Ob bronzezeitliche Höhensiedlungen, ‚Herrenhöfe' der Hallstattzeit, offene Großsiedlungen und oppida der Latènezeit oder römische zivile vici („Dörfer") im Hinterland der Donaugrenze: zu allen Zeiten wurden ihre Standorte von den schwer passierbaren Flussläufen der südlichen Donauzuflüsse maßgeblich mitbestimmt.

Durch die tiefen Taleinschnitte von Lech, Amper und Isar, mit zum Fluss steil abfallenden Hochufern, entstanden fortifikatorisch günstige Lagen, die oft mit geringem Aufwand befestigt werden konnten. In Verbindung mit guten Bedingungen für den Flussübergang lassen sich so Orte oder Kleinräume fixieren, deren Gründungsidee in allen Fällen in ihren verkehrsstrategischen Vorzügen lag. Auch die Mehrzahl der mittelalterlichen Städte in Südbayern folgt diesen Vorgaben und andere mittelalterliche Siedlungsmodelle wie Burgen und Klöster tun dies schon im Verlauf des frühen Mittelalters. Nimmt man vor diesem Hintergrund die welfischen oder wittelsbachischen Stadtgründungen in den Blick, drängen sich Fragen nach der Entwicklung des Siedlungsraums im 10. und 11. Jahrhundert und nach der Rolle auf, die die Familien des dynastischen Adels in Südbayern dabei spielten.

Als deren Stammsitze gelten die großen Burgen des 10./11. Jahrhunderts, die in Südbayern bisher nur selten Gegenstand der archäologischen Forschung waren. Welche Aufgaben und Funktionen übernahmen mehrteilige Anlagen beträchtlicher Ausdehnung wie in Ebersberg (3 Hektar), in Wolfratshausen (10 Hektar), auf dem Schloßberg bei Peiting (5,5 Hektar), in Scheyern (5,7 Hektar) oder in Dießen und Andechs? Die Deutung als Sitz der Herrschaft allein, verbunden mit den Bauaufgaben Befestigung und Repräsentation greift hier sicher zu kurz. Wie bei den archäologisch besser bekannten Pfalzen des 10. Jahrhunderts (Werla, Tilleda) ist von der Bündelung weiterer zentralörtlicher Funktionen im Bereich dieser Dynastensitze auszugehen.

Im engen Umfeld dieser Anlagen und in den ausgedehnten Vorburgen ist mit differenzierten Handwerken und Warenumschlag zu rechnen. In Oberwittelsbach konnte Robert Koch einen älteren, vorwittelsbachischen Horizont des 11. Jahrhunderts nachweisen, der sich auch strukturell deutlich vom jüngeren Ausbau des 12. Jahrhunderts unterschied. Das Verhältnis zwischen diesen Burgen und den Städten in der Frühzeit ihrer Entstehung verdient eine genaue Prüfung, gerade für diejenigen Perioden, in denen weder eine zuverlässige begriffliche Differenzierung bestimmter Siedlungstypen – wie urbs, oppidum, burgus, castrum, castellum, villa, locus, curtis oder fiscus – greifbar noch der Stadtbegriff moderner Prägung entwickelt war. Als charakteristisches Beispiel der frühmittelalterlichen Entwicklung eines Zentralraums kann das Umfeld der Birg bei Schäftlarn (20 Hektar) gelten. In der Archäologie ist der Platz als ungarnzeitliche Befestigung über älteren, vorgeschichtlichen Wurzeln beschrieben. Schon ihre urkundliche Erwähnung als „oppidum" nach dem Ende der Ungarnkriege weckt aber Zweifel daran, ob diese Interpretation die Bedeutung der Anlage vollständig trifft. Das benachbarte Kloster Schäftlarn (762), das bereits 778 erwähnte Hohenschäftlarn mit seinem als „bei den Schaftmachern" und damit als Gewerbesiedlung gedeuteten Ortsnamen sowie nicht zuletzt der auf der gegenüberliegenden Isarseite gelegene ‚Brückenkopf' von Epolding-Mühlthal (762) unterstreichen die Bedeutung des Kleinraums, dessen Siedlungsgefüge sicher noch nicht abschließend bewertet ist. Verkehr und seine Kontrolle dürfen auch hier als Leitmotive gelten.

Der Stadtgrundriss der Sandtner-Zeit darf nicht als die Stadtgestalt der Gründungszeit verstanden werden.

Gründung und frühe Entwicklung als Prozess: Regelbefunde

Der Prozess der Stadtgründung – so das weit verbreitete Idealbild von der Entwicklung der mittelalterlichen Stadt – begann mit der Wahl des Platzes. Darauf musste rasch die Planung folgen, die den Gründungsstädten schlagartig ihre einprägsame und scheinbar wohlgeordnete Struktur verlieh. Gerne durfte es, vielleicht wie in Friedberg, ein annähernd rechtwinkliges Straßensystem sein, das, als erstes abgesteckt, allen weiteren Baumaßnahmen die Orientierung gegeben hätte (Abb. 2).

Kirche und Herrschaftssitz, aber auch andere Bausteine unserer Vorstellung von der mittelalterlichen Stadt, wie (Markt-)Plätze und Hospize, ließen sich gut einfügen. Zu diesem Bild gehört, dass an den von den Grundachsen vorgezeichneten Linien außerhalb der bald aufgeführten Stadtmauern die Vorstädte mit ihren Handwerken und Kleinbauern entstanden. Parzellengrößen sollten dabei vorgegeben sein und durften im Lauf der Zeit in ihrer Größe abnehmen, da die Stadtbevölkerung ja stetig anwuchs.

Die Archäologie konnte in den beiden letzten Dekaden zeigen, dass die Vorstellung von einem einheitlichen und rasch umgesetzten Planungsentwurf in aller Regel ebenso wenig zutrifft, wie diejenige eines linearen Wachstums der Stadt innerhalb und später außerhalb der Grenzen ihrer Befestigung. Vielmehr dominiert in der archäologischen Forschung heute das Bild eines polyzentrischen Ursprungs, dessen ältere Kerne häufig im Verlauf des 12. und 13. Jahrhunderts unter herrschaftlichem Zugriff überprägt und zusammengefasst wurden. Dabei ist es aus archäologischer Sicht unerheblich, ob ein Bischof oder der Herzog Stadtherr war und ob die älteren Kerne eine bis in karolingische oder gar vorkarolingische Zeit zurückreichende Wurzel besaßen. Die Überprägungsversuche staufischer Zeit betrafen ältere Strukturen ebenso wie echte oder nur vermeintliche Neugründungen am selben Ort oder innerhalb eines Kleinraums mit zentralörtlicher Bedeutung (Straubing/Azlburg-Altstadt, Erding/Altenerding, Altenstadt/Schongau). Angesichts des in Südbayern dominanten Motivs ‚Verkehr und Transport' ist diese Feststellung vielleicht wenig überraschend, denn schließlich handelte es sich ganz unabhängig vom Stadtherrn um übereinstimmende Interessen etwa am Salzhandel, wie dies für Landsberg, München und Tölz gilt. Im Anschluss an die (Neu-)Gründung kam es aber keineswegs regelhaft zu einem linearen Wachstum. Schon die beiden Fallbeispiele München und Ingolstadt entwickeln unmittelbar nach ihrer Entstehung eine ganz unterschiedliche Dynamik. Während in München der innere Siedlungskern (16 Hektar) bereits in der ersten Hälfte des 13. Jahrhunderts zu eng wird, bleibt das Wachstum Ingolstadts bis in die zweite Hälfte des 14. Jahrhunderts sehr beschaulich. Wachstum war zweifellos abhängig von wirtschaftlichem Erfolg – und dieser war ungleich verteilt.

Zu den erstaunlichen Feststellungen der Archäologie gehört die Beobachtung, dass sich eine typisch städtische Sachkultur erst allmählich und dann vor allem nach 1300 herauskristallisiert. Es ist wohl ein Merkmal der Stadtgründungswelle des 12. und 13. Jahrhunderts, dass die frühe Gründungsstadt sich im archäologischen Befund in vielen Facetten nur wenig von der agrarisch orientierten, ländlichen Siedlung unterscheidet. Feststellbare Unterschiede betreffen in dieser Frühzeit allein die in der Stadt befindlichen Kirchen, Herrschaftssitze und vielleicht ihr engstes Umfeld. Der übrigen Stadtbevölkerung, innerhalb wie vor den neuen Mauern, darf man unterstellen, dass sich ihr Alltag nicht wesentlich von dem ihrer Zeitgenossen in Dörfern und Weilern unterschied. Selbst die Anwesenheit spezialisierter Gewerke lässt sich archäologisch nur in Ausnahmen für diese frühe Zeit beobachten. Insgesamt legt der archäologische Befund nahe, dass allein der Stadtherr den ökonomischen Mehrwert der frühen Stadt vereinnahmte. Und dieser bestand wohl zuallererst im Umschlag von Waren und Dienstleistungen im Bereich der Märkte, die in Bayern zunächst vermutlich vorrangig mit Waren regionaler Herkunft und Produktion beschickt wurden. In der materiellen Kultur der Gründungsstädte Südbayerns tritt uns damit kein frühes städtisches „Bürgertum" entgegen, das in gegenseitiger Konkurrenz nach Möglichkeiten der Repräsentation in Architektur und Sachkultur suchte. Hierin jedenfalls unterschieden sich diese Städte von ihren italienischen Zeitgenossen oder auch von der alten Herzogsstadt Regensburg.

Dagegen galt es offenbar schon zum Zeitpunkt der Stadtgründung als ausgemacht, dass eine Stadt des 12. oder 13. Jahrhunderts eine Mauer brauchte. Die Befestigung, die selbst bei den vergleichsweise kleinen Flächen südbayerischer Gründungsstädte – so umfasst zum Beispiel Erding nur zehn Hektar – eine Bauaufgabe war, die zur Bündelung aller verfügbaren Kräfte zwang, dürfte in der Frühzeit vor allem ein Bauprojekt des Stadtherrn gewesen sein. Vor der Ausbildung eines städtischen Patriziats waren es vornehmlich seine Interessen, die seine Einwohner mithilfe eines fortifikatorisch wirksamen Mauerrings schützen konnten. In der Folge wird die Stadtmauer dann aber vorallem

1 Frühmittelalterliche Siedlungen und Gräber in Südbayern (nach Haberstroh/Heitmeier)

2 Friedberg. Urkataster mit Fläche des Bodendenkmals (rot) und Stadterweiterung (blau), Stand Mai 2019 (Fachdaten Bayerisches Landesamt für Denkmalpflege)

3 München Marienhof, Plan der Schachtanlagen, Stand Mai 2019 (Grafik Ch. Behrer)

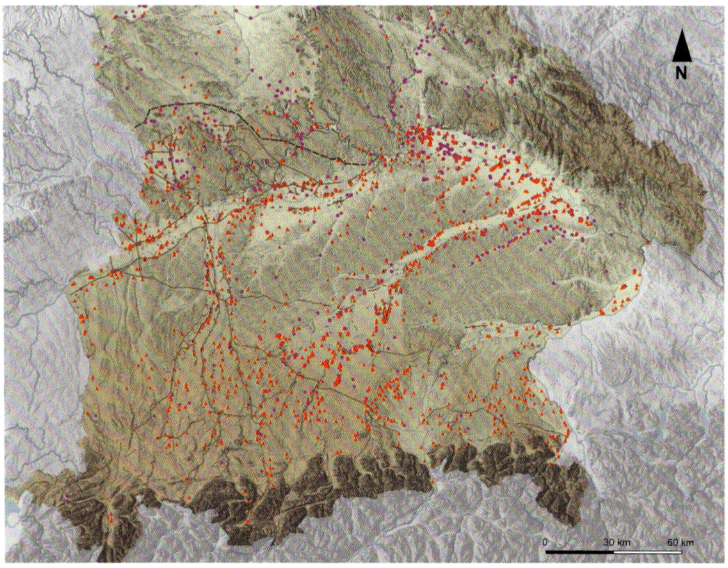
N
0
30 km
60 km

1

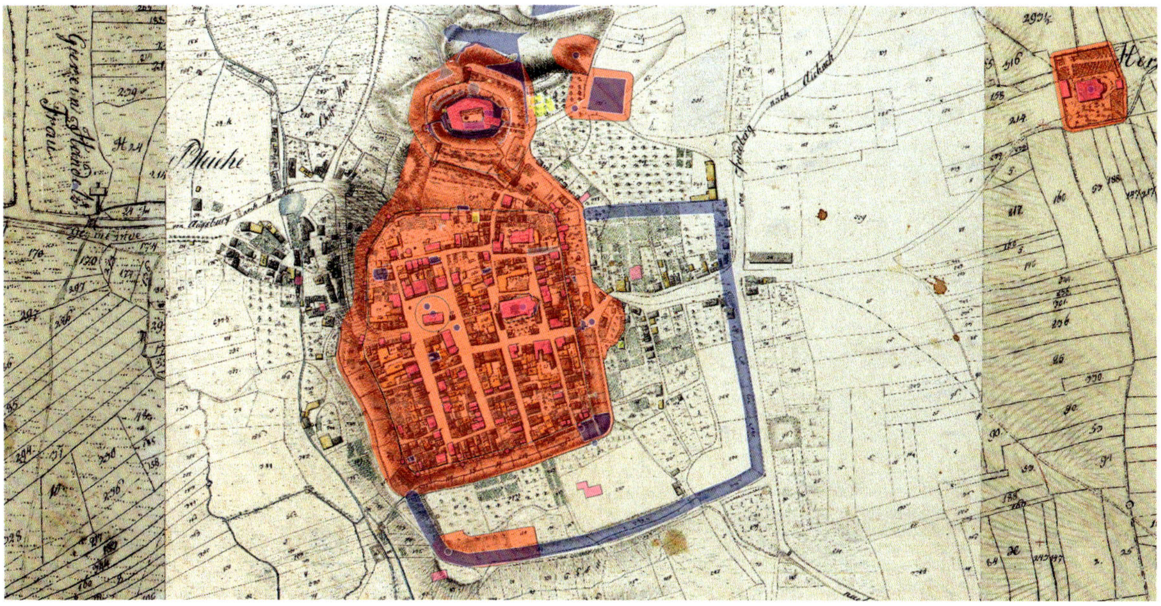

2

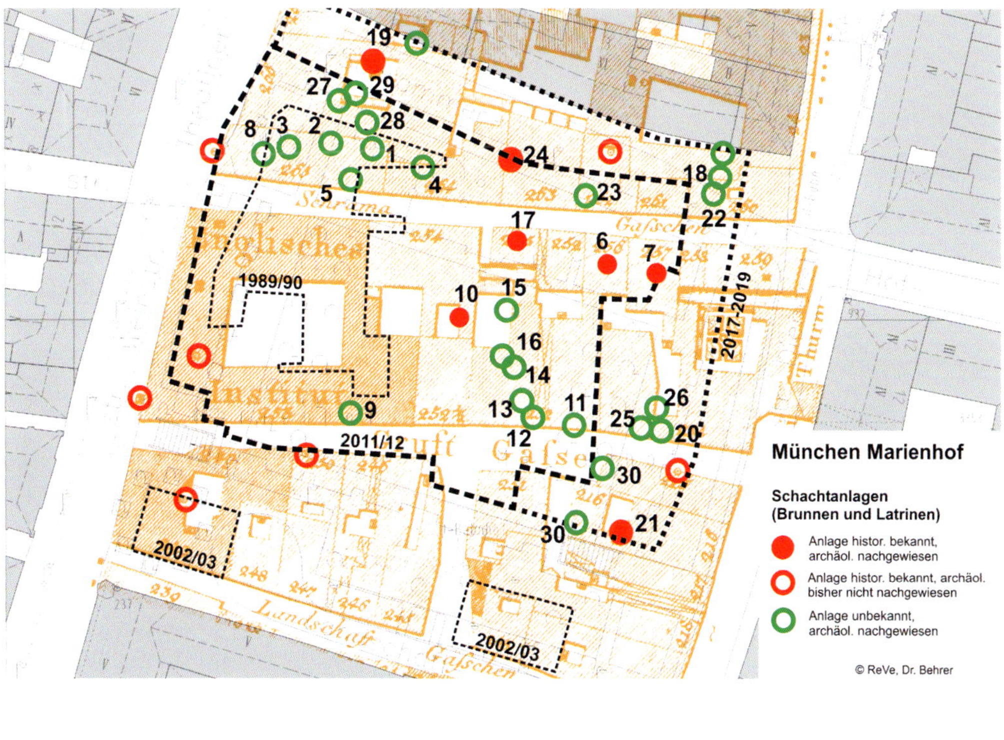
München Marienhof
Schachtanlagen
(Brunnen und Latrinen)
Anlage histor. bekannt,
archäol. nachgewiesen
Anlage histor. bekannt, archäol.
bisher nicht nachgewiesen
Anlage unbekannt,
archäol. nachgewiesen
© ReVe, Dr. Behrer
1989/90
2011/12
2002/03
2002/03
2017-2019

3

auch Ausdruck des Selbstverständnisses der Stadt und ihrer Bewohner. Die Mauer bot ihren Interessen Schutz und war weithin sichtbares Dokument des von ihr umgrenzten Rechtsraums. Das mit ihr verbundene besondere Bewusstsein der Stadtbewohner reicht bis in die Gegenwart. Die Entwicklung des Berings scheint mit ihren Ausbau- und Erweiterungsphasen am besten geeignet, das kontinuierliche Stadtwachstum zu belegen. Bei näherem Hinsehen ist aber festzustellen, dass hier keinesfalls ein Regelbefund vorliegt. Vielmehr kann die Mauer einen großzügig bemessenen Raum umgrenzen, der für Jahrhunderte nur locker besiedelt bleibt wie etwa in Freiburg im Breisgau oder Ingolstadt, sie kann ein stets zu eng bemessenes Korsett darstellen, das offenbar nur schwer erweiterbar war wie in München, oder sie kann für die strukturelle Unterscheidung von ‚innen' und ‚außen' aus archäologischer Sicht sogar unbedeutend sein, wie dies die Ausgrabungen in der Ingolstädter Harderstraße gezeigt haben. Von allen städtebaulichen Bauprojekten des hohen Mittelalters benötigte der Mauerring zuerst eine im modernen Sinn nachhaltige Planung, die mit der Organisation des Eigentums begann. Trotz der unterschiedlichen, im Fall Münchens jedenfalls hohen Wachstumsdynamik der südbayerischen Gründungsstädte fällt auf, dass sie auch beim Bau der Stadtbefestigung nicht zu den frühesten Beispielen zählen. Für München könnte das auch am raschen Wechsel der Stadtherren nach der Gründung liegen.

Regensburg dagegen verfügte schon seit dem 10. Jahrhundert mit der arnulfinischen Mauer über eine erste Erweiterung der römischen Mauern. Die Stadtmauer auf der Bamberger Inselstadt entstand um 1200 und damit etwa gleichzeitig mit der ersten Stadtmauer in München. Dort befestigte sie zwei Märkte mit einer Fläche von etwa zehn Hektar, während die vermutlich älteren Siedlungskerne, das Suburbium auf dem Westufer der Regnitz und die Theuerstadt am alten so genannten Steinweg, unbefestigt blieben. In Regensburg wurde so nur ergänzt, während es in Bamberg anscheinend nicht Ziel war, möglichst alle älteren Kerne mit der ersten Befestigung einzufassen. In München dagegen wurde die Vorstadt im Tal bereits zu Beginn des 13. Jahrhunderts einbezogen, bevor dann drei bis vier Generationen später die zweite Stadtmauer dem Wachstumsdruck mit einer konzentrischen Ausdehnung Rechnung trug und ein Gebiet von über 90 Hektar umschloss.

Deutlich wird die hohe Dynamik auch anhand der zahlreichen Brunnen und Latrinen, die zum Teil wohl der Ver- und Entsorgung mehrerer Parzellen oder eines ganzen Quartiers dienten (Abb. 3). Der in der Archäologie berühmte Schacht 5 vom Münchner Marienhof liegt schon außerhalb des ersten Mauerrings und ist dendrochronologisch auf 1261 datiert.

Münchens Stadtfläche hatte innerhalb von sechs Generationen aufgeschlossen zu den größten Städten östlich des Rheins. Ausgrabungen nördlich der Alten Münze zeigten kürzlich, dass die zweischalige Ziegelmauer der zweiten Stadtbefestigung in mehreren Bauabschnitten über einem Erdwall errichtet worden war. Möglicherweise diente dieser Wallkörper mit einer darauf rekonstruierbaren Palisade schon Jahre vor dem Mauerbau als dringend benötigtes Provisorium. Die hinzugewonnene Stadtfläche fand rasch Interessenten. Im Bereich der Kapellenstraße, nahe dem Neuhauser Tor, überraschte die Präsenz spezialisierter Handwerker, die mit derjenigen am Jakobsplatz durchaus vergleichbar ist und das Quartier seit dem 14. Jahrhundert prägt. Wie in der Ingolstädter Vorstadtsiedlung Hard, die noch erstaunlich lange dörfliche Züge trug, kommt es in der zweiten Münchner Stadterweiterung aber erst spät zur sogenannten Versteinerung der städtischen Wohnbebauung. Selbst im zentralen Kern Ingolstadts, um die Moritzkirche herum, wird noch bis zum Ende des 13. Jahrhunderts vorzugsweise in Holz gebaut. Für Bamberg dagegen wird der Beginn der Versteinerung bereits für das 12. Jahrhundert angenommen, während am Münchner Marienhof dieser Prozess aus methodischen Gründen kaum noch greifbar ist. Auf dem Jakobsplatz, der im frühen 14. Jahrhundert als Standort der Jakobidult bezeugt ist, ist bald darauf auch die erste Steinarchitektur nachweisbar. War dieser Platz schon bei der Stadterweiterung als offener Raum ausgewiesen, konnte die Archäologie auf dem heutigen Rathausplatz in Ingolstadt beobachten, dass dieser Salzmarkt erst im 14. Jahrhundert als Platz entstanden ist, nachdem die ältere Holzbebauung mit zahlreichen sogenannten Erdöfen niedergelegt worden war. Überhaupt gehört Ingolstadt nicht im engeren Sinn zu den sogenannten Planstädten, da die Archäologie auch ein festgelegtes (vermessenes) Straßennetz und darauf ausgerichtete Parzellen nicht vor dem 14. Jahrhundert fassen kann.

Für die Gründung Münchens lässt sich aktuell festhalten, dass es spätestens im Verlauf des 10./11. Jahrhunderts zu einer Siedlungsverdichtung im Umfeld des heutigen Alten Hofs kam, die unabhängig von den bis in das frühe Mittelalter zurückreichenden Siedlungen Sendling und Schwabing eine eigenständige Entwicklung nahm. Einzelne Grubenhäuser und Metallverarbeitung deuten dort eine handwerkliche Nutzung an, die auch in Verbindung mit einer kaum mehr nachweisbaren älteren Burganlage im Alten Hof stehen könnte. Auf ein solches Suburbium könnte auch die in der welfischen Frühzeit der Stadt für diesen Bereich gebrauchte Bezeichnung „burgus" hinweisen.

Erfolg und Scheitern – Beobachtungen im archäologischen Befund

Günstige Lagen und nicht zuletzt die Konkurrenz um ihren Besitz spielten für Erfolg oder Misserfolg einer Stadtentwicklung eine entscheidende Rolle. Ein echter Wüstungsprozess, verbunden mit der vollständigen Auflassung eines Gründungsorts lässt sich in Südbayern aber kaum beobachten. Charakteristisch ist eher die Verlagerung von Bedeutung und Funktion innerhalb eines zentralen Kleinraums.

Der wohl prominenteste – und gescheiterte – Stadtgründungsansatz ist eine Gründung Welfs VI. aus dem Jahr 1160, der damit vermutlich ebenso ambitionierte Ziele wie sein Neffe Heinrich der Löwe in München verfolgte. Auf dem linken Lechufer, etwa 700 Meter südlich seiner Burg auf dem Burglaberg, entstand mit dem heutigen Altenstadt der ursprünglich wohl gleichnamige Vorläufer des gegenüberliegenden Schongau. Die diesem Platz ursprünglich zugedachte Bedeutung ist schon allein an seiner Ausdehnung erkennbar. Der Gründungsort von Altenstadt ist mit etwa 40 Hektar mehr als doppelt so groß wie München und die romanische St. Michaelskirche entspricht in Grundriss und Größe weitgehend dem ersten Entwurf von St. Peter in München.

Teilerfolge einer Stadtgründung lassen sich auch flussabwärts in Friedberg beobachten, wo die Stadtgründung von 1264, zumindest auf einem Teil der ursprünglich wohl geplanten Fläche, nicht erfolgreich war. Die bislang einzigen archäologischen Zeugnisse für Stadtgründung und -ausbau liegen aus der Spitalgasse vor, wo der mittelalterliche Fundstoff bereits im 12. Jahrhundert einsetzt und mit einem Grubenhaus ein weiteres mögliches Indiz für eine Vorgängersiedlung vorhanden ist. Obwohl aus dem Bereich des Schlossbergs bisher eindeutige Belege für eine früh- oder hochmittelalterliche Nutzung fehlen, böte sich die Topografie für eine solche Nutzung wie an vielen ähnlichen Plätzen entlang des östlichen Hochufers des Lechs an. Die spätmittelalterliche Stadtmauer von 1409 verkleinerte die Stadtfläche und umschloss nur noch ein Gebiet von etwa zehn Hektar.

In Aichach dagegen zeichnet sich keine Reduktionsphase oder gar Binnenwüstung ab. Aus der vielleicht schon vor 1250 gegründeten Stadt liegen deutlich mehr archäologische Aufschlüsse als aus Friedberg vor, an mehreren Stellen (Tandlmarkt, Prieferstraße) erreichen die Funde auch das 12. Jahrhundert und sprechen damit für einen älteren, vorstädtischen Siedlungsbeginn. Der Ausbau der Stadtbefestigung ist über den Holzverbau im doppelten Stadtgraben auf das Jahr 1261 dendrochronologisch datiert (Spitalhof). Nachdem diese Bauperiode einen älteren Spitzgraben überlagert, entspricht die Chronologie der Aichacher Befestigung fast den Münchner Verhältnissen. Als Gründungsmotiv schon für eine vorstädtische Siedlung genau in dieser Lage kommt die Nachbarschaft des zwei Kilometer westlich liegenden Eisenerzreviers im Grubet ebenso in Frage wie die unmittelbare Lage an der Paar, die schon seit agilolfingischer Zeit für den Betrieb von Mühlen genutzt wurde. In einem geringen Abstand von zehn (Dasing) und 15 Kilometern (Schrobenhausen) stammen aus dem Paartal die bislang ältesten datierten mittelalterlichen Mühlen Bayerns. In Höhe von Aichach boten sich ideale Bedingungen für eine Schiffslände zum Weitertransport der im Grubet ebenfalls schon seit dem 7. Jahrhundert gewonnenen und verarbeiteten Erzeugnisse.

Wie wichtig die Besetzung alter Siedlungskammern im Zuge der Stadtgründungswelle des Hochmittelalters war, zeigt auch die Siedlungskammer um Erding zwischen Isar und Sempt. Die große Bedeutung dieser Mikroregion im Frühmittelalter lässt sich heute mit archäologischen Mitteln, ausgehend von dem großen Gräberfeld von Altenerding über einen benachbarten Herzogs- und Königshof, die Burg der Grafen von Ebersberg bis hin zur wittelsbachischen Stadtgründung von Erding, nachzeichnen. Diese Orte von herausragender Bedeutung werden begleitet von zahlreichen ländlichen Siedlungen wie etwa Aufhausen-Bergham, die vielfach zwischen dem 6. und dem 12./13. Jahrhundert bestanden.

Denkbar erscheint die Aufgabe einer Reihe dieser Siedlungen spätestens in Verbindung mit der Neugründung von Erding. Im Erdinger Land wird damit idealtypisch greifbar, was wohl auch eine regelmäßige Folge der Gründungswelle von Märkten und Städten im 12. und 13. Jahrhundert war: die Neuorganisation ihres Umlands. Lange vor der „klassischen" Wüstungsphase des 14. Jahrhunderts wurden in Südbayern zahlreiche kleinere und größere ländliche Siedlungen („Dörfer") aufgegeben. Für das Münchner Umland markiert das 12. Jahrhundert geradezu das regelmäßige Ende im Fundstoff archäologisch neu entdeckter Siedlungen, die zuvor oft über Jahrhunderte hinweg bruchlos bestanden. Wüstungen im Umland oder in Bedeutungslosigkeit versinkende Konkurrenz- und Vorgängersiedlungen gehören demnach zu den Begleiterscheinungen schon der Gründungsphase der neuen Städte. Bevor es dann auch in Südbayern zur Herausbildung der selbstbestimmten, kommunalen Städte des späten Mittelalters kommen konnte, mussten aber auch in den ‚Gründungsstädten' noch einmal neue Strukturen entstehen.

Literatur

Baeriswyl, „Stadtgründer"; ders., Stadterweiterung; ders., Verhältnis; Arnold-Becker, Friedberg; Behrer, München; Biermann/Schenk, Einsichten; Brand, Vorbericht; Dembinski u.a., Ingohöfe; Ernst u.a., Neuland; ders., Garten; Ettel/Werther, Orte; Die unterirdische Stadt; Fehring, Stadtarchäologie; Gläser, Lübecks Entwicklung; Gutscher, Areale; Igel, Stadtentwicklung; ders./Jansen u.a., Wandel; ders., Wandel; Isenberg, Struktur; Haberstroh/Heitmeier, Gründerzeit; Hembach, Ausgrabung; Hirschmann, Bischofssitze; Jansen, Wandel; Later, Erding-Altenerding; ders., Wohnturm; Orendi, Archäologie; Päffgen, Erdinger Land; ders., Städtewesen; Pfaffenberger, Aspekte; von Richthofen/Wolfram, Stadt; Riedel, Archäologie aktuell; Schenk, Freyenstein; Sage, Beispiele, S. 37–53; Scholkmann, Mythos, S. 165–172; Steuer, Zusammenfassung; Untermann/Falk, Stadt; Untermann, Planstadt, S. 9–16; ders., Gründung; ders., Stadt und Kirche; ders., Gründung – Strukturwandel – Wachstum; Vetterling, Handwerk; Weinberger Gewerbesiedlungen; Weiß, Erding; Windler, Etappen; Wolf, Archäologie

Hausbau und profane Architektur des 13. und 14. Jahrhunderts in Altbayern

G. Ulrich Großmann

In den 1970er-Jahren war in der Denkmalpflege und in der Hausforschung die Meinung verbreitet, dass spätmittelalterliche Bauten äußerst selten erhalten sind. Insbesondere Fachwerkbauten oder generell Holzbauten ließen sich nur ausnahmsweise vor das 16. Jahrhundert datieren. In Hessen kannte man beispielsweise rund 50 spätmittelalterliche Fachwerkhäuser, heute sind es weit mehr als zehnmal so viele.[1] Auch mittelalterliche Steinbauten galten als große Ausnahme. In den 1980er-Jahren erschien ein Katalog der romanischen Wohnbauten in Deutschland, der zwar deutlich frühere Beispiele enthielt, als sie damals für den Fachwerkbau bekannt waren, aber ebenfalls nur eine vergleichsweise überschaubare Zahl erhaltener Wohnbauten erkennen ließ – scheinbar.[2] Diese geringe Anzahl liegt darin begründet, dass Häuser in der Regel nach der Fassade beurteilt wurden. Diese ist jedoch fast immer der jüngste Teil des städtischen Wohnhauses. Eine Methodik für umfassende Hausuntersuchungen hatte sich noch nicht verbreitet, auch wenn die Freilichtmuseen grundsätzlich seit den 1950er-Jahren nichts anderes gemacht haben, als komplette Baugefüge von Fachwerkhäusern zu analysieren.

In den Städten hatte man oft den Eindruck, in rein neuzeitlicher Bausubstanz zu stehen, die wenigen Spuren älterer Häuser gingen leicht unter oder erschienen als besondere Ausnahme. Sanierungsmaßnahmen wurden zudem häufig ohne Einbeziehung der Denkmalpflege durchgeführt – erst umfangreich denkmalpflegerisch begleitete Sanierungen wie in Marburg und Alsfeld in Oberhessen (Abb. 1) führten auch zu einem intensiveren Blick auf die Innenkonstruktion der Häuser. Die von der Stadt Marburg und dem Hessischen Landesamt für Denkmalpflege mit Bauanalysen, Farbuntersuchungen und Ausgrabungen beauftragte studentische (!) „Arbeitsgruppe für Bauforschung und Dokumentation" wurde zu einem der Gründungsstränge der modernen Bauforschung in Deutschland, wobei die Marburger Bauforschergruppe nicht der Erfinder der Methoden war. Einzelne genauere Bauuntersuchungen waren bereits in den 1950er- und 1960er-Jahren vorgenommen worden, doch bildete die Marburger Arbeitsgruppe insofern den Anfang, als sie erstmals umfassend Methoden der Bauforschung für den „gewöhnlichen" Hausbau anwendete. Als „Freies Institut für Bauforschung" besteht sie bis heute und findet international Anerkennung. Die Arbeitsweisen der seit etwa 1920 entwickelten Bauforschung konnten substanziell erweitert und aus einem technisch geprägten Fach in eine geisteswissenschaftliche Methodik überführt werden, bei der das genaue Aufmaß eines Baus nicht als Ziel, sondern als Zwischenschritt angesehen wird.

1980 wurde im Westfälischen Freilichtmuseum Detmold ein dendrochronologisches Programm entwickelt für die Erforschung des spätmittelalterlichen Hausbaus in Westfalen und den unmittelbaren Nachbarregionen in Hessen und Niedersachsen. Die Untersuchungen spätmittelalterlicher Häuser in Mittelhessen durch den Dendrochronologen Hans Tisje erbrachten eine Verdopplung der Zahl datierter spätmittelalterlicher Fachwerkhäuser in Hessen und die Gesamtzahl ließ sich durch weitere Untersuchungen sogar verzehnfachen.[3] Das Beispiel machte auch in Franken Schule, wo Konrad Bedal einen umfangreichen Katalog spätmittelalterlicher Bauten in Franken erarbeitete und darüber hinaus Fachwerkhäuser aus dem 14. Jahrhundert auf dem Lande dokumentierte. Es folgten Untersuchungen in weiteren Bundesländern. Außerhalb Altbayerns wurden sogar etliche Häuser noch aus dem 13. Jahrhundert erkannt. Neben den „romanischen" Wohnbauten sind dies Fachwerkbauten in Limburg/Lahn, Bad Wimpfen und Esslingen, die in der Regel dreigeschossig waren und eine recht aufwendige und ausgereiftere Konstruktion aufweisen. Darüber hinaus sind, was den Fachwerkbau angeht, Baden-Württemberg (Esslingen), Niedersachsen (Göttingen, Hannoversch Münden) und Hessen (Limburg, Marburg, Lich, Alsfeld) zu erwähnen. Was den Steinbau betrifft, wo die Dendrochronologie ebenfalls erheblich an Bedeutung gewann, sind die Städte Lübeck, Lüneburg sowie Minden, Lemgo, Höxter und Regensburg beispielhaft zu nennen.

Die Suche nach mittelalterlichen Häusern erfasste weite Teile Deutschlands – nur Altbayern blieb davon weitestgehend unbeeindruckt. Daran hat sich im Prinzip bis heute wenig geändert. Die Gründe dafür liegen wohl nicht zuletzt in fehlendem Forschungsinteresse, doch stellt sich die Frage, wie sich dies mit der Tatsache vereinbaren lässt, dass Bayern mehr als jedes andere Bundesland über Lehrstühle für Bauforschung oder Denkmalpflege und über behördliche Fachabteilungen verfügt.

Geht man durch die meist aus Stein gebauten altbayerischen Städte, so steht man in der Regel vor verputzten Fassaden, mit neuen Fenstern und Schaufenstern, häufig jüngeren Giebeln und letztlich einer Erscheinungsweise, die auf den ersten Blick kaum genauer zu datieren ist, zumindest aber nur selten in das Mittelalter (Ingolstadt, Landshut, Freising; Abb. 2 und 3).[4] Der Putz überdeckt etwaige Befunde im Mauerwerk, wie etwa vermauerte Fensteröffnungen oder Giebelansätze. Entfernt man ihn, stößt man häufig auf Mauerwerk aus Bruchstein, in einigen Städten aus Backstein. Lange Zeit wusste man beides nicht genauer zu datieren.

Greift man als Referenz zu den aktuellen Bänden des „Dehio-Handbuchs der Kunstdenkmäler",[5] so bestätigt sich das scheinbare Fehlen mittelalterlicher Häuser. Aber auch in den veröffentlichten Berichten der Denkmalpflege war dies kaum anders, Bauuntersuchungen bildeten bis weit in die 1980er-Jahre die Ausnahme. Lediglich drei Häuser in der ehemaligen Reichsstadt Kempten weisen Bohlenstuben auf und konnten im Rahmen einer Bauuntersuchung in das späte 14. Jahrhundert datiert werden.[6] Außer Beobachtungen in Regensburg sind sie fast der einzige umfangreicher behandelte profane Baukomplex in Bayern, trotz Dutzenden, ja Hunderten von Aufmaßen. Gerade für Altbayern ergibt sich das Fazit, dass man über den Hausbau des Mittelalters nichts weiß.

Wie hat man sich mittelalterliche Bauten generell gedacht? David Macaulay hat in seinen Kinderbüchern in den 1970er-Jahren eine gute Vorstellung seiner Zeit vom Bild der Städte am Beginn des Hochmittelalters – wenngleich ausgehend von Zentralfrankreich, wo etwas andere Bedingungen herrschten – vermittelt: Der Neubau der Kathedrale, orientiert an Amiens, steht in einer Stadt von Miniaturhäusern, die sich im Lauf des Buches – und damit der über mehrere Jahrhunderte hinwegreichenden Geschichte – zu maximal zweigeschossigen Fachwerkhäusern entwickeln, die mehr den Eindruck einfacher Holzhütten als den großzügiger Stadthäuser erwecken.

In Altbayern hatte die Phase der Städtegründungen ihren Schwerpunkt im 12. und 13. Jahrhundert.[7] Diese Städte können also grundsätzlich noch über Häuser aus dem 13. Jahrhundert verfügen. Zur Gründung einer Stadt gehörten auch die Festlegung eines Straßensystems innerhalb einer Umfriedung und vermutlich die Aufteilung von Grundstücksparzellen. Bei Städten, die mehr oder weniger ‚auf der grünen Wiese' entstanden sind, haben wir nur eine theoretische Idee vom Gründungsvorgang. Offenbar hat man Freiflächen geschaffen und dort Grundstücke abgezirkelt, die anfänglich relativ einheitliche Größen hatten, eventuell in zwei bis drei Varianten. In Norddeutschland, namentlich in Lübeck und Braunschweig, konnten entsprechende Grundstücke archäologisch dokumentiert werden.[8]

Bestimmte Aspekte müssen tatsächlich von Anfang an festgelegt werden, neben der Grundstücksgröße vor allem die Anlagen zur Frischwassergewinnung und zum Regenwasserabfluss, insbesondere wenn die Häuser die gesamte Grundstücksbreite einnehmen sollten. Die Stellung des Hauses beziehungsweise die Neigung des Dachs regelt den Ablauf des Wassers (Abb. 4): Wasserabfluss zur Grundstücksgrenze ergibt vorrangig Giebelhäuser, Wasserabfluss zur Straße ergibt Traufenhäuser und Wasserabfluss in der alleinigen Verantwortung des Hausbesitzers ergibt Grabendächer. Sollte das Grundstück einen Hof oder ein Hofgebäude erhalten, musste dieses durch das Vorderhaus, durch eine seitliche Durchfahrt oder von der Rückseite aus erschlossen werden. Insofern hat die Ausrichtung des Hauses beziehungsweise die Dachform auch etwas mit (rechtlichen) Vorstellungen hinsichtlich der privaten oder gemeinschaftlichen Ver- und Entsorgung zu tun. Fäkalien können in Gruben gesammelt werden, die regelmäßig geleert oder über Kanäle abgeleitet werden. Letzteres setzt entsprechende gemeinschaftliche Baumaßnahmen voraus, wie etwa die Kanäle in Freiburg im Breisgau oder im fränkischen Forchheim. Diese Grundlagen wirken sich auf die Prinzipien des Hausbaus einer Stadt erkennbar aus.

Altbayerischer Hausbau im 13. und 14. Jahrhundert

Grundsätzlich stellt sich die Frage, wo man Hausteile aus dem späten 12. bis 14. Jahrhundert erwarten könnte. Diese Frage ist theoretisch einfacher zu beantworten, als es auf den ersten Blick aussieht (Abb. 5). Altbayern gehört zu den Regionen, in denen frühzeitig eher mit Stein- als mit Holzbauten zu rechnen ist, auch wenn erhaltene Bauten des 16. und 17. Jahrhunderts nicht ungeprüft Rückschlüsse auf das 12. und 13. Jahrhundert erlauben. In Gegenden mit frühneuzeitlichen Massivbauten hat es vielleicht schon in der Frühzeit eine größere Zahl von Steinbauten gegeben.

Beim Haus lassen sich Bauteile mit hohem und solche mit niedrigem Veränderungsdruck unterscheiden. Mit Parzellengrenzen wird im deutschsprachigen Raum grundsätzlich sehr konservativ umgegangen. Eine einmal gezogene Grundstücksgrenze wird selten verändert. Mauern zwischen zwei Häusern, also auf der Parzellengrenze, somit

1 Alsfeld, Hersfelder Straße 10/12 (1980)

2 Landshut, Altstadt, nördlicher Teil mit Blick zur Spitalkirche

3 Ingolstadt, Reiterkasernstraße 3, spätgotischer Giebel mit Blendnischen aus der Zeit um 1500

4 Friedberg, Häuser des 16. Jahrhunderts, vielleicht mit älteren Teilen, mit einer Traufgasse

5 Häuserzeile in Friedberg mit neuzeitlichen Fassaden

6 Wasserburg am Inn, nachträglich vorgesetzte spätgotische Arkaden (Lauben) (2019)

1

2

3

4

5

6

8

7

10

9

11

12

gemeinsame Brandmauern oder zwei Außenmauern der Häuser beidseits eines schmalen Grabens werden kaum verändert. Warum hätte man es auch tun sollen? Man kann die Seitenfronten nicht einsehen, muss sie also nicht modisch anpassen – nahezu jeglicher Veränderungsdruck fehlt. Brandgefährdet sind sie auch kaum. Hier ergäbe sich also die Chance, auf frühe Bausubstanz zu stoßen, es sei denn, dass es sich ursprünglich um Holzwände handelte, die, beispielsweise infolge von Wasserschäden, später durch Steinmauern ersetzt wurden.

Voraussetzung ist, dass die Parzellenkontinuität bis in die Gründungszeit der jeweiligen Stadt zurückreicht und nicht erst Jahrhunderte später einsetzt.[9] Allerdings hat sie ihre innere Logik, als eine Veränderung der Parzellen großräumige Zerstörungen voraussetzt. In Fachwerkstädten können Stadtbrände bis zur Mitte des 13. Jahrhunderts die Substanz soweit vernichten, dass auch eine Veränderung der Grundstücksgrößen möglich ist, doch sobald die ersten Steinkeller unter den Häusern entstehen, haben die nach einem Brand noch erhaltenen Bauteile einen Restwert, der einen völlig neuen Zuschnitt des Grundstücks erschwert. Bei reinen Neubaumaßnahmen späterer Jahrhunderte, ohne großflächige Brände, kommt eigentlich nur die Zusammenlegung benachbarter Grundstücke oder die Aufteilung eines Grundstücks in Frage, nicht die Verschiebung von Grenzen auf eine ganz neue Linie.

Neben den Grundstücksgrenzen zum Nachbarn gibt es in Altbayern eine Besonderheit hinsichtlich der Grundstücksgrenze zur Straße. In etlichen Städten finden sich als Sonderform Häuser beziehungsweise Straßenzüge mit vorgelagerten Arkadengängen (Abb. 6), wie sie vor allem aus Tirol, Oberitalien und Südwestfrankreich bekannt sind. Es fragt sich, ob sie gemeinsam mit dem Haus angelegt wurden oder nachträglich, und in diesem Fall, ob sie vor die Häuser gesetzt und später überbaut oder ob sie in das Erdgeschoss der Häuser eingebrochen wurden; letzteres hätte einen Eingriff in das Privateigentum bedeutet. Sicher ist, dass die Arkadengänge altbayerischer Städte immer nachträglich vor die Häuser gelegt wurden, da die Arkaden vor einzelnen Häusern fehlen und hier die Rückfront benachbarter Arkaden mit dem Giebel der Arkadenhäuser fluchtet.[10] Die ursprüngliche Topografie sah also breitere Straßen vor, in die die Arkadengänge dann hineingebaut wurden; zu erkennen ist dies vor allem an der Ausdehnung der Keller und am gelegentlichen Fehlen solcher Vorbauten. Häufig wurden die gedeckten Arkadengänge vor den Häusern mit neuen Fassaden überbaut und die Obergeschosse dadurch um zwei bis drei Meter in den Straßenraum hinein vorgezogen. Aber auch hier änderte sich an der Hausbreite grundsätzlich nichts. Da sich an den Arkaden häufiger spätgotische Baumotive wie Portale oder Gewölbe finden, besagt dies, dass das Haus dahinter im Kern älter sein kann.

Erhaltene mittelalterliche Fassaden dürften, abgesehen von Giebeldreiecken, in den Hauptstraßen altbayerischer Städte selten sein, während sie in Nebenstraßen durchaus vorkommen. Das Foto des Hauses der Klosterfrauen von Seligenthal in Landshut (Schwestergasse 8) von 1937[11], das einen Bau zeigt, der auf das 14. Jahrhundert zurückgehen dürfte, ist nur ein zufälliger Befund. Auch der Rückgiebel eines Landshuter Hauses nahe St. Jodok (Abb. 7) ist noch spätmittelalterlich. Wie allerdings die Hausstruktur generell in dieser Epoche beschaffen war, ist derzeit noch nicht einmal ansatzweise zu schildern. Zu vermuten ist, dass es sich meist um Einfamilienhäuser handelte, die je nach Standort von einer Handwerker- oder Kaufmannsfamilie bewohnt wurden, Lehrlinge oder Dienstpersonal eingeschlossen.

Wichtige Quellen sind insbesondere für die altbayerischen Städte die fünf Stadtmodelle, die der Schreiner oder Drechsler Jakob Sandtner[12] zwischen 1568 und 1574 maßstabsgetreu herstellte (vgl. Abb. S. 10ff.).

7 Landshut, spätgotischer Rückgiebel bei St. Jodok (2009)

8 Marburg, Barfüßer Straße 3, 14. Jahrhundert, Abtritt in der Traufgasse (2016)

9 Burghausen, Rathaus mit Grabendach, Nachbarhäuser mit Satteldächern

10 Ingolstadt, Bereich vor der Burg (Sandtner-Modell)

11 Erding, Kleiner Platz, Giebelhäuser mit seitlicher Durchfahrt (2019)

12 Burg Friedberg von der Stadt aus gesehen (2019)

Sie zeigen die Erscheinung der Häuser vor rund 450 Jahren und erlauben Rückschlüsse wenigstens auf das 15. Jahrhundert. Zu erkennen ist in den meisten Straßen eine dichte Reihung von Traufen- oder Giebelhäusern mit verhältnismäßig vielen Freiflächen für Gärten. Wenn man diese Modelle mit den ältesten Katasterplänen vergleicht, kann man die weitgehende Übereinstimmung der Grundstücksgrößen feststellen. Daneben werden die Stadtmauerverläufe deutlich, auch dort, wo die Mauern heute fehlen oder weitgehend überbaut wurden wie in München; zu den wenigen noch aus dem beginnenden 13. Jahrhundert stammenden Abschnitten einer Stadtmauer gehört auch diejenige von Wasserburg, an der sich das regelmäßig geschichtete Mauerwerk der Zeit um 1200 erkennen lässt.

Für das 15. und 16. Jahrhundert kann man in den Markt- und Kernbereichen der historischen Innenstädte von einer dichten Bebauung ausgehen, bei der Haus an Haus steht. Dies betraf aber nicht die gesamte Innenstadt. Die stadtmauernahen Bereiche waren mit vielen Gartenflächen durchsetzt, die etwa zur Versorgung der Stadtbevölkerung mit Gemüse nicht unwichtig waren. Die Sandtner-Modelle zeigen die zum Stadtrand hin lockere Bebauung deutlich. Zudem ist aus ihnen für das 15. Jahrhundert zu erschließen, dass die Häuser vorwiegend bereits aus Stein erbaut waren.

Traufgassen zwischen den Häusern waren in Altbayern nicht durchweg üblich, im Gegensatz etwa zu Marburg an der Lahn. Wo es sie gab, erlaubten sie die Entwässerung der Dächer, der Grundstücke und, was Abwässer angeht, auch der Häuser. Traufgassen machen dort Sinn, wo die Abwässer schnell vom Grundstück abfließen und man die Gassen zur Entsorgung von Fäkalien – unter Zuhilfenahme von Regenwasser als Spülung – nutzen kann. Marburg ist ein Beispiel hierfür, wobei die archäologische Untersuchung nicht sehr befundreich war, weil die betreffenden Gassen erst mit Einführung der Kanalisation um 1900 aufgegeben und fortan nicht mehr regelmäßig gereinigt wurden. An den wenigen Steinbauten haben sich dort noch die Abtritterker erhalten, die in diese Traufgasse entwässerten (Abb. 8).

Derartige Gassen und damit auch diese Formen der Fäkalienentsorgung fehlen in Passau, Landshut, Weiden, Wasserburg und München.[13] Regenwasser wurde in diesen Fällen über gemeinsame Wasserrinnen am Zusammentreffen der Dachneigungen – über gemeinsamen Brandmauern – und ursprünglich über Wasserspeier, später über Fallrohre abgeleitet. Vereinzelt hat es in Oberbayern auch Grabendächer (Abb. 9) gegeben, wie sie vor allem aus Tirol bekannt sind. Hier war allein der Eigentümer für das Wasser auf seinem Grundstück verantwortlich. Häufiger kamen jedoch flache Satteldächer innerhalb einer hochgezogenen Traufenmauer vor, die wie die Grabendächer ein Ablaufen des Regenwassers auf Nachbargrundstücke verhindern.

Am Rande ist zu erwähnen, dass der aus Regensburg bekannte Typ der Turmhäuser in den altbayerischen Städten nicht auftaucht. Im Ingolstadt-Modell von Jakob Sandtner (Abb. 10) sieht man aber nahe der Burg zwei zweigeschossige Häuser unter Satteldach, mit Treppengiebeln, die frei stehen. Hier dürfte es sich um – eventuell niederadelige – Steinwerke handeln und wahrscheinlich nicht um Bürgerhäuser. Beide Bauten sind von etwas größeren Gartenflächen umgeben, während die Häuser im Stadtzentrum dicht nebeneinander stehen. Bei größeren Grundstücken – und dem Bedarf nach Lagerflächen – gab es zusätzlich Hinterhäuser, die allerdings den Blicken der Öffentlichkeit und damit auch der Forschung weitgehend entzogen sind. Damit drängt sich die grundsätzliche Frage nach der Erreichbarkeit des Hofraums hinter dem Haus auf (Abb. 11). Hofzufahrten waren den Sandtner-Modellen nach zu schließen selten, mehrheitlich muss es Durchfahrten oder noch häufiger Durchgänge im Haus gegeben haben. Die schnelle und direkte Erreichbarkeit des Hofs stand demnach nicht im Vordergrund.

Stein oder Fachwerk?

Vielen Steinbauten sind Holzhäuser vorausgegangen, wie Belege der Bauforschung des Bayerischen Landesamts für Denkmalpflege für Memmingen beweisen. So hatte das Haus der Kinderlehrkirche zwei Fachwerkvorgänger aus dem 14. Jahrhundert, einer vielleicht um 1375. Im Jahr 1391 vom Antoniterorden erworben, wurde es zur Kirche ausgebaut und ist im 15. Jahrhundert „versteinert".[14] Der Fachwerkbau war ein Ständerbau mit Kopf- und Fußbändern. Neben weiteren Häusern, die noch dem 14. Jahrhundert angehören,[15] findet sich in der Kalchstraße 45 in Memmingen ein Fachwerkhaus von 1324.

In dem als Steinbau erhaltenen Haus Heilig-Geist-Gasse 415 in Landshut steckt ein zweistöckiger Blockbau von 1479, ein verhältnismäßig später Holzbau.[16] Orte, die wir als steinerne Städte wahrnehmen, besaßen also noch im 15. Jahrhundert einzelne Fachwerk- beziehungsweise Holzhäuser. Ob dies für alle altbayerischen Städte gilt, muss derzeit aber offenbleiben. Zu den Holzbauten sind auch die Block- und Bohlenstuben zu zählen, die als konstruktiv selbstständige Kästen in die Steinhäuser eingefügt wurden.[17]

Burgen als Teil der Stadt

Welche Rolle spielt der Burgenbau im Rahmen der Wittelsbacher Stadtgründungen? Stadtgründungen sind generell ein herrschaftlicher Vorgang. Somit lag es nahe, in Verbindung mit der Stadt auch eine Burg für den Landesherrn zu errichten. Von dieser Regel wurde wohl nur äußerst selten abgewichen.[18] Die Stadt diente letztlich zur Versorgung der Burg und darüber hinaus der gesamten Herrschaft. Unter den Wittelsbacher Städten hatten lediglich Neuötting und Deggendorf keine Burg.[19] Unmittelbar neben Neuötting liegt allerdings Altötting mit einer ehemaligen Kaiserpfalz und die der Stadtgründung von Deggendorf vorausgehende Siedlung vor den Toren der späteren Stadt war mit einem Herzogshof verbunden. Somit kann man auch diesen Städten eine Burg zuweisen. Zur altbayerischen Stadt gehört folglich grundsätzlich eine Burg, während zu einer Burg nicht unbedingt eine Stadt gehören muss.

Baulich können Burg und Stadt miteinander verbunden sein wie in Aichach, wo die Burg innerhalb der Stadtmauer am Stadtrand lag, oder Burg und Stadt waren durch einen Graben voneinander abgesetzt wie in Friedberg (Abb. 12). In der Regel hatte die Burg zwei Zugänge, von denen einer stadtabgewandt war, also nicht durch die Stadt kontrolliert oder gar gesperrt werden konnte, während der andere der Stadt zugewandt war, was Versorgung und Kommunikation erleichterte.

Hinsichtlich der Bauteile unterschied sich die stadtnahe Burg nicht von dem, was insgesamt aus Süddeutschland bekannt ist: Ringmauer mit Wohnbau, Bergfried nahe dem Tor und keineswegs nur ein Symbol, wie immer wieder verkürzend dargestellt wird, sondern sehr wohl von taktischer Bedeutung, schließlich Nebengebäude und häufig eine Vorburg – oder wie in Burghausen mehrere Vorburgen, die die Anlage zur längsten Burg Deutschlands machen. Im hügeligen Gelände lag die Burg jeweils oberhalb der Stadt, wie die prominenten Beispiele Landshut und Burghausen zeigen. Im flacheren Gelände befanden sich die Burgen am Rand der Städte, wie in München und Ingolstadt, nur durch einen Graben von der Stadt getrennt. Außerdem konnte die Burg nahe einer Flussbrücke stehen wie in Straubing. Herrschaftsanspruch und Kontrollmöglichkeit verbanden sich in all diesen Anlagen. Fast immer entstanden Burg und Stadtanlage gleichzeitig, nie wurde die Burg nachträglich angelegt, wenn auch natürlich immer wieder erneuert. Baulich lassen sich viele Burgen in Resten auf das 12. oder 13. Jahrhundert zurückdatieren, wobei der Forschungsbedarf nach wie vor sehr groß ist.

Der Forschungsbedarf ist nach wie vor sehr groß.

Anmerkungen

1 Großmann, Fachwerkbau; für Franken maßgeblich: Bedal, Fachwerk **2** Wiedenau, Katalog **3** Dendrochronologische Datierungen beinhalten unter günstigen Umständen das Fälljahr des Bauholzes und ergeben damit eine annähernd jahrgenaue Datierung. **4** Vgl. zu einem gotischen Befund Freising, Obere Domberggasse 3–5: Strehler, Baubefunde, S. 52–55; vgl. auch Liedke, Bürgerhaus **5** Dehio, Schwaben **6** Vgl. Mader, Stabbau-Wandelemente **7** Liebhart, Die frühen Wittelsbacher; Kratzsch, Gründungsstädte **8** Vgl. dazu umfassend: Lübecker Schriften **9** Vgl. den in anderem Zusammenhang erfolgten warnenden Hinweis von Kratzsch, Gründungsstädte, S. 320 **10** Eine teilweise andere Auffassung vertritt Schuster, Bürgerhaus, S. 42f., er hält die Lauben vielfach für gleichzeitig entstanden. **11** Liedke, Bürgerhaus, Tafel 89 **12** Die umfangreichste Auswertung der Modelle in: von Reitzenstein, Stadt; vgl. auch Huber, Nachrichten **13** Erdmannsdorfer, Bürgerhaus; Liedke, Bürgerhaus; Schuster, Bürgerhaus; Stoob, Burghausen **14** Kayser, „Kinderlehrkirche" **15** Jahrbuch der bayerischen Denkmalpflege 64/65 (2010/11), S. 136 **16** Ebd., S. 134 **17** Vgl. die Beiträge in: Hausbau **18** Kratzsch, Gründungsstädte, S. 318: Städte schlossen fast immer eine besonders befestigte Burg ein. **19** Kratzsch, Ebd.

Zensualen, Kaufleute und Ministerialen. Die ersten Bürger in den altbayerischen Gründerstädten

Marco Veronesi

Die Stadtgründer

Die Bayerische Landesausstellung 2020 zielt nicht auf die alten Bischofssitze mit römischen Wurzeln, auch nicht auf die im Zuge der Christianisierung gegründeten Bischofssitze Freising oder Eichstätt, sondern auf jene Städte Bayerns, die im Lauf des 13. Jahrhunderts entstanden sind und deren Stadtherr der bayerische Herzog war – die „Wittelsbacher Gründerstädte". Als Gründer gilt in der Regel der Herzog, doch es stellt sich durchaus die Frage, ob neben dem Herzog andere Personenkreise an der Gründung dieser Städte beteiligt waren. Und vielleicht ergibt der Begriff sogar in einer weiteren Interpretation Sinn: Die Stadt war ein Ort der Chancen und Möglichkeiten, sie bot Raum für ‚Gründerpersönlichkeiten', für ‚Existenzgründer': eine Gründerstadt eben.

Bei wem also darf man die Initiative für eine Stadtgründung sehen? Und wie hat man sich diesen Vorgang im Einzelnen vorzustellen? Ist von einem Gründungsakt im eigentlichen Sinn auszugehen, also einer planmäßigen Errichtung ‚auf der grünen Wiese' und einer gezielten Ansiedlung und Privilegierung von Bewohnern? Oder hat man sich das Ganze eher als eine prozesshafte, allmähliche Stadtwerdung vorzustellen? An schriftlichen Quellen zu diesen Fragen stehen nur die Urkunden zur Verfügung, mit denen der Herzog den Bewohnern ihre städtischen Rechte verbrieft hat, sowie die knappen Aufzeichnungen Abt Hermanns von Niederaltaich. Nach Hermann habe Herzog Ludwig der Kelheimer im Jahr 1204 Landshut gegründet, 1218 Straubing und 1224 Landau. Ludwigs Sohn Otto II. habe dann 1251 Dingolfing erbaut.[1] Über die anderen bayerischen Städte weiß aber auch Hermann nichts zu berichten.

Es geht natürlich nicht um die Frage, ob Initiative und Planung nun auf herzoglicher Seite oder woanders zu suchen sind, als vielmehr darum, wie man sich möglicherweise ein Zusammenwirken des Herzogs mit anderen Beteiligten vorzustellen hat. Eine Stadt gegen den Willen des Herzogs gründen zu wollen, dürfte jedenfalls schwierig gewesen sein. Auch wenn größere Adelsgeschlechter wie die Grafen von Bogen eigene Städte gründeten, entschied am Ende doch der Herzog darüber, denn die Anlage ‚befestigter Plätze', seien es Burgen oder Städte, war ein königliches Vorrecht, das auszuüben sich allenfalls der Herzog anmaßen konnte. In Bayern konkurrierten in dieser Hinsicht nur die Andechs-Meranier, die zwar kein eigenes Herzogtum, aber einen Herzogstitel führten, mit den Wittelsbachern. Andererseits ist es kaum vorstellbar, dass der Herzog höchstpersönlich eine Stadt ‚gebaut' hätte; sicherlich waren Stadtplaner, Ingenieure, Bauhandwerker mit am Werk, die nicht zum ständigen Hofpersonal gehörten. Auch die Rolle der ersten ‚Bürger' gilt es zu betrachten: Oft wurden wohl Bauern aus dem Umland der zu gründenden Stadt rekrutiert, wobei man solche Maßnahmen eher aus den dünn besiedelten Gebieten in der Germania Slavica kennt, im heutigen Tschechien, Polen und Litauen.[2] In Bayern hingegen bestanden in der Regel an der Stelle einer zu gründenden Stadt bereits Siedlungen, die keineswegs nur von bäuerlichen Untertanen bewohnt waren. Ohne Zweifel gab es in diesen Vorgängersiedlungen schon eine zumindest ansatzweise ausdifferenzierte Sozialstruktur mit Verwaltungsbeamten, spezialisierten Handwerkern oder Inhabern von ‚Ämtern' wie Förster, Jäger, Speicherwärter, Zöllner, Pferdehüter, die der Grundherr mit sogenannten Dienstlehen ausstattete, aus denen sie ihren Lebensunterhalt bestreiten konnten.[3] Neben den im Rahmen der Stadtgründung eingesetzten ‚Beamten' war damit bereits eine Art Mittelschicht vorhanden, die an der Stadtgründung mitwirkte und später zur städtischen Führungsschicht gehörte. Von ihrem Rechtsstand her waren diese Leute oft Ministerialen – die im Dienst des Grundherrn oder des Herzogs standen – oder sogenannte Zensualen – freie, durch eine Kopfsteuer gebundene Personen.

Aus den oben genannten Quellen lässt sich aber nicht erschließen, inwieweit diese Personengruppen in den jeweiligen Entstehungsprozess involviert waren. Im Folgenden soll deshalb ein Blick in die Ferne denkbare Analogien zu den Vorgängen in Bayern aufzeigen: Freiburg im Breisgau im Süden und die spätere Hansestadt Lübeck im Norden bieten sich dafür an, da es für beide Städte erzählende Quellen darüber gibt, wie Bürger und Herrscher bei der Stadtgründung zusammengewirkt haben. Lübeck wurde 1158 von Heinrich dem Löwen gegründet, der zu dieser Zeit zugleich Herzog von Bayern und Herzog von Sachsen war. Archäologische Grabungen im sogenannten Gründungsviertel Lübecks haben die planmäßige Anlage der Stadt um die Mitte des 12. Jahrhunderts bestätigt: Straßen und Plätze wurden abgesteckt und mit kleinen Gräben umfasst, anschließend wurde das dahinter gelegene Areal parzelliert und an die Siedler ausgegeben. Wie man sich die Gesamtkonzeption der Stadtgründung vorzustellen hat, vermittelte eindrücklich die Berliner Ausstellung „Bewegte Zeiten. Archäologie in Deutschland" von 2018. Dort war auf einer riesigen Tafel in roten Buchstaben plakatiert: „Für die Neugründung der Stadt Lübeck sind gut geschnittene Grundstücke in zentraler Lage zum Aufbau einer Handelsexistenz zu verkaufen. Sonderkonditionen bis Baubeginn im Jahr 1158." Versprochen wurde auch eine „günstige Lage in zukünftiger Hansestadt", ein in Planung befindlicher Handelshafen und der direkte Zugang zur Ostsee. Ganz unten auf dem Plakat stand zu lesen: „Ein Förderprojekt von Herzog Heinrich dem Löwen". Damit haben die Ausstellungsmacher die aktuelle Forschungsmeinung zur Gründungsgeschichte Lübecks recht treffend zusammengefasst: Auf Initiative des Landesherrn wird die Neuanlage einer Stadt geplant. Gleichzeitig wird um Siedler geworben, in erster Linie um Kaufleute und sonstige Gewerbetreibende, denen gute Konditionen, nicht zuletzt hinsichtlich der Fortentwicklung der neuen Stadt, geboten werden.[4] Andere Modelle hingegen sehen die Initiative nicht beim Landesherrn, sondern bei einem Konsortium von Kaufleuten, das mit dem Plan der Gründung einer Stadt an Herzog Heinrich herangetreten sei. Ausgestattet mit den nötigen Privilegien, habe das Konsortium dann die Parzellierung von Grund und Boden organisiert und die entsprechenden kommunalen Institutionen ins Leben gerufen.[5] Ähnlich scheint die Gründung der sogenannten Neustadt Hamburg in den Jahren 1188/89 vor sich gegangen zu sein: Der Graf von Schauenburg übertrug einem gewissen Wirad von Boizenburg das Gelände seiner wüst gefallenen Burg, das Wirad und seine „cohabitatores", seine Siedlungsgenossen, in Parzellen aufteilten. Für den Bau eines Hafens befreite sie der Graf im Gegenzug von der Entrichtung des Grundzinses.[6]

Auch das Beispiel von Freiburg im Breisgau deutet auf solche kaufmännischen Verbände. Die Freiburger behaupteten zwar später, im 13. Jahrhundert, dass der Zähringer-Herzog Berthold III. im Jahr 1120 beschlossen habe, auf seinem eigenen Grund und Boden eine freie Stadt zu errichten, in der das Stadtrecht von Köln gelten sollte. Er habe namhaften Kaufleuten in der künftigen Stadt Grund und Boden angeboten, die dann von allen Seiten zu dem Ort geströmt seien, und er habe allen Stadtbewohnern für ewige Zeiten besondere Rechte zugestanden. Allerdings gibt es einen älteren Bericht über die Freiburger Stadtgründung, der die Dinge mit einer etwas anderen Akzentuierung darstellt. Danach war es Bertholds jüngerer Bruder Konrad, auf den die Gründung Freiburgs zurückgeht – dass hier von einem Markt die Rede ist, spielt für unsere Fragestellung keine Rolle. Interessanter ist die Schilderung des eigentlichen Vorgangs in dieser älteren Urkunde: Danach sicherte Konrad den Bewohnern des künftigen Marktes Privilegien zu, die als Versprechungen („promissiones") des Herzogs gegenüber den Bürgern („burgenses") bezeichnet werden. Man darf sich unter diesen burgenses sicherlich auch Handwerker und Dienstleute der Burgsiedlung vorstellen, aber überdeutlich wird in der Urkunde, dass, wie in Lübeck, die Kaufleute („mercatores") der entscheidende Faktor waren – ob diese zum Teil mit den burgenses identisch waren, lässt sich nicht sagen. Schließlich ließ der Herzog zwölf seiner Dienstleute schwören, dass die gegebenen Zusagen auch erfüllt würden. Und weiter heißt es: „quadam coniuratione id forum decrevi incipere et excolere" – aufgrund eines gemeinsamen Schwurs habe der Herzog begonnen, diesen Markt zu bauen.[7] Insgesamt stellt sich der Gründungsvorgang so dar, als habe der Herzog den burgenses in einer Art Vertrag, der zudem durch Eid beurkundet war, entsprechende Privilegien zusichern müssen, bevor der Bau der Marktsiedlung überhaupt begonnen wurde.

Ohne Spezialisten des urbanen Wirtschaftens keine Stadt!

Dass es vor allem Kaufleute wie in Lübeck waren, die als Zielgruppe des herrscherlichen Stadtgründungswillens, wenn nicht gar als Initiatoren der

Stadtgründung gelten dürfen, geht aus den von Konrad gewährten Privilegien eindeutig hervor, zielen diese doch auf eine möglichst ungehinderte kommerzielle Entfaltung der Stadtbewohner. Für den Fall Lübecks – Heimat der nach Norwegen oder Nowgorod reisenden Kaufleute und späterer Kopf der Hanse – ist dies einleuchtend, während es für Freiburg nicht ganz so auf der Hand zu liegen scheint: Zwar spielte die Stadt später eine wichtige Rolle als Umschlagplatz im Silberhandel – es hatten sich bis zum Jahr 1300 mehrere italienische Banken in Freiburg niedergelassen und die Stadt hatte ein großes ‚Kaufhaus' errichtet, das zugleich Warenlager, Herberge und Handelsplatz für die in der Stadt fremden Kaufleute war –, doch sind dies eher Belege dafür, dass Freiburg als Umschlagplatz wichtig war – weitreisende, wagemutige Kaufleute wie die Lübecker kennt man aus Freiburg nicht.[8]

Zensualen, Kaufleute und Ministerialen

Dass der ‚freie' Kaufmann wie in Lübeck die entscheidende Rolle bei den mittelalterlichen Stadtgründungen spielte, war lange Zeit allgemein anerkannt. Neuere Forschungen zeigen jedoch, dass dieses Bild zu einseitig von den kommerziell geprägten Hansestädten und den oberdeutschen Reichsstädten, in denen ebenfalls eine recht prominente Fernhändlerschicht wirkte, bestimmt ist. Heute wird die Rolle der Kaufleute weniger stark gewichtet, und zwar zugunsten zweier anderer Gruppen: der Zensualen und der Ministerialen. Dies gilt insbesondere für solche Städte, die sich auch später nicht durch einen ausgeprägten Fernhandel hervorgetan haben, wie es, folgt man dem bayerischen Geschichtsschreiber Johannes Turmair, auf die bayerischen Städte zutrifft. Um 1526 schrieb Aventinus: „Das baierisch volk ... pleibt gern dahaim, raist nit vast aus in frembde land"; es sei zudem unfreundlich und wenig weltoffen, so wie eben Leute sind, die „nit vil auß kommen, gern anhaims eralten, wenig hantierung treiben, fremde lender und gegent heimsuechen; achten nit der kaufmannschaft, kumen auch die kaufleut nit vast zu inen"[9].

Zensualen waren ehemals zu bäuerlichen und handwerklichen Diensten verpflichtete unfreie Personen. Nicht wenige dieser Unfreien wurden von ihren Herren als Zensualen an ein Kloster oder ein Bistum übergeben – zu ‚Zinsrecht', das heißt, sie konnten frei über ihre Arbeitskraft verfügen und waren von den Frondiensten befreit, mussten als Gegenleistung aber dem Abt oder dem Bischof, dem sie übergeben worden waren, einen geringen jährlichen Zins entrichten. Das Phänomen der Zensualität geht auf spätantike Wurzeln zurück und wurde im 11. Jahrhundert zu einer allgemein verbreiteten Erscheinung. Die meisten Klöster und Bischöfe begannen in dieser Zeit damit, eigene Register zu führen, in denen sie ihre Zensualen verzeichneten. Eines der bekanntesten ist das Freisinger „Liber censualium".[10] Bedenkt man, dass Klöster und Bischöfe in den Jahrhunderten davor insbesondere notierten, was sie von Adligen an Land und Höfen erhalten haben, wird klar, dass die Anlage solcher Zensualenbücher auch ein demografisches Phänomen widerspiegelt: Wo früher Land geschenkt wurde, waren es nun Menschen. Grund und Boden war zu einem knapperen Gut geworden, während es sich die adeligen Grundbesitzer durchaus leisten konnten (und wollten), auf einige wenige verdiente Grundhörige zu verzichten.

Die Zensualen spielten vor allem in den rheinischen Bischofsstädten Köln, Mainz, Worms und Speyer eine wichtige Rolle bei der Stadtwerdung und Gemeindebildung. Gleiches gilt aber auch für die Fernhändlerstadt Regensburg,[11] wie zwei Beispiele zeigen. Ein Regensburger Bürger hatte 1178 eine „ancilla", also ein Dienstmädchen, geehelicht. Aus Sorge darüber, dass die Kinder aus dieser Ehe in ihrem Rechtsstand der schlechteren Hand folgen müssten – also nicht frei wie er selbst, sondern unfrei wie seine Frau wären, wie dies die Regel war –, kaufte er seine Frau von ihrem Herrn – man könnte auch sagen: von ihrem Besitzer – frei, und zwar in der Form, dass dieser Herr die ancilla zu Zensualenrecht an das Kloster St. Emmeram übertrug. Der Vorgang wurde von hochrangigen Vertretern der Regensburger Stadtgemeinde bezeugt. Ein zweites Beispiel betrifft den jungen Regensburger Kürschner Ulrich, der sich 1175 von seiner Herrin freikaufte, indem er sich selbst zu Zensualenrecht an das Kloster St. Emmeram übertrug.[12] Es handelt sich bei den Zenusalen also um Unfreie, die schon einen gesellschaftlichen Aufstieg geschafft hatten – wie die ancilla, die ‚nach oben' geheiratet hatte –, oder um Leute, die bereits zu einem gewissen Vermögen gekommen waren – wie der Kürschner Ulrich.

Wie aber sieht es in den bayerischen Gründerstädten aus? Im Freisinger „Liber censualium" finden sich dazu Einträge mit Bezug auf Landshut. Es sind dort, mit unsicherer Datierung, aber jedenfalls noch in das 12. Jahrhundert fallend, vermerkt: eine „Hedwic de Lanthut", eine „Perthe de lantshute", ein „Hainricus Pasilar de Landeshute", für die Jahre nach 1212 weiterhin „Mathildis, Richer, Hainricus, Rodegerus, Gerint, Gerbirgis, Richardis, Alhydis, Lucardis und Willebirc" – allesamt Zensualen der Freisinger Kirche und allesamt in Landshut ansässig. Bemerkenswert an dieser Reihe, die sich fortsetzen ließe, ist vor allem die Tatsache, dass zumindest die ersten Vermerke noch in die Zeit vor der Stadtgründung datieren, was die Vermutung stützt, dass die Zensualität auch in Landshut eine Triebkraft der Stadtgründung gewesen ist. Gleiches gilt für Ingolstadt, auch wenn man zugeben muss, dass insgesamt die Quellen zu diesem Thema nicht gerade sprudeln.[13]

Die zweite Gruppe, deren Rolle bei der Stadtgründung zu untersuchen ist, sind die Ministerialen, also die unfreien Dienstleute des Königs, von Bischöfen, von Klöstern und von Herzögen. Die Ministerialen waren zunächst teilweise mit den Zensualen identisch, zumal sich beide Gruppen durch bestimmte handwerkliche oder administrative Fertigkeiten auszeichneten. Erst im Lauf des 13. Jahrhunderts setzten sich die Ministerialen deutlich nach oben ab. Die Ministerialität wurde zunehmend mit dem bewaffneten Dienst assoziiert und die Ministerialen wurden von ihren Herren nun mit Lehen ausgestattet. Für die Frühzeit der Stadtwerdung darf man sich die Ministerialen aber noch nicht so ‚ritterlich' vorstellen: Sie waren eher so etwas wie urbane Fachkräfte: Zöllner, Münzer, Baumeister, aber auch Richter, die nach dem neuen Kaufmannsrecht urteilten.[14] In der frühesten Ingolstädter Urkunde von 1245 finden sich als Zeugen der Richter („iudex") Sibenburgarius, ein „Perngerus Zolner", ein „Chunradus incisor" (ein Stempelschneider?), ein „Hainricus medicus", der Verwalter oder Schatzmeister („dispensator") Gernherus und ein Lehrer, Heinricus „scolarcha".[15]

Damit ist man nun aber mit der paradox anmutenden Vorstellung konfrontiert, dass die eben erst der Unfreiheit entsprungenen oder sogar noch unfreien Ministerialen das Stadtregiment führten und damit über den ‚freien' Kaufleuten standen. Auch die Theorie, dass die herzoglichen Ministerialen und die freien Kaufleute langsam zum städtischen Patriziat verschmolzen, ist damit nur schwer in Einklang zu bringen. Hinzu kommt, dass der ‚freie' Kaufmann des Hochmittelalters heute als Wunschbild der bürgerlich-liberalen, der Romantik verhafteten Geschichtsschreibung des 19. Jahrhunderts in Frage steht. Ein Ansatz zur Lösung dieser Problematik besteht darin, die kategorische Trennung zwischen den ‚freien' Kaufleuten und den ‚unfreien', administrativ eingebundenen Ministerialen aufzugeben, einhergehend mit der Annahme, dass sich beide Gruppen personell weitgehend überschneiden, sodass man von ‚ministerialen Kaufleuten' als Protagonisten der Stadtgründungen ausgehen dürfte.[16] Damit ließe sich immerhin die schillernde Benennung der Freiburger, einmal als burgenses, einmal als mercatores, in der Freiburger Gründungsurkunde erklären. Auch für Lübeck war jüngst von „ministerialen Kaufleuten im Königsdienst" die Rede und von im Fernhandel tätigen, „meist hörigen Spezialisten" der Bischöfe und Klöster; aus Regensburg stammt das Beispiel des unfreien ‚Eigenmannes', der 1179 von Kiew aus eine Schenkung tätigte – was zu der Vermutung führt, dass zahlreiche Eigenleute und Ministerialen des Klosters St. Emmeram ebenfalls im Fernhandel tätig waren.[17]

Wittelsbacher Gründerstädte

Für die bayerisch-wittelsbachischen Gründerstädte mangelt es an Untersuchungen und in der Regel auch an den Quellen, um den skizzierten Fragestellungen weiter nachgehen zu können. Zwei Beispiele zu München müssen deshalb genügen, um der Thematik näherzukommen – auch wenn man sich damit noch in welfischer Zeit befindet. Doch deuten diese Beispiele in Richtung ministerialer Kaufleute.

Es ist zum einen der Fall des Bernardus Teutonicus, der mit hoher Wahrscheinlichkeit aus einer regensburgisch-münchnerischen Ministerialenfamilie stammte. Sein Vater war der Regensburger Perinhart, Goldschmied („aurifex") und Zöllner („thelonearius"). Bernardus selbst war im Handel mit Silber aus Kärnten, das er in Venedig absetzte, reich geworden – wie reich, geht aus seinem Testament hervor. Er hinterließ das enorme Vermögen von 27500 Pfund, galt als der nach dem Dogen reichste Mann in Venedig, besaß das teuerste Haus der Lagunenstadt und bischöfliche Lehen in Aquilea. In seinem Testament aus dem Jahr 1214 sind neben dem Münchner Leprosenhaus zahlreiche Münchner Ministerialenfamilien mit Legaten bedacht, ein weiteres Indiz für die ministeriale Herkunft des Bernardus.[18]

Ein zweites Beispiel liegt zeitlich früher: Die Ministerialen der Grafen von Wolfratshausen besaßen, wohl über die Verwandtschaft ihrer Herren mit den Andechs-Meraniern, Anteile an einer Saline in Reichenhall. Ist dies schon bemerkenswert genug, so macht zudem eine vor 1158 ausgestellte Urkunde deutlich, wie sehr Herrscher und Ministerialen in ökonomischen Dingen als Einheit auftraten: Es heißt dort, dass Graf Heinrich II. von Wolfratshausen gemeinsam mit seinen Ministerialen dem Stift Dießen mehrere Anteile an der genannten Saline übertrug („comes Hainricus nec non ministeriales sui tradiderunt"). Auch zahlreiche andere Wolfratshausener Ministerialen waren nachweislich im Besitz von Anteilen an den Reichenhaller Salinen. Der Rest ist allerdings Spekulation: Diese Ministerialen erscheinen immer wieder in Verbindung mit anderen Familien der Wolfratshausener Ministerialität, die schon um 1158 in München ansässig waren: der monetarius Wernhart, der thelonearius Wernher, Ortolf, dem die Mauer unterstand, und andere mehr. Möchte man hier eine enge Verbindung sehen, würde das bedeuten, dass die im Salzhandel engagierten Wolfratshausener Ministerialen, gemeinsam mit den ihnen verbundenen Münchner Kollegen, an der eigentlichen Stadtgründung 1158 ein ebenso großes Interesse wie ihr neuer Dienstherr Heinrich der Löwe hatten, denn schließlich war München als Knotenpunkt einer neuen Salzhandelsroute geplant.[19] Es gibt im Übrigen mehrere Indizien, die für eine verwandtschaftliche Verbindung zwischen Bernardus teutonicus und dem Münchner monetarius Wernhart sprechen – womit sich die Kreise schließen würden.[20]

Kann man sich also die Gründungen der wittelsbachisch-bayerischen Städte ähnlich vorstellen wie in Lübeck, Freiburg oder München? Man bleibt auf Vermutungen angewiesen, wobei es durchaus sinnvoll erscheint, den Kaufmann nicht nur im Sinne des wagemutigen Unternehmers der Gründerzeit aufzufassen, wie es dem bürgerlich-liberalen 19. Jahrhundert gefiel. Auch Zöllner, Münzer, Boten, Steuereinnehmer, Baumeister, der in München spätestens für 1178 nachgewiesene Mauerbeauftragte und die Marktaufseher waren im Wirtschaftsleben tätige Fachkräfte, die sich allein schon durch die Fähigkeit, rechnen und schreiben zu können, vom großen Rest der Bevölkerung abhoben – hier sei nochmals auf die erste Ingolstädter Zeugenliste verwiesen. Insgesamt wird man auch für die bayerischen Gründerstädte von einer Gruppe hochspezialisierter Fachkräfte des urbanen Wirtschaftens ausgehen dürfen, die, wenn nicht die treibenden Kräfte, so doch erste Ansprechpartner des gründungswilligen Herzogs waren.[21] Ihnen oblag die weitere Entwicklung des städtischen Gemeinwesens und zweifellos waren sie bereits in der Gründungsphase zu gemeinsamen Willensäußerungen gegenüber dem Herrscher in der Lage.

Anmerkungen

1 Hermanni Altahensis Annales, MGH SS 17, S. 386f., 395 (Übersetzung: Weiland, Werke, S. 26f., 39) **2** Hardt, Formen und Wege **3** Vgl. etwa Thoma, Leiheformen; Andermann, Vasallität **4** Vgl. Rieger/Jahnke, Gründungsviertel **5** Rörig, Lübeck; ders., Markt; Reincke, Städtegründung; Stoob, Rez. zu: Ahasver von Brandt **6** Vgl. Reincke, Städtegründung. An solchen Vorstellungen wurde allerdings immer wieder Kritik geübt; vgl. dazu Paulsen, Schifffahrt. Paulsens gründliche Kritik am Rörig'schen „Gründungsunternehmerkonsortium" ist ohne jeden Zweifel berechtigt, bezieht sich aber grundsätzlich auf das größere Bild der deutschen Ostsiedlung, das Rörig aus seinem Konsortium heraus entwickelt. Mit dieser berechtigten Kritik dürfen aber nicht die Quellennachweise verschüttet werden, in denen sich deutliche Indizien wenn nicht für Gründerkonsortien, so doch für ähnliche, sicher in geringerem Grad institutionalisierte Verbände von Kaufleuten finden, die an der Planung von Gründungsstädten im Hanseraum beteiligt waren (einen „Konsortiumvasallen" muss man dafür nicht konstruieren: Paulsen, Schifffahrt, S. 625). Vgl. zuletzt Jahnke, Interpretation **7** Blattmann, Stadtrechte; Schlesinger, Stadtrecht; ders., Gründungsgeschichte; Keller, Charakter **8** Nehlsen, Familie Snewlin **9** Lexer, Johannes Turmair (genannt Aventinus). Bayerische Chronik, Bd. 1/1, S. 42 **10** Vgl. Kat.-Nr. 014; allgemein: Dollinger, Bauernaufstand, S. 304–316 **11** Schulz, Ministerialität, S. 131–170; Bosl, Sozialstruktur, S. 125–135 **12** QuE NF 8, Nr. 908, 916; vgl. Schulz, familia; Bosl, Sozialstruktur, S. 125–135 **13** Brandl-Ziegert, Sozialstruktur, S. 77–105 **14** Vgl. dazu die in Anm. 10 genannte Literatur **15** Etwas ‚handwerklicher' geprägt ist dagegen die erste Landshuter Zeugenreihe von 1252; zu beiden Brandl-Ziegert, Sozialstruktur, S. 89 **16** Die ältere Forschung zusammengefasst bei Nehlsen, Familie Snewlin, S. 4–13 **17** Paulsen, Schifffahrt, S. 363; Sydow, Regensburger Markt, S. 82. Es gab auch ‚Doppelministerialen' kirchlicher und adliger Herren zugleich, wie interessanterweise für den Münchner Raum nachgewiesen: Seibert, Raum München, S. 291 **18** Fryde/ Stromer von Reichenbach, Hochfinanz, S. 43–50; Bosl, Sozialstruktur, S. 162f. **19** Die Details bei: Maier, Netzwerke; vgl. Mayr, Ministerialität; Urkunde in: QuE NF 22/1, Nr. 16 **20** Fryde/Stromer von Reichenbach, Hochfinanz; Emmerig, Regensburger Pfennig, S. 51 **21** Vgl. den Essay von Jürgen Dendorfer in diesem Band

Städte als Gerichts- und Verwaltungsmittelpunkte

Maria Rita Sagstetter

Die Wittelsbacher Herzöge betrieben im 13. Jahrhundert gezielt den Ausbau und die Konsolidierung ihrer Landesherrschaft. Zur Erfassung und herrschaftlichen Durchdringung ihres Territoriums schufen sie ein Netz von Verwaltungs- und Gerichtssprengeln, in das sie ihren gesamten Herrschaftsbesitz an Gütern und Rechten, den sie sukzessive aufgrund verschiedener Rechtstitel erweitern und abrunden konnten, einbanden. Erste Einblicke in die innere Struktur dieser neu errichteten Ämterorganisation, auf der die Landgerichtsverfassung des spätmittelalterlichen Herzogtums Bayern basiert, vermitteln die Herzogsurbare des 13. und frühen 14. Jahrhunderts. Als Mittelpunkte der Ämter (officia) und Landgerichte (iudicia) fungierten neben Burgen Städte und Märkte, sie knüpften meist an präurbane Siedlungen an, die ihrerseits im Schutz einer Burg entstanden waren. Von den Burgen übernahmen die Städte nach und nach die Bedeutung von festen Plätzen, auch wenn sie zunächst überwiegend nur durch Palisaden, Erdwälle und Wassergräben gesichert waren, während aufwendige und kostenintensive Befestigungen mit Mauern, Türmen und Toren vielerorts erst seit dem 14. Jahrhundert das Stadtbild bestimmten. Diese ‚Burgstädte' dienten den Herzögen als strategische Stützpunkte zur Sicherung des Landfriedens und der Verkehrswege sowie zur Herrschaftskonsolidierung, ganz besonders in territorialen Grenzlagen und Konkurrenzräumen. Vor diesem Hintergrund lag es nahe, nicht nur auf den Burgen Dienstmannen zu stationieren, die die Burghut wahrnahmen, sondern auch in den Städten Amtleute einzusetzen, die für den Landesherrn militärische, administrative, gerichtliche und fiskalische Aufgaben zu erfüllen hatten. Die Städte wurden so Zentralorte verschiedener Ämter, etwa von Pfleger, Richter, Kastner, Zöllner, oder zumindest Sitz eines Schergenamts als Unteramt des Landgerichts. Amtsträger waren anfangs Ministerialen, später Adelige, die auf befristete Zeit oder auf Widerruf bestellt und für ihre Tätigkeit entlohnt wurden.

Auf der unteren Verwaltungsebene verkörperten insbesondere Landrichter und Pfleger die landesherrliche Autorität vor Ort. Bereits im 13. Jahrhundert werden „Richter" oder „Landrichter" genannt, die die vom Herzog wahrgenommene Grafengerichtsbarkeit fortführten und zudem untere Gerichts- und Verwaltungskompetenzen gegenüber den herzoglichen Kastenamtsbauern und den außerhalb geschlossener Adelshofmarken gesessenen Hintersassen des Adels ausübten. Seit dem 14. Jahrhundert begegnet der Pfleger als Vorstand des Landgerichts, das seither auch als Pfleggericht bezeichnet wird, und als höchster landesherrlicher Beamter in seinem Sprengel. Ursprünglich für den militärischen Schutz von Burgen und festen Plätzen zuständig, weitete sich sein Aufgabenbereich räumlich auf den gesamten zugehörigen Verwaltungs- und Gerichtsbezirk aus; sachlich kamen neben der militärischen Befehlsgewalt mit Musterung und Aushebung für das Landaufgebot die Polizeigewalt, die Steuereinhebung, die Verwaltung des Kammerguts mit Aufsicht über das Kastenamt und Jurisdiktionsaufgaben hinzu. Bei den Gerichtsterminen des Landgerichts führte der Pfleger den Gerichtsvorsitz entweder persönlich – in den Gerichtsbesetzungsformeln als „Pfleger" oder „Pfleger und (Land-)Richter" tituliert – oder er hatte wegen der Größe seines Bezirks und der zunehmenden Zahl von Prozessen einen Richter oder Landrichter an seiner Seite, der stellvertretend für ihn die Gerichtsverhandlungen leitete und sich zum wichtigsten Rechtsprechungsorgan im Landgericht entwickelte, während der Pfleger sich mehr und mehr auf seine militärischen und administrativen Aufgaben zurückzog. Die Gerichtsverhandlungen fanden gewöhnlich außer am Sitz des Landgerichts selbst auch an anderen innerhalb des Sprengels gelegenen Gerichts- oder Landschrannen statt, die der Richter regelmäßig bereiste. Diese Gerichtsstätten waren in der Regel zugleich Hauptort eines Schergen- oder Unteramts und damit Sitz eines Schergen oder Amtmanns, der als Hilfsorgan des Landrichters bestimmte prozessuale und exekutorische Aufgaben erledigte.

Als Amts- und Wohnsitz diente den Landrichtern und Pflegern primär die landesherrliche Burg, in deren exponierter Lage sich auch ihre augenscheinlich überragende hoheitliche Position widerspiegelt. Als die Ansprüche an Repräsentation und Komfort eine größere Rolle zu spielen begannen, verlegten Landrichter und Pfleger ihre Amtssitze von den meist unwohnlichen und schwer zugänglichen Burgen vermehrt in Amtsgebäude oder Pflegschlösser innerhalb der Stadt. Analog dazu wurden die Gerichtsverhandlungen sukzessive in Gebäude – etwa in Rathäuser, Gerichtsstuben oder Amtshäuser – in den zentralen Amtsorten der Landgerichte verlegt. Dem Öffentlichkeits- und Mündlichkeitsprinzip des alten deutschrechtlichen Verfahrens entsprechend, hatte das Gericht im Mittelalter zunächst unter freiem Himmel an öffentlich zugänglichen, markanten Plätzen – auf erhöhtem Gelände, unter Bäumen, vor allem Linden und Eichen, auf Brücken oder an Straßen – getagt. Mit Einführung des gelehrten Prozesses nach römisch-kanonischem Vorbild fanden die Sitzungen der Landgerichte im Wesentlichen nur noch parteiöffentlich und schriftlich statt, wodurch sich die Anwesenheit der Gerichtsgemeinde erübrigte.

Neben den Städten konnten auch größere Märkte, wie etwa Dachau oder Markt Schwaben, Amtssitz eines Richters oder Pflegers oder beider Ämter sein. Kleinere Märkte dagegen besaßen entweder überhaupt kein landesherrliches Amt oder waren nur Sitz eines Schergenamts oder einer Landschranne, an der das Landgericht regelmäßig tagte. Laut dem um 1279/84 entstandenen Urbar Herzog Ludwigs II. für das obere Viztumamt des Teilherzogtums Oberbayern bildeten beispielsweise die Städte Ingolstadt, Landsberg, Pfaffenhofen, Wasserburg und Weilheim und die Märkte Aibling, Dachau, Rain, Tölz, Wolfratshausen und Wolnzach Hauptorte eines Amts oder Gerichts. Die beiden Urbare für die niederbayerischen Viztumämter Straubing und an der Rott (Pfarrkirchen) aus der Zeit um 1300 nennen als Amts- und Gerichtssitze die Städte Cham, Deggendorf, Dingolfing, Erding, Landau, Landshut, Neuötting, Straubing und Waldmünchen sowie die Märkte Abbach, Eschlkam, Regen, Rosenheim und Vilsbiburg. Wurden Märkte erst später Sitz eines Landgerichts, erhöhte dies in Verbindung mit einem Ausbau der Befestigung die Chance für den Aufstieg zur Stadt. Dies lässt sich etwa am Beispiel von Schrobenhausen nachvollziehen, das unter Herzog Ludwig dem Bärtigen von Ingolstadt ab 1414 eine erhebliche fortifikatorische Aufrüstung erfuhr, 1421 Hauptort eines neuen, vom Landgericht Aichach abgetrennten Landgerichts wurde und schließlich 1447 erstmals als Stadt belegt ist.

Einzelne, vor allem größere Landstädte, wie München, Landshut, Pfarrkirchen, Straubing, Burghausen, Ingolstadt, Burglengenfeld und Amberg, wurden in der Zeit der Landesteilungen darüber hinaus Mittelpunkte von übergreifenden regionalen Amtsbezirken der mittleren Verwaltungsebene – als Sitz eines Viztums oder Rentmeisters – und teilweise auch als Haupt- und Residenzstädte von Teilherzogtümern.

Die im 13. Jahrhundert grundgelegten Landgerichte des Spätmittelalters waren weit davon entfernt, geschlossene Herrschaftssprengel darzustellen, in denen der herzogliche Landrichter oder Pfleger in gleichem Maße für alle Untertanen zuständig war; vielmehr war sein Amtsbezirk von einer Vielzahl von Niedergerichtskörpern durchbrochen, in denen Adel, Prälaten und auch Städte und Märkte beschränkte eigenständige Jurisdiktionsrechte wahrnahmen. Wesentlicher Bestandteil der Privilegierung der Städte und Märkte durch den Landesherrn war auf dem Gebiet der Rechtspflege regelmäßig die Verleihung des eigenen Gerichtsstands, also das Recht der Bürger, von keinem Auswärtigen vor ein anderes Gericht geladen werden zu dürfen als vor ein mit Mitbürgern als Urteilern oder Schöffen besetztes Gericht. Dieser Grundsatz der Befreiung von auswärtigem Gerichtszwang bedeutete eine zumindest partielle Exemtion des Stadtbezirks von der Jurisdiktion des Landgerichts, in dessen Sprengel der Ort gelegen war, und die Begründung eines eigenen Stadtgerichtsbezirks.

Innerhalb der Gerichtsorganisation des spätmittelalterlichen Herzogtums nahmen die Stadtgerichte eine feste Position ein. Mit ihrer beschränkten Gerichtskompetenz, deren genauer Umfang in den jeweiligen landesherrlichen Privilegien festgelegt war und von Ort zu Ort differierte, gehörten sie zu den Niedergerichten und waren dabei im Allgemeinen den Hofmarksgerichten des Adels und der Prälaten vergleichbar. Räumlich erstreckte sich ihre Zuständigkeit in der Regel nicht nur auf den engeren, umwehrten Stadtbereich, sondern auf den gesamten Burgfriedensbezirk. Innerhalb dieses Hoheitsgebiets, in dem Stadtrecht galt, unterlagen sämtliche Bewohner – soweit sie nicht aus Standesgründen einen privilegierten Gerichtsstand genossen – und Immobilien der Jurisdiktion des Stadtgerichts.

In sachlicher Hinsicht war die Kompetenz des Stadtgerichts auf strafrechtlichem Gebiet negativ durch die landesherrliche Vorbehaltsgerichtsbarkeit definiert, das heißt, die hohe Kriminalgerichtsbarkeit, die im Spätmittelalter mit der Formel von den drei Fällen, die die Todesstrafe nach sich ziehen – Diebstahl, Totschlag und Notzucht –, umschrieben wurde und dem Landrichter oder dem Viztum vorbehalten war, blieb von der Zuständigkeit des Stadtgerichts ausgenommen. Niedergerichtliche Fälle, die vor den Stadtgerichten verhandelt werden konnten, waren etwa kleine Diebstähle, Körperverletzungen, Raufen, Beleidigungen, Hausfriedensbruch, unerlaubtes Waffentragen, Garten- und Grenzfrevel, Verstöße gegen feuer-, gewerbe- und gesundheitspolizeiliche Vorschriften. Auf zivilrechtlichem Sektor war das Stadtgericht im Allgemeinen für alle niedergerichtlichen Streitfälle zuständig, die bewegliches Gut (Fahrnis) und Schuldsachen betrafen. Dies galt sowohl für Fälle, in denen beide Parteien Stadtbewohner waren, als auch für Verfahren, in denen nur der Beklagte der Hoheit des Stadtgerichts unterstand. Die örtliche Zuständigkeit bestimmte sich nach dem Wohnsitz des Beklagten. Dies schloss jedoch nicht aus, dass das Stadtgericht auch bei Klagen um Schuld und Fahrhabe tätig wurde, die sich gegen Fremde, die sich innerhalb der Stadt aufhielten, richteten. In diesen Fällen tagte das Stadtgericht als Gastgericht. Soweit der Herzog dem Stadtgericht auch die hohe Zivilgerichtsbarkeit zugestanden hatte, erstreckte sich diese auf alle Rechtsangelegenheiten, die innerhalb des Stadtgebiets befindliche Liegenschaften (Erbe und Eigen) betrafen. Die Zuständigkeit des Gerichts der belegenen Sache wird als allgemeinverbindlicher Grundsatz der spätmittelalterlichen Gerichtsverfassung in den Privilegien und Stadtrechtsaufzeichnungen wiederholt explizit – vor allem in Abgrenzung gegenüber der Gerichtshoheit des Landgerichts für Grundstücke außerhalb des Burgfriedensbezirks – betont. Als wichtige Handhabe im Interesse der Handel treibenden Bürger verlieh der Herzog einer Reihe von Städten die Erlaubnis, bei Forderungen des Rats oder einzelner Bürger deren auswärtige Schuldner pfänden und auf deren außerhalb des Burgfriedens gelegenes Vermögen zugreifen zu dürfen. Das Pfändungsrecht erstreckte sich etwa bei den Städten Moosburg, Erding, Dingolfing, Landsberg, Wasserburg, Rain, Kufstein, Kitzbühel und Rattenberg über zwei oder drei Landgerichte, während München und Landshut im gesamten Viztumamt pfänden durften.

Die personell wie flächenmäßig nahezu unbeschränkte Zuständigkeit des Stadtgerichts war der Gerichtsbarkeit über eine geschlossene Hofmark vergleichbar. Während in den Hofmarken jedoch ein vom Niedergerichtsherrn bestellter Richter amtierte und Immunität die Vornahme von Amtshandlungen landesherrlichen Personals innerhalb der Hofmarksgrenzen ausschloss, walteten Landrichter und Pfleger auch innerhalb der Stadt ihres Amtes und das Stadtgericht war zunächst keine in Eigenregie der Bürger verwaltete Institution, sondern landesherrliches Gericht mit einem landesherrlichen Richter als Vorsitzenden. Vielerorts war es der Landrichter, der in Personalunion auch den Vorsitz im Stadtgericht wahrnahm. In welcher Funktion er jeweils agierte, kommt in den Besetzungsformeln der Gerichtsbriefe zum Ausdruck; sie zeigen an, ob der Land- und Stadtrichter an offener Landschranne zu Gericht gesessen oder ob er an offenem Stadt- oder Bürgerrecht Gericht gehalten hat. Vor dem Landgericht erfolgte die Rechtsprechung nach Landrecht, vor dem Stadtgericht primär nach Stadtrecht – Privilegienrecht und Satzungen des Rats – und erst subsidiär nach Landrecht. Der Richter diente dem Stadtherrn und ebenso der Stadt. Entsprechend verpflichtete er sich mit seinem Amtseid nicht nur zur Wahrung der Rechte seines Dienstherrn, sondern, seinem Auftrag gemäß, auch Stadtrecht anzuwenden und unparteiisch den Bürgern zu ihrem Recht zu verhelfen. Bei der Festlegung der Geldstrafen (Wändel) hatte der Stadtrichter den im Stadtrecht vorgesehenen Bußsätzen zu folgen, verfügte jedoch mit Blick auf die wirtschaftliche Situation des Täters über einen gewissen Ermessensspielraum, wobei er das Mitspracherecht des Rats zu berücksichtigen hatte. Dies sahen beispielsweise fast alle niederbayerischen Stadtrechte, die sich an das Landshuter Stadtrecht von 1279 anlehnten, vor. Bei Zweifeln oder Unklarheiten in der Anwendung einer städtischen Norm konnte dem Rat ein Auslegungsrecht hinsichtlich der von ihm erlassenen Satzungen zustehen. Bei Berufungen, die gegen ein bereits ergangenes Urteil eingelegt wurden, ging der Rechtszug vom

Die Städte wurden Zentralorte verschiedener Ämter.

Stadtgericht an das herzogliche Hofgericht; durch dieses „Dingen gen Hof" bestand für den Stadtherrn die Möglichkeit, das erstinstanzliche Urteil von oben her zu berichtigen. Größere Städte bekamen einen eigenen Stadtrichter zugeteilt, dessen Jurisdiktionsgewalt sich ausschließlich auf den städtischen Gerichtsbezirk erstreckte. Auch er war zunächst ein landesherrlicher Beamter, wurde jedoch, zum Beispiel in München um 1400, vermehrt als Angehöriger der städtischen Amtleute vereinnahmt.

Die Existenz eines eigenen Stadtgerichts kam den Interessen und Autonomiebestrebungen der Bürger entgegen. Sie garantierte ihnen einen privilegierten Gerichtsstand und ermöglichte ihnen in der Person der Urteiler oder Beisitzer, die Recht und Urteil nach dem städtischen Recht fanden, ihre Beteiligung an der Rechtsprechung. Die Privilegierung mit Gerichtsrechten qualifizierte die Städte und Märkte außerdem für die Landstandschaft. So konnte der Herzog als Stadtherr der Bürgerschaft zwar wichtige Sonderrechte einräumen, indem er jedoch wesentliche Kompetenzen, insbesondere die Blutgerichtsbarkeit, weiterhin seinen Landrichtern und Viztumen vorbehielt und auf dem landesherrlichen Status des Stadtgerichts und des ihm vorsitzenden Richters bestand, wahrte er die Kontrolle und Überordnung über sie. An dieser Situation änderte grundsätzlich auch die Tatsache nichts, dass Rat und Bürgerschaft im Lauf des Spätmittelalters Mitspracherechte bei der Besetzung der Stadtrichterstelle erlangen konnten und folglich der Stadtrichter verstärkt in städtische Abhängigkeit geriet. Das Rudolfinum von 1294 räumte den Münchner Bürgern ein Vorschlagsrecht ein: „Ez habent ouch die ... Burger und die Stat diu genad von uns, daz wir in dehainen statrihter, wan nach ir rat und ir bet, setzzen und geben suelen." Ähnliche, das Recht der Richterpräsentation garantierende Bestimmungen in Stadtrechtsquellen sind für Dingolfing (1274), Ingolstadt (1312), Burghausen (1322), Cham (1341), Furth im Wald (1341), Hemau (1350), Neustadt an der Donau (1350), Rain (1392), Wasserburg (1417) und Deggendorf (1438) belegt. Inwieweit es vorkam, dass der Herzog den von einer Stadt präsentierten Kandidaten ablehnte und ihm die Bestallung versagte, ist nicht bekannt. Dass der Richter nicht nur den Bürgern, sondern auch dem Herzog als Gerichtsherrn genehm sein und als geeignet erscheinen musste, kommt explizit in einer Urkunde Herzog Stephans I. für Straubing von 1307 zum Ausdruck: Er versprach den Bürgern, ihnen einen Richter zu geben „nach ir pet, der uns und in fueg". Zugleich behielten sich die Herzöge aber auch das Recht vor, einen untauglichen Stadtrichter abzusetzen, so gegenüber Wasserburg 1417, Ingolstadt 1312, Rain 1392, Kelheim 1335. Wenn in späteren Privilegien das Richtervorschlagsrecht nicht mehr erwähnt wird, lässt dies darauf schließen, dass die Wahrnehmung der Gerichtsbarkeit auf den Rat übergegangen war und dieser eigenständig einen Richter berufen konnte.

Wenn in den Stadt- und Marktrechten des 13. und 14. Jahrhunderts zu lesen ist, dass es dem Richter zustehe, alle Fälle mit Ausnahme der drei Sachen zu richten, dann bedeutete dies zunächst, dass dem Stadtrichter die Malefizfälle entzogen und dem Landrichter oder Viztum vorbehalten waren. Erst seit dem 14. Jahrhundert gingen die Herzöge dazu über, niedergerichtliche Befugnisse im unterschiedlichen Ausmaß an den Rat als dem Vertretungsorgan der Bürger zur eigenständigen Wahrnehmung zu übertragen. 1336 räumte Herzog Heinrich XIV. dem Rat der Stadt Straubing das Recht ein, alle „unzucht", deren Abstrafung nicht dem Viztum vorbehalten war, selbst zu „pessern" und die daraus fließenden Einkünfte für die Stadtbefestigung oder anderen Bedarf der Stadt verwenden zu dürfen. Ebenfalls mit der Bedingung, die Strafgelder in den Bau der Stadtmauer zu investieren, wurde 1387 dem Rat der Stadt Burghausen das Privileg erteilt, die Bürger selbst zu strafen. Der Rat der Stadt Landshut erhielt 1341 und 1364 grundlegende Privilegien für die Handhabung der um die drei Fälle geschmälerten Strafrechtspflege. 1374 erlaubte Herzog Johann dem Rat der Stadt Moosburg, gegenseitige Verfehlungen der Bürger ohne Wissen des herzoglichen Richters aburteilen und strafen zu dürfen. Eine auf unbillige Reden beschränkte Strafkompetenz billigte 1335 Herzog Heinrich XIV. den Bürgern der Stadt Kelheim zu, während Heimsuchung sowie Körperverletzungen wie Lähmung, fließende Wunden, Maulschläge dem Stadtrichter vorbehalten bleiben sollten; 1399 erweiterte Herzog Johann die niedere Strafgerichtsbarkeit des Rats auf alle Sachen, mit Ausnahme der drei todeswürdigen Fälle, die in die Zuständigkeit des Viztums fielen. Der Rat von Dingolfing erhielt das Privileg, die Bürger der Stadt selbst zu strafen, erst 1438, Vilshofen folgte 1509 und in Deggendorf war der Rat gar erst seit 1544 zur

eigenständigen Ausübung einer begrenzten niederen Gerichtsbarkeit berechtigt.

Erst nachdem die Städte den herzoglichen Stadtrichter aus dem Stadtregiment verdrängen konnten und die Gerichtsbarkeit in die Hand des Rats überging, an dessen Spitze der Kammerer oder Redner und später der Bürgermeister stand, bildete die Stadt einen selbstständigen Niedergerichtskörper innerhalb der Gerichtsorganisation. Die landesherrliche Überordnung blieb jedoch in Form verschiedener Hoheitsrechte, vor allem in der Ausübung der Hochgerichtsbarkeit, der Steuerhoheit und der militärischen Befehlsgewalt, sowie durch die Oberaufsicht der Amtleute gewahrt. In der Person der Beamten, die ihren Amts- und Wohnsitz in den Städten und Märkten hatten, war die landesherrliche Gewalt stets präsent; sie gingen vor Ort nicht nur ihren Amtspflichten nach, sondern erfüllten unter diesen Bedingungen auch eine allgemeine Aufsichtsfunktion gegenüber Stadtobrigkeit, Bewohnern und städtischem Leben. In institutionalisierter Form machte der Landesherr an etlichen Orten eine Beaufsichtigung oder sogar Einflussnahme auf die Ratswahlen geltend, indem diese in Anwesenheit des Pflegers stattzufinden hatten oder zumindest das Ergebnis ihm angezeigt und durch ihn bestätigt werden musste. Seit dem 16. Jahrhundert gerieten die Städte und Märkte zusehends unter den Einfluss zentralistischer und absolutistischer Tendenzen in der wittelsbachischen Landespolitik. Kompetenzstreitigkeiten zwischen den Städten und den Landrichtern häuften sich, trugen aber auch zur Präzisierung hergebrachter Rechte und Freiheiten bei. Nicht nur die Ratswahlen, sondern auch die städtische Finanzverwaltung und Rechtsprechung wurden verstärkt einem umfassenden Kontrollsystem unterworfen, das vor allem durch die regelmäßigen Rentmeisterumritte sowie Visitationen mit Überprüfung der Ratsprotokolle und der Rechnungen funktionierte.

Literatur

Von Bary, Herzogsdienst und Bürgerfreiheit; Hiereth, Ottonische Handfeste; Hoffmann, Territorialstadt; Liebhart, Die frühen Wittelsbacher; Sagstetter, Hoch- und Niedergerichtsbarkeit; Schlosser, Zivilprozeß; Störmer, Stadt und Stadtherr; ders., Städte und Märkte; Straub, Stadt und Amt; ders., Schrobenhausens Weg; ders., Stadt und Landgericht Rain am Lech; Volkert, Verwaltung

Zukunftsinvestition Stadtrecht

Hans-Georg Hermann

Es war wohl die herzogliche Regierung in Burghausen, die um 1580 von der damals bayerisch-wittelsbachischen Stadt Ried im Innkreis eine Aufstellung ihrer Privilegien anforderte. Die Rieder „Richter, Rath und Gemein" kamen dem nach[1] und stellten sichtlich stolz die Gründungsgeschichte ihrer Stadt an den Anfang. Sie beschreibt einen hochkarätigen, suggestiven Gründungsmythos, bei dem der Kreuzzug Friedrich Barbarossas, ein bayerischer Herzog Eckhart und die Tapferkeit eines Rieders die Requisiten für die Behauptung abgeben, dass Ried nicht weniger als die gleichen Stadtrechte zustünden wie der Residenzstadt Landshut, und zwar schon sehr lang: „Nemblich werden Eure Fürstliche Durchlaucht genadigs wissen haben, wie das dero hiriger Marckht Von ainem Khriegsman Dietmair Anhannger genannt, seinen ersten anfanng unnd Ursprung hat, Unnd das demselben wegen seiner Eurer Fürstlich Durchlaucht vorfarn Herzog Eckhartus in Bayern seliglich zu gedenckhen, in eroberung des Heiligen Grabs und der Stat Jherusalem erzaigten treuen diennst Ritterlichen Thaten Unnd wolhalltens die erpawung dieses Fleckhens nit allein zugelassen, sonnder darzue des 1160 Jars mit sonnderbaren Freyhaiten nach der Statt Lanndtshuet fur anndern Flegkhen darauf begnadt worden, welche gnadtbriefe gleichwol hernach in ainer Prunst, dardurch vast der ganze Marckht zu grundt gangen, wie wir aus etlichen noch vorhanndenen Actis und Briefen vernemen, verdorben."[2]

Die Sache hatte also einen gewaltigen Schönheitsfehler: Die Privilegien waren verbrannt und die Stadt somit in Beweisnot. Doch hatten die Rieder einen Trumpf im Ärmel, als sie sich darauf beriefen, dass der Herzog das alles ja selber wisse – was auf bestimmte Weise sogar zutraf. Die Geschichte um Herzog Eckhart und den Kriegsmann Dietmar ist in der 1519 (auch) in Landshut gedruckten „Warhafftige[n] historij von dem Kayser Friderich der erst seines namens, mit einem

1

2

langen rotten bart, den die Walhen nenten Barbarossa"[3] nachzulesen. Dass Eckhart mit dem Bundschuh zu seinen Ahnen zählte, konnte jeder Wittelsbacher der (heute verlorenen) Scheyerner Fürstentafel oder den Chroniken des Andreas von Regensburg oder des Ulrich Füeterer entnehmen.[4] Den Bundschuh zeigt seit 1435 auch das Wappen der Stadt Ried, verliehen von Herzog Heinrich von Niederbayern. Und 1538 hatte Herzog Wilhelm unter Berufung auf die „eerlichen ritterlichen Thaten" Dietmars die Anbringung von dessen Wappen am Rieder Rathaus genehmigt, obwohl er dies für Einzelpersonen eigentlich untersagt hatte. Die Erlaubnis[5] formulierte der aus Ried gebürtige Jurist und herzogliche Sekretär Andreas Perneder[6], welcher der Glaubwürdigkeit der Geschichte womöglich aufgeschlossener gegenüberstand als ein Ortsfremder. Ernsthafte Zweifel an der Rieder Gründungslegende kamen dann auch erst zu Beginn des 19. Jahrhunderts auf.[7] Unabhängig davon führt sie aber zum Kern des Themas: Kaiserlich-staufisches Wohlwollen habe die Gründung Rieds im 12. Jahrhundert begleitet und der Segen des wittelsbachischen Landesherrn das Seine dazugetan, ja mehr als das, denn schon seit 1160 habe Rieds Rechtsstatus den aller anderen „Flecken" weit überragt, indem es mit Landshuter Freiheiten, also sozusagen „Hauptstadt-Stadtrecht", ausgestattet worden sei. Doch soweit bekannt ist, wurde Landshut erst 1204 auf älterer präurbaner Siedlungsgrundlage gegründet[8] und seine ersten stadtrechtlichen Normen sind erst aus der zweiten Hälfte des 13. Jahrhunderts überliefert. Mindestens ebenso ambitioniert ist, sich für 1160 schon Privilegien zu berühmen wegen Verdiensten im erst Jahrzehnte später stattfindenden Kreuzzug Barbarossas (1189–1191).[9] Die Rieder aber scheinen sich ihrer Geschichte ganz sicher zu sein: Sie beschreiben einen zeitlichen Rahmen von angeblichen Kreuzzugsereignissen des 12. Jahrhunderts bis zur Gegenwart des 16. Jahrhunderts, erinnern die Wittelsbacher an ihre Rolle als Städtegründer oder -förderer und rücken deren städtische Freiheitsgewährungen in den Mittelpunkt. Eines trifft dabei sicher zu: Die Wittelsbacher setzten früh auf die Gründung von Städten und Märkten als Element ihrer Territorialpolitik, sie untermauerten damit ihren Verdrängungswettbewerb mit den anderen Großen in Bayern und betrieben die Konsolidierung „in die Fläche des Herzogtums" in Form einer Verdichtung des Netzes von Städten und Märkten, immer strategisch orientiert an macht- und wirtschaftspolitischer Effizienz.[10]

Die schriftliche Überlieferung der wittelsbachischen Stadt- und Marktrechte setzt allerdings erst im letzten Drittel des 13. Jahrhunderts ein, nach der Landesteilung von 1255. In den Teilherzogtümern konkurrierten die Landesherren nicht nur mit den verbliebenen Mächten im Raum – etwa den Bischöfen von Regensburg, Eichstätt, Freising, Passau und dem Erzbischof von Salzburg – sondern auch untereinander. Sie mussten sich je erst konsolidieren und setzten dabei noch und wieder auf Städte und Märkte, förderten die bereits bestehenden und gründeten neue.[11] Die stadt- und marktrechtliche Entwicklung Bayerns wurde durch die Teilungen mitbestimmt, plurale Haupt- und Residenzstädte und ihr Recht führten zu pluralen „Stadtrechtslandschaften"; es finden sich von München, Landshut, (Burghausen),[12] Ingolstadt oder Amberg geprägte Stadtrechtsgruppen,[13] wobei sich Normen und Normenkomplexe nicht allzu sehr unterscheiden müssen. So weist der Rechtsbestand des Münchner Rudolfinums von 1294[14] durch namentliche oder nicht namentliche, aber inhaltlich-materielle Weiterverleihung deutliche Ähnlichkeiten mit Ingolstadt oder Amberg auf, was nicht verwundern muss, hatten diese doch vor den Landesteilungen und dem Hausvertrag von Pavia (1329) zur oberbayerischen Linie der Wittelsbacher gehört. Die Landesteilungen überformten und modifizierten die Ebene der Stadt- und Marktrechte. Sie waren für Kommunen

1 & 2 „Darum und im willen ein Stat auffzurichten,wann es vor alles wäld und holtz wildnus was,erlanget der fleckh Ried, der er erweitert einstätlich wappen, einen schwartzen puindshuech in einem gelben veldt." (Illustrationen aus der Landshuter Ausgabe der „Warrhafftigen history von dem kayser Friderich der erst seines Namens / mit einem langen rotten Bart / den die Walhen nennten Barbarossa … Vnnd wie der Pundtschuch auff ist khomen in Bairn").historij von dem kayser Friderich", 1519).

Bei der Erstürmung der Stadt Jerusalem eilte der Müllerssohn Dietmar Herzog Eckhart, dem im Kampfgetümmel das Reichsbanner abhanden gekommen war, zu Hilfe, indem er seinen Schuh auszog, um ihn als eine Art Kriegsfahne hochzuhalten, damit sich das christliche Heer hier versammeln konnte.

neben dem Wechsel des Stadtherrn im dynastischen Erbgang ein zusätzliches Irritationsmoment, denn die Bewahrung ihrer wohlerworbenen Rechte musste sich beim Herrschaftswechsel jedes Mal aufs Neue bewähren. Kontinuität von Recht bedeutet Rechtsstabilität und diese bedeutet Rechtssicherheit, das war auch den Zeitgenossen klar vor Augen und entfaltete handlungsleitende Relevanz darin, dass sie – neben dem Streben nach einer Ausweitung – unablässig die fortwährende Anerkennung ihrer bestehenden Rechte betrieben. Rechtlich gesicherte Spielräume sind in der Handlungsökonomik ein außerordentlich basaler Faktor. Das gilt gleichermaßen für wirtschaftliches wie politisches Agieren und ist so grundlegend, dass die Erwartungssicherheit, die geklärte und ungefährdete rechtliche Verhältnisse verspricht, in der Forschung oft übersehen wird. Verlässliches Recht ist und war auch im Mittelalter ein Standortfaktor, attraktives Recht ein Konkurrenzvorteil: Mit entsprechender Privilegierung ließen sich leichter genügend Einwohner für die Realisierung von Markt- oder Stadtgründungsplänen finden als mit Zwang,[15] bürgerliche Freiheitsverheißung entwickelte offenbar – trotz der mit einem Bürgerstatus einhergehenden Pflichten – erhebliche Anziehungskraft, vor allem wenn Bedrückung und Ausbeutung auf dem Land überhandnahmen.[16]

Der gesicherte Rechtsraum der Stadt fußt auf einem Geben und Nehmen.

Es hat den Anschein, dass diese erste Landesteilung von 1255 den entscheidenden Auslöser für die Verschriftlichung von Stadtrechten in Privilegienform darstellt: Das Recht von Neustadt an der Donau vom 11. Mai 1273 gilt als das älteste erhaltene Stadtrecht Bayerns. Interessant ist aber vor allem, dass es der oberbayerische Herzog Ludwig II. erteilte – auffallend zeitnah tut Herzog Heinrich XIII. von Niederbayern das Gleiche am 21. Mai 1274 für Dingolfing[17] –, fünf Jahre, bevor Landshut, immerhin Residenzstadt, ein Stadtrechtsprivileg verliehen bekam. Diese irritierende zeitliche Reihenfolge provoziert die Frage, ob dahinter eine Art von Konzept erkennbar ist. Sieht man allein auf Landshut, erhält man gleich zu Beginn der lateinischen Urkunde darauf eine Antwort von seltener Klarheit, wenngleich mit beschränkter Reichweite:[18] Aus geschriebenem Recht wie Gewohnheit erweise es sich, dass die „domicilia" der Fürsten sich größerer und zahlreicherer Befreiungen und Freiheiten („emunitates et libertates") erfreuen als gemeine Städte („communia oppida"). Landshut sei schon unter Vater und Großvater bevorzugtes Domizil gewesen, Heinrich selbst dort aufgewachsen, zudem sei es als Grablege auserkoren, weshalb Herzog Heinrich die schon von seinen Vorfahren erteilten „iura, emunitates ac libertates" Landshuts anerkenne, bestätige, erneuere und mit vorliegendem Schriftstück bekräftige. Hieraus rechtfertigt sich die rechtsquantitative wie rechtsqualitative Bevorzugung Landshuts. So schmeichelnd das alles für Landshut war, lässt sich dennoch nicht klar bestimmen, ob die Stadt verschriftlichtes Recht schon vorher im Privilegienweg bekommen hatte. Archivalisch ist es jedenfalls nicht erhalten, doch verweist das erwähnte Dingolfinger Privileg von 1274 an zwei Stellen wie selbstverständlich auf Landshut: Zum einen werde Gewalt („violentia") in der Stadt nach den Rechten von Landshut abgeurteilt („secundum jura oppidi Landishutensis"), der zweite Fall geht darum, dass „gemäß Landshuter Gewohnheit" eine 72-Pfennig-Buße fällig wird, wenn ein Bürger einen Mitbürger trotz bereits gerichtlich rechtskräftig erledigter Sache nochmals vor Gericht zieht. Die Unterscheidung zwischen „iura" (Rechte) und „consuetudines" (Gewohnheiten) könnte auf den Unterschied in der Verschriftlichung anspielen. Wenn das zutrifft, dürfte Landshut 1279 den Rechtskraftverletzungsfall nicht geregelt haben, der sich dort auch tatsächlich nicht findet. „Violentia" (Tätlichkeit, Gewalttat), die nach Landshuter „iura" abzuurteilen ist, müsste sich demgegenüber geregelt finden – und tut dies auch, allerdings nicht unter diesem Sammelbegriff, sondern in Einzeltatbeständen: schwere, blutige Körperverletzung, Hausfriedensbruch, Ohrfeigen und Maulschellen, Körperverletzung ohne offene blutige Verwundung, „mort", Lähmung.[19] Landshuter Recht ist tatsächlich schon 1256 in schriftlicher Form greifbar, nämlich bei Hermann von Niederaltaich,[20] wo aber der Fall ignorierter Rechtskraft auch nicht aufgeführt ist; hier handelte es sich außerdem um befristete stadtherrliche Maßnahmestatuten zur Wahrung des Stadtfriedens, Normen in erster Linie landfriedensrechtlichen Zuschnitts und wirtschaftsrechtlicher Reglementierung, zum Beispiel beim Bierpreis, auch wenn sie einen gewissen Durchblick auf eine kommunale Selbstverwaltung mit – vielleicht absichtlich nicht „consules" (Räte) genannten – „provisores civitatis" und Rechtsprechungsgewalt („placitum"), eine städtische Kasse, in die Anteile aus Strafgeldern fließen, und einen „notarius civitatis" (Stadtschreiber) erlauben.

Dass Verschriftlichung von Stadtrechten einen Meilenstein für die Herstellung von Rechtssicherheit bedeutet, steht außer Zweifel.[21] Was damit verbürgt wurde, soll im Folgenden anhand der Privilegien zweier Landstädte beziehungsweise Bannmärkte gezeigt werden, um darzustellen, auf welche Rechte und Güter der Stadtherr verzichtet, was er also „investiert", um seine Stadt zu promovieren: Die in Ingolstadt ausgestellten Privilegien für das schon erwähnte Neustadt a. d. Donau[22] von 1273 und das für Reichertshofen[23] von 1449 sind auf gewisse Weise Gründungsprivilegien, aber doch liegen zwischen ihnen gut 170 Jahre. Geregelt wird weniger Prinzipielles, wie man es in einem allgemeinen Gesetz als „Gemeindeordnung" vielleicht erwarten würde, als vielmehr punktuell und nur Bereiche, die besonders regelungsbedürftig erscheinen und für die Lebenswirklichkeit vor Ort relevant sind.

Zentrale Bedeutung kommt dabei der Befreiung von persönlichen Abgabepflichten, etwa von Todfallsabgaben, zu. Das zeigt das Potenzial sozialer Mobilität, wie sie in der aus dem 19. Jahrhundert stammenden viel zitierten Formel „Stadtluft macht frei"[24] anklingt: Aus der ländlichen hof- wie landrechtlichen Rechtssphäre wechselt der Bürger mit dem Wechsel des Status in den Rechtsraum der Stadt. Besonders greifbar ist das in dem damit verbundenen Gerichtsstandsprivileg: Es bedeutet ausschließlich Zuständigkeit des örtlichen, wenngleich vom Stadtherrn und (noch) nicht von der Stadt bestallten Stadtrichters, aber auch das Verbot des Personalarrests, also der Beugehaft wegen Schulden, durch Auswärtige. Des Weiteren finden sich betragsmäßig limitierte Bußen bei Tätlichkeiten, diversen Körperverletzungsdelikten, Hausfriedensbruch und Verbalinjurien, wenngleich mit Ausnahme von Tötungen, für die sich der Landesherr als Inhaber der Hoch- und Blutgerichtsbarkeit den Strafbann vorbehält. Die strafrechtliche Privilegierung ist statusgebunden personalisiert, denn auswärtige Täter unterliegen auch innerhalb der Stadt strafrechtlicher Beurteilung nach Landrecht, dessen Maßstäbe im 13. Jahrhundert in Bayern am besten die Landfrieden mit ihrem durchaus ruppig-blutigen Strafrecht widerspiegeln dürften,[25] demgegenüber etwa Neustadt 1273 für Bürger die strafrechtliche Haftung – mit relativ moderaten Bußzahlungen – primär als Frage des Geldbeutels beschreibt. Als praktische „Anschubprivilegierung"[26] fungiert die Grundausstattung der Bürger mit Gemeindenutzungsrechten für Holz und Wasser und auch die Überlassung eines Teils der Einnahmen aus Gerichtsbußen versteht sich als zweckgebundene Aufbauinvestition – daran lässt der Stadtherr keinen Zweifel: „Zu Pawung der Stadt".

Auffallend ist, dass für Neustadt keine Marktrechte allgemein oder für einzelne Markttage spezifiziert genannt sind. Man wird annehmen dürfen, dass das für einen Wochenmarkt ohne weiteres klar war und sich selbstverständlich aus der Eigenschaft als Stadt ergab, als die „Säligenstadt", wie der ältere Name Neustadts lautet, angesprochen wird.

Das Privileg für Reichertshofen an der Paar[27] von 1449 zeigt – mindestens fünf Generationen später – im Einzelnen Abweichendes oder Ergänzendes und Ortsspezifisches – etwa bezüglich der Fischweide im Schlossgraben oder der Überwälzung der Straßenbaulast unter Zugestehen eines Anteils an den Zolleinnahmen – doch deutlich wiederum zentrale Rechtsinstitute, die das Recht dieses Marktes ausmachen sollten, und zwar schon mit der Festlegung der Titulatur und Konstituierung als Bannmarkt („Pannmargk haissen ... und sein soll"). Der Bannmarkt ist gedacht als Sonderrechtsbereich, vermittelt über Bürgerstatus und Belegenheit. Dabei gibt es keine Regelung zu Mauer und Palisaden, was einmal mehr zeigt, dass in Bayern der Umwehrung sichtlich keine konstitutive Bedeutung für den rechtlichen Status des Markts zukommt.

Auch in Reichertshofen spielen Gemeindenutzungsrechte wie Holzbezug aus Waldallmenden eine Rolle. Konkret wird Institutionelles über das Marktrecht geregelt, mit der Verleihung von Jahr- und Wochenmarkt. Sogar „Wirtschaftsfreiheit" wird den herzoglichen „Untertanen" als nunmehrigen Bürgern gewährt, die „gewerb, kaufmanschaft und handwerch treiben und suechen, als ander unser Burger in unsern Banmargkten zu Obern Bairn thun". Die Einzelzinsigkeit der Hofstätten wird in eine Kollektivlast der Gemeinde als Schuldnerin der Marktsteuer überführt. Zinsigkeit der vom Herzog übertragenen Liegenschaften im Markt und Burgfried bestand also, wurde nun aber zugunsten des Marktes und zum Zweck seines Ausbaus erhoben. Das manifestiert auch die Etablierung des Marktes als eigene Rechtsperson. Am Anfang ist nur von der „Gemeinschaft zu Reichertshofen" die Rede, die nun mit der Urkunde zur Gemeinde wird „und aller Margkrecht, Burgerrecht und Burger haben ... als ander unser Panmargkt in unserm Oberland zu Bairn etc. haben".

Dieser letzte Passus ist wichtiger, als es auf den ersten Blick scheint. Die Häufigkeit, mit der solche pauschalen Verweise in den Privilegien auftauchen, verhält sich umgekehrt proportional zur Werthaltigkeit, die ihr die Forschung zukommen lässt: Meistens wird eine solche Klausel als bloße Floskel ohne nennenswerten materiellen Gehalt gedeutet. Doch auf den zweiten Blick offenbart sie eine ganz spezielle Bedeutsamkeit: Liest man sie als Pauschalverweis, so wird sie in dem Moment konkret, in dem es dem so Begabten gelingt, ein Recht als tatsächlich „allgemeines bayerisches Kommunalrecht" zu beweisen; das muss nicht leichtfallen, ist aber möglich. Ein solcher Pauschalverweis verschiebt zwar die Beweislast, entfaltet aber durchaus Potenzial und signalisiert jedenfalls eine symbolstarke Gleichberechtigung dieses mit den anderen Märkten im Herzogtum.

Abschließend ist auf den zentralen Aspekt der Rechtssicherheit zurückzukommen, jetzt konkret und wieder beispielorientiert: 1319 war in der eigentlich immer prekären Regierungszeit Kaiser Ludwigs des Bayern ein besonders prekäres Jahr. Im Sommer starb sein Bruder Rudolf, im Spätsommer kam es zur ersten dramatischen Zuspitzung in der Königsdoppelwahl mit dem Aufmarsch der Heere zur Entscheidungsschlacht. Bei Mühldorf standen sich die feindlichen Heere gegenüber, vermieden aber noch einmal den Kampf. Im Oktober versicherte sich Ludwig des besonderen Wohlwollens Münchens durch Bestätigung der von ihm und Rudolf verliehenen Rechte,[28] befreite neu aufgenommene Bürger von Leibeigenschaft und Dienstbarkeit, es sei denn – das galt auch bereits in Neustadt 1273 –, es handelt sich um seine eigenen Urbars- und Vogtleute. Im Bündel der Gewährungen verzichtete Ludwig auch auf das rabiate Mittel der Zerstörung von Häusern in der Stadt („Wüstung") als Strafform.[29] Darauf folgt unmittelbar und eher assoziativ als zwingend sachlogisch geboten eine fast unscheinbare, tatsächlich aber außerordentlich beachtenswerte Rechtsverheißung: „...und suͤln auch dehainem irem bůrger noch bůrgerin dehainen schaden noch gewalt tůn ân recht, weder an leibe, noch an gut". Dies ist offensichtlich eine Selbstverpflichtung zum Willkür- und Gewaltverzicht und zugleich Selbstbindung zur Rechtlichkeit in Form einer Art Legalitätsklausel. Deutlichkeit und Grundsätzlichkeit dieser Formulierung sind bestechend; etwas irritierend mag erscheinen, dass es überhaupt angezeigt ist, dies in einem Privileg extra zu erwähnen. Diese Rechtsverheißung bedeutet die Achtung der persönlichen Integrität des Bürgers (und der Bürgerin!) ebenso wie ihrer Güter als Rechte, auf die sogar vom Stadtherrn nur im Rechtsweg zugegriffen werden darf. Der Stadtherr leistet die „Investition" eines Gewaltverzichts mit der Verpflichtung, sich an das Recht zu halten, was vor allem bedeutet, für eigene Ansprüche sich an eine ausschließlich gerichtliche Durchsetzung zu halten. Dieser Gedanke ist so grundlegend, dass er bald auch in den landständischen Freibriefen auftaucht.[30]

Noch einmal zurück nach Ried: Seine Randlage im Herzogtum bedeutete, nicht unähnlich zu Aichach oder Friedberg, auch Grenzlage zum Habsburger Territorium wie zum Erzstift Salzburg und deshalb gelegentlich auch Frontlage. Das spielt in der eingangs erwähnten „Historij" eine Rolle: Nach dem Erlöschen des Wappens mit dem Aussterben „der von Ried"[31] sei es vom niederbayerischen Herzog Friedrich, der im letzten Viertel des 14. Jahrhunderts amtierte, wieder verliehen worden. Diese Anspielung lässt sich auflösen: Friedrich der Weise hatte sich den unerhörten Affront geleistet, den Salzburger Erzbischof Pilgrim II. bei Verhandlungen während des süddeutschen Städtekriegs, bei dem sich Salzburg auf die Seite des Städtebunds geschlagen hatte, im Kloster Raitenhaslach 1387 in seine Gewalt zu bringen.[32] 1416 hat Ried dann schließlich doch „alle dy gnade rechte freyung und gewonheit als unser stat zu Landshut und ander unser stet und markte haben" von Herzog Heinrich XVI. bekommen.[33] Die Rieder hatten Ende des 16. Jahrhunderts also bezüglich der Verleihung nur um gut 250 Jahre geflunkert, um ihre Wertschätzung durch das Herzogshaus noch dichter zu beschreiben, was deutlich macht, wie wichtig „Stadtrecht" genommen wurde. Klar geworden ist auch, dass der Begriff „Stadtrecht" ein ganzes Bündel von Bedeutungen und Bedeutsamkeiten umfasst,[34] einschließlich seiner Valenz als „Zukunftsinvestition". Denn privilegiales Stadtrecht kann Konzession auch von eher ideellen Werten – etwa mit der Titulatur als Stadt oder Markt – bedeuten, viel entscheidender aber von vermögenswerten Rechten, bis hin zur Gewährung von Autonomiesphären, sei es individuell für den Bürgerstatus, sei es korporativ für die Gemeinde (communitas, universitas) dieser Bürger. Sie bekommt damit eine gewisse Kompetenz, auch selbstorganisierend und selbstregulierend städtische Lebensbedingungen zu gewährleisten und zu optimieren, von Friedenswahrung durch Strafrecht in Form einer mindestens für die „Alltagskriminalität" ausreichenden Exemption vom Landgericht, dem die Hochgerichtsbarkeit in aller Regel vorbehalten blieb, ferner als Aspekt innerer Sicherheit, von Ruhe und Ordnung bis hin zum Wirtschaftsrecht, Erbrecht, Ehegüterrecht, zu „bürgerlichen" Erwerbsformen individueller Güterakkumulierung und deren Schutz.

Die Wittelsbacher haben das alles nicht erfunden, aber wie andere Landesherren gezielt adaptiert. Diese Schaffung eines zumindest in der Theorie belastbar gesicherten Rechtsraums geschieht in der Form eines eigentlich gegenseitigen Geschäfts, sie fußt auf Geben und Nehmen in der Anerkennung als „Belohnung", auf „Entlohnung" für Treue und dem Einwerben von Loyalität. Praktisch werden damit Knotenpunkte der Infrastruktur entwickelt, „zentrale Orte" für die Landesherrschaft, hinzu kommt der Erwerb finanzieller Einnahmen, etwa aus dem Marktzoll oder aus Steuern, die von Märkten und Städten als Teil der Landstände bewilligt werden, und nicht zuletzt aus Krediten, die der Landesherr von den Städten erhält. Stadt- und Marktgründungen unter adäquater Rechtsausstattung sind die Voraussetzung für wirtschaftliche Prosperität, ausreichende Einwohnerschaft und den Faktor militärischer Solidität. Bei alledem von „Zukunftsinvestition Stadtrecht" zu sprechen, ist begrifflich zwar zutiefst anachronistisch, dürfte aber doch in der Sache die Befindlichkeiten, Motive und Erwartungen der Wittelsbacher wie ihrer Bürger treffen. Idealerweise geht es um die Herstellung einer dauerhaft tragfähigen Win-win-Situation. Diese wiederum hing entscheidend von Rechtssicherheit ab, die dann das verschriftlichte Recht verbürgen sollte. Vielleicht ist überhaupt erst damit der „Prozess" von Stadtgründung wirklich abgeschlossen. Allerdings hatte das alles für den Landesherrn auch seine Schattenseiten, denn mit dem Erstarken der Kommunen wurde der Ruf nach mehr Autonomie und sogar politischer Partizipation immer lauter. Doch mit dieser Andeutung auf die vielschichtige Geschichte der Landstände in Bayern und den bayerischen Kommunen als Teil davon soll es als Ausblick sein Bewenden haben.[35]

Anmerkungen

1 BayHStA, Kurbayern GehR Archivalien 280, fol. 24^{r}–27^{v}, ohne erkennbare Datierung **2** BayHStA, Kurbayern GehR Archivalien 280, fol. 24$^{r/v}$ **3** Dieses anonyme Werk steht in Zusammenhang mit dem Humanisten Johannes Adelphus als Verfasser einer ähnlichen Biografie zu Barbarossa, wobei Vorlagen und Abhängigkeiten teilweise unklar sind, weiterführend dazu: NDB 1 (1953), S. 62f. (Gerhard Eis) und vor allem Gotzkowsky, Untersuchungen **4** Vgl. Siegmund/Genzinger, Tabula Perantiqua, S. 156, Nr. 6; Studt, Tradition; dies., Fürstentafel **5** Vgl. Meindl, Geschichte, S. 153 **6** Vgl. NDB 20 (2001), S. 192f. (Klaus Luig); HRG IV/26, Sp. 471f. (Andreas Karg) **7** Allmannsberger/Schwentner, Landgericht Ried, S. 166, knapp zur „Dietmayr-Sage"; eingehender Berger, Ried im Innkreis, S. 83–88 **8** Schlütter-Schindler, Regesten, L I 111, S. 61 (mit weiteren Hinweisen); vgl. auch den Essay von Gabriele Schlütter-Schindler in diesem Band **9** Riezler, Kreuzzug; ders., Jerusalempilger; Röhricht, Die Deutschen, S. 52–81 **10** Schmid, Anfänge der Stadt Fürstenfeldbruck **11** Ders., München, S. 383–387 **12** Das angebliche Burghausener Stadtrecht von 1307 ist inzwischen schwerwiegenden Zweifeln an seiner Echtheit ausgesetzt, vgl. Noichl, Blüte. Wenn es sich um eine Fälschung aus dem frühen 19. Jahrhundert handelt, kann es keine Ausstrahlungswirkung im Spätmittelalter gehabt haben; an seine Stelle ist vielmehr das privilegial erteilte Stadtrecht zu setzen, wie es im frühen 14. Jahrhundert für Neuötting, Schärding und Pfarrkirchen greifbar ist. **13** Für eine grafische Aufbereitung der oberbayerischen Stadtrechtslandschaft vgl. Hermann, München, S. 159 **14** Vgl. Freilinger, Handfeste; Edition: Dirr, Denkmäler, S. 22–48, Nr. 40 **15** Einen illustrativen Fall bietet Braunau, das gegen einen befürchteten Einfall des Böhmenkönigs 1260 innerhalb kürzester Zeit befestigt und (auch) zwangsweise bevölkert wurde, wobei die solchermaßen Gezwungenen – folgt man der Ranshofener Chronik – mit dem Bürgerrecht entschädigt wurden; vgl. Hiereth, Geschichte, Bd. 1, S. 77–84 **16** Gründe für solche „Landflucht" gab es tagtäglich: So flohen viele Bauern von den Höfen wegen der „Tyrannei" eines Heinrich von Törring, dem der Graf von Plain die Vogtei über die Güter des Klosters Michaelbeuern/Innviertel abgetreten hatte und das deshalb vor dem Papst einen Prozess anstrengte, mit dessen Durchführung Papst Innozenz III. 1213 das Stift Berchtesgaden beauftragte; vgl. Filz, Geschichte, Bd. 2, S. 309–311; Potthast, Regesta, Nr. 3123, S. 266 [zu Juni 20]; konkret lautete der Vorwurf gegen den Törringer „qui ... eorum homines adeo aggravat et molestat, quod multi a dictis prediis propter eiusdem tirampnidem recesserunt"; vgl. Stiftsarchiv Michaelbeuern, Benediktiner (1072–1951) C 6, vgl. www.monasterium.net [20.01.2020] **17** Haeutle, Stadtrechte, OA 45, S. 210–223; das lateinische Privileg wurde 1322 in vollständig inserierter, nunmehr deutscher Fassung bestätigt, vgl. Markmiller, Privilegien, bes. S. 36–38 **18** Vgl. Herzog, Landshuter Urkundenbuch, S. 69, Nr. 123 [dort fälschlich mairoribus statt maioribus]. In der Rechtsbestätigung von 1321 IV 12 lautet der Passus, nun übersetzt: „Wan von geschribem rehte und bewærter gewonhait der fv̊rsten wonunge wirdichait, freihait mererr vnd mengerr, dann die gemain wesung sich vræwen sol, als daz der beschaidenhait wol gehilt, daz durch des wesentes wirdichait dev wonung svllen werden geert ..."; ebd., S. 158, Nr. 274 **19** Vgl. Herzog, Landshuter Urkundenbuch, S. 70; Ring, Entwicklung, S. 54–60, 118 (Art. 10–12) **20** Vgl. Herzog, Landshuter Urkundenbuch, S. 37–39, Nr. 65 (mit Abb. aus der Niederaltaicher Handschrift) **21** Der Hinweis auf den Kontext der „pragmatischen Schriftlichkeit" mag reichen, für einen Überblick dazu in stadtrechtlicher Engführung vgl. Frenz, Frieden, S. 26–34; Dilcher, Oralität, S. 9–19 **22** Es ist kaum davon auszugehen, dass die Urkunde von 1273 deutsch formuliert war; erhalten ist lediglich die kopiale Überlieferung, die sprachlich dem frühen 15. Jahrhundert zuzurechnen sein dürfte (freundliche bestätigende Auskunft von Klaus Wolf). Der aus einer anderen Vorlage stammende deutschsprachige Erstdruck des Stadtrechts bei Baumgartner, Beschreibung, S. 147–150, beruht deshalb, wie schon Haeutle, Stadtrechte, OA 47, S. 53, vermutete, ebenfalls nicht auf dem Original. **23** Welsch/Schurzfleisch, Reichertzhofen, S. 189–192 **24** Vgl. den Essay von Hubert Raab in diesem Band, Anm. 32 **25** Hierzu umfassend: Schnelbögl, Entwicklung **26** Wie wichtig das ist, zeigt ein Blick auf den Markt Regen: Dort musste 1270 für die Allmende zusätzlicher Grund zur Verbesserung des Marktes („forum") Regen durch den Gründer Herzog Heinrich XIII. von Niederbayern vom Kloster Niederaltaich als Grundherrn eingetauscht werden, vgl. Klose, Urkunden, S. 603–605, Nr. 632 **27** Welsch/Schurzfleisch, Reichertzhofen, S. 189–192 **28** Vgl. Stahleder, Chronik, Bd. 1, S. 90f.; Menzel, Urkunden, S. 64f.; Wanderwitz, Beziehungen; der Hinweis auf den Herzogsbruder Rudolf meint vor allem das oben erwähnte Rudolfinum von 1294; zum Wortlaut vgl. Dirr, Denkmäler, S. 96–98, Nr. 60 **29** Vgl. Wüstendörfer, Strafrecht, S. 229–237 **30** von Lerchenfeld, Freibriefe, S. 19; Keller, Freiheitsgarantien, S. 201f.; Sutter, Schutz **31** Zum Geschlecht der Anhang vgl. Allmannsberger/Schwendtner, Landgericht Ried, S. 266f. **32** NDB 20 (2001), S. 442f. (Heinz Dopsch) **33** Prieschl, Urkunden, S. 16f., Nr. 6 **34** Für einen problemorientiert komprimierten Überblick vgl. HWB-EuP 2009, Bd. 2 (Andreas Thier), www.eup2009.mpipriv.de [Stadtrecht, 20.02.2020]; für eingehende Hinweise vgl. Isenmann, Stadt, bes. S. 167–196 **35** Vgl. dafür etwa Lanzinner, Landstände; Ziegler, Landtag

Anhang

Abgekürzt zitierte Literatur

Abel, Wilhelm: Geschichte der deutschen Landwirtschaft vom frühen Mittelalter bis zum 19. Jahrhundert, 2. neu bearb. Aufl., Stuttgart 1967 (Deutsche Agrargeschichte 2)

Abreß, Elisabeth: Hans Donauer d. Ä. Bayerischer Maler und Hofkünstler am Hofe Herzog Wilhelm V., Diss. München 1988

Aigner, Toni: Voyvodina Meranija – zgodovina, pomen, umestitev (Das Herzogtum Meranien – Geschichte, Bedeutung, Lokalisierung), in: Eržen, Andreja/Aigner, Toni (Hg.): Grofje Andeško-Meranski. Prispevki k zgodovini Evrope v visokem srednjem veku (Die Andechs-Meranier. Beiträge zur Geschichte Europas im Hochmittelalter), Kamnik 2001, S. 39–54

Allmannsberger, Roger M./Schwentner, Gerhard: Das Landgericht Ried, München 2017 (HAB, Teil Innviertel I/2), S. 166

Andermann, Kurt: Vasallität zwischen Nicht-Adel und Adel. Bauernlehen im Spiegel hohenlohischer Überlieferungen, in: DA 69 (2013), S. 107–126

Angerer, Martin (Hg.): Regensburg im Mittelalter, Bd. 2, Regensburg 1995

Anneser, Max u. a.: 500 Jahre Marktrecht Kühbach (1392–1481). Beiträge zur Geschichte von Kloster und Marktgemeinde, Kühbach 1981

Anneser, Max: Die Wittelsbacher und ihre Dienstmannen im Aichacher Land, in: Grad, Toni (Hg.): Die Wittelsbacher im Aichacher Land, Aichach 1980, S. 83–90

Anneser, Sebastian u. a. (Hg.): Von Grasser bis Oelger. Münchner Kunst in Freising, München 2008 (Kataloge und Schriften des Diözesanmuseums Freising 67)

Anneser, Sebastian u. a. (Hg.): Madonna. Das Bild der Muttergottes, Lindenberg i. Allgäu 2003 (Kataloge und Schriften des Diözesanmuseums Freising 51)

Arnhold, Elmar: Mittelalterliche Metropole Braunschweig. Architektur und Stadtbaukunst vom 11. bis 15. Jahrhundert, Braunschweig 2018

Arnold, Klaus: Das Ringen um die bürgerliche Freiheit. Die Stadt Würzburg im späten Mittelalter (ca. 1250–1400), in: Wagner, Ulrich (Hg.): Geschichte der Stadt Würzburg, Bd. 1, Stuttgart 2001, S. 94–109

Arnold-Becker, Alice (Hg.): Friedberg – Grenzstadt am Lech. Beiträge zum Symposium anlässlich des 750. Stadtjubiläums, Friedberg 2014

Aufseß, Ernst Frhr. von und zu: Der Streit um die Meranische Erbschaft in Franken, in: 55. Bericht über Bestand und Wirken des Historischen Vereins zu Bamberg (1893), S. 1–56

Auge, Oliver: Stadtwerdung in Tirol. Ansätze, Perspektiven und Erkenntnisse vergleichender Stadtgeschichtsforschung, in: Loose, Rainer/Lorenz, Sönke (Hg.): König, Kirche, Adel. Herrschaftsstrukturen im mittleren Alpenraum und angrenzenden Gebieten, Lana 1999, S. 307–364

Avneri, Zwi: Medieval Jewish Gravestones (hebr.), in: Jewish History 2 (1987), S. 23–42

Bachmann, Christoph: Funktion, Typologie und Geschichte früher Adelsburgen in Altbayern, in: Kramer, Ferdinand/Störmer, Wilhelm (Hg.): Hochmittelalterliche Adelsfamilien in Altbayern, Franken und Schwaben, München 2005 (Studien zur bayerischen Verfassungs- und Sozialgeschichte 20), S. 729–748

Baeriswyl, Armand: Die geplante Stadterweiterung. Befunde und Hypothesen an einigen Beispielen im Kanton Bern, in: Untermann, Matthias/Falk, Alfred (Hg.): Die vermessene Stadt. Mittelalterliche Stadtplanung zwischen Mythos und Befund, Paderborn 2004 (Mitteilungen der DGAMN 15), S. 61–65

Baeriswyl, Armand: Der „Stadtgründer" und die Entstehung der mittelalterlichen Stadt. Archäologische Befunde und historische Überlegungen am Beispiel einiger Städte im Südwesten des deutschen Reiches, in: Helmig, Guido u. a. (Hg.): Centre, Region, Periphery. Medieval Europe Basel 2002, Hertingen 2002, S. 32–38

Baeriswyl, Armand: Das Verhältnis von Stadt und Burg im archäologischen Blick. Überlegungen und Thesen an einigen Beispielen aus dem Südwesten des Alten Reiches, in: Untermann, Matthias (Hg.): Archäologie mittelalterlicher Burgen, Paderborn 2008 (Mitteilungen der DGAMN 20), S. 9–16

Bahn, Peter u. a.: „Hört ihr Leut und lasst euch sagen ...". Die Geschichte der Türmer und Nachtwächter, Bretten 2008

Barth, Rüdiger: Kulmbach. Stadt und Altlandkreis, München 2012 (HAB, Teil Franken 38)

Bary, Roswitha von: Herzogsdienst und Bürgerfreiheit. Verfassung und Verwaltung der Stadt München im Mittelalter 1158–1560, München 1997 (Quellen und Forschungen zur Geschichte der Stadt München 3)

Bast, Gerald u. a. (Hg.): Wiener Kinetismus. Eine bewegte Moderne, Wien/New York 2011 (Edition Angewandte)

Bauer, Hermann/Rupprecht, Bernhard (Hg.): Corpus der barocken Deckenmalerei in Deutschland, Bd. 3/2, München 1989

Bauer, Thomas Alexander: Feiern unter den Augen der Chronisten. Die Quellentexte zur Landshuter Fürstenhochzeit von 1475, München 2008 (Sprach- und Literaturwissenschaften 26)

Baumgartner, Anton: Beschreibung der Stadt und des Gerichtes zu Neustadt an der Donau, München 1783

Baumgartner, Erwin/Krueger, Ingeborg: Phönix aus Sand und Asche. Glas des Mittelalters, München 1988

Becker, Nikola: 1945. Kriegsende in Friedberg, Friedberg 2015

Becksmann, Rüdiger: Die Augsburger Propheten und die Anfänge der monumentalen Glasmalerei im Mittelalter, in: Kaufhold, Martin (Hg.): Der Augsburger Dom im Mittelalter, Augsburg 2006, S. 74–97

Bedal, Konrad: Fachwerk vor 1600 in Franken. Eine Bestandsaufnahme, Petersberg 2006

Behrendt, Lutz-Dieter: Bilder aus der Deggendorfer Geschichte 9. Lukrative Einnahmequellen: Mauten und Zölle, in: Deggendorfer Geschichtsblätter 24 (2003), S. 204–206

Behrendt, Lutz-Dieter: Deggendorf. Kleine Stadtgeschichte, Regensburg 2017

Behrer, Christian: Das unterirdische München. Stadtkernarchäologie in der bayerischen Landeshauptstadt, München 2001

Behringer, Wolfgang/Roeck, Bernd (Hg.): Das Bild der Stadt in der Neuzeit. 1400 bis 1800, München 1999

Berger, Franz: Ried im Innkreis, Bd. 1, Ried 1948

Bennewitz-Behr, Ingrid: Die Berliner Neidhart-Handschrift c (mgf 779). Transkription der Texte und Melodien, Göppingen 1981 (Göppinger Arbeiten zur Germanistik 356)

Beuing, Raphael: Schongauer Pavesen im Bayerischen Nationalmuseum, in: Der Welf. Jahrbuch des Historischen Vereins Schongau – Stadt und Land, 2013, S. 47–56

Beuing, Raphael: Schilde im Bayerischen Nationalmuseum, in: ders./Augustyn, Wolfgang (Hg.): Schilde des Spätmittelalters und der Frühen Neuzeit, Passau 2019 (Veröffentlichungen des Zentralinstituts für Kunstgeschichte in München 46/Schriften der Forschungsstelle Realienkunde 4), S. 147–173

Biermann, Felix/Schenk, Thomas: Neue Einsichten zur Gründung der Stadt Freyenstein (Prignitz), in: Diener, Andreas (Hg.): Gründung im archäologischen Befund, Paderborn 2014 (Mitteilungen der DGAMN 27), S. 69–76

Binding, Günther: Bauvermessung und Proportion im frühen und hohen Mittelalter, Stuttgart 2015 (Monographien zur Geschichte des Mittelalters 61)

Black, Jeremy: Metropolis. Die Stadt in Karten, Darmstadt 2016

Blattmann, Marita: Die Freiburger Stadtrechte zur Zeit der Zähringer. Rekonstruktion der verlorenen Urkunden und Aufzeichnungen des 12. und 13. Jahrhunderts, 2 Bde., Freiburg i. B./Würzburg 1991 (Veröffentlichungen aus dem Archiv der Stadt Freiburg im Breisgau/Stadtarchiv 27/1 und 2)

Blöcher, Heidi: Die Mitren des hohen Mittelalters, Riggisberg 2012, zugl. Diss 2006

Boehmer, Heinrich (Hg.): Jordan von Giano. Chronica, Paris 1908

Boockmann, Hartmut: Die Stadt im späten Mittelalter, München 1986, 2. durchges. Aufl. ebd. 1987

Boerner, Carlos/ Heitmann, Bernhard: Historische Bestecke aus der Sammlung des Museums für Kunst und Gewerbe Hamburg, Leipzig 2007

Borries, Friedrich von/Kasten, Benjamin: Stadt der Zukunft. Wege in die Globalopolis, Frankfurt a. M. 2019

Bosl, Karl (Hg.): Bosls Bayerische Biographie. 8000 Persönlichkeiten aus 15 Jahrhunderten, Regensburg 1983

Bosl, Karl: Burghausen als altbayerischer „Burgstadttypus". Historische Grundlagen, in: ders.: Die bayerische Stadt in Mittelalter und Neuzeit. Altbayern – Franken – Schwaben, Regensburg 1988, S. 273–338

Bosl, Karl: Die Sozialstruktur der mittelalterlichen Residenz- und Fernhandelsstadt Regensburg. Die Entwicklung ihres Bürgertums vom 9. bis 14. Jahrhundert, München 1966 (Bayerische Akademie der Wissenschaften. Phil.-hist. Klasse: Abhandlungen NF 63)

Bott, Gerhard (Hg.): Focus Behaim Globus, Bd. 2, Nürnberg 1992

Brand, Cordula: Paternosterer am St.-Jakobs-Platz in München. Archäologische und historische Quellen aus Mittelalter und Neuzeit, in: Bericht der Bayerischen Bodendenkmalpflege 47/48 (2006/2007), S. 191–212

Brand, Cordula: Vorbericht zu den Ausgrabungen 2002/2003 am St.-Jakobs-Platz in München, in: ebd., S. 127–190

Brandl-Ziegert, Renate: Die Sozialstruktur der bayerischen Bischofs- und Residenzstädte Passau, Freising, Landshut und Ingolstadt. Die Entwicklung des Bürgertums vom 9. bis zum 13. Jahrhundert, in: ZBLG, Beiheft 6, Reihe B (1974), S. 18–127

Brandner, Wolfgang/Lechner, Horst: Aichach bey Wittelsbach. Historische Ansichten aus vier Jahrhunderten, Augsburg 1999

Braun, Anne: Historische Zielscheiben. Kulturgeschichte europäischer Schützenvereine, Leipzig 1981

Brenker, Fabian: Hochmittelalterliche Beleuchtungsformen im deutschen Südwesten. Ein interdisziplinärer Blick auf die profane Sachkultur des 12. und 13. Jahrhunderts, in: Zeitschrift für Archäologie des Mittelalters 42 (2014), S. 159–202

Buhr, Hermann de: Die mittelalterliche Stadt in den Schulgeschichtsbüchern des Dritten Reichs, in: Die alte Stadt. Zeitschrift für Stadtgeschichte, Stadtsoziologie und Denkmalpflege 5 (1978), S. 105–116

Bumke, Joachim: Mäzene im Mittelalter. Die Gönner und Auftraggeber der höfischen Literatur in Deutschland. 1150–1300, München 1979

Bünz, Enno: Das Regnitzland um Hof im Hochmittelalter – „terra incognita" zwischen den Bistümern Bamberg und Naumburg, in: Urban, Josef (Hg.): Das Bistum Bamberg um 1007. Festgabe zum Millennium, Bamberg 2006 (Studien zur Bamberger Bistumsgeschichte 3), S. 202–231

Bünz, Enno: Ein Reichsbischof der Stauferzeit. Konrad von Querfurt (1194–1202), in: Würzburger Diözesangeschichtsblätter 66 (2004), S. 293–311

Burger-Segl, Ingrid: Kelheim – Stadt am Fluß. Die stadtgeschichtliche Abteilung im Archäologischen Museum der Stadt Kelheim, Abensberg 1995

Burger-Segl, Ingrid: Wo lag die erste Plassenburg? Überlegungen aus archäologischer Sicht, in: Dippold, Günter/Zeitler, Peter (Hg.): Die Plassenburg. Zur Geschichte eines Wahrzeichens, Lichtenfels 2008 (CHW-Monographien 8), S. 11–22

Burger-Segl, Ingrid: Archäologische Streifzüge im Meranierland am Obermain, 2. Aufl., Bayreuth 2006 (Schriften zur Heimatpflege in Oberfranken I, 3)

Burmester, Andreas: Hakenkreuzfahnen zu Altstoff. Das Doerner-Institut von 1945–1956, in: Lauterbach, Iris (Hg.): Kunstgeschichte in München 1947. Institutionen und Personen im Wiederaufbau, München 2010

Burmester, Andreas: Der Kampf um die Kunst. Max Doerner und sein Reichsinstitut für Maltechnik, 2 Bde., Köln u. a. 2016

Carli, Enzo: Toskanische Malerei des 14. Jahrhunderts, Luzern u. a. 1963

Cormeau, Christoph/Störmer, Wilhelm: Hartmann von Aue. Epoche, Werk, Wirkung, 2. überarb. Aufl., München 1998

Corpus Signorum Imperii Romani, hg. von der Römisch-Germanischen Kommission des Deutschen Archäologischen Instituts zu Frankfurt a. Main und der Prähistorischen Staatssammlung München, 1963ff.

Cramer-Fürtig, Michael/Stauber, Reinhard: Der Burghauser Schatz der Reichen Herzöge. Bemerkungen zur Quellenlage und Probleme der Größenbestimmung, in: VHVN 114/115 (1988/89), S. 5–27

Czysz, Wolfgang u. a. (Red.): Stadtbuch Friedberg, 2 Bde., Friedberg 1991

Czysz, Wolfgang: Die ältesten Wassermühlen. Archäologische Entdeckungen im Paartal bei Dasing, Thierhaupten 1998

D'Alverny, Marie-Thérèse u. a. (Hg.): Raymond de Marseille. Opera omnia 1. Traité de l'astrolabe. Liber cursuum planetarum, Paris 2009

Dehio, Georg: Handbuch der deutschen Kunstdenkmäler. Bayern II: Niederbayern, 2. Aufl., München/Berlin 2008; Bayern III: Schwaben, ebd. 1989, Bayern V: Regensburg und die Oberpfalz, 2. Aufl. ebd. 2008

Dembinski, Stefan u. a.: Die Ingohöfe als Schlüssel zum Verständnis der Stadtwerdung Ingolstadts, in: Archäologie aktuell.

Ausgrabungen in Ingolstadt, Ingolstadt 2016 (Dokumentation zur Stadtgeschichte 10), S. 41–56

Dendorfer, Jürgen: Adel und Ministerialität, in: Schmid, Alois (Hg.): Spindler. Handbuch der bayerischen Geschichte, Bd. 1/1, München 2017, S. 349–381

Dendorfer, Jürgen: Von den Babenbergern zu den Welfen. Herzog und Adel in Bayern um die Mitte des 12. Jahrhunderts, in: Seibert, Hubertus/Schmid, Alois (Hg.): München, Bayern und das Reich im 12. und 13. Jahrhundert. Lokale Befunde und überregionale Perspektiven, München 2008 (ZBLG, Beiheft 29), S. 221–247

Dendorfer, Jürgen: „Aus dem Geschlecht König Konrads" / „De genere regis Cůnradi" – Die Familie König Konrads III. und die frühen Staufer, in: Rueß, Karl-Heinz (Hg.): Konrad III. (1138–1152). Herrscher und Reich, Göppingen 2011 (Schriften zur staufischen Geschichte und Kunst 30), S. 25–45

Dendorfer, Jürgen: Grafen, Markgrafen, Herzöge – Der Rang der principes und der Hof der Könige im ostfränkisch-deutschen Reich (11./12. Jahrhundert), in: Peltzer, Jörg (Hg.): Rank and Order. The Formation of Aristocratic Elites in Western and Central Europe, 500–1500, Ostfildern 2015 (RANK. Politisch-soziale Ordnungen im mittelalterlichen Europa 4), S. 99–116

Dendorfer, Jürgen: Adelige Gruppenbildung und Königsherrschaft. Die Grafen von Sulzbach und ihr Beziehungsgeflecht im 12. Jahrhundert, München 2004 (Studien zur bayerischen Verfassungs- und Sozialgeschichte 23)

Dendorfer, Jürgen: Heinrich V. König und Große am Ende der Salierzeit, in: Struve, Tilman (Hg.): Die Salier, das Reich und der Niederrhein, Köln u. a. 2008, S. 115–170

Dendorfer, Jürgen: Herzog, Könige und Große, in: Schmid, Alois (Hg.): Spindler. Handbuch der bayerischen Geschichte, Bd. 1/1, München 2017, S. 321–348

Dendorfer, Jürgen: Gescheiterte Memoria? – Anmerkungen zu den „Hausklöstern" des hochmittelalterlichen Adels, in: ZWLG 73 (2014), S. 17–38

Dendorfer, Jürgen: Verwandte, Freunde und Getreue. Adelige Gruppen in der klösterlichen Memoria des 12. Jahrhunderts in Bayern, in: Kruppa, Nathalie (Hg.): Adelige – Stifter – Mönche. Zum Verhältnis zwischen Klöstern und mittelalterlichem Adel, Göttingen 2007 (Veröffentlichungen des Max-Planck-Instituts für Geschichte 227 = Studien zur Germania Sacra 30), S. 63–105

Deußer, Karlheinz: Temporaluhren. Die Suche nach mechanischen Uhren, die mit Temporalstunden liefen, in: Jahresschrift der deutschen Gesellschaft für Chronometrie 51 (2012), S. 143–160, Nr. 5

Deutinger, Roman: Die Anfänge der Stadt Erding, in: OA 141 (2017), S. 9–29

Deutinger, Roman: Bayern unter den Welfen, in: Schmid, Alois (Hg.): Spindler. Handbuch der bayerischen Geschichte, Bd. 1/1, München 2017, S. 301–320

Deutinger, Roman/Paulus, Christof: Das Reich zu Gast in Landshut. Die erzählenden Texte zur Fürstenhochzeit des Jahres 1475, Ostfildern 2017

Diepolder, Gertrud (Red.)/Spindler, Max (Hg.): Bayerischer Geschichtsatlas, München 1969

Diepolder, Gertrud: Das Landgericht Aichach, München 1950 (HAB, Teil Altbayern 2)

Dietel, Karl: Münchberg. Geschichte einer Amts- und Industriestadt, Bd. 1, Münchberg 1963

Dietl, Albert: Die Sprache der Signatur. Die mittelalterlichen Künstlerinschriften Italiens, Berlin/München 2009

Dilcher, Gerhard: Lega Lombarda und Rheinischer Städtebund. Ein Vergleich von Form und Funktion mittelalterlicher Städtebünde südlich und nördlich der Alpen, in: Varanini, Gian Maria u. a. (Hg.): Europa e Italia. Studi in onore di Giorgio Chittolini, Florenz 2011, S. 155–180

Dilcher, Gerhard: Oralität, Verschriftlichung und Wandlungen der Normstruktur in den Stadtrechten des 12. und 13. Jahrhunderts, in: Keller, Hagen u. a. (Hg.): Pragmatische Schriftlichkeit im Mittelalter. Erscheinungsformen und Entwicklungsstufen, München 1992 (Münstersche Mittelalter-Studien 65)

Dilcher, Gerhard: Max Webers Stadt und die historische Stadtforschung der Mediävistik, in: HZ 267 (1998), S. 91–125

Dippold, Günter: Kleinstädte im Barock. Studien am Beispiel der bambergischen Amtsstädte, in: Weiß, Dieter J. (Hg.): Barock in Franken, Dettelbach 2004 (Bayreuther Historische Kolloquien 17), S. 197–215

Dippold, Günter: 800 Jahre Pfarrei Lichtenfels, 100 Jahre evangelische Kirchengemeinde Lichtenfels, Lichtenfels 2007 (Lichtenfelser Hefte zur Heimatgeschichte 9)

Dippold, Günter: Die Stadtanlage von Schlüsselfeld, in: ders. u. a. (Hg.): Der Vergangenheit auf der Spur. Eine Entdeckungsreise durch das Bamberger Land, Bamberg 2006, S. 38f.

Dippold, Günter: Die Städte der Andechs-Meranier in Franken, in: Frankenland 57 (2005), S. 418–430

Dippold, Günter: Die Städtegründungen der Andechs-Meranier in Franken, in: Henning, Lothar (Hg.): Die Andechs-Meranier in Franken. Europäisches Fürstentum im Mittelalter, Mainz 1998, S. 183–195

Direktor, Max (Hg.): Schrobenhausen im Mittelalter 800–1447, Schrobenhausen 1997

Dirmeier, Artur: Der heilige Petrus als Patron von Domkirche und Bürgerschaft, in: Tu es Petrus. Bilder aus zwei Jahrtausenden, hg. vom Bischöflichen Ordinariat Regensburg, Regensburg 2006 (Museumsschriften des Bistums Regensburg 2), S. 95–106

Dirr, Pius (Bearb.): Denkmäler des Münchner Stadtrechts, München 1934 (Bayerische Rechtsquellen 1)

Distler, Eva: Städtebünde im deutschen Spätmittelalter. Eine rechtshistorische Untersuchung zu Begriff, Verfassung und Funktion, Frankfurt a. M. 2006 (Studien zur europäischen Rechtsgeschichte 207)

Dollinger, Philippe: Der bayerische Bauernstand vom 9. bis zum 13. Jahrhundert, München 1982

Drews, Walter/Meier, Christel: Jüdische Friedhöfe im mittelalterlichen Reich, Berlin/Boston 2017 (Europa im Mittelalter. Abhandlungen und Beiträge zur historischen Komparatistik 27)

Eberhardt, Barbara/Berger-Dittscheid, Cornelia: Straubing, in: Kraus, Wolfgang u. a. (Hg.): Mehr als Steine ... 1. Oberfranken, Oberpfalz, Niederbayern, Oberbayern, Schwaben, Lindenberg i. Allgäu 2007 (Gedenkbuch der Synagogen in Deutschland 3/1), S. 320–343

Ebner, Adalbert: Die Glocken und Glockengießer von Straubing. Ein Beitrag zur Geschichte des Kunstgewerbes in Altbayern, in: Sammelblätter zur Geschichte der Stadt Straubing, Heft 15–18 (1881–1885), S. 57–72

Ehbrecht, Wilfried: „Minderstadt" – ein tauglicher Begriff der vergleichenden historischen Städteforschung?, in: Knittler, Herbert (Hg.): Minderstädte, Kümmerformen, gefreite Dörfer. Studien zur Urbanität und das Märkteproblem, Linz 2006 (Beiträge zur Geschichte der Städte Mitteleuropas 20), S. 1–50

Ehlers, Caspar: Königliche Burgen und Pfalzen als Zentren für den reisenden Hof des ostfränkischen Reiches, in: Concilium medii aevi 14 (2011), S. 3–19

Ehlers, Joachim: Heinrich der Löwe. Eine Biographie, München 2008

Eibl, Florian/Meier, Thomas: Zur Frühgeschichte Kelheims. Aspekte der ersten Großgrabung in Bayern (Kanal I), in: Schmotz, Karl (Hg.): Vorträge des 24. Niederbayerischen Archäologentages, Rahden/Leidorf 2006, S. 201–240

Eibl, Florian: Die Keramik- und Steinfunde vom Areal der ehemaligen Kirche St. Mauritius und des zugehörigen Friedhofs, in: Mettenhausen. Archäologie im Landkreis Dingolfing-Landau Sonderheft 1 (2015), S. 45–59

Eibl, Florian: Neues von alten Dächern. Ein Beitrag zur Typologie und Chronologie mittelalterlicher und frühneuzeitlicher flacher Dachziegel in Niederbayern, in: Kreiner, Ludwig (Hg.): Zwischen Himmel und Hölle. Vom Leben bis zum Sterben in einer spätmittelalterlichen Stadt in Niederbayern, Eichendorf 1999

Emmerig, Hubert: Der Regensburger Pfennig. Die Münzprägung in Regensburg vom 12. Jahrhundert bis 1409, Berlin 1993 (Berliner Numismatische Forschungen NF 3)

Enciclopedia dell'arte medievale, Bd. 3, Rom 1992

Endres, Werner/Prammer, Johannes: Ausgrabungen in der Ulrich-Schmidl-Gasse von Straubing, in: Das archäologische Jahr in Bayern 1988, 1989, S. 157–159

Endres, Werner/Loers Veit: Spätmittelalterliche Keramik aus Regensburg. Neufunde in Prebrunn, Regensburg 1981

Ennen, Edith: Die sog. „Minderstädte" im mittelalterlichen Europa, in: dies.: Gesammelte Abhandlungen zum europäischen Städtewesen und zur rheinischen Geschichte, Bd. 2/2, Bonn 1987 (Veröffentlichungen des Instituts für geschichtliche Landeskunde der Rheinlande an der Universität Bonn), S. 70–85

Erdmann, Wolfgang: Griffel, in: Bracker, Jörgen (Hg.): Die Hanse. Lebenswirklichkeit und Mythos, Bd. 2, Hamburg 1989, S. 541

Erdmannsdorfer, Karl: Das Bürgerhaus in München, Tübingen 1972 (Das deutsche Bürgerhaus 17)

Ernst, Bernhard: Der Garten des Jesuitenkollegiums. Eine Flächengrabung im Münchner Stadtkern, in: Das archäologische Jahr in Bayern 2012 (2013), S. 169–171

Ernst, Bernhard u. a.: Neuland für die werdende Stadt, in: Archäologie aktuell. Ausgrabungen in Ingolstadt, Ingolstadt 2016 (Dokumentation zur Stadtgeschichte 10), S. 73–82

Esch, Claudia: Zwischen Institution und Individuum. Bürgerliche Handlungsspielräume im mittelalterlichen Bamberg, Würzburg 2016 (Stadt und Region in der Vormoderne 4 = Veröffentlichungen des Stadtarchivs Bamberg 23)

Esch, Claudia: Was ist „Stadt"? Räume und Spielräume am Beispiel des mittelalterlichen Bamberg, in: Igel, Karsten/Lau, Thomas (Hg.): Die Stadt im Raum. Vorstellungen, Entwürfe und Gestaltungen im vormodernen Europa, Köln u. a. 2016 (Städteforschung A 89), S. 157–182

Ettel, Peter/Werther, Lukas (Hg.): Zentrale Orte und zentrale Räume des Frühmittelalters in Süddeutschland, Mainz 2013

Ettelt, Rudibert: Geschichte der Stadt Kelheim von der Stadtgründung bis zum Ende des 18. Jahrhunderts, Kelheim 1983

Evers, Ute: Die Lieder Neidharts. Studien zur Melodieüberlieferung, Magisterarbeit, Ludwig-Maximilians-Universität München 1999

Fahr, Friedrich u. a. (Hg.): Von Cranach bis Jawlensky. 20 Jahre Diözesanmuseum für christliche Kunst, München 1994 (Kataloge und Schriften des Diözesanmuseums Freising 15)

Fahr, Friedrich u. a. (Hg.): Freising. 1250 Jahre Geistliche Stadt, München 1989 (Kataloge und Schriften des Diözesanmuseums Freising 20)

Fahr, Friedrich u. a. (Hg.): Christliche Kunst aus Salzburg, Bayern und Tirol. 12. bis 18. Jahrhundert, München 1984 (Kataloge und Schriften des Diözesanmuseums Freising 2)

Fajt, Jiří/Hörsch, Markus (Hg.): Kaiser Karl IV. 1316, Prag 2016

Falk, Alfred/Gläser, Manfred: Funde aus Knochen, Horn und Geweih, in: 25 Jahre Archäologie in Lübeck. Erkenntnisse von Archäologie und Bauforschung zur Geschichte und Vorgeschichte der Hansestadt, Lübeck 1988 (Lübecker Schriften zur Archäologie und Kulturgeschichte 17), S. 164–168

Falke, Otto von/Meyer, Erich: Romanische Leuchter und Gefäße. Gießgefäße der Gotik, Berlin 1935 (Bronzegeräte des Mittelalters 1)

Fehring, Günther P.: Stadtarchäologie in Deutschland, Stuttgart 2001 (Sonderheft Archäologie in Deutschland)

Feuer aus! Das Ingolstädter Feuerlöschwesen im Wandel der Zeit, Ingolstadt 2007

Filz, Michael: Geschichte des salzburgischen Benedictiner-Stiftes Michaelbeuern, Bd. 2, Salzburg 1833

Fischer, Andreas: Mauern, Schanzen, Tore. Basels Befestigungen im Wandel der Zeit, Basel 2007

Fischer, Thomas: Das Umland des römischen Regensburg, München 1990 (Münchner Beiträge zur Vor- und Frühgeschichte 42)

Flohrschütz, Günther: Machtgrundlagen und Herrschaftspolitik der ersten Pfalzgrafen aus dem Haus Wittelsbach, in: Glaser, Hubert (Hg.): Wittelsbach und Bayern, Bd. 1/1, München/Zürich 1980, S. 42–110

Francovich, Geza de: Benedetto Antelami architetto scultore e l'arte del suo tempo, Mailand 1952

Frank, Hans (Hg.): Amberg in historischen Ansichten. Vom ältesten Stadtsiegel, den frühesten Holzschnitten und Kupferstichen bis zu den Lithographien und Aquarellen des 19. Jahrhunderts, Amberg 1983

Frast, Johann von: Das „Stiftungen-Buch" des Cistercienser-Klosters Zwetl, Wien 1851 (Fontes rerum Austriacarum 2/3)

Freilinger, Hubert. Die Rudolfinische Handfeste. Magna charta libertatum der Stadt München. Einzelaussagen und Beziehungsgeflecht, in: ZBLG 38 (1975), S. 144–162

Freilinger, Hubert: Ingolstadt und die Gerichte Gerolfing, Kösching, Stammham-Etting, Vohburg, Mainburg und Neustadt a. d. Donau, München 1977 (HAB, Teil Altbayern 46)

Frenken, Ansgar: Eck- und Wendepunkte der Frühgeschichte Herzogenaurachs. Von den ersten Anfängen bis zur Reformation, in: Aus der 1000-jährigen Geschichte Herzogenaurachs, Herzogenaurach 2002, S. 13–45

Frenz, Barbara: Frieden, Rechtsbruch und Sanktion in deutschen Städten vor 1300, Köln u. a. 2003 (Konflikt, Verbrechen und Sanktion in der Gesellschaft Alteuropas, Symposien und Synthesen 8)

Freundorfer, Wolfgang: Straubing. Landgericht, Rentkastenamt und Stadt, München 1974 (HAB, Teil Altbayern 32)

Fried, Pankraz: „Modernstaatliche" Entwicklungstendenzen im bayerischen Ständestaat des Spätmittelalters. Ein methodischer Versuch, in: Patze, Hans (Hg.): Der deutsche Territorialstaat im 14. Jahrhundert, Bd. 2/2, Sigmaringen 1971 (Vorträge und Forschungen 14), S. 301–341

Fried, Pankraz: Grafschaft, Vogtei und Grundherrschaft als Grundlagen der wittelsbachischen Landesherrschaft in Bayern. Zu den Anfängen der unteren Gerichts- und Verwaltungsorganisation in Bayern, in: ZBLG 26 (1963), S. 103–130

Fried, Pankraz: Die Herkunft der frühen Wittelsbacher, in: Glaser, Hubert (Hg.): Wittelsbach und Bayern, Bd. 1/1, München/Zürich 1980, S. 29–41

Fried, Pankraz: Die Landgerichte Dachau und Kranzberg, München 1958 (HAB Teil, Altbayern 11–12)

Fried, Pankraz: Die Stadt Landsberg am Lech in der Städtelandschaft des frühen bayerischen Territorialstaats, in: ZBLG 32 (1969), S. 68–103

Fried, Pankraz/Lengle, Peter (Bearb): Schwaben von den Anfängen bis 1268, München 1988 (Dokumente zur Geschichte von Staat und Gesellschaft in Bayern 2/3)

Friedel, Birgit: Die Vohburg. Eine frühe Burg an der Donau, in: Häffner, Hans-Heinrich (Hg.): Neue Forschungen zum frühen Burgenbau, München/Berlin 2006 (Forschungen zu Burgen und Schlössern 9), S. 123–142

Fryde, Natalie/Stromer von Reichenbach, Wolfgang: Hochfinanz, Wirtschaft und Politik im Zeitalter der Kreuzzüge, in: ders. (Hg.): Venedig und die Weltwirtschaft um 1200, Stuttgart 1999, S. 21–52

Gaab, Hans: Die große Nürnbergische Uhr, in: Dick, Wolfgang R./Hamel, Jürgen (Hg.): Beiträge zur Astronomiegeschichte 8, Frankfurt a. M. 2006 (Acta Historica Astronomiae 28), S. 43–90

Gauer, Werner: Castra Regina und Rom. Zu Ursprung und Erneuerung der europäischen Stadt, in: Bonner Jahrbücher 181, 1981, S. 1–88

Gauer, Werner: Archäologisch-topographische Stadtkernforschung am Beispiel Regensburgs, in: Jäger, Helmut (Hg.): Stadtkernforschung, Köln/Wien 1987 (Städteforschung A/27), S. 161–176

Gauer, Werner: Urbs, Arx, Metropolis und Civitas Regia. Untersuchungen zur Topographie der frühmittelalterlichen Stadt Regensburg, in: VHVOR 121 (1981), S. 15–84

Geblinger, Rudolf/Leutenegger, Marco A. R.: Die Stangenwaffen im Museum Altes Zeughaus Solothurn. Katalog zur Museums-Sammlung, Solothurn 2004

Germann-Bauer, Peter: Wir Werchgenossen Goltsmid tzu Regenspurg – Goldschmiede und andere metallverarbeitende Handwerke im mittelalterlichen Regensburg, in: Angerer, Martin/Wanderwitz, Heinrich (Hg.): Regensburg im Mittelalter, Bd. 1, Regensburg 1995, S. 453–468

Die Geschichte der Stadtplätze, www.deggendorf.de/index.php?id=201 [12.02.2020]

Glaser, Hubert (Hg.): Wittelsbach und Bayern, Bd. 1/2, München/Zürich 1980

Gläser, Manfred: Die Funde der Grabungen Alfstraße 36/38 und an der Untertrave 111/112. Niederschlag der Stadtentwicklung Lübecks und seines Hafens im 12. und 13. Jahrhundert, in: LSAK 18 (1992), S. 187–248

Gläser, Manfred: Lübecks Entwicklung zur mittelalterlichen Großstadt. Ein Erfolg mittelalterlicher Stadtplanung?, in: Untermann, Matthias/Falk, Alfred (Hg.): Die vermessene Stadt. Mittelalterliche Stadtplanung zwischen Mythos und Befund, Paderborn 2004 (Mitteilungen der DGAMN 15), S. 24–27

Glaser, Rüdiger: Klimageschichte Mitteleuropas. 1000 Jahre Wetter, Klima, Katastrophen, Darmstadt 2001

Göldel, Caroline: Weimar, nicht Schweinfurt. Zu den Anfängen der Andechser in Franken, in: 152. Bericht des Historischen Vereins Bamberg (2016), S. 75–93

Görich, Knut: Friedrich Barbarossa. Eine Biographie, München 2011

Görich, Knut: Jäger des Löwen oder Getriebener der Fürsten? Friedrich Barbarossa und die Entmachtung Heinrichs des Löwen, in: Hechberger, Werner/Schuller, Florian (Hg.): Staufer und Welfen. Zwei rivalisierende Dynastien im Hochmittelalter, Regensburg 2009, S. 98–117

Götz, Thomas: Die bayerische Stadt. Vom 19. ins 21. Jahrhundert. Ein Essay, Regensburg 2019

Gotzkowsky, Bodo: Untersuchungen zur Barbarossa-Biographie (1520) des Johannes Adelphus und ihr Verhältnis zum Volksbuch (1519) vom Kaiser Friedrich, in: Daphnis. Zeitschrift für mittlere deutsche Literatur 3 (1974), S. 129–146

Graßmann, Antjekathrin (Hg.): Das neue Lübeck-Lexikon. Die Hansestadt von A bis Z, 2. völlig überarb. Aufl., Lübeck 2011

Graßmann, Antjekathrin: Wachstafeln aus der Lübecker Innenstadt, in: LSAK 17 (1988), S. 169f.

Greve, Vera: Konservierung der drei mittelalterlichen Mitren, in: MGSLK 105 (1965), S. 182

Gribl, Albrecht A.: Stadt. Entwicklung, Erding 2015

Grieb, Christine: Die Franziskaner in Regensburg: beliebt – beschenkt – umstritten, in: Wolf, Peter u. a. (Hg.): Ludwig der Bayer. Wir sind Kaiser!, Augsburg 2014 (Veröffentlichungen zur Bayerischen Geschichte und Kultur 63), S. 73–77

Großmann, G. Ulrich: Der spätmittelalterliche Fachwerkbau in Hessen, Königstein im Taunus 1983

Großmann, G. Ulrich: Einführung in die historische und kunsthistorische Bauforschung, Darmstadt 2010

Großmann, Lore: Die Ortsnamen des Landkreises Friedberg in Schwaben, unveröff. Diss., München 1956

Großmann, G. Ulrich (Hg.): Mythos Burg, Dresden 2010

Grotkamp-Schepers, Barbara u. a. (Hg.): Das Schwert. Gestalt und Gedanke = The Sword. Form and Thought, Solingen 2015

Guerrini, Paolo: Antiche memorie bresciane emerse negli scavi del Broletto, in: Brixia sacra (1919), S. 111–113

Gunzelmann, Thomas: Die Kunstdenkmäler von Oberfranken. Stadt Bamberg. Stadtdenkmal und Denkmallandschaft. 1. Stadtentwicklungsgeschichte, Bamberg u. a. 2012 (Die Kunstdenkmäler von Bayern, Regierungsbezirk Oberfranken, III, Stadt Bamberg 1, 1)

Gutscher, Daniel: Areale und Parzellen: Sind Planungsschritte archäologisch nachweisbar? Einige schweizerische Beispiele, in: Untermann, Matthias/Falk, Alfred (Hg.):

Die vermessene Stadt. Mittelalterliche Stadtplanung zwischen Mythos und Befund, Paderborn 2004 (Mitteilungen der DGAMN 15), S. 103–107

Haberstroh, Jochen/Heitmeier, Irmtraut (Hg.): Gründerzeit. Siedlung in Bayern zwischen Spätantike und Frühmittelalter, St. Ottilien 2019 (Bayerische Landesgeschichte und europäische Regionalgeschichte 3)

Häck, Bernhard: Archäologische Fundgrube Landshut, in: VHVN 129/130 (2003/04), S. 7–44

Haeutle, Christian: Einige altbayerische Stadtrechte, in: OA 45 (1888/89), S. 163 bis 262 und 47 (1891/92), S. 56–62

Hahn, Ingrid: Zu Gottfrieds von Straßburg Literaturschau, in: Wolf, Alois (Hg.): Gottfried von Straßburg, Darmstadt 1973 (Wege der Forschung 320), S. 147–181

Halbwachs, Maurice: Das kollektive Gedächtnis. Aus dem Französischen von Holde Lhoest-Offermann, Frankfurt a. M. 1985

Hamm, Margot u. a. (Hg.): Wald, Gebirg und Königstraum. Mythos Bayern, Augsburg 2018 (Veröffentlichungen zur Bayerischen Geschichte und Kultur 67)

Hanemann, Bärbel: Die Eisenhortfunde der Pfalz aus dem 4. Jahrhundert nach Christus, Speyer 2014 (Forschungen zur pfälzischen Archäologie 5/1)

Hanke, Gerhard u. a.: Geschichte des Marktes und der Stadt Dachau, Dachau 2000

Hardt, Matthias: Formen und Wege der hochmittelalterlichen Siedlungsgründung, in: Bünz, Enno (Hg.): Ostsiedlung und Landesausbau in Sachsen. Die Kührener Urkunde von 1154 und ihr historisches Umfeld, Leipzig 2008 (Schriften zur Sächsischen Geschichte und Volkskunde 23)

Härtel, Susanne: Wie sich die Dinge präsentieren. Auf den Wegen jüdischer Grabsteine aus Regensburg, in: Drews, Walter/Meier, Christel (Hg.): Frühmittelalterliche Studien, Berlin 2012 (Jahrbuch des Instituts für Frühmittelalterforschung der Universität Münster 46), S. 485–511

Hausbau im Alpenraum. Bohlenstuben und Innenräume, Marburg 2002, hg. vom Arbeitskreis für Hausforschung (Jahrbuch für Hausforschung 51)

Hausberger, Karl: Geschichte des Bistums Regensburg, Bd. 1, Regensburg 1989

Haussherr, Reiner (Hg.): Die Zeit der Staufer. Geschichte, Kunst, Kultur, Stuttgart 1977

Hechberger, Werner: Staufer und Welfen, 1125–1190. Zur Verwendung von Theorien in der Geschichtswissenschaft, Köln 1996 (Passauer Historische Forschungen 10)

Hecht, Gottfried: Aichach zur Zeit Lorenz Aloys Gerhausers, in: Lorenz Aloys Gerhauser (1768–1837), hg. vom Stadtmuseum Aichach, Marktoberdorf 2018, S. 4–10

Heeg-Engelhart, Ingrid: Das älteste bayerische Herzogsurbar. Analyse und Edition, München 1990 (Quellen und Erörterungen zur bayerischen Geschichte NF 37)

Heinemeyer, Christian: Territorium und Territorialisierung. Ein Konzept der deutschen Forschung und seine Problematik, in: Bührer-Thierry, Geneviève u. a. (Hg.): Genèse des espaces politiques IXe–XIIe siècle: autour de la question spatiale dans les royaumes francs et post-carolingiens, Turnhout 2018, S. 89–117

Heinzle, Joachim: Die Nibelungen. Lied und Sage, 2. überarb. und aktual. Aufl., Darmstadt 2012

Heinzle, Joachim (Hg.): Wolfram von Eschenbach. Ein Handbuch. Studienausgabe, Berlin/Boston 2014

Heinzmann, Guido: Gemeinschaft und Identität spätmittelalterlicher Kleinstädte Westfalens. Eine mentalitätsgeschichtliche Untersuchung der Städte Dorsten, Haltern, Hamm, Lünen, Recklinghausen und Werne, Norderstedt 2006

Hembach, Timo: Die Ausgrabung in der Domerschulstraße in Würzburg. 1300 Jahre Stadtgeschichte, unveröff. Diss., Bamberg 2003

Henker, Michael u. a. (Hg.): Der Winterkönig. Friedrich V., der letzte Kurfürst aus der oberen Pfalz, Augsburg 2003 (Veröffentlichungen zur Bayerischen Geschichte und Kultur 46)

Henning, Lothar (Hg.): Die Andechs-Meranier in Franken. Europäisches Fürstentum im Mittelalter, Bamberg 1998

Hensch, Mathias: Archäologische Einblicke in die frühe Stadtgeschichte von Kelheim. Die Ausgrabung Lederergasse 24, in: Husty, Ludwig/Schmotz, Karl (Hg.): Vorträge des 34. Niederbayerischen Archäologentages, Rahden/Leidorf 2016, S. 235–265

Herleth-Krentz, Susanne M./Mayr, Gottfried: Das Landgericht Erding, München 1997 (HAB, Teil Altbayern 58)

Hermann, Hans-Georg: München im Gefüge der bayerischen Stadtrechtsentwicklung, in: Seibert, Hubert/Schmid, Alois (Hg.): München, Bayern und das Reich im 12. und 13. Jahrhundert. Lokale Befunde und überregionale Perspektiven, München 2008 (ZBLG, Beiheft 29), S. 141–170

Herrmann, Erwin: Das Altenstadt-Problem. Beispiele für Namenwechsel und Namenverlust im nordostbayerischen Raum, in: Schützeichel, Rudolf (Hg.): Ortsnamenwechsel, Heidelberg 1986 (Beiträge zur Namenforschung NF, Beiheft 24), S. 179–188

Herrmann, Erwin: 750 Jahre Stadt Bayreuth, in: Archiv für Geschichte von Oberfranken 61 (1981), S. 11–32

Herrmann, Erwin: Zu den Stadtrechtsverleihungen der Grafen von Andechs, in: OA 107 (1982), S. 179–184

Herzog, Theo: Meister Hanns von Burghausen, genannt Stethaimer. Sein Leben und Wirken. Eine historische Studie, in: VHVN 84 (1958), S. 5–83

Herzog, Theo: Landshuter Urkundenbuch, Neustadt a. d. Aisch 1963 (Bibliothek familiengeschichtlicher Quellen 13 = Sonderveröffentlichungen des Historischen Vereins für Niederbayern 2)

Heydenreuter, Reinhard: Kaiser Ludwig der Bayer und das Stadtrecht, in: Liebhart, Wilhelm/Wagner, Rudolf (Hg.): Aichach im Mittelalter, Aichach 1985, S. 111–130

Heydenreuter, Reinhard: Der Markt Bruck und sein Verhältnis zum Kloster Fürstenfeld, in: Ehrmann, Angelika u. a. (Hg.): In Tal und Einsamkeit. 725 Jahre Kloster Fürstenfeld. Die Zisterzienser im alten Bayern, Bd. 2/2, München 1988, S. 319–334

Heydenreuter, Reinhard: Wappen und Siegel, in: Czysz, Wolfgang u. a. (Red.): Stadtbuch Friedberg, Bd. 1, Friedberg 1991, S. 103–107

Heym, Sabine: Das Antiquarium der Residenz München, München 2007

Hiereth, Sebastian: Geschichte der Stadt Braunau am Inn, Bd. 1, Braunau 1960

Hiereth, Sebastian: Die Ottonische Handfeste von 1311 und die niederbayerischen Städte und Märkte, in: ZBLG 33 (1970), S. 135–154

Hiereth, Sebastian: Die Landgerichte Friedberg und Mering, München 1952 (HAB, Teil Schwaben 1)

Hilz, Anneliese: Die Minderbrüder von St. Salvator in Regensburg 1226–1810, Regensburg 1991 (Beiträge zur Geschichte des Bistums Regensburg 25)

Himmelheber, Georg u. a.: Kunst des Biedermeier 1815–1835. Architektur, Malerei, Plastik, Kunsthandwerk, Musik, Dichtung und Mode, München 1988

Hirschmann, Franz G.: Die Bischofssitze um 1150. Eine vergleichende Analyse mit Ausblick in die Zeit um 1200, in: Igel, Karsten u. a. (Hg.): Wandel der Stadt um 1200. Die bauliche und gesellschaftliche Transformation der Stadt im Hochmittelalter, Stuttgart 2013 (Materialhefte zur Archäologie in Baden-Württemberg 96), S. 67–80

Hittinger, Dieter: Tuchplomben. Warenzeichen des späten Mittelalters und der Neuzeit aus dem norddeutschen Küstengebiet, Aachen 2008

Hoffmann, Carl A.: Territorialstadt und landesherrliche Politik in Altbayern. Aspekte des Verhältnisses in der Frühen Neuzeit, in: Flachenecker, Helmut/Kießling, Rolf (Hg.): Städtelandschaften in Altbayern, Franken und Schwaben. Studien zum Phänomen der Kleinstädte während des Spätmittelalters und der Frühen Neuzeit, München 1999 (ZBLG, Reihe B, Beiheft 15), S. 81–112

Hoffmann, Richard: Die Kunstaltertümer im erzbischöflichen Klerikalseminare zu Freising, München 1907

Höfler, Constantin (Hg.): Albert von Beham und Regesten Pabst Innocenz IV., Stuttgart 1847

Hofmann, Siegfried: Geschichte der Stadt Ingolstadt. Von den Anfängen bis 1505, Ingolstadt 2000

Hofmann, Siegfried: Die Urkunden der Stadt. Das alte Stadtarchiv 1312–1500, Ingolstadt 1996 (Quellen zur Ingolstädter Geschichte 3)

Hofmann, Siegfried: Werke der Goldschmiedekunst in und aus Ingolstadt, in: Goldschmiedearbeiten in und aus Ingolstadt, hg. vom Stadtmuseum Ingolstadt und dem Germanischen Nationalmuseum, Ingolstadt 1988, S. 51–6

Holzfurtner, Ludwig: Haziga und Otto. Wie alles begann, in: Schmid, Alois/Rumschöttel, Hermann (Hg.): Wittelsbacher-Studien. Festgabe für Herzog Franz von Bayern zum 80. Geburtstag, München 2013 (Schriftenreihe zur bayerischen Landesgeschichte 166), S. 23–35

Holzherr, Gertrud: Die Darstellung des Marientodes im Spätmittelalter, Diss., Tübingen 1971

Horst, Thomas: Grenzvermessung und -abmarkung im Spätmittelalter am Beispiel einer illustrierten Handschrift um 1400, in: zfv. Zeitschrift für Geodäsie, Geoinformation und Landmanagement 142/3 (2017), S. 187–196

Hubel, Achim/Schuller, Manfred: Der Dom zu Regensburg. Vom Bauen und Gestalten einer gotischen Kathedrale, Regensburg 1995

Huber, Alfons: „Jacoben Sandtner, Dräxl von Straubing". Nachrichten zu seinem Leben und künstlerischen Werk, in: Jahresbericht des Historischen Vereins für Straubing und Umgebung 99 (1997), S. 171–192

Hufnagel, Max Josef/Hiereth, Sebastian: Das Landgericht Rain, München 1966 (HAB, Teil Schwaben 2)

Hundt, Friedrich Hector: Die Urkunden des Klosters Indersdorf, Bd. 1, in: OA 24 (1863), S. 1–400

Igel, Karsten: Geplant oder gewachsen – ein scheinbarer Widerspruch. Mittelalterliche Stadtentwicklung an den Beispielen von Greifswald und Osnabrück, in: Untermann, Matthias/Falk, Alfred (Hg.): Die vermessene Stadt. Mittelalterliche Stadtplanung zwischen Mythos und Befund, Paderborn 2014 (Mitteilungen der DGAMN 15), S. 17–23

Igel, Karsten u. a. (Hg.): Wandel der Stadt um 1200. Die bauliche und gesellschaftliche Transformation der Stadt im Hochmittelalter, Stuttgart 2013 (Materialhefte zur Archäologie in Baden-Württemberg 96)

Igel, Karsten: Der Wandel der Stadt um 1200. Abschließende Gedanken und Perspektiven, in: ebd., S. 429–436

Isenberg, Gabriele: Struktur und Topografie der Herrschaft, in: Centre, Region, Periphery. Medieval Europe, Bd. 2, Hertingen 2002, S. 15–24

Isenmann, Eberhard: Die deutsche Stadt im Spätmittelalter 1250–1500, Stuttgart 1988

Jäger, Elisabeth: Wunsiedel 1163–1560. I. Band einer Geschichte der Burg und der Stadt Wunsiedel, Wunsiedel 1987

Jahn, Wolfgang u. a. (Hg.): Adel in Bayern. Ritter, Grafen, Industriebarone, Augsburg 2008 (Veröffentlichungen zur Bayerischen Geschichte und Kultur 55)

Jahn, Wolfgang/Brockhoff, Evamaria (Hg): Verbündet, verfeindet, verschwägert. Bayern und Österreich, Bd. 1, Augsburg 2012 (Veröffentlichungen zur Bayerischen Geschichte und Kultur 61)

Jahnke, Carsten: Zur Interpretation der ersten Lübecker Schiffssiegel, in: ZLGA 88 (2008), S. 9–24

Jahnke, Carsten: Koggen und kein Ende, in: ZLGA 91 (2011), S. 305–320

Jansen, Michaela: Baulicher Wandel – städtischer Wandel. Die bauliche Umgestaltung der Stadt im 12. Jahrhundert, in: Igel, Karsten u. a. (Hg.): Wandel der Stadt um 1200. Die bauliche und gesellschaftliche Transformation der Stadt im Hochmittelalter, Stuttgart 2013 (Materialhefte zur Archäologie in Baden-Württemberg 96), S. 13–30

Jestrzemski, Dagmar: Katharina von Alexandrien. Die Kreuzritter und ihre Heilige, Berlin 2010

Jussen, Bernhard: Perspektiven der Verwandtschaftsforschung fünfundzwanzig Jahre nach Jack Goodys „Entwicklung von Ehe und Familie in Europa", in: Spieß, Karl-Heinz (Hg.): Die Familie in der Gesellschaft des Mittelalters, Ostfildern 2009, S. 275–324

Johanek, Peter: Die Mauer und die Heiligen – Stadtvorstellungen im Mittelalter, in: Behringer, Wolfgang/Roeck, Bernd (Hg.): Das Bild der Stadt in der Neuzeit 1400–1800, München 1999

Kammermayer, Hans: Ernst von Bayern (1500–1560). Geistlicher Landesfürst im Hochstift Passau, Erzstift Salzburg und der Grafschaft Glatz, München 2018 (Schriftenreihe zur bayerischen Landesgeschichte 167)

Kandler, Erich: Von der hölzernen, städtischen Donaubrücke zur modernen, staatlichen Stahlbrücke, in: Petschek-Sommer, Birgitta/Behrendt, Lutz-Dieter (Hg.): Brückenschlag ins Jahr 2000. Die Geschichte der Deggendorfer Donaubrücke, Deggendorf 2000 (Kataloge der Museen der Stadt Deggendorf 16 = Deggendorf. Archäologie und Stadtgeschichte 8), S. 64–90

Kaufhold, Martin: Die Franziskaner im mittelalterlichen Augsburg, in: Thierbach, Melanie (Hg.): Barfuß vor St. Max. Von der Klosterkirche der Franziskaner zur Pfarrkirche St. Maximilian, Augsburg 2013, S. 10–18

Kaufhold, Martin: Deutsches Interregnum und europäische Politik. Konfliktlösungen und Entscheidungsstrukturen 1230–1280, Hannover 2000 (Schriften der MGH 49)

Kaufhold, Martin: Wendepunkte des Mittelalters. Von der Kaiserkrönung Karls des

Großen bis zur Entdeckung Amerikas, Ostfildern 2004

Kayser, Christian: Die „Kinderlehrkirche" in Memmingen, in: Jahrbuch der bayerischen Denkmalpflege 64/65, 2010/11, S. 75–88

Keller, Hagen: Über den Charakter Freiburgs in der Frühzeit der Stadt, in: Maurer, Helmut/Patze, Hans (Hg.): Festschrift für Berent Schwineköper zu seinem 70. Geburtstag, Sigmaringen 1982, S. 249–282

Keller, Robert: Freiheitsgarantien für Person und Eigentum im Mittelalter. Eine Studie zur Vorgeschichte moderner Verfassungsgrundrechte, Heidelberg 1933 (Deutschrechtliche Beiträge 14)

Kellner, Hans-Jörg: Die Münzen der niederbayerischen Münzstätten, München 1958 (Bayerische Münzkataloge 2)

Kern, Georg Ritter von: Die Entwicklung des Riefelharnisches, München 1982

Keyser, Erich/Stoob, Heinz (Hg.): Bayerisches Städtebuch 2, Stuttgart u. a. 1974 (Deutsches Städtebuch 5,2)

Kießling, Rolf: Zwischen Dorf und Stadt? Zum Marktbegriff in Oberdeutschland, in: Johanek, Peter/Post, Franz-Joseph (Hg.): Vielerlei Städte. Der Stadtbegriff, Köln/Wien 2004 (Städteforschung A 61), S. 121–144

King, David A.: An astrolabe from Einbeck datable ca. 1330, in: Dauben, Joseph Warren u. a. (Hg.): Mathematics Celestial and Terrestrial. Festschrift für Menso Folkerts zum 65. Geburtstag, Halle 2008 (Acta Historica Leopoldina 54), S. 161–178

Klebel, Ernst: Die Städte und Märkte des baierischen Stammesgebietes in der Siedlungsgeschichte, in: ZBLG 12 (1939), S. 37–93

Klemenz, Birgitta: Heilige Hedwig von Andechs (um 1175–1243), in: Groll, Thomas/Ansbacher, Walter (Hg.): Augusta Sacra. Heilige, Selige und Glaubenszeugen des Bistums Augsburg, Augsburg 2018 (Jahrbuch des Vereins für Augsburger Bistumsgeschichte e. V. 52), S. 172–185

Klemm, Elisabeth: Die illuminierten Handschriften des 13. Jahrhunderts deutscher Herkunft in der Bayerischen Staatsbibliothek. Textband und Tafelband, Wiesbaden 1998 (Katalog der illuminierten Handschriften der Bayerischen Staatsbibliothek in München 4)

Klose, Josef: Die Urkunden Abt Hermanns von Niederaltaich (1242–1273), München 2010 (Quellen und Erörterungen zur bayerischen Geschichte NF 63, T. 4)

Klumbach, Hans: Der Fund von Augsburg-Pfersee, in: ders. (Hg.): Spätrömische Gardehelme, München 1973, S. 95–101

Knapp, Fritz Peter: Die Literatur des Früh- und Hochmittelalters in den Bistümern Passau, Salzburg, Brixen und Trient von den Anfängen bis zum Jahre 1273, Graz 1994 (Geschichte der Literatur in Österreich von den Anfängen bis zur Gegenwart 1)

Knittler, Herbert (Hg.): Minderstädte, Kümmerformen, gefreite Dörfer. Stufen zur Urbanität und das Märkteproblem, Linz 2006 (Beiträge zur Geschichte der Städte Mitteleuropas 20)

Koch, Robert: Die Ausgrabungen in der Burg Wittelsbach 1978–1981. Befunde und Funde, Kallmünz 2017

Koch, Robert: Die Ausgrabungen in Oberwittelsbach. Zusammenfassung der Ergebnisse bis Ende Oktober 1980, in: Altbayern in Schwaben. Berichte und Forschungsergebnisse aus dem Landkreis Aichach-Friedberg, 1979/80, S. 99–120

Koch, Robert: Die baugeschichtliche Entwicklung der Burg Wittelsbach, in: Wieczorek, Alfried u. a. (Hg.): Die Wittelsbacher am Rhein. Die Kurpfalz und Europa, Regensburg 2013 (Publikationen der Reiss-Engelhorn-Museen Mannheim 60), S. 44f.

Kommert, Sven u. a. (Hg.): Faszination Schwert, Stuttgart 2018

Konrad-Röder, Ruprecht: Die Herren von Wonsees – ein Adelsgeschlecht auf der Frankenalb, in: 145. Bericht des Historischen Vereins Bamberg (2009), S. 81–110

Körner, Hans-Michael/Schmid, Alois (Hg.): Handbuch der historischen Stätten. Bayern 1: Altbayern und Schwaben, Stuttgart 2006

Košan, Marko: Andeš Slovenj Gradec (Windischgräz/Slovenj Gradec zu Zeiten der Grafen von Andechs), in: Eržen, Andreja/Aigner, Toni (Hg.): Grofje Andeško-Meranski. Prispevki k zgodovini Evrope v visokem srednjem veku (Die Andechs-Meranier. Beiträge zur Geschichte Europas im Hochmittelalter), Kamnik 2001, S. 87–98

Kramer, Ferdinand: Geschichtsschreibung zwischen Rückbesinnung auf Hirsauer Tradition und adeligem Machtanspruch. Eine quellenkritische Studie zur Scheyerner Chronik, in: ZBLG 57 (1994), S. 351–381

Kratzsch, Klaus: Wittelsbachische Gründungsstädte. Die frühen Stadtanlagen und ihre Entstehungsbedingungen, in: Glaser, Hubert (Hg.): Wittelsbach und Bayern, Bd. 1/1, München/Zürich 1980, S. 318–337

Kraus, Andreas: Geschichte Bayerns. Von den Anfängen bis zur Gegenwart, 3. erw. Auflage 2004

Krausen, Edgar: Die handgezeichneten Karten im Bayerischen Hauptstaatsarchiv sowie in den Staatsarchiven Amberg und Neuburg a. d. Donau bis 1650, Neustadt a. d. Aisch 1973 (Bayerische Archivinventare 21)

Krausen, Edgar: Die Urkunden des Klosters Raitenhaslach 1034–1350, München 1959 (Quellen und Erörterungen zur bayerischen Geschichte NF 17/1)

Kubů, František: Die Grafen von Bogen in Böhmen, in: Handgrätinger, Thomas: Die Anfänge der Grafen von Bogen-Windberg, Windberg 1999 (Windberger Schriftenreihe 4), S. 126–143

Kuhn, Dominik: Das älteste Lübecker Stadtsiegel, 1224, in: ZLGA 98 (2018), 271f.

Kühn, Ulrich: Inschriften und Verzierungen auf Richtschwertern. Ihre Deutung aus der Person des Scharfrichters, Diss., Erlangen-Nürnberg 1969

Kürzeder, Christoph/Roll, Carmen: Bestandskatalog der mittelalterlichen Sammlung des Diözesanmuseums (in Druck)

Küss, Tobias: Die älteren Diepoldinger als Markgrafen in Bayern (1077 bis 1204). Adlige Herrschaftsbildung im Hochmittelalter, München 2013 (Münchner Beiträge zur Geschichtswissenschaft 8)

Lamb, Hubert H.: Klima und Kulturgeschichte. Der Einfluß des Wetters auf den Gang der Geschichte, Reinbek 1994 (Originalausgabe: Climate, History and the Modern World, London 1982)

Landolt, Hans-Peter: Die deutsche Malerei 2: Das Spätmittelalter (1350 bis 1500), Genf 1968, S. 72–76

Langer, Brigitte/Heinemann, Katharina (Hg.): Ewig blühe Bayerns Land. Herzog Ludwig X. und die Renaissance, Regensburg 2009

Lanzinner, Maximilian: Landstände, www.historisches-lexikon-bayerns.de, publ. am 19.09.2011 [18.12.2019]

Laschinger, Johannes: Amberg. Die kurfürstliche Haupt- und Regierungsstadt der oberen Pfalz, Stuttgart 2000 (Bayerische Städtebilder. Altbayern)

Laschinger, Johannes: Amberg. Kleine Stadtgeschichte, Regensburg 2015

Later, Christian: Erding-Altenerding: Königshof, Hofmark, Pfarrkirche und abgegangene Kirche St. Peter, in: Haberstroh, Jochen u. a.: Stadt und Landkreis Erding. Ausflugsziele am Isar, Sempt, Isen und Vils, Darmstadt 2013 (Ausflüge zu Archäologie, Geschichte und Kultur in Deutschland 57), S. 146–149

Later, Christian: Ein oktogonaler Wohnturm des 11. Jahrhunderts in Oberwittelsbach? Neues zur frühen Baugestalt der Stammburg des bayerischen Herzogshauses, in: Bericht der Bayerischen Bodendenkmalpflege 59 (2018), S. 217–230

Lawrence, Clifford Hugh: The Friars. The Impact of the Early Mendicant Movement on Western Society, London/New York 2013

Layer, Adolf/Wüst, Wolfgang: Augsburger Hochstift, Domkapitel und die bischöflichen Mediatklöster. Das Territorium des Domkapitels Augsburg, in: Kraus, Andreas (Hg.): Spindler. Handbuch der bayerischen Geschichte, Bd. 3, 2, S. 287–311, 842f.

Leidinger, Georg (Hg.): Veit Arnpeck. Sämtliche Chroniken, München 1915 (QuE NF 3)

Lerchenfeld, Gustav Anton von (Hg.): Die altbaierischen landständischen Freibriefe mit den Landesfreiheitserklärungen, München 1853

Lewon, Marc: Die Melodienüberlieferung zu Neidhart, in: Springeth, Margarete/Spechtler, Franz-Viktor (Hg.): Neidhart und die Neidhart-Lieder. Ein Handbuch, Berlin/New York 2018, S. 169–240

Lexer, Matthias (Hg.): Johannes Turmair (genannt Aventinus). Bayerische Chronik, Bd. 1/1, München 1882

Lexikon der christlichen Ikonographie, Bd. 2, Freiburg i. B. 1970

Lieberich, Heinz: Die bayerischen Landstände 1313/40–1807, München 1990 (Materialien zur bayerischen Landesgeschichte 7)

Liebhart, Wilhelm/Wagner, Rudolf (Hg.): Aichach im Mittelalter, Aichach 1985

Liebhart, Wilhelm: Aichach und die Wittelsbacher im Mittelalter, in: Altbayern in Schwaben. Jahrbuch für Geschichte und Kultur, 2015, S. 63–82

Liebhart, Wilhelm: Altbayerische Geschichte, Dachau 1998

Liebhart, Wilhelm: Herrschaft und Markt Pöttmes, in: ders.: Pöttmes. Herrschaft, Markt und Gemeinde, Bd. 1, Pöttmes 2007, S. 447–474

Liebhart, Wilhelm: Herzog Otto II. (1231–1253) – Stadtgründer von Aichach?, in: Grad, Toni (Hg.): Die Wittelsbacher im Aichacher Land, Aichach 1980, S. 211–235

Liebhart, Wilhelm (Hg.): Inchenhofen. Wallfahrt, Zisterzienser und Markt, Sigmaringen 1992

Liebhart, Wilhelm: Kloster, Wallfahrt und Markt in Oberbayern. Die Benediktinerinnenklöster und Märkte Altomünster, Kühbach und Hohenwart sowie der Wallfahrtsmarkt Inchenhofen im Spätmittelalter und in der Frühen Neuzeit. Ein Beitrag zum Marktproblem im Mittelalter, in: StMOSB 88/III–IV (1977), S. 324–549

Liebhart, Wilhelm: Das Kloster Fürstenfeld und der Markt Bruck, in: Schiedermair, Werner (Hg.): Kloster Fürstenfeld, Lindenberg i. Allgäu 2006, S. 81–91

Liebhart, Wilhelm/Wagner, Rudolf (Hg.): Kühbach. Kloster, Markt und Schlossgut, Kühbach 2012

Liebhart, Wilhelm: Markt, Zoll und Gericht Bruck 1306, in: Amperland 42 (2006), S. 218–223

Liebhart, Wilhelm: Die Marktgründung von Aindling im 15. Jahrhundert, in: Altbayern in Schwaben. Jahrbuch für Geschichte und Kultur, 1977/78, S. 82–108

Liebhart, Wilhelm: Rain am Lech als Modell wittelsbachischer Stadtgründungspolitik, in: Würmseher, Markus (Hg.): Rain am Lech im Mittelalter, Rain 2007, S. 35–52

Liebhart, Wilhelm: Städte und Märkte in Altbayern (Mittelalter/Frühe Neuzeit), www.historisches-lexikon-bayerns.de, publ. am 02.02.2015 [24.09.2019]

Liebhart, Wilhelm: Die frühen Wittelsbacher als Städte- und Märktegründer in Bayern, in: Glaser, Hubert (Hg.): Wittelsbach und Bayern, Bd. 1/1, München/Zürich 1980, S. 307–317

Liebhart, Wilhelm: Die Wittelsbacher als Städte- und Märktegründer im Aichach-Friedberger Raum, in: Altbayern in Schwaben. Jahrbuch für Geschichte und Kultur, 1979/80, S. 85–98

Liedke, Volker: Das Bürgerhaus in Altbaiern, Tübingen 1984 (Das deutsche Bürgerhaus 33)

Liedke, Volker: Hans Donauer, Herzog Wilhelms Hofmaler, tätig in Landshut und München von 1567 bis 1596, in: Ars Bavarica 57/58 (1989), S. 65–90

Lipton, Sara: Dark Mirror. The Medieval Origins of Anti-Jewish Iconography, New York 2014

Loibl, Richard: Iubente imperatore pax facta est. Die „Bogener Fehde" von 1192 und die Anfänge des Bayerischen Landesfürstentums, in: Ackermann, Konrad u. a. (Hg.): Bayern. Vom Stamm zum Staat. Festschrift für Andreas Kraus zum 80. Geburtstag, Bd. 1, München 2002, S. 157–183

Loibl, Richard: Der Herrschaftsraum der Grafen von Vornbach und ihrer Nachfolger. Studien zur Herrschaftsgeschichte Ostbayerns im hohen Mittelalter, Kallmünz 1997 (HAB, Teil Altbayern 5)

Loibl, Richard: Die Industriestadt Augsburg um 1900, in: Industriekultur in Bayern, Augsburg 2012 (Edition Bayern, Sonderheft 5), S. 40–55

Loibl, Richard: Museum im Denkmal. Das Bayerische Textil- und IndustrieMuseum (tim) in der ehemaligen Kammgarnspinnerei, in: Greipl, Egon J. (Hg.): 100 Jahre Bayerisches Landesamt für Denkmalpflege 1908–2008, Bd. 3, Regensburg 2008, S. 395–399

Loibl, Richard: „Korn um Salz". Der Passauer Salzhandel im 15. und 16. Jahrhundert, in: Wurster, Herbert W. u. a. (Hg.): Weißes Gold. Passau – Vom Reichtum einer europäischen Stadt, Passau 1995

Loibl, Richard: 750 Jahre Friedberg in Bayern, in: HdBG-Magazin 4 (2020), in Druck

Lori, Johann Georg von: Geschichte des Lechrains, Bd. 2/2, München 1765

Lübbeke, Isolde: Zur spätgotischen Tafelmalerei in Regensburg, in: Angerer, Martin/Wanderwitz, Heinrich (Hg.): Regensburg im Mittelalter. Beiträge zur Stadtgeschichte vom frühen Mittelalter bis zum Beginn der Neuzeit, Regensburg 1995, Bd. 1, S. 429–444

Lübecker Schriften zur Archäologie und Kulturgeschichte, Bd. 1–25, Bonn 1978–1997

Lubich, Gerhard: Verwandtsein. Lesarten einer politisch-sozialen Beziehung im Frühmittelalter (6.–11. Jahrhundert), Köln 2008 (Europäische Geschichtsdarstellungen 16), S. 128–146

Lyon, Jonathan R.: Die Andechs-Meranier und das Bistum Bamberg, in: van Eickels, Christine und Klaus (Hg.): Das Bistum

Bamberg in der Welt des Mittelalters, Bamberg 2007 (Bamberger interdisziplinäre Mittelalterstudien. Vorträge und Vorlesungen 1), S. 247–262

Lyon, Jonathan R.: Princely Brothers and Sisters. The Sibling Bond in German Politics, 1100–1250, Ithaca 2013

Machilek, Franz: Die Zisterze Langheim als fränkisches Hauskloster der Andechs-Meranier, in: Henning, Lothar (Hg.): Die Andechs-Meranier in Franken. Europäisches Fürstentum im Mittelalter, Mainz 1998, S. 167–176

Mader, Felix (Bearb.): Die Kunstdenkmäler von Niederbayern, III: Stadt Passau, München 1919

Mader, Franz u. a.: Domschatz- und Diözesanmuseum Passau, Passau 1989

Mader, Franz (Red.): Passavia sacra. Alte Kunst und Frömmigkeit in Passau, Passau 1975

Mader, Gert Thomas: Stabbau-Wandelemente in Bayern (13. bis 18. Jahrhundert), in: Kreilinger, Kilian/Waldemer, Georg (Hg.): Quellen und Materialien zur Hausforschung in Bayern 16, Bad Windsheim 2015, S. 129–154

Mages, Emma: Kelheim. Pfleggericht und Kastenvogtgericht, München 2010 (HAB, Teil Altbayern 64)

Mages, Emma: Stadt Ingolstadt. Wappengeschichte, www.hdbg.eu/gemeinden [03.02.2020]

Maier, Lorenz: Vom Markt zur Stadt. Herrschaftsinhaber und Führungsschichten 1158–1294, in: Bauer, Richard (Hg.): Geschichte der Stadt München, München 1992, S. 13–60

Maier, Lorenz: Personale Netzwerke, Raumbeziehungen und Raumerfassung als Faktoren der Entstehung des forum Munichen, in: Seibert, Hubertus (Hg.): München, Bayern und das Reich im 12. und 13. Jahrhundert. Lokale Befunde und überregionale Perspektiven, München 2008 (ZBLG, Beiheft 29), S. 317–367

Maier, Lorenz: Stadt und Herrschaft. Ein Beitrag zur Gründung und frühen Entwicklungsgeschichte Münchens, München 1989 (MBM 147)

Markmiller, Fritz: Die herzoglichen Privilegien zugunsten der Bürger von Dingolfing, in: ders./Stahleder, Erich: 700 Jahre Stadtrecht Dingolfing, Dingolfing 1974, S. 9–73

Marquadt, Klaus: Europäisches Eßbesteck aus acht Jahrhunderten. Eine Kunstsammlung, Stuttgart 1997

Maschke, Erich: Die deutschen Städte der Stauferzeit, in: Haussherr, Reiner (Hg.): Die Zeit der Staufer. Geschichte, Kunst, Kultur, Bd. 3, Stuttgart 1977, S. 59–73

Mayer, Fritz/Wagner, Rudolf (Hg.): Der Altlandkreis Aichach. Beiträge zur Ortsgeschichte, Aichach 1979

Mayer, Theodor: Die Anfänge von Herzogenaurach, in: Fröhlich, Valentin (Hg.): Herzogenaurach. Ein Heimatbuch, Herzogenaurach 1949, S. 46–64

Mayr, Gottfried: Die Ministerialität im Raum München, in: Seibert, Hubertus (Hg.): München, Bayern und das Reich im 12. und 13. Jahrhundert. Lokale Befunde und überregionale Perspektiven, München 2008 (ZBLG, Beiheft 29), S. 171–217

Meckseper, Cord: Kleine Kunstgeschichte der deutschen Stadt im Mittelalter, Darmstadt 1982

Meckseper, Cord: Städtebau, in: Haussherr, Reiner (Hg.): Die Zeit der Staufer. Geschichte, Kunst, Kultur, Bd. 3, Stuttgart 1977, S. 75–86

Mehler, Natascha: Tönerne Aquamanilien aus dem Ingolstädter Donauraum und der Fränkischen Alb, in: Sammelblatt des Historischen Vereins Ingolstadt 122 (2013), S. 20–42

Meidinger, Franz Sebastian: Beschreibung der churfürstlichen Haupt- und Regierungs-Stadt Landshut, Landshut 1785 und 1805, Neudruck Landshut 1991

Meier, Ulrich: Mensch und Bürger. Die Stadt im Denken spätmittelalterlicher Theologen, Philosophen und Juristen, München 1994

Meindl, Konrad: Geschichte der Stadt Ried in Oberösterreich, Bd. 1, München 1899

Mende, Ursula: Aquamanilien, in: Zander-Seidel, Jutta (Hg.): Mittelalter. Kunst und Kultur von der Spätantike bis zum 15. Jahrhundert. Nürnberg 2007 (Die Schausammlungen des Germanischen Nationalmuseums 2), S. 163–173

Menzel, Michael (Bearb.): Die Urkunden aus den Archiven Ober- und Niederbayerns, Köln u. a. 2003 (Regesten Kaiser Ludwigs des Bayern (1314–1347). Nach Archiven und Bibliotheken geordnet 7)

Mertens, Dieter/Zotz, Thomas: Einleitung der Herausgeber, in: Schmid, Karl: Geblüt – Herrschaft – Geschlechterbewußtsein. Grundfragen zum Verständnis des Adels im Mittelalter, Sigmaringen 1998 (Vorträge und Forschungen 44), S. IX–XXXIII

Merz, Johannes: Landesherrschaft/Landeshoheit, in: www.historisches-lexikon-bayerns.de, publ. am 09.05.2011 [09.02.2020]

Miks, Christian: Spätrömische Kammhelme mit hoher Kammscheibe, in: Jahrbuch des Römisch-Germanischen Zentralmuseums Mainz 55, 2008, S. 449–482

Mitteis, Heinrich: Über den Rechtsgrund des Satzes „Stadtluft macht frei", in: Haase, Carl (Hg.): Die Stadt des Mittelalters, Bd. 2, Darmstadt 1972, S. 182–202

Mittelstraß, Tilman: Zur Archäologie der christlichen Gebetskette, in: Zeitschrift für Archäologie des Mittelalters 27/28 (1999/2000), S. 219–261

Mitterauer, Michael: Markt und Stadt im Mittelalter. Beiträge zur historischen Zentralitätsforschung, Stuttgart 1980 (Monographien zur Geschichte des Mittelalters 21)

Mittermeier, Irene: Eine Barschaft des 13. Jahrhunderts aus Deggendorf-Schaching, in: Petschek-Sommer, Birgitta (Hg.): Siedler – Nonnen – Bürger, Deggendorf 2002 (Kataloge der Museen der Stadt Deggendorf 18), S. 133–137

Mittermeier, Manfred: Anmerkungen zur Stadtarchäologie Deggendorf, unveröff. Manuskript

Mittermeier, Manfred: Der Beitrag der Archäologie zur Stadtgeschichte, in: Petschek-Sommer, Birgitta/Behrendt, Lutz-Dieter (Hg.): Siedler – Nonnen – Bürger, Deggendorf 2002 (Kataloge der Museen der Stadt Deggendorf 18 = Deggendorf. Archäologie und Stadtgeschichte 10), S. 77

Mittermeier, Manfred: Donau – Brücke – Deggendorf. Überlegungen zu einer festen Beziehung, in: Petschek-Sommer, Birgitta/Behrendt, Lutz-Dieter (Hg.): Brückenschlag ins Jahr 2000. Die Geschichte der Deggendorfer Donaubrücke, Deggendorf 2000 (Kataloge der Museen der Stadt Deggendorf 16 = Deggendorf. Archäologie und Stadtgeschichte 8), S. 53–63

Moeglin, Jean-Marie: Les ancêtres du prince: propagande politique et naissance d'une histoire nationale en Bavière au Moyen Age (1180–1500), Genf 1985

Moeglin, Jean-Marie: Die Genealogie der Wittelsbacher. Politische Propaganda und Entstehung der territorialen Geschichtsschreibung in Bayern im Mittelalter, in: MIÖG 96 (1988) S. 33–54

Moeglin, Jean-Marie: Dynastisches Selbstbewußtsein. Zum Selbstverständnis der Wittelsbacher, Habsburger und Hohenzollern im Spätmittelalter, in: HZ 256 (1993), S. 593–635

Mötsch, Johannes: Das Ende der Andechs-Meranier. Streit ums Erbe, in: Henning, Lothar (Hg.): Die Andechs-Meranier in Franken. Europäisches Fürstentum im Mittelalter, Bamberg 1998, S. 129–141

Mötsch, Johannes: Langenstadter Spruch, 14. Dezember 1260, www.historisches-lexikon-bayerns.de, publ. am 26.05.2009 [15.09.2019]

Motte, Magdeleine: Manuscrit 327 de l'Inguimbertine dit „Traité d'arpentage". Transcription, traduction du provençal, notes et commentaires, Montpellier 2010

Mührenberg, Doris: Zur Aussagekraft einiger Wachstäfelchen, in: Mitteilungen der DGAMN 16 (2005), S. 71–74

Mührenberg, Doris: Roh-, Halbfertig- und Fertigprodukte der Bernsteindreher und Paternostermacher, in: Bracker, Jörgen (Hg.): Die Hanse. Lebenswirklichkeit und Mythos, Bd. 2, Hamburg 1989, S. 309–311

Müller, Christian Adolf: Die Basler Torsperren im 19. Jahrhundert, in: Basler Stadtbuch 1962, 1963, S. 13–15

Müller, Josef: Aichach einst und jetzt, 3. Aufl., Aichach 1997

Müller, Ulrich u. a. (Hg.): Neidhart-Lieder. Texte und Melodien sämtlicher Handschriften und Drucke, 3 Bde. Berlin/New York 2007

Müntefering, Robert (Bearb.): Die Traditionen und das älteste Urbar des Klosters St. Ulrich und Afra in Augsburg, München 1986 (Quellen und Erörterungen zur bayerischen Geschichte NF 35)

Musper, Heinrich Th.: Gotische Malerei nördlich der Alpen, Köln 1961

Nadler, Markus: Neuburg an der Donau. Das Landgericht Neuburg und die Pfleggerichte Burgheim und Reichertshofen, München 2004 (HAB, Teil Schwaben 16)

Naschinski, Anja: Notebook des Mittelalters (Faltblatt), Lübeck 2002

Nash, Susie: Late Medieval Panel Painting. Materials, Methods, Meanings, London 2011

Nehlsen, Hermann: Die Freiburger Familie Snewlin. Rechts- und sozialgeschichtliche Studien zur Entwicklung des mittelalterlichen Bürgertums, Freiburg i. Br. 1967

Neuhardt, Johannes (Hg.): Dommuseum zu Salzburg und alte erzbischöfliche Kunst- und Wunderkammer, 2. Aufl., Salzburg 1981

Niedermayer, Andreas: Künstler und Kunstwerke der Stadt Regensburg, Landshut 1857

Niehoff, Birgit: Der Wüstenkönig als vornehmer Wasserspender. Ein Aquamanile aus dem Hochmittelalter – Benutzte es ein Herzog oder ein hoher Geistlicher?, in: Landshuter Zeitung vom 16.05.1997, S. 27

Niehoff, Franz (Hg.): Vor Leinberger. Landshuter Skulptur im Zeitalter der Reichen Herzöge 1393–1503, Landshut 2001 (Schriften aus den Museen der Stadt Landshut 10)

Niehoff, Franz: Jahrhundert(w)ende – Kulturgeschichtliche Notizen zur Fertigstellung von St. Martin um 1500, in: ebd., S. 171–180

Ninness, Richard: Die Pfalz Forchheim als Vorort königlicher Macht im früheren Mittelalter, in: Ammon, Hermann (Hg.): Forchheim in Geschichte und Gegenwart. Beiträge aus Anlass der 1200-Jahr-Feier, Bamberg 2004, S. 46–54

Nipperdey, Thomas: Die Aktualität des Mittelalters, in: ders.: Nachdenken über die deutsche Geschichte, 2. Aufl., München 1986, S. 21–30

Noichl, Elisabeth: Späte Blüte – oder warum wurde das Burghauser Stadtrecht von 1307 erst im 19. Jahrhundert „wirksam"?, in: Archiv für Diplomatik 58 (2013), S. 165–207

Oakeshott, Ewart R.: The Archeology of Weapons. Arms and Armour from Prehistory to the Age of Chivalry, London 1960

Oakeshott, Ewart R.: Records of the Medieval Sword, Woodbridge 1991

Oefele, Edmund Frhr. von: Geschichte der Grafen von Andechs, Innsbruck 1877

Okoliš, Stane: Patriarh Bertold v politiki družine Andechs (Patriarch Bertholds Rolle in der Politik des Hauses Andechs), in: Eržen, Andreja/Aigner, Toni (Hg.): Grofje Andeško-Meranski. Prispevki k zgodovini Evrope v visokem srednjem veku (Die Andechs-Meranier. Beiträge zur Geschichte Europas im Hochmittelalter), Kamnik 2001, S. 165–184

Orendi, Andrea: Archäologie einer Herzogsstadt. Mittelalterliche Ofenbefunde aus Ingolstadt, Ingolstadt 2013 (Beiträge zur Geschichte Ingolstadts 9/2)

Oswald, Josef: Fürstbischof Christoph Schachner von Passau (1490–1500). Seine Exhumierung im Jahre 1909, in: Ostbairische Grenzmarken. Passauer Jahrbuch für Geschichte, Kunst und Volkskunde 12, 1970, S. 309

Pächt, Otto: Gestaltungsprinzipien der westlichen Malerei des 15. Jahrhunderts, in: ders.: Methodisches zur kunsthistorischen Praxis. Ausgewählte Schriften, München 1977, S. 17–58

Päffgen, Bernd: Das Erdinger Land vor 1000 im Lichte der historischen Quellen, in: Haberstroh, Jochen u. a. (Hg.): Stadt und Landkreis Erding. Ausflugsziele an Isar, Sempt, Isen und Vils, Darmstadt 2013 (Ausflüge zu Archäologie, Geschichte und Kultur in Deutschland 57), S. 29–32

Päffgen, Bernd: Das Städtewesen in Bayern um 1200. Bemerkungen zum Forschungsstand vornehmlich in Altbayern und Schwaben, in: Igel, Karsten u. a. (Hg.): Wandel der Stadt um 1200. Die bauliche und gesellschaftliche Transformation der Stadt im Hochmittelalter, Stuttgart 2013 (Materialhefte zur Archäologie in Baden-Württemberg 96), S. 149–178

Paggiarino, Carlo: The Bavarian Army Museum. A Selection of Medieval, Renaissance and Baroque Arms and Armours, Mailand 2017

Panazza, Gaetano: L'arte medioevale nel territorio bresciano, Bergamo 1942

Panazza Gaetano: L'arte romanica, in: Treccani Degli Alfieri, Giovanni: Storia di Brescia, Bd. 1, Brescia 1963, S. 711–822

Panazza, Gaetano: I musei civici e la pinacoteca di Brescia, Bergamo 1958

Panazza, Gaetano: La Pinacoteca e i Civici Musei, Bergamo 1968

Patze, Hans: Herrschaft und Territorium, in: Haussherr, Reiner (Hg.): Die Zeit der Staufer, Bd. 3, Stuttgart 1977, S. 35–49

Paulsen, Reinhard: Schifffahrt, Hanse und Europa im Mittelalter. Schiffe am Beispiel Hamburgs, europäische Entwicklungslinien und die Forschung in Deutschland, Köln u. a. 2016 (Quellen und Darstellungen zur hansischen Geschichte NF 73), S. 602–630

Paulson, Nicola: Bürgerliche Bilderwelten – zum Abschuss freigegeben, in: Eigmüller,

Michaela/Germann-Bauer, Peter (Hg.): Großer Stahl. 500 Jahre Schützengeschichte in Regensburg, Regensburg 2013, S. 73–80

Paulus, Christof: Das Pfalzgrafenamt in Bayern im frühen und hohen Mittelalter, München 2007 (Studien zur bayerischen Verfassungs- und Sozialgeschichte 25)

Paulus, Christof: Die wittelsbachischen Pfalzgrafen bis zur Erlangung der Herzogswürde im Jahre 1180, in: Altbayern in Schwaben. Jahrbuch für Geschichte und Kultur, 2015, S. 45–62

Paulus, Christof: „Wittelsbach". Die Urkunde Kaiser Heinrichs V. von Jahresende 1115 (D H V 145), in: ebd., S. 30–44

Pechstein, Klaus u.a.: Schätze Deutscher Goldschmiedekunst von 1500 bis 1920 aus dem Germanischen Nationalmuseum, Berlin 1992

Petschek-Sommer, Birgitta: Zwei Ansichten einer Stadt. Deggendorfs mittelalterliches Stadtbild am Ausgang des 18. Jahrhunderts, in: dies./Behrendt, Lutz-Dieter (Hg.): Siedler – Nonnen – Bürger, Deggendorf 2002 (Kataloge der Museen der Stadt Deggendorf 18 = Deggendorf. Archäologie und Stadtgeschichte 10), S. 152–157

Pfaffenberger, Stefan: Aspekte der Stadtentwicklung Bambergs im frühen und hohen Mittelalter aus archäologischer Sicht, Diss., Bamberg 2017

Pflefka, Sven: Das Bistum Bamberg, Franken und das Reich in der Stauferzeit. Der Bamberger Bischof im Elitengefüge des Reiches 1138–1245, Würzburg 2005 (Veröffentlichungen der Gesellschaft für fränkische Geschichte IX/45)

Pietsch, Martin: Die römischen Eisenwerkzeuge von Saalburg, Feldberg und Zugmantel, in: Saalburg-Jahrbuch 39, 1983, S. 5–132

Piovanelli, Giancarlo: Segreti e curiosità del Broletto di Brescia, Bornato 1975

Pizzi, Amilcare (Hg.): Milano e la Lombardia in età comunale, secoli XI–XIII, Cinisello Balsamo 1993

Plassmann, Alheydis: Die Struktur des Hofes unter Friedrich I. Barbarossa nach den deutschen Zeugen seiner Urkunden, Hannover 1998 (MGH Studien und Texte 20), S. 76–81

Plitek, Karl-Heinz: Fichtelgebirgsmuseum Wunsiedel, Wunsiedel 1998

Pöhlmann, Thomas: Die Pfarrei Bayreuth im Spätmittelalter, in: Archiv für Geschichte von Oberfranken 74 (1994), S. 15–32

Pölnitz, Götz Frhr. von (Hg.): Die Matrikel der Ludwig-Maximilians-Universität Ingolstadt-Landshut-München: Ingolstadt 1472–1600, München 1937

Pörnbacher, Hans (Hg.): Bayerische Bibliothek. Texte aus zwölf Jahrhunderten, Bd. 1, München 1978

Pörnbacher, Hans: Die Heiligen aus dem Geschlecht des Hauses Dießen-Andechs, in: Groll, Thomas/Ansbacher, Walter (Hg.): Augusta Sacra. Heilige, Selige und Glaubenszeugen des Bistums Augsburg, Augsburg 2018 (Jahrbuch des Vereins für Augsburger Bistumsgeschichte e. V. 52), S. 156–171

Pörnbacher, Mechthild: Die Selige Mechthild von Dießen (gest. 1160), in: Groll, Thomas/ Ansbacher, Walter (Hg.): Augusta Sacra. Heilige, Selige und Glaubenszeugen des Bistums Augsburg, Augsburg 2018 (Jahrbuch des Vereins für Augsburger Bistumsgeschichte e. V. 52), S. 140–154

Portet, Pierre: Bertrand Boysset, arpenteur arlésien de la fin du Moyen Âge (vers 1355/1358–vers 1416) et ses traités d'arpentage et de bornage. Étude, édition du texte provençal d'après le manuscrit Carpentras, bibl. mun. no 327, et commentaire de „La siensa de destrar" et de „La siensa d'atermenar", Diss., Toulouse 1995

Potthast, August: Regesta pontificum Romanorum inde ab a. post christum natum MCXCVIII ad a. MCCCIV, Berlin 1874–1875

Pötzl, Walter: Feurio! Es brennt. Zur Geschichte des Brandschutzes, der Brandbekämpfung und der Feuerwehren, Gersthofen 2010

Prammer, Johannes: Grabungen in der Schmidlgasse in Straubing, Ndb., in: ders. (Hg.): Ausgrabungen und Funde in Altbayern 1987/88, Straubing 1988 (Katalog des Gäubodenmuseums Straubing 13), S. 87–90

Prieschl, Martin: Zu wahrer Urkund dessen ... Die Urkunden des Stadtarchivs Ried, Ried i. Innkreis 2018

Primbs, Karl: Einleitung zu Apians Wappensammlung, in: OA 39 (1880), S. 471–497

Raab, Hubert: Die Anfänge von Burg und Stadt, in: Czysz, Wolfgang u. a. (Red.): Stadtbuch Friedberg, Bd. 1, Friedberg 1991, S. 108–112

Raab, Hubert: Die Ingolstädter Herzogszeit, in: ebd., S. 131–142

Raab, Hubert: Jahre der Behauptung, in: ebd., S. 119–130

Rall, Hans (Hg.): Wittelsbacher Hausverträge des späten Mittelalters, München 1987 (Schriftenreihe zur bayerischen Landesgeschichte 71)

Reber, Ortrud: Die heilige Elisabeth von Thüringen und das Bistum Bamberg, in: 142. Bericht des Historischen Vereins Bamberg (2006), S. 47–63

Rechter, Gerhard (Bearb.): Das Reichssteuerregister von 1497 des Fürstentums Brandenburg-Ansbach-Kulmbach oberhalb Gebürgs, Nürnberg 1988 (Quellen und Forschungen zur fränkischen Familiengeschichte 2)

Reichert, Hermann (Hg.): Das Nibelungenlied. Nach der St. Galler Handschrift, Berlin/New York 2005

Reincke, Heinrich: Über Städtegründung. Betrachtungen und Phantasien, in: Haase, Carl (Hg.): Die Stadt des Mittelalters, Bd. 1, Darmstadt 1969 (Wege der Forschung 243), S. 331–363, zuerst in: Hansische Geschichtsblätter 75 (1957), S. 4–28

Reitzenstein, Alexander Frhr. von: Die alte bairische Stadt in den Modellen des Drechslermeisters Jakob Sandtner, gefertigt in den Jahren 1568 bis 1574 im Auftrag Herzog Albrechts V. von Bayern, München 1967

Reitzenstein, Wolf-Armin Frhr. von: Lexikon schwäbischer Ortsnamen. Herkunft und Bedeutung, München 2013

Reitzenstein, Wolf-Armin Frhr. von: Namenskontinuität und Neubenennung bei der Stadtgründung im mittelalterlichen Bayern, in: Ackermann, Konrad/Schmid, Alois (Hg.): Staat und Verwaltung in Bayern. Festschrift für Wilhelm Volkert zum 75. Geburtstag, München 2003 (Schriftenreihe zur bayerischen Landesgeschichte 139), S. 1–20

Remling, Franz Xaver: Urkundenbuch zur Geschichte der Bischöfe zu Speyer, Bd. 1, Mainz 1858

Reynolds, David West: Forma Urbis Romae. The Severan Marble Plan and the Urban Form of Ancient Rome, Diss. University of Michigan 1996

Richter, Holger: Die Hornbogenarmbrust. Geschichte und Technik, 4. überarb. und erw. Aufl., Ludwigshafen 2017

Richthofen, Jasper von/Wolfram, Sabine: Stadt – frühstädtische Siedlungen, in: Blickpunkt Archäologie 3 (2018), S. 164–165

Riedel, Gerd: Neue Ausgrabungen in der untergegangenen Ortschaft Hard vor den Toren Ingolstadts, in: Sammelblatt des Historischen Vereins Ingolstadt 114 (2005), S. 29–61

Riedel, Gerd: Archäologie aktuell. Wie Ingolstadt zur Stadt wird, in: Archäologie aktuell. Ausgrabungen in Ingolstadt, Ingolstadt 2016 (Dokumentation zur Stadtgeschichte 10), S. 11–20

Riedel, Gerd u. a. (Red.): Ingolstadt. Vom Werden einer Stadt. Geschichten und Gesichter, Ingolstadt 2000

Riedel, Gerd: Das Alte Schloss in Ingolstadt um 1300, in: Sammelblatt des Historischen Vereins Ingolstadt 115 (2006), S. 46–191

Riedel, Gerd u. a. (Hg.): Vom Werden einer Stadt – Ingolstadt seit 806, Ingolstadt 2006

Riedner, Otto: Die Rechtsbücher Ludwigs des Bayern. Untersuchungen zur äußeren Geschichte der bayerischen Landesgesetzgebung, Heidelberg 1911

Rieger, Dirk/Jahnke, Carsten: Das Gründungsviertel von Lübeck. Veränderungen in den Handelsströmen und in den urbanen Strukturen, in: Wemhoff, Matthias/Rind, Michael M. (Hg.): Bewegte Zeiten. Archäologie in Deutschland, Petersberg 2018, S. 228–241

Riepertinger, Rainhard u. a. (Hg.): Bayern-Böhmen. 1500 Jahre Nachbarschaft, Augsburg 2007 (Veröffentlichungen zur Bayerischen Geschichte und Kultur 54)

Riepertinger, Rainhard u. a. (Hg.): 100 Schätze aus 1000 Jahren, Augsburg 2019 (Veröffentlichungen zur Bayerischen Geschichte und Kultur 68)

Riezler, Siegmund: Jerusalempilger und Kreuzfahrer in aus Bayern, in: Forschungen zur Deutschen Geschichte 18 (1878), S. 550–558, 657 (Nachtrag)

Riezler, Siegmund: Der Kreuzzug Kaiser Friedrichs I., in: Forschungen zur Deutschen Geschichte 10 (1870)

Ring, Richard Friedrich: Die Entwicklung des Landshuter Stadtrechts bis zur Mitte des 14. Jahrhunderts, Dillingen 1950

Ritterwelten im Spätmittelalter. Höfisch-ritterliche Kultur der Reichen Herzöge von Bayern-Landshut, Landshut 2009 (Schriften aus den Museen der Stadt Landshut 29)

Roeck, Bernd: Geschichte Augsburgs, München 2005

Rogge, Jörg: Die deutschen Könige im Mittelalter. Wahl und Krönung, Darmstadt 2006 (Geschichte Kompakt), S. 22–27

Röhricht, Reinhold: Die Deutschen im Heiligen Lande, Innsbruck 1894

Rollig, Stella/Fellner, Sabine (Hg.): Stadt der Frauen. Künstlerinnen in Wien 1900–1938, Wien 2019

Rörig, Fritz: Lübeck und der Ursprung der Ratsverfassung, in: ZLGA 17 (1915), S. 27–62

Rörig, Fritz: Der Markt von Lübeck. Topographisch-statistische Untersuchungen zur deutschen Sozial- und Wirtschaftsgeschichte, in: Lübische Forschungen. Jahrhundertgabe des Vereins für Lübeckische Geschichte und Altertumskunde, Lübeck 1921, S. 157–253

Rösener, Werner: Landwirtschaft und Klimawandel in historischer Perspektive, in: Aus Politik und Zeitgeschichte 5/6 (2010), www.bpb.de/apuz [24.09.2019]

Rösler, Maria (Bearb.): Enoch Widman. Chronik der Stadt Hof, Würzburg 2015 (Veröffentlichungen der Gesellschaft für fränkische Geschichte 1/7)

Roszkowski, Alexandra: Der Klang des Straubinger Stadtturms, in: Krenn, Dorit-Maria/Maier, Stefan (Hg.): „… ein anmaßend schönes Ding". 700 Jahre Straubinger Stadtturm, Straubing 2016 (Katalog des Gäubodenmuseums Straubing 34), S. 75–78

Ruderich, Peter: Kunst- und Architekturgeschichte Weismains vom 13. bis zum 20. Jahrhundert, in: Dippold, Günter (Hg.): Weismain. Eine fränkische Stadt am nördlichen Jura, Bd. 2, Weismain 1996, S. 81–200

Rupprecht, Klaus: Forchheim – Zentrum von Verwaltung und Gerichtsbarkeit im Hochstift Bamberg, in: Ammon, Hermann (Hg.): Forchheim in Geschichte und Gegenwart. Beiträge aus Anlass der 1200-Jahr-Feier, Bamberg 2004, S. 193–210

Rupprecht, Klaus: Konrad Kürschner. Bürger, Unternehmer und Spitalgründer, in: Kleiner, Michael/Unger, Ludwig (Hg.): Unterm Sternenmantel. 1000 Jahre Bistum Bamberg. Die Geschichte in Lebensbildern, 2. Aufl., Bamberg 2007, S. 90–109

Rupprecht, Klaus: Die Plassenburg. Ministerialen der Herzöge von Andechs-Meranien und der Grafen von Orlamünde auf der Plassenburg, in: Dippold, Günter/Zeitler, Peter (Hg.): Die Plassenburg. Zur Geschichte eines Wahrzeichens, Lichtenfels 2008 (CHW-Monographien 8), S. 23–44

Rupprecht, Klaus: Stadtsteinach – Stadt und Amtssitz im Hochstift Bamberg, in: ders. (Hg.): 850 Jahre Stadtsteinach. Eine Amtsstadt im Spiegel der Geschichte, Neustadt a. d. Aisch 2001, S. 47–93

Ruser, Konrad (Hg.): Die Urkunden und Akten der oberdeutschen Städtebünde vom 13. Jahrhundert bis 1549, Bd. 1, Göttingen 1979

Ruß, Hubert: Das Baunacher Stadtrecht von 1328 und 1341. Überlieferung und Textkritik, in: Frankenland 41 (1989), S. 93–98

Sage, Walter: Beispiele für Handhabung und Erfolge der Stadtkernforschung in Süddeutschland, speziell in Bayern, Bonn 1988 (Lübecker Schriften zur Archäologie und Kulturgeschichte 14)

Sagstetter, Maria Rita: Hoch- und Niedergerichtsbarkeit im spätmittelalterlichen Herzogtum Bayern, München 2000 (Schriftenreihe zur bayerischen Landesgeschichte 120)

Sauer, Andreas: Steinerne Zeugen der Rechtsgeschichte: die Burgfriedensäulen der Stadt Pfaffenhofen a. d. Ilm – Geschichte, Bedeutung, Konservierung, in: Schönere Heimat (2018), S. 39–42

Sauer, Christine: Fundatio und Memoria. Stifter und Klostergründer im Bild 1100 bis 1350, Göttingen 1993 (Veröffentlichungen des Max-Planck-Instituts für Geschichte 109), S. 42–65

Sauerländer, Willibald (Hg.): Die Münchner Kunstkammer, Bd. 2/2, München 2008

Schäfer, Werner: Von Türmen und Turmwächtern, in: Krenn, Dorit-Maria/Maier, Stefan (Hg.): „… ein anmaßend schönes Ding". 700 Jahre Straubinger Stadtturm, Straubing 2016 (Katalog des Gäubodenmuseums Straubing 34) S. 37–51

Schaffer, Franz: Angewandte Stadtgeographie. Projektstudie Augsburg, Trier 1986 (Forschungen zur deutschen Landeskunde 226)

Schallermeir, Martin: Mering. Aus Vergangenheit und Gegenwart, Mering 1983

Schawe, Martin: Alte Pinakothek 2: Altdeutsche und altniederländische Malerei, Ostfildern 2006

Schenk, Thomas: Freyenstein in der Ostprignitz. Eine Planstadt des 13. Jahrhunderts, in: Untermann, Matthias/Falk, Alfred (Hg.): Die vermessene Stadt. Mittelalterliche Stadtplanung zwischen Mythos und Befund, Paderborn 2004 (Mitteilungen der DGAMN 15), S. 165–172

Scherbaum, Jochen: Frühe Siedlungsbefestigungen in Lichtenfels und Bayreuth-Altenstadt, in: Henning, Lothar (Hg.): Die Andechs-Meranier in Franken. Europäisches Fürstentum im Mittelalter, Mainz 1998, S. 197–200

Scherbaum, Walburga: Die Grafen von Valley, in: Kramer, Ferdinand/Störmer, Wilhelm (Hg.): Hochmittelalterliche Adelsfamilien in Altbayern, Franken und Schwaben, München 2005 (Studien zur bayerischen Verfassungs- und Sozialgeschichte 20), S. 271–301

Schill, Peter: Ikonographie und Kult der hl. Katharina von Alexandrien im Mittelalter. Studien zu den szenischen Darstellungen aus der Katharinenlegende, Diss., München 2005

Schlesinger, Walter: Das älteste Freiburger Stadtrecht. Überlieferung und Inhalt, in: Zeitschrift der Savigny-Gesellschaft für Rechtsgeschichte. Germanistische Abteilung 83 (1966), S. 63–115

Schlesinger, Walter: Zur Gründungsgeschichte von Freiburg, in: Müller, Wolfgang (Hg.): Freiburg im Mittelalter. Vorträge zum Stadtjubiläum 1970, Freiburg i. Br. 1970, S. 24–49

Schlosser, Hans: Spätmittelalterlicher Zivilprozeß nach bayerischen Quellen. Gerichtsverfassung und Rechtsgang, Köln/Wien 1971 (Forschungen zur deutschen Rechtsgeschichte 8)

Schlütter-Schindler, Gabriele: Die Frauen der Herzöge. Schenkungen und Stiftungen der bayerischen Herzoginnen an Klöster und Stifte des Herzogtums und der Pfalzgrafschaft von 1077 bis 1355, München 1999 (ZBLG, Beiheft 16)

Schlütter-Schindler, Gabriele: Wittelsbachische Frauenklöster. Das Verhältnis der frühen Wittelsbacher zu ihren Gründungen, in: Bayerische Geschichte – Landesgeschichte in Bayern. Festgabe für Alois Schmid zum 60. Geburtstag, München 2005 (ZBLG 68/1), S. 407–428

Schlütter-Schindler, Gabriele: Ludwig I., Herzog von Bayern und Pfalzgraf bei Rhein. Aufbereitung seiner „gesta" zu einem Lebensbild, in: ZBLG 77 (2014), S. 221–297

Schlütter-Schindler, Gabriele (Bearb.): Die Regesten der Herzöge von Bayern 1180–1231, München 2013 (Regesten zur bayerischen Geschichte)

Schmale, Franz-Josef (Bearb.): Italische Quellen über die Taten Kaiser Friedrichs I. in Italien und der Brief über den Kreuzzug Kaiser Friedrichs I., Darmstadt 1986 (Ausgewählte Quellen zur deutschen Geschichte des Mittelalters 17a)

Schmid, Alois: Der Einbau des Raumes Vilshofen in den Territorialstaat der frühen Wittelsbacher, in: Vilshofener Jahrbuch 1, 1992, S. 15–28

Schmid, Alois: Der Alte Hof zu München, der Ausgangspunkt der Residenzbildung im Herzogtum Bayern, in: Bayerische Vorgeschichtsblätter 65 (2000), S. 265–278

Schmid, Alois: Die Anfänge der Stadt Deggendorf im Rahmen der frühwittelsbachischen Städtepolitik im Herzogtum Bayern, in: Deggendorfer Geschichtsblätter 21 (2000), S. 5–32

Schmid, Alois: Die Anfänge der Stadt Friedberg, in: Arnold-Becker, Alice (Hg.): Friedberg. Grenzstadt am Lech, Friedberg 2014

Schmid, Alois: Die Anfänge der Stadt Vohburg, in: ZBLG 60 (1997), S. 491–520

Schmid, Alois: Die Herren von Pettendorf-Lengenfeld-Hopfenohe, in: Kramer, Ferdinand/Störmer, Wilhelm (Hg.): Hochmittelalterliche Adelsfamilien in Altbayern, Franken und Schwaben, München 2005 (Studien zur bayerischen Verfassungs- und Sozialgeschichte 20), S. 319–340

Schmid, Alois: Kelheim in der Zeit der frühen Wittelsbacher, Abensberg 1999 (Weltenburger Akademie, Gruppe Geschichte 2/21)

Schmid, Alois: Kelheim. Die Stadt am Fluß, Stuttgart 1996 (Bayerische Städtebilder. Altbayern)

Schmid, Alois: Der margt datz Prugg. Die Anfänge der Stadt Fürstenfeldbruck, in: Fassl, Peter u. a. (Hg.): Schwaben und das Reich. Festschrift für Pankraz Fried zum 75. Geburtstag, Augsburg 2007 (Augsburger Beiträge zur Landesgeschichte Bayerisch-Schwabens 11), S. 61–78

Schmid, Alois: München und die Anfänge der landesherrlichen Städtepolitik in Bayern, in: Seibert, Hubertus/Schmid, Alois (Hg.): München, Bayern und das Reich im 12. und 13. Jahrhundert. Lokale Befunde und überregionale Perspektiven, München 2008 (ZBLG, Beiheft 29), S. 369–394

Schmid, Alois: Die Territorialpolitik der frühen Wittelsbacher im Raume Regensburg, in: ZBLG 50 (1987), S. 367–410

Schmid, Alois: Neue Wege der Stadtgeschichtsforschung in Bayern. Erste Ergebnisse der Arbeit an den „Bayerischen Städtebildern" am Beispiel der Städtepolitik der frühen Wittelsbacher, in: Feldenkirchen, Wilfried (Hg.): Standortbestimmung: Sparkassenstiftung. Festschrift für Manfred Pix, Stuttgart 1999 (Zeitschrift für bayerische Sparkassengeschichte 14 = Sparkassen in der Geschichte 1/19), S. 409–438

Schmid, Alois: Regensburg. Reichsstadt – Fürstbischof – Reichsstifte – Herzogshof, München 1995 (HAB, Teil Altbayern 60)

Schmid, Diethard: Das Landgericht Haidau-Pfatter und die pfalz-neuburgische Herrschaft Heislberg-Wiesent, München 2014 (HAB, Teil Altbayern 66)

Schmid, Karl: Gebetsgedenken und adliges Selbstverständnis im Mittelalter. Ausgewählte Beiträge. Festgabe zu seinem sechzigsten Geburtstag, Sigmaringen 1983, S. 183–244

Schmid, Karl: Zur Problematik von Familie, Sippe und Geschlecht, Haus und Dynastie beim mittelalterlichen Adel. Vorfragen zum Thema „Adel und Herrschaft im Mittelalter", in: ZGO 105, NF 66 (1957), S. 1–62

Schmid, Peter: Civitas regia. Die Königsstadt Regensburg, in: ders. (Hg.): Geschichte der Stadt Regensburg, Regensburg 2000, S. 102–147

Schmidt, Dagmar: Der Freskenzyklus von Ambrogio Lorenzetti über die gute und die schlechte Regierung. Eine danteske Vision im Palazzo Pubblico von Siena, unveröff. Diss., St. Gallen 2003

Schmidt, Alexander: Nürnberg – die „deutscheste aller deutschen Städte?" Das Bild des spätmittelalterlichen Nürnberg in der nationalsozialistischen Propaganda, in: Reudenbach, Bruno (Hg.): Mittelalterbilder im Nationalsozialismus, Berlin 2013 (Hamburger Forschungen zur Kunstgeschichte 9), S. 137–151

Schmotz, Karl: Die Baugeschichte der Deggendorfer Pfarrkirche im hohen und späten Mittelalter, in: Petschek-Sommer, Birgitta/Behrendt, Lutz-Dieter (Hg.): Siedler – Nonnen – Bürger, Deggendorf 2002 (Kataloge der Museen der Stadt Deggendorf 18 = Deggendorf. Archäologie und Stadtgeschichte 10), S. 118–123

Schmotz, Karl: Die archäologische Untersuchung in der Pfarrkirche Mariä Himmelfahrt. Eine Neubewertung, in: Bayerische Vorgeschichtsblätter 75 (2010), S. 237–268

Schneider, Manfred (Hg.): Die Ausgrabungen im Lübecker Gründungsviertel I. Die Siedlungsgeschichte, Lübeck 2019

Schneidmüller, Bernd: Konsensuale Herrschaft. Ein Essay über Formen und Konzepte politischer Ordnung im Mittelalter, in: Heinig, Paul Joachim u. a. (Hg.): Reich, Regionen und Europa in Mittelalter und Neuzeit. Festschrift für Peter Moraw, Berlin 2000, S. 53–87

Schneidmüller, Bernd: Regni aut ecclesiae turbator. Kaiser Heinrich V. in der zeitgenössischen französischen Geschichtsschreibung, in: Staab, Franz (Hg.): Auslandsbeziehungen unter den salischen Kaisern. Geistige Auseinandersetzung und Politik, Speyer 1994 (Veröffentlichung der Pfälzischen Gesellschaft zur Förderung der Wissenschaften in Speyer 86), S. 195–222

Schneidmüller, Bernd: 1111 – Das Kaisertum Heinrichs V. als europäisches Ereignis, in: Heeg, Laura (Hg.): Die Salier. Macht im Wandel. Essays, Speyer 2011, S. 37–44

Schnelbögl, Wolfgang: Die innere Entwicklung der bayerischen Landfrieden des 13. Jahrhunderts, Heidelberg 1932 (Deutschrechtliche Beiträge 13)

Schneyer, Johann Baptist (Hg.): Alberts des Großen Augsburger Predigtzyklus über den heiligen Augustinus, in: Recherches de théologie ancienne et médiévale 36 (1969), S. 100–147

Scholkmann, Barbara: Zwischen Mythos und Befund. Eine kritische Bilanz zum Thema „Die vermessene Stadt" aus Sicht der archäologischen Stadtkernforschung, in: Untermann, Matthias/Falk, Alfred (Hg.): Die vermessene Stadt. Mittelalterliche Stadtplanung zwischen Mythos und Befund, Paderborn 2004 (Mitteilungen der DGAMN 15), S. 180–184

Scholkmann, Barbara: Sindelfingen/Obere Vorstadt. Eine Siedlung des hohen und späten Mittelalters, Stuttgart 1978 (Forschungen und Berichte der Archäologie des Mittelalters in Baden-Württemberg 3)

Schöpplein, Roman: Die hochmittelalterliche Stadtmauer der Bamberger Inselstadt unter besonderer Berücksichtigung der Ergebnisse der Ausgrabung „Am Kranen 14", Bamberg 2016 (Veröffentlichungen des Stadtarchivs Bamberg 26 = Forschungen des Instituts für Archäologie, Denkmalkunde und Kunstgeschichte 3)

Schreg, Rainer: Verkehr und Umwelt. Herausforderungen und Interessenskonflikte in Mittelalter und früher Neuzeit, in: Fischer, Thomas/Horn, Heinz Günter (Hg.): Straßen von der Frühgeschichte bis in die Moderne. Verkehrswege – Kulturträger – Lebensraum, Wiesbaden 2013 (ZAKMIRA-Schriften 10), S. 147-167

Schreiner, Klaus: Die Stadt des Mittelalters als Faktor bürgerlicher Identitätsbildung. Zur Gegenwärtigkeit des mittelalterlichen Stadtbürgertums im historisch-politischen Bewußtsein des 18., 19. und beginnenden 20. Jahrhunderts, in: Meckseper, Cord (Hg.): Stadt im Wandel. Kunst und Kultur des Bürgertums in Norddeutschland 1150–1650, Bd. 4, Stuttgart 1985, S. 517–541

Schröder, Detlev: Stadt Augsburg, München 1975 (HAB, Teil Schwaben 10)

Schuh, Maximilian: Matrikeln, in: de Boer, Jan-Hendryk u. a. (Hg.): Universitäre Gelehrtenkultur vom 13. bis 16. Jahrhundert. Ein interdisziplinäres Quellen- und Methodenhandbuch, Stuttgart 2018, S. 103–117

Schulz, Anne: Essen und Trinken im Mittelalter (1000–1300). Literarische, kunsthistorische und archäologische Quellen, Berlin/Boston 2011 (Reallexikon der Germanischen Altertumskunde, Erg.bd.74)

Schulz, Knut: Die Ministerialität als Problem der Stadtgeschichte. Einige allgemeine Bemerkungen, erläutert am Beispiel Worms, in: RhVJbll 32 (1968) S. 184–219, wieder abgedruckt in: ders./Krüger, Matthias (Hg.): Die Freiheit des Bürgers. Städtische Gesellschaft im Hoch- und Spätmittelalter, Darmstadt 2008, S. 131–170

Schulz, Knut: Von der familia zur Stadtgemeinde. Zum Prozeß der Erlangung bürgerlicher Freiheitsrechte durch hofrechtlich gebundene Bevölkerungsgruppen, in: Fried, Johannes (Hg.): Die abendländische Freiheit vom 10. bis zum 14. Jahrhundert. Der Wirkungszusammenhang von Idee und Wirklichkeit im europäischen Vergleich, Sigmaringen 1991 (Konstanzer Arbeitskreis für Mittelalterliche Geschichte. Vorträge und Forschungen 39), S. 461 bis 484, wieder abgedruckt in: ders./Krüger, Matthias (Hg.): Die Freiheit des Bürgers. Städtische Gesellschaft im Hoch- und Spätmittelalter, Darmstadt 2008, S. 41–68

Schulz, Knut: Stadtgemeinde, Rat und Rheinischer Städtebund. Das vorläufige Ende der Kommunalisierung und Urbanisierung um 1250, in: Johanek, Peter/Freitag, Werner (Hg.): Bünde – Städte – Gemeinden. Bilanz und Perspektiven der vergleichenden Landes- und Stadtgeschichte, Köln/Wien 2010 (Städteforschung A/77), S. 17–39

Schuster, Max Eberhard: Das Bürgerhaus im Inn- und Salzachgebiet, Tübingen 1964 (Das deutsche Bürgerhaus 5)

Schütz, Alois: Die Grafen von Dießen und Andechs, Herzöge von Meranien, in: Wolf, Armin (Hg.): Königliche Tochterstämme, Königswähler und Kurfürsten, Frankfurt a. M. 2002 (Studien zur europäischen Rechtsgeschichte 152), S. 225–315

Schwaab, Claudia: Altötting. Das Landgericht Neuötting, das Stadtgericht Burghausen und die Gerichte Wald und Leonberg-Marktl, München 2005 (HAB, Teil Altbayern 63)

Schwab, Ingo: Städtische Kassenführung und revolutionäre Rechnungsführung. Überlegungen zu Kammerrechnungen und Steuerbüchern im Spätmittelalter, in: Archiv für Diplomatik 36 (1990), S. 169–186

Schwarzmaier, Hansmartin: Friedrich II., in: Neue Deutsche Biographie 5 (1961), S. 589f.

Schweikle, Günther: Minnesang, 2. verb. Aufl., Stuttgart 1995

Seeger, Ulrike: Die Doppelkapelle von Herzog Ludwig dem Kelheimer auf Burg Trausnitz ob Landshut. Rekonstruktion und typologische Einordnung der ursprünglichen Konzeption, in: Stangier, Thomas (Red.): 1204 und die Folgen. Zu den Anfängen der Stadt Landshut, Landshut 2002 (Schriften aus den Museen der Stadt Landshut 6), S. 53–72

Seelbach, Sabine und Ulrich: Nachwort zu: Wirnt von Grafenberg: Wigalois, Berlin/Boston 2014, S. 269–296

Segl, Peter/Burger-Segl, Ingrid: Wo lag Ur-Bayreuth? Alt-Neues zum Stadtgründungsdiskurs, in: JFL 60 (2000), S. 1–19

Seibert, Hubertus/Schmid, Alois (Hg.): München, Bayern und das Reich im 12. und 13. Jahrhundert. Lokale Befunde und überregionale Perspektiven, München 2008 (ZBLG, Beiheft 29)

Seibert, Hubertus: Die entstehende territoriale Ordnung am Beispiel Bayerns, in: Weinfurter, Stefan (Hg.): Stauferreich im Wandel. Ordnungsvorstellungen und Politik in der Zeit Friedrich Barbarossas, Stuttgart 2002 (Mittelalter-Forschungen 89), S. 253–287

Seibert, Hubertus: Der Raum München in der Herrschaftsbildung der frühen Wittelsbacher, in: ders. (Hg.): München, Bayern und das Reich im 12. und 13. Jahrhundert. Lokale Befunde und überregionale

Perspektiven, München 2008 (ZBGL, Beiheft 29), S. 283–314

Seyboth, Reinhard: Die landesherrlichen Residenzen der fränkischen Hohenzollern im späten Mittelalter, in: ZBLG 60 (1997), S. 567–597

Sieghart, Martin: Geschichte und Beschreibung der Hauptstadt Straubing im Unter-Donau-Kreise des Königreichs Bayern, 2. Theil, Straubing 1835

Siegmund, Albert/Genzinger, Franz: Zur Scheyrer Tabula Perantiqua/Tabula Perantiqua Schirensis, in: Glaser, Hubert (Hg.): Wittelsbach und Bayern, Bd. 1/1, München 1980, S. 151–163

Smith Lewis, Agnes (Hg.): Apocrypha Syriaca. The Protevangelium Jacobi and Transitus Mariae (Studia Sinaitica 11), London 1902

Spieß, Pirmin: Stadtluft macht frei. Annweiler 1219 September 14, in: Pfälzer Heimat 70/2 (2019), S. 72–76

Spitzlberger, Georg: Die Juden im mittelalterlichen Landshut, in: VHVN 110/111 (1984/85), S. 165–238

Staccioli, Romolo Augusto: Terme Minori e Balnea nella Documentazione della ‚Forma Urbis', in: Archeologica Classica 13 (1961), S. 92–102

Stadlbaur, Karl: Grabmal und Name des Baumeisters der St. Martinskirche zu Landshut, in: VHVN 20 (1878), S. 205–218

Stadler, Klemens/Egloffstein, Albrecht Graf von und zu: Die Wappen der oberfränkischen Landkreise, Städte, Märkte und Gemeinden, Kulmbach 1990 (Die Plassenburg 48)

Die unterirdische Stadt. Inventarisation archäologischer Denkmäler: Methodik, Datenerfassung, Serviceleistungen, in: Bericht der Bayerischen Bodendenkmalpflege 43/44 (2002/03), S. 9–108

Stahleder, Helmuth: Chronik der Stadt München, Bd. 1, München 1995

Stahleder, Helmuth: Haus- und Straßennamen der Münchner Altstadt, Neustadt a. d. Aisch 2009

Stahleder, Helmuth: Älteres Häuserbuch der Stadt München. Hausbesitz und Steuerleistung der Münchner Bürger 1368–1571, Bd. 1, Neustadt a. d. Aisch 2006

Stein, Claudius: Die Bibliotheken des Herzoglichen Georgianums Ingolstadt 1494–1776; in: ZBLG 76 (2013), S. 723–775

Stein, Claudius u. a.: Urkundenregesten aus dem Archiv des Herzoglichen Georgianums. Ingolstädter Epoche 1487 bis 1788, in: Sammelblatt des Historischen Vereins Ingolstadt 118 (2009), S. 197–234

Steinmetz, Georg: Vom Merkurtempel auf dem Ziegetsdorfer Berg, in: VHVOR 85 (1935), S. 347–353

Stephan, Michael (Bearb.): Die Traditionen des Klosters Scheyern, München 1986 (Quellen und Erörterungen zur bayerischen Geschichte NF 36/1)

Stephan, Michael (Bearb.): Die Urkunden und die ältesten Urbare des Klosters Scheyern, München 1988 (Quellen und Erörterungen zur bayerischen Geschichte NF 36/2)

Steppuhn, Peter: Emailbemalte Gläser des 13./14. Jahrhunderts aus der Altstadt von Lübeck, in: Falk, Alfred u. a. (Hg.): Lübeck und der Hanseraum. Beiträge zu Archäologie und Kulturgeschichte. Festschrift für Manfred Gläser, Lübeck 2014, S. 193–206

Stercken, Martina: Gebaute Ordnung. Stadtvorstellungen und Planung im Mittelalter, in: Fritzsche, Bruno u. a. (Hg.): Städteplanung – Planungsstädte, Zürich 2006, S. 15–37

Stetten, Paul von: Geschichte der Heil. Röm. Reichs Freyen Stadt Augspurg. Aus bewährten Jahr-Büchern und tüchtigen Urkunden gezogen und an das Licht gegeben, Bd. 1, Frankfurt/Leipzig 1743

Steuer, Heiko: Zusammenfassung aus Sicht des Archäologen, in: Igel, Karsten u. a. (Hg.): Wandel der Stadt um 1200. Die bauliche und gesellschaftliche Transformation der Stadt im Hochmittelalter, Stuttgart 2013 (Materialhefte zur Archäologie in Baden-Württemberg 96), S. 419–428

Štih, Peter: Kranjska v času Andeških grofov (Krain in der Zeit der Grafen von Andechs.), in: Eržen, Andreja/Aigner, Toni (Hg.): Grofje Andeško-Meranski. Prispevki k zgodovini Evrope v visokem srednjem veku (Die Andechs-Meranier. Beiträge zur Geschichte Europas im Hochmittelalter), Kamnik 2001, S. 11–37

Stillfried, Rudolph Frhr. von/Mercker, Traugott (Hg.): Monumenta Zollerana. Urkunden-Buch zur Geschichte des Hauses Hohenzollern, Bd. 2, Berlin 1856

Stocker, Mona: Das Tympanon der spätromanischen Pfarrkirche in Deggendorf, in: Petschek-Sommer, Birgitta/Behrendt, Lutz-Dieter (Hg.): Siedler – Nonnen – Bürger, Deggendorf 2002 (Kataloge der Museen der Stadt Deggendorf 18 = Deggendorf, Archäologie und Stadtgeschichte 10), S. 124–132

Stoob, Heinz: Burghausen, in: Deutscher Städteatlas, Dortmund 1979 (Lieferung II/1)

Stoob, Heinz: Forschungen zum Städtewesen in Europa I. Eine Aufsatzfolge, Bd. 1, Köln/Wien 1970

Stoob, Heinz (Hg.): Helmold von Bosau. Slawenchronik, neu übertragen und erläutert von Heinz Stoob, Darmstadt 1973 (Ausgewählte Quellen zur deutschen Geschichte des Mittelalters 19)

Stoob, Heinz: Kartographische Möglichkeiten zur Darstellung der Stadtentstehung im Mitteleuropa besonders zwischen 1450 und 1800, in: ders.: Forschungen zum Städtewesen in Europa I, Köln/Wien 1970, S. 15–42

Stoob, Heinz: Minderstädte. Formen der Stadtentstehung im Spätmittelalter, in: VSWG 46 (1959), S. 1–28

Stoob, Heinz: Rez. zu: Ahasver von Brandt, Stadtgründung, Grundbesitz und Verfassungsanfänge in Lübeck (in: ZLGA 36 [1956] S. 79–95), in: VSWG 45 (1958), S. 140

Störmer, Wilhelm: Zur Bedeutung altbayerischer Städte im Spätmittelalter. Anhang: Aktuelle Aufgaben bayerischer Stadtgeschichtsforschung, in: VHVN 109 (1983), S. 113–133

Störmer, Wilhelm: Die Gründung von Kleinstädten als Mittel herrschaftlichen Territorienaufbaus, gezeigt an fränkischen Beispielen, in: ZBLG 36 (1973), S. 563–585

Störmer, Wilhelm: Die Hausklöster der Wittelsbacher, in: Glaser, Hubert (Hg.): Wittelsbach und Bayern, Bd. 1/1, München/Zürich 1980, S. 140–142

Störmer, Wilhelm: Die oberbayerischen Residenzen der Herzöge von Bayern unter besonderer Berücksichtigung von München, in: Blätter für deutsche Landesgeschichte 123 (1987), S. 1–24

Störmer, Wilhelm: Präurbane Siedlungen und zentrale Orte im früh- und hochmittelalterlichen Bayern, in: Rohr, Christian (Hg.): Vom Ursprung der Städte in Mitteleuropa. Jubiläumsschrift zur 1200. Wiederkehr der Erstnennung von Linz, Linz 1999, S. 103–125

Störmer, Wilhelm: Stadt und Stadtherr im wittelsbachischen Altbayern des 14. Jahrhunderts, in: Rausch, Wilhelm (Hg.): Stadt und Stadtherr im 14. Jahrhundert. Entwicklungen und Funktionen, Linz 1972, S. 257–273

Störmer, Wilhelm: Kleinere Städte und Märkte im mittelalterlichen Altbayern südlich der Donau, in: Flachenecker, Helmut/ Kießling, Rolf (Hg.): Städtelandschaften in Altbayern, Franken und Schwaben. Studien zum Phänomen der Kleinstädte während des Spätmittelalters und der Frühen Neuzeit, München 1999 (ZBLG, Reihe B, Beiheft 15), S. 39–80

Störmer, Wilhelm: Die Wittelsbacher und die Anfänge Landshuts, in: Stangier, Thomas (Red.): 1204 und die Folgen. Zu den Anfängen der Stadt Landshut, Landshut 2002 (Schriften aus den Museen der Stadt Landshut 6), S. 11–24

Straßburger, Martin: Witilinesbac – Archäologie der Stammburg der Wittelsbacher, in: Altbayern in Schwaben. Jahrbuch für Geschichte und Kultur, 2015, S. 7–29

Straub, Theodor: Schrobenhausens Weg vom Markt zur Stadt, in: Direktor, Max (Hg.): Schrobenhausen im Mittelalter 800 bis 1447, Schrobenhausen 1997, S. 41–104

Straub, Theodor: Stadt und Amt zur Zeit der Ingolstädter Herzöge, in: Liebhart, Wilhelm/Wagner, Rudolf (Hg.): Aichach im Mittelalter, Aichach 1985, S. 159–208

Straub, Theodor: Stadt und Landgericht Rain am Lech zur Zeit der Herzöge von Bayern-Ingolstadt (1392–1447), in: Würmseher, Markus (Hg.): Rain am Lech im Mittelalter. 750 Jahre Rain 1257–2007, Rain 2007, S. 53–102

Strehler, Heinz: Originale historische Baubefunde, in: Jahrbuch der bayerischen Denkmalpflege 42/1988, 1993, S. 51–72

Studt, Birgit: ‚Scheyerer Fürstentafel' (Tabula Perantiqua Schirensis), in: Stammler, Wolfgang (Hg.): Die deutsche Literatur des Mittelalters. Verfasserlexikon, Bd. 8, 2. Aufl., Berlin 1992, Sp. 656–659

Studt, Birgit: Zwischen historischer Tradition und politischer Propaganda. Zur Rolle der „kleinen Formen" in der spätmittelalterlichen Geschichtsschreibung, in: Keller, Hagen (Hg.): Schriftlichkeit und Lebenspraxis im Mittelalter. Erfassen, Bewahren, Verändern, München 1999 (Münstersche Mittelalter-Schriften 76), S. 203–218

Stülpnagel, Karl Heinrich: Einbaumschränke als möbelkundliches Phänomen, in: Weltkunst 71/8 (2001), S. 1267–1269

Stürner, Wolfgang: Gebhardt. Handbuch der deutschen Geschichte, Bd. 6: Dreizehntes Jahrhundert (1198–1273), 10. völlig neu bearb. Aufl., Stuttgart 2006

Sutter, Berthold: Der Schutz der Persönlichkeit in mittelalterlichen Rechten. Zur historischen Genese der modernen Grund- und Freiheitsrechte, in: Birtsch, Günter (Hg.): Grund- und Freiheitsrechte von der ständischen zur spätmittelalterlichen Gesellschaft, Göttingen 1987 (Veröffentlichungen zur Geschichte der Grund- und Freiheitsrechte 2), S. 17–41

Sydow, Jürgen: Der Regensburger Markt im Früh- und Hochmittelalter, in: Historisches Jahrbuch 80, 1960, S. 62–92

Szabó, Thomas: Art. Vermessung, Vermessungstechnik. I. Landvermessung, in: Lexikon des Mittelalters, Bd. 8, Berlin 1997, Sp. 1553f.

Szczepanek, Gudrun: Fürstliche Majolika. Das Majolika-Service für Herzog Albrecht V. von Bayern, München 2009

Tewes, Max: Kammermeisterrechnung des Herzogtums Bayern-Landshut, in: Niehoff, Franz (Hg.): Ritterwelten im Spätmittelalter. Höfisch-ritterliche Kultur der Reichen Herzöge von Bayern-Landshut, Landshut 2009 (Schriften aus den Museen der Stadt Landshut 29), S. 159f.

Tewes, Max: Musiker auf der Landshuter Hochzeit 1475, in: Niehoff, Franz (Hg.): Das Goldene Jahrhundert der reichen Herzöge, Landshut 2014 (Schriften aus den Museen der Stadt Landshut 34), S. 314–325

Thoma, Gertrud: Entstehungsprozesse wittelsbachischer Gründungsstädte, in: Stangier, Thomas (Red.): 1204 und die Folgen. Zu den Anfängen der Stadt Landshut, Landshut 2002 (Schriften aus den Museen der Stadt Landshut 6), S. 119–137

Thoma, Gertrud: Leiheformen zwischen Grundherrschaft und Lehnswesen. Beneficia, lehen und feoda in hochmittelalterlichen Urbaren, in: Dendorfer, Jürgen/ Deutinger, Roman (Hg.): Das Lehnswesen im Hochmittelalter. Forschungskonstrukte, Quellenbefunde, Deutungsrelevanz, Ostfildern 2010, S. 367–386

Tietze, Hans: Die kirchlichen Denkmale der Stadt Salzburg, Wien 1912 (Österreichische Kunsttopographie 9)

Tittmann, Wilfried E.: Die Nürnberger Handfeuerwaffen vom Spätmittelalter bis zum Frühbarock. Der Beitrag Nürnbergs zur Militärischen Revolution der frühen Neuzeit, 2 Bde., Graz 2018

Topic-Mersmann, Wiltrud: Die Mitra „des heiligen Rupertus" im Salzburger Domschatz, in: Alte und moderne Kunst 22 (1977), S. 9–14

Treml, Manfred u. a. (Hg.): Salz Macht Geschichte. Katalog, München 1995 (Veröffentlichungen zur Bayerischen Geschichte und Kultur 30)

Treue, Wilhelm u. a. (Hg.): Das Hausbuch der Mendelschen Zwölfbruderstiftung zu Nürnberg. Deutsche Handwerkerbilder des 15. und 16. Jahrhunderts, München 1965

Tripps, Johannes: Das handelnde Bildwerk in der Gotik. Forschungen zu den Bedeutungsschichten und der Funktion des Kirchengebäudes und seiner Ausstattung in der Hoch- und Spätgotik, Berlin 1998

Tropper, Peter G. (Red.): Hemma von Gurk, Klagenfurt 1988

Uebach, Christian Peter: Die Ratgeber Friedrich Barbarossas (1152–1167), Marburg 2008

Unger, Wolfram: Grundzüge der Städtebildung in Franken. Träger, Phasen, Räume, in: JFL 59 (1999), S. 57–85

Unterholzner, Anita: Straubinger Juden – Jüdische Straubinger, Straubing 1995

Untermann, Matthias: Gründung – Strukturwandel – Wachstum – Wüstung. Die mittelalterliche Stadt im Blick archäologischer Forschung, in: Blickpunkt Archäologie 3 (2018), S. 178–187

Untermann, Matthias: Gründung im archäologischen Befund, in: Diener, Andreas (Bearb.): Gründung im archäologischen Befund, Paderborn 2014 (Mitteilungen der DGAMN 27), S. 9–16

Untermann, Matthias: Planstadt, Gründungsstadt, Parzelle. Archäologische Forschung im Spannungsfeld von Urbanistik und Geschichte, in: ders./Falk, Alfred (Hg.): Die vermessene Stadt. Mittelalterliche Stadtplanung zwischen Mythos und Befund, Paderborn 2014 (Mitteilungen der DGAMN 15), S. 9–16

Untermann, Matthias: Stadt und Kirche um 1200, in: Igel, Karsten u. a. (Hg.): Wandel der Stadt um 1200. Die bauliche und gesellschaftliche Transformation der Stadt im Hochmittelalter, Stuttgart 2013 (Materialhefte zur Archäologie in Baden-Württemberg 96), S. 81–92

Untermann, Matthias/Falk, Alfred (Hg.): Die vermessene Stadt. Mittelalterliche Stadtplanung zwischen Mythos und Befund, Paderborn 2004 (Mitteilungen der DGAMN 15)

Die Vermessung Bayerns. 450 Jahre Philipp Apians Große Karte, hg. vom Bayerischen Staatsministerium der Finanzen, für

Landesentwicklung und Heimat, München 2013

Vetterling, Claus: Handwerk und Kunst in der Konviktstraße in Ingolstadt: Grabungsbefund – Kunsthandwerk, in: Bericht der Bayerischen Bodendenkmalpflege 49 (2008), S. 409–421

Voit, Gustav: Die Schlüsselberger. Geschichte eines fränkischen Adelsgeschlechtes, Nürnberg 1988 (Schriftenreihe der Altnürnberger Landschaft 37)

Volkert, Wilhelm: Die Bilder in den Wappen der Wittelsbacher, in: Glaser, Hubert (Hg.): Wittelsbach und Bayern, Bd. 1/1, München/Zürich 1980, S. 13–27

Volkert, Wilhelm u. a. (Hg.): Das Rechtsbuch Kaiser Ludwigs des Bayern von 1346, München 2010

Volkert, Wilhelm: Das spätmittelalterliche Städtewesen, in: Kraus, Andreas/Albrecht, Dieter (Hg.): Spindler. Handbuch der bayerischen Geschichte, Bd. 2/2, 2. überarb. Aufl., München 1988, S. 578–591

Volkert, Wilhelm: Verwaltung im spätmittelalterlichen Bayern. Stand, Probleme und Perspektiven der Forschung, in: Landesgeschichte und Archive. Bayerns Verwaltung in historischer und archivwissenschaftlicher Forschung, in: ZBLG 61 (1998), S. 17–31

Volk-Knüttel, Brigitte: Antiquarium, in: Bauer, Hermann/Ruprecht, Bernhard: Corpus der barocken Deckenmalerei in Deutschland, Bd. 3/2, München 1989, S. 67–117

Voltmer, Ernst: Formen und Möglichkeiten städtischer Bündnisse nach dem Konstanzer Frieden. Der sogenannte zweite Lombardenbund, in: Maurer, Helmut (Hg.): Kommunale Bündnisse Oberitaliens und Oberdeutschlands im Vergleich, Sigmaringen 1987 (Vorträge und Forschungen 33), S. 97–116

Wagener, Olaf (Hg.): Aborte im Mittelalter und der frühen Neuzeit. Bauforschung, Archäologie, Kulturgeschichte, Petersberg 2014

Wagner, Heinrich: Hermann I. Graf von Henneberg (1223/4–1290), in: Fränkische Lebensbilder, Bd. 18, Neustadt a. d. Aisch 2000, S. 1–14

Wagner, Rudolf: Die einstige herzogliche Burg in Aichach. Neues zu alten Theorien, in: Aichacher Heimatblatt 55 (2007), S. 17–20

Wagner, Rudolf: Das unbekannte Gut Wilenbach des Klosters Ensdorf, in: VHOR 148 (2008) S. 85–97

Walderdorff, Hugo Graf von: Regensburg in seiner Vergangenheit und Gegenwart, 4. vollk. umgearb. u. vielfach verm. Auflage, Regensburg 1896

Wanderwitz, Heinrich: Die Beziehungen König Ludwig IV. zu München in den Jahren 1314 bis 1319, in: OA 107 (1982), S. 165–178

Wanderwitz, Heinrich: Die frühen wittelsbachischen Herzöge und das bayerische Salzwesen (1180–1347), in: Glaser, Hubert (Hg.): Wittelsbach und Bayern, Bd. 1/2, München/Zürich 1980, S. 338–348

Wanderwitz, Heinrich: Studien zum nordgauischen Adel im Hochmittelalter, in: VHOR 133 (1993), S. 29–60

Wanderwitz, Heinrich: Studien zum mittelalterlichen Salzwesen in Bayern, München 1984 (Schriftenreihe zur bayerischen Landesgeschichte 73)

Weber, Andreas Otto: Forchheim von Karl dem Großen bis zur Gründung des Bistums Bamberg, in: Frankenland 59 (2007), S. 160–168

Wefers, Stephanie: Latènezeitliche Mühlen aus dem Gebiet zwischen den Steinbruchrevieren Mayen und Lovosice, Mainz 2012 (Monographien RGZM 95)

Wegeli, Rudolf: Inschriften auf mittelalterlichen Schwertklingen, Leipzig 1904

Weiland, Ludwig (Üb.)/Holder-Egger, Oswald (Bearb.): Die Werke des Abtes Hermann von Altaich, Leipzig 1898 (Geschichtsschreiber der deutschen Vorzeit 78)

Weinberger, Elisabeth: Frühe Gewerbesiedlungen im Spiegel der Ortsnamen auf ärum/ärun, in: Haberstroh, Jochen/Heitmeier, Irmtraut (Hg.): Gründerzeit. Siedlung in Bayern zwischen Spätantike und frühem Mittelalter, St. Ottilien 2019 (Bayerische Landesgeschichte und europäische Regionalgeschichte 3), S. 805–822

Weinfurter, Stefan: Der Aufstieg der Wittelsbacher, zuerst in: Geschichte in Köln 14 (1983), S. 13–46, wieder abgedruckt in: ders.: Gelebte Ordnung – Gedachte Ordnung. Ausgewählte Beiträge zu König, Kirche und Reich. Aus Anlaß des 60. Geburtstages hg. von Helmuth Kluger u. a., Ostfildern 2005, S. 135–157

Weinfurter, Stefan: Erzbischof Philipp von Köln und der Sturz Heinrich des Löwen, in: Vollrath, Hanna/Weinfurter, Stefan (Hg.): Köln – Stadt und Bistum in Kirche und Reich des Mittelalters. Festschrift für Odilo Engels zum 65. Geburtstag, Köln 1993 (Kölner Historische Abhandlungen 39), S. 455–481, wieder abgedruckt in: Weinfurter, Stefan: Gelebte Ordnung – gedachte Ordnung. Ausgewählte Beiträge zu König, Kirche und Reich. Aus Anlaß des 60. Geburtstages hg. von Helmuth Kluger u. a., Ostfildern 2005, S. 335–359

Weinfurter, Stefan (Hg.): Die Geschichte der Eichstätter Bischöfe des Anonymus Haserensis. Edition – Übersetzung – Kommentar, Regensburg 1987 (Eichstätter Studien NF 24)

Weinfurter, Stefan: Reformidee und Königtum im spätsalischen Reich. Überlegungen zu einer Neubewertung Kaiser Heinrichs V., in: ders./Seibert, Hubertus (Hg.): Reformidee und Reformpolitik im spätsalisch-frühstaufischen Reich, Mainz 1992 (Quellen und Abhandlungen zur mittelrheinischen Kirchengeschichte 68), S. 1–45, wieder abgedruckt in: Weinfurter, Stefan: Gelebte Ordnung – gedachte Ordnung. Ausgewählte Beiträge zu König, Kirche und Reich. Aus Anlaß des 60. Geburtstages hg. von Helmuth Kluger u. a., Ostfildern 2005, S. 289–333

Weiß, Dieter J.: Erding im Herzogtum der Wittelsbacher, in: Haberstroh, Jochen u. a. (Hg.): Stadt und Landkreis Erding. Ausflugsziele an Isar, Sempt, Isen und Vils, Darmstadt 2013 (Ausflüge zu Archäologie, Geschichte und Kultur in Deutschland 57), S. 32–40

Weiß, Dieter J.: Konrad II. von Schlüsselberg († 1347). Reichspolitiker und Städtegründer, in: Dippold, Günter u. a. (Hg.): Der Vergangenheit auf der Spur. Lebensbilder aus dem Bamberger Land, Bamberg 2014, S. 10f.

Weissthanner, Alois u. a. (Bearb.): Die Regesten der Bischöfe von Freising. 739–1184, Bd. 1, fortgesetzt und abgeschlossen von Gertrud Thoma und Martin Ott, München 2009 (Regesten zur bayerischen Geschichte 4, Regesten der Bischöfe von Freising I)

Weitlauff, Manfred: Augsburg, Bischof/Hochstift: Politische Geschichte (Spätmittelalter), www.historisches-lexikon-bayerns.de, publ. am 10.09.2012 [18.12.2019]

Welsch, Johann Baptist/Schurzfleisch, Konrad Samuel: Reichertzhofen, Markt und Landgericht. Ein Beytrag zur Geschichte, Topographie und Statistik von Pfalzbaiern, Landshut 1802

Wendehorst, Alfred: Bischofssitz und königliche Stadt – Von der Karolingerzeit bis zum Wormser Konkordat, in: Wagner,

Ulrich (Hg.): Geschichte der Stadt Würzburg, Bd. 1, Stuttgart 2001, S. 62–73

Weniger, Matthias: Objekte aus dem alten Landkreis Schongau im Bayerischen Nationalmuseum, in: Der Welf. Jahrbuch des Historischen Vereins Schongau – Stadt und Land 13, 2013, S. 5–46

Wieczorek, Alfried (Hg.): Die Staufer und Italien. Drei Innovationsregionen im mittelalterlichen Europa, Stuttgart 2010

Wieczorek, Alfried u. a. (Hg.): Die Wittelsbacher am Rhein. Die Kurpfalz und Europa, Regensburg 2013 (Publikationen der Reiss-Engelhorn-Museen Mannheim 60)

Wiedenau, Anita: Katalog der romanischen Wohnbauten in westdeutschen Städten und Siedlungen, Tübingen 1983 (Das deutsche Bürgerhaus 34)

Wilckens, Leonie von (Red.): Albrecht Dürer 1471–1971, Nürnberg 1971

Wilckens, Leonie von: Überlegungen zu den fünf Salzburger Mitren des hohen Mittelalters, in: Anzeiger des Germanischen Nationalmuseums 1984, S. 13–20

Wild, Joachim: Libri censualium, in: Hetzer, Gerhard/Uhl, Bodo (Hg.): Festschrift für Hermann Rumschöttel zum 65. Geburtstag, Köln u. a. 2006 (Archivalische Zeitschrift 88), S. 1105–1122

Wimmer, Eduard: Die historische Sammlung der Stadt Straubing, in: Sammelblätter zur Geschichte der Stadt Straubing, Heft 19 bis 31 (1881/82)

Wimmer, Eduard: Sammelblätter zur Geschichte der Stadt Straubing, Straubing 1882, 1885

Windler, Renata: Etappen einer „Stadtgründung". Das Beispiel Winterthur im Licht archäologischer Befunde und schriftlicher Quellen, in: Diener, Andreas (Bearb.): Gründung im archäologischen Befund, Paderborn 2014 (Mitteilungen der DGAMN 27), S. 113–120

Winkler, Richard: „Jus et libertas civium". Weismain und die Andechs-Meranier, in: Dippold, Günter (Hg.): Weismain. Eine fränkische Stadt am nördlichen Jura, Bd. 1, Weismain 2011

Wipfler, Esther P.: Brunnen und Quelle als Metaphern in der Bildenden Kunst des Mittelalters, in: Huber-Rebenich, Gerlinde u. a. (Hg.): Wasser in der mittelalterlichen Kultur, Berlin 2017, S. 557–571

Wittekind, Susanne (Hg.): Geschichte der bildenden Kunst in Deutschland, Bd. 2: Romanik, München u. a. 2009

Wittmann, Franz M. (Hg.): Monumenta Wittelsbacensia. Urkundenbuch zur Geschichte des Hauses Wittelsbach 1204–1397, Aalen 1969 (QuE 5 und 6), Nachdruck der Ausgabe München 1857

Wolf, Helmut (Red.): Gold im Herzen Europas, Amberg 1996 (Schriftenreihe des Bergbau- und Industriemuseums Ostbayern 34)

Wolf, Klaus: Literarisches Leben um Ludwig den Bayern. Literarische Gattungen zwischen Tradition und Innovation im Dienst von Netzwerken und Gegnern, in: Wolf, Peter u. a. (Hg.): Ludwig der Bayer. Wir sind Kaiser!, Augsburg 2014 (Veröffentlichungen zur Bayerischen Geschichte und Kultur 63), S. 69–72

Wolf, Klaus: Bayerische Literaturgeschichte. Von Tassilo bis Gerhard Polt, München 2018

Wolf, Markus: Archäologie einer Herzogsstadt. Aspekte der Stadtwerdung Ingolstadts, Ingolstadt 2013 (Beiträge zur Geschichte Ingolstadts 9/1)

Wolf, Martin: Henker, Scharfrichter und Wasenmeister in Straubing, Straubing 2013 (Straubinger Hefte 63. Beilage zum Jahresbericht des Johannes-Turmair-Gymnasiums)

Wolf, Peter u. a. (Hg.): Ludwig der Bayer. Wir sind Kaiser!, Augsburg 2014 (Veröffentlichungen zur Bayerischen Geschichte und Kultur 63)

Wolff, Hans (Bearb.): Philipp Apian und die Kartographie in der Renaissance, München 1989 (Ausstellungskataloge der Bayerischen Staatsbibliothek 50)

Wolfram von Eschenbach, Parzival. Studienausgabe, 2. Aufl. Mittelhochdeutscher Text nach der sechsten Ausgabe von Karl Lachmann, Übersetzung von Peter Knecht, Berlin/New York 2003

Würmseher, Markus (Hg.): Rain am Lech im Mittelalter, Rain 2007

Wurster, Herbert W. u. a. (Hg.): Weißes Gold. Passau – Vom Reichtum einer europäischen Stadt, Passau 1995

Wurster, Herbert W.: Das Werden der bayerischen Städtelandschaft im Spiegel der „Annalen" des Abtes Hermann von Niederaltaich, in: Passauer Jahrbuch. Beiträge zur Geschichte, Geographie und Kultur Ostbaierns 61, 2019, S. 65–81

Wüstendörfer, Therese: Das baierische Strafrecht des 13. und 14. Jahrhunderts, München 1942

Zach, Barbara: Vom Altwasserarm zum überbauten Graben. Ergebnisse der archäobotanischen Untersuchungen in der Altstadt Ingolstadts, Wagnerwirtsgasse 3, in: Archäologie aktuell. Ausgrabungen in Ingolstadt, Ingolstadt 2016 (Dokumentation zur Stadtgeschichte 10), S. 83–90

Zander-Seidel, Jutta (Hg.): Mittelalter. Kunst und Kultur von der Spätantike bis zum 15. Jahrhundert, Nürnberg 2007 (Die Schausammlungen des Germanischen Nationalmuseums 2)

Zeilinger, Gabriel: Verhandelte Stadt. Herrschaft und Gemeinde in der frühen Urbanisierung des Oberelsass vom 12. bis 14. Jahrhundert, Ostfildern 2018 (Mittelalter-Forschungen 60), Ostfildern 2018

Zeitler, Wolfram: Die Stellung der Donaumauten in der räumlichen Ordnung Altbayerns, Wien 1975 (Dissertationen der Universität Wien 123)

Zeune, Joachim: Burgen – Symbole der Macht. Ein neues Bild der mittelalterlichen Burg, Regensburg 1996

Zeune, Joachim: Salierzeitliche Burgen in Bayern, in: Böhme, Horst Wolfgang (Hg.): Burgen der Salierzeit, Teil 2: In den südlichen Landschaften des Reiches, 3. Aufl., Sigmaringen 1992 (RGZM, Monographien 26), S. 177–233

Ziegler, Walter (Hg.): Der Bayerische Landtag vom Spätmittelalter bis zur Gegenwart. Probleme und Desiderate historischer Forschung, München 1995

Zinner, Ernst: Deutsche und niederländische astronomische Instrumente des 11.–18. Jahrhunderts, 2. Aufl., München 1967

Zoepfl, Friedrich: Das Bistum Augsburg und seine Bischöfe im Mittelalter, München/Augsburg 1955 (Geschichte des Bistums Augsburg und seiner Bischöfe 1)

Zoepfl, Friedrich/Volkert, Wilhelm (Hg.): Die Regesten der Bischöfe und des Domkapitels von Augsburg, Bd. 1, Augsburg 1955–1985

Zorn, Wolfgang: Augsburg. Geschichte einer deutschen Stadt, München o. J. [1955]

Abkürzungen

BayHStA = Bayerisches Hauptstaatsarchiv
BLfD = Bayerisches Landesamt für Denkmalpflege
DA = Deutsches Archiv für Erforschung des Mittelalters
DGAMN = Deutsche Gesellschaft für Archäologie des Mittelalters und der Neuzeit
HAB = Historischer Atlas von Bayern
HPM = Historiae Patriae Monumenta
HRG = Handwörterbuch zur deutschen Rechtsgeschichte
HWB-EuP2009 = Handwörterbuch des Europäischen Privatrechts
HZ = Historische Zeitschrift
JFL = Jahrbuch für fränkische Landesforschung
LSAK = Lübecker Schriften zur Archäologie und Kulturgeschichte
MB = Monumenta Boica
MBM = Miscellanea Bavarica Monacensia
MGH = Monumenta Germaniae Historica
MGSLK = Mitteilungen der Gesellschaft für Salzburger Landeskunde
MIÖG = Mitteilungen des Instituts für Österreichische Geschichtsforschung
MW = Monumenta Wittelsbacensia
NDB = Neue Deutsche Biographie
OA = Oberbayerisches Archiv
QuE = Quellen und Erörterungen zur Bayerischen und Deutschen Geschichte
RGZM = Römisch-Germanisches Zentralmuseum Mainz
RHB = Die Regesten der Herzöge von Bayern
RhVjbll = Rheinische Vierteljahrsblätter
RI = Regesta Imperii
SHVI = Sammelblatt des Historischen Vereins Ingolstadt
StMOSB = Studien und Mitteilungen aus dem Benediktiner- und dem Cisterzienser-Orden
VHVN = Verhandlungen des Historischen Vereins für Niederbayern
VHOR = Verhandlungen des Historischen Vereins für Oberpfalz und Regensburg
VSWG = Vierteljahresschrift für Sozial- und Wirtschaftsgeschichte
ZBLG = Zeitschrift für bayerische Landesgeschichte
ZGO = Zeitschrift für die Geschichte des Oberrheins
ZLGA = Zeitschrift des Vereins für Lübeckische Geschichte und Altertumskunde
ZWLG = Zeitschrift für Württembergische Landesgeschichte

R = Reproduktion
RS = Rückseite
VS = Vorderseite

Die Ausstellung

Veranstalter
Haus der Bayerischen Geschichte
Direktor Dr. Richard Loibl

in Zusammenarbeit mit
dem Landkreis Aichach-Friedberg
Landrat Dr. Klaus Metzger
der Stadt Aichach
Erster Bürgermeister Klaus Habermann
der Stadt Friedberg
Erster Bürgermeister Roland Eichmann

Projektidee
Dr. Richard Loib

Projektleitung
Dr. Peter Wolf

Wissenschaftliche Konzeption
Dr. Peter Wolf
Richard Fischer M. A.
Alexandra Franz (bis 31.8.2019)
Dr. Barbara Kink (bis 30.9.2018)
Sarah Schormair M. A.
Dr. Marco Veronesi

Kolloquium
Wolfgang Brandner
Dr. Marco Veronesi

Wissenschaftliche Beratung
Dr. Alice Arnold-Becker
Prof. Dr. Jürgen Dendorfer
Prof. Dr. Günter Dippold
Prof. Dr. Andreas Fröhlich
Prof. Dr. G. Ulrich Großmann
Dr. Jochen Haberstroh
Prof. Dr. Hans-Georg Hermann
Dr. Sabine Heym
Prof. Dr. Achim Hubel
Prof. Dr. Martin Kaufhold
Christoph Lang M. A.
Prof. Dr. Marc Lewon
Prof. Dr. Wilhelm Liebhart
Prof. Dr. Martin Ott
Dr. Hubert Raab
Dr. Maria Rita Sagstetter
Dr. Gabriele Schlütter-Schindler
Dr. Matthias Weniger
Prof. Dr. Klaus Wolf

Werkverträge
Dr. Melanie Burgemeister
Benedikt Martin Ertl M. A.
Theresa Hauck M. A.
Verena Christina Jeschke M. A.
Felicitas Kahle M. A.
Manfred Kneclik M. A.
Dr.-Ing. Clemens Knobling
Dipl.-Ing. Innenarchitektin Stephanie Reiterer M. A.
Dr. Ottmar Seuffert
Dipl.-Ing. (FH) Emanuel Schormair M. A.
Dipl.-Ing. Architekt Jan Weber-Ebnet
Markus Wolf M. A.

Praktikanten und studentische Hilfskräfte
Simone Eitzenberger
Johannes Lehmann

Ausstellungsgestaltung
Gruppe Gut, Bozen
Ulrich Prugger mit Alfons Demetz

Plakat und Corporate Design
Gruppe Gut, Bozen

Ausstellungsgrafik, Illustration, Karten
Gruppe Gut, Bozen
Matthias Krissmayr, Lorenzo Colombi, Claudia Gruber, Daniela De Fazio

Mediengestaltung, -produktion und -technik
ArcTron 3D – Vermessungstechnik & Softwareentwicklung GmbH, Altenthann
Martin Schaich M. A.
Team 6, Köln
Illustrated architecture, Oberkrämer
Bernhard Strackenbrock, Birgit Tsuchiya
Manntau Die Medieningenieure, Nabburg/OPf.
Toni Meier
Moviementum Filmproduktion, Feuersbrunn
Andreas Leitner, Elisabeth Blüml, Andrea Tavčar-Schaller, Peter Utvary
zusammen mit:
7reasons Medien GmbH, Absdorf
Guenther Weinlinger, Lisa Rauscher, Erwin Polasek, Christian Sorvis
sowie
nw-design-concept, Wien
Norbert Wolfsberger

Medienplanung und -installation
pmedien GmbH, München
Reinhard Körting, Winfried Körting

Konzeption und CAD-Planung 3D-Druck
Michael Leibl Architekturmodelle, Berg

Bauleitung
Dipl.-Ing. (FH) Matthias Held, Waltenhofen

Lichtdesign
Werner Brugger KunstundBau, Waltenhofen

Ausstellungsbau und Druckarbeiten
Schreinerei Fritz, Tiefenbach
Herberth Rath, München
H & D Digitaldruck GmbH, Karlsfeld
voxeljet AG, Friedberg

Klima, Elektrik
Konzmann Kältetechnik GmbH, Ravensburg-Berg
HET GmbH, Merching

„Fassade" FeuerHaus Aichach
Dipl.-Ing. Architekt BDB Raymond Fay, Aichach
Peter Treffler Holzbau GmbH, Adelzhausen
Ulrich Egger, Stadt Aichach

Audioguide
tonwelt, Berlin

Inklusion
Dr. Marco Veronesi
Behindertenstiftung Tannenhof Ulm
Tactile Studio UG, Berlin

Didaktik und Museumspädagogik
Richard Fischer M.A.
Alexandra Franz (bis 31.8.2019)

Katalogredaktion
Evamaria Brockhoff
Dr. Marco Veronesi

Texterfassung
Nicole Prebeck

Kataloggestaltung
zebraluchs, Leipzig/Weimar

Comic zur Ausstellung
Christopher Tauber

Kinderführer
Richard Fischer M.A.
Evamaria Brockhoff
zebraluchs, Leipzig/Weimar

Objekt- und Fotoverwaltung
Sarah Schormair M.A.

Internet
Michael Bergeler M.A.
Julia Lichtl M.A.

Übersetzungen
Krister G. E. Johnson M.A.

Konservatorische Betreuung und Objektmontage
Ernst Bielefeld (Leitung)
Charlotte Deininger
Bruno Fromm
Monika Kager
Stephan Lederer
Monika Lingg
Münchner Werkstätten für Restaurierung
Alfred Stemp
Dominik Stemp
Magdalena Verenkotte-Engelhardt

Kunsttransporte
Hasenkamp, Kunsttransporte

Generalversicherung
FIDESSecur Versicherungs- und Wirtschaftsdienst Versicherungsmakler GmbH

Führungen
Agentur KunSTraub
Regina Straub M.A.
Julia Grosch B.A.
Yvonne Halfter M.A.
Ulrike Ottinger M.A.

Buchungshotline und Buchungssystem
Dialog Factory GmbH, Augsburg
Novere GmbH, Hof

Öffentlichkeitsarbeit
Natascha Ködi-Schmidt, Dipl.-Kulturwirtin
Dr. Andrea Rüth
Christine Ketzer M.A.
Julia Lichtl M.A.
Michael Bergeler M.A.

Verwaltung
Clemens Menter
Kurt Lange
Wolfgang Schaile

Begleitprogramm zur Ausstellung
Landkreis Aichach-Friedberg:
Wolfgang Müller, Teresa Wörle, Stefanie Schmaus

Stadt Aichach:
Martina Baur, Christoph Lang M.A., Angela Kerle

Stadt Friedberg:
Frank Büschel, Petra Volles, Claudia Glück

Förderer

FREUNDESKREIS HAUS DER BAYERISCHEN GESCHICHTE E.V.

Medienpartner

BR BAYERN 2

Aichacher Zeitung
Vielseitig. Wie unsere Heimat.

Augsburger Allgemeine 75 Jahre

Katalogtexte

M. A. Martina Außermeier
Th. A. Thomas Aufleger
M. B. Maria Baumann
Ch. B. Christian Behrer
R. B. Raphael Beuing
E. B. Elisabeth Boxberger
F. B. Fabian Brenker
A. B. Alois Brunner
St. B. Stefanie Buchhold
A. D. Artur Dirmeier
F. E. Florian Eibl
M. F. Matteo Ferrari
R. F. Richard Fischer
E. G. Eva Gilch
R. G. Reinhard Gratz
B. H.-G. Brigitte Haas-Gebhard
M. H. Markus Hiermer
M. Ha. Manfred Hahn
M. Hi. Martin Hirsch
Th. H. Thomas Horst
G. H. Gil Hüttenmeister
W. J. Wolfgang Jahn
A. K. Anette Klöpfer
M. K. Manfred Knedlik
H. K. Harald Krause
D. K. Dominik Kuhn
Ch. L. Christoph Lang
B. L. Brigitte Langer
M. L. Marc Lewon
S. L. Simon Lorenz
S. M. Stefan Maier
D. M. Doris Mührenberg
H. N. Hermann Neumann
M. N. Matthias Nuding
M. O. Maximilian Ontrup
B. P.-S. Birgitta Petschek-Sommer
G. P. Gudrun Piller
A. P. Anja Pütz
J. G. R. Johann Georg Rettenbeck
H. R. Holger Richter
G. R. Gerd Riedel
M. R. S. Maria Rita Sagstetter
B. S. Bernd Sorcan
G. S. Gudrun Szczepanek
G. Sch. Gabriele Schlütter-Schindler
A. Sch. Annette Schommers
B. Sch. Beatrix Schönewald
S. Sch. Sarah Schormair
N. Sch. Nina Schuster
T. Sch. Tobias Schönauer
Y. Sh. Yehuda Shenef
Ph. St. Philipp Stahlhut
Th. St. Thomas Stangier
C. St. Claudius Stein
M. St. Michael Stephan
G. T. Gerhard Tausche
M. T. Michael Teichmann
M. Te. Max Tewes
P. T. Pietro Tondello
M. V. Marco Veronesi
S. W. Sybe Wartena
M. W. Mathilde Wohlgemuth
K. W. Klaus Wolf
M. Wo. Markus Wolf
P. W. Peter Wolf
H. Z. Heike Zech

Leihgaben stellten dankenswerterweise zur Verfügung:

Archäologische Staatssammlung München
Archäologisches Museum der Stadt Kelheim
Archiv der Hansestadt Lübeck
Archiv des Herzoglichen Georgianums
Archiv des St. Katharinenspitals, Regensburg
AschheiMuseum
Bayerische Landesstiftung
Bayerische Staatsbibliothek München
Bayerische Verwaltung der staatlichen Schlösser, Gärten und Seen, Residenz München
Bayerische Verwaltung der staatlichen Schlösser, Gärten und Seen, Stadtresidenz Landshut
Bayerisches Armeemuseum, Ingolstadt
Bayerisches Hauptstaatsarchiv, München
Bayerisches Nationalmuseum, München
Bereich Archäologie und Denkmalpflege der Hansestadt Lübeck
Bibliothèque-Musée Inguimbertine, Carpentras
Braunschweigisches Landesmuseum, Braunschweig
Canisius-Stiftung Ingolstadt
Diözesanmuseum Freising
Domkirchenstiftung Mariä Geburt und St. Korbinian, Freising
Dompfarrei St. Ulrich, Regensburg
Dommuseum Salzburg
Diözese Passau
Ernst von Siemens Kunststiftung
Fondazione Brescia Musei/Museo di Santa Giulia
Fondazione Fioroni, Legnago
Gäubodenmuseum Straubing
Geheimes Hausarchiv, München
Germanisches Nationalmuseum, Nürnberg
Anton Gugg e. K., Straubing
Historischer Verein Neuburg a. d. Donau, Schlossmuseum
Historisches Museum Basel
Katholische Kirchenstiftung Mariä Himmelfahrt, Deggendorf
Koninklje Bibliotheek, Den Haag (R)
Kreisarchäologie Dingolfing-Landau
Kunstsammlungen des Bistums Regensburg
Kunstsammlungen und Museen Augsburg/Maximilianmuseum
Kunstsammlungen und Museen Augsburg/Römisches Museum
Metropolitankirchenstiftung Zu Unserer Lieben Frau, München
Museen der Stadt Landshut
Museen der Stadt Regensburg
Musei Capitolini – Antiquarium, Rom
Museo Stibbert, Florenz
Museum Dingolfing
Museum Erding
Muzeum Cheb, p.o. Karlovarského kraje
Muzeum Uniwersytetu Jagiellońskiego, Kraków
Oberhausmuseum Passau

Österreichische Nationalbibliothek, Wien, Sammlung von Handschriften und alten Drucken
Pfarrkirchenstiftung St. Emmeram, Regensburg
Pfarrkirchenstiftung St. Martin in Landshut
Staatliche Münzsammlung München
Staats- und Stadtbibliothek Augsburg
Staatsarchiv Amberg
Staatsbibliothek zu Berlin – Preußischer Kulturbesitz, Handschriftenabteilung
Stadt Nürnberg
Stadtarchiv Augsburg
Stadtarchiv Burghausen
Stadtarchiv Ingolstadt
Stadtarchiv Landshut
Stadtarchiv München
Stadtmuseum Aichach
Stadtmuseum Amberg
Stadtmuseum Burghausen
Stadtmuseum Deggendorf
Stadtmuseum Ingolstadt
Stadtmuseum Trostberg
Tiroler Landesmuseen/Volkskunst-museum, Innsbruck
Universitätsarchiv München
Zisterzienserinnen Abtei Seligenthal in Landshut
Florian Eibl
Werner Kölzer

sowie private Sammler, die ungenannt bleiben wollen

Bildnachweis

Die Ziffern beziehen sich auf die Katalognummer:

001 Kunstsammlungen des Bistums Regensburg
002 Diözesanmuseum Freising/Foto: Walter Bayer
003 Haus der Bayerischen Geschichte, Augsburg/Foto: Philipp Mansmann
004 Römisches Museum Augsburg/Kunstsammlungen und Museen/Foto: Andreas Brücklmair
005 Museen der Stadt Regensburg/Foto: Peter Ferstl
006 Haus der Bayerischen Geschichte, Augsburg/Foto: Philipp Mansmann
007 Diözesanmuseum Freising/Foto: Walter Bayer
008 Diözese Passau/Foto: Alexander Woiton
009 Dommuseum Salzburg/Foto: Josef Kral
010 Archiv Kunstverlag Josef Fink, Lindenberg i. Allgäu
011 Staatliche Münzsammlung München/Foto: Sergio Castelli und Nicolai Kästner
012 Haus der Bayerischen Geschichte, Augsburg/Foto: Rudolf Scharf
013 Museum Erding/Foto: Harald Krause
014 Bayerisches Hauptstaatsarchiv, München (BayHStA, HL Freising 6)
015 Haus der Bayerischen Geschichte, Augsburg/Foto: Sarah Schormair
016 AschheiMuseum/Foto: Pütz
017 Haus der Bayerischen Geschichte, Augsburg/Foto: Philipp Mansmann
018 Fondazione Fioroni, Legnago
019 Archivio fotografico Musei di Brescia/Fotostudio Rapuzzi
020 Archiv der Hansestadt Lübeck (AHL, 8.5-1 Sammlung der Siegelstempel, A.I.1)
021 Germanisches Nationalmuseum, Nürnberg
022–025 Bereich Archäologie und Denkmalpflege der Hansestadt Lübeck
026 Braunschweigisches Landesmuseum/Foto: Ingeborg Simon
027 Staatsarchiv Amberg (Fürstentum Obere Pfalz, Kloster Ensdorf Urkunden 1)
028 Fondazione Fioroni, Legnago
029, 030 Haus der Bayerischen Geschichte, Augsburg/Foto: Rabatti & Domingie Photography
031 Roma, Musei Capitolini, Antiquarium Comunale/Archivio Fotografico dei Musei Capitolini
032 Koninklijke Bibliotheek (KB|national library 76F5_001r)
033 Museen der Stadt Regensburg/Foto: Peter Ferstl
035 Archäologische Staatssammlung München Foto: Stefanie Friedrich
036 Archäologische Staatssammlung München/Foto: Swantje Mulzer (alt) und Stefanie Friedrich (neu)
037 Haus der Bayerischen Geschichte, Augsburg/Foto: Rudolf Scharf
038 Muzeum Uniwersytetu Jagiellonskiego/Foto: Grzegorz Zygier
039 Carpentras, bibliothèque-musée Inguimbertine (Ms 327, fol. 28v–29r)/IRHT
041 Museen der Stadt Landshut/Foto: Harry Zdera
042 Stadt Ingolstadt/Foto: Rössle
043 Stadtarchiv Augsburg (Allg. Urkundenselekte 1304 X 4 und Allg. Urkundenselekte 1340 XII 21)
044 Haus der Bayerischen Geschichte, Augsburg/Foto: Derek Henthorn
045 Wien, Österreichische Nationalbibliothek, Sammlung von Handschriften und alten Drucken (Cod. 413)
046 Stadt Ingolstadt/Foto: Rössle
047 Stadtarchiv München (DE-1992-ZIM-003)
048 Museen der Stadt Landshut/Foto: Harry Zdera
049 Stadt Ingolstadt/Foto: Rössle
051 Museen der Stadt Landshut/Foto: Harry Zdera
052 Stadt Ingolstadt/Foto: Rössle
053 Haus der Bayerischen Geschichte, Augsburg/Foto: Philipp Mansmann
054 Haus der Bayerischen Geschichte, Augsburg/Foto: Rudolf Scharf
055 Haus der Bayerischen Geschichte, Augsburg/Foto: Derek Henthorn
056 Haus der Bayerischen Geschichte, Augsburg/Foto: Philipp Mansmann
057 Archäologische Staatssammlung München, Foto: Stefanie Friedrich
058 Archäologische Staatssammlung München/Foto: Manfred Eberlein
059, 060 Stadt Ingolstadt/Foto: Rössle
061 Haus der Bayerischen Geschichte, Augsburg/Foto: Manfred Bernhard
062 Stadt Ingolstadt/Foto: Rössle
063 Historisches Museum Basel/Foto: N. Jansen
064 Haus der Bayerischen Geschichte, Augsburg/Foto: Rudolf Scharf
065 Haus der Bayerischen Geschichte, Augsburg/Foto: Manfred Bernhard
066 a Haus der Bayerischen Geschichte, Augsburg/Foto: Manfred Bernhard
066 b Bayerisches Armeemuseum, Ingolstadt/Foto: Gert Schmidbauer
067 Haus der Bayerischen Geschichte, Augsburg/Foto: Uwe Moosburger
068 Bayerisches Nationalmuseum, München/Foto: Krack, Bastian
069 Bayerisches Armeemuseum, Ingolstadt/Foto: Gert Schmidbauer
070 Museum Erding/Foto: Harald Krause
071 Haus der Bayerischen Geschichte, Augsburg/Foto: Philipp Mansmann
072 Stadt Ingolstadt/Foto: Rössle
073 Kreisarchäologie Dingolfing-Landau
074, 075 Germanisches Nationalmuseum/Foto: G. Janßen
076 Stadt Ingolstadt/Foto: Rössle
077 Germanisches Nationalmuseum, Nürnberg. Leihgabe Bayerische Landesstiftung/Foto: G. Janßen
078 Museen der Stadt Regensburg/Foto: Michael Preischl
079 Haus der Bayerischen Geschichte, Augsburg/Foto: Rudolf Scharf
080 Tiroler Landesmuseen/Volkskunstmuseum
081 Stadtarchiv München (DE-1992-STEU-0226 und DE-1992-STEU-0229)
082 Oberhausmuseum Passau/Foto: Dionys Asenkerschbaumer
083 Stadtarchiv München (UKR-A-I-a-128 und UKR-A-I-a-130)
085 Kreisarchäologie Dingolfing-Landau
086 Stadt Ingolstadt/Foto: Rössle
087 a und b Stadt Ingolstadt/Foto: Rössle
087 c Germanisches Nationalmuseum, Nürnberg/Foto: M. Runge
088 Bayerisches Nationalmuseum, München/Foto: Haberland, Walter
089 Haus der Bayerischen Geschichte, Augsburg/Foto: Philipp Mansmann
090 Universitätsarchiv München (UAM, D-V-2)
091 Archiv des Herzoglichen Georgianums (AHG, I 8 und 9)
092 Stadtarchiv Landshut/Foto: Harry Zdera
093 Museen der Stadt Landshut/Foto: Toni Ott
094 Museen der Stadt Regensburg/Foto: Peter Ferstl
095 Haus der Bayerischen Geschichte, Augsburg/Foto: Manfred Bernhard
096 Germanisches Nationalmuseum, Nürnberg/Foto: R. Schewe
097 Stadt Ingolstadt/Foto: Rössle
098 Haus der Bayerischen Geschichte, Augsburg/Foto: Manfred Bernhard
099 Stadtarchiv Landshut/Foto: Harry Zdera
100 Stadt Ingolstadt/Foto: Rössle
101 Bayerisches Hauptstaatsarchiv, München (BayHStA, Herzogtum Bayern, Ämterrechnungen bis 1506, Nr. 509)
102 St. Katharinenspitalstiftung Archiv/Foto: Sando Herbrand
103 Museum Cheb
104 Haus der Bayerischen Geschichte, Augsburg/Foto: Gerhard Nixdorf
105 St. Katharinenspitalstiftung Archiv
106 Stadtmuseum Burghausen
107 Stadtarchiv Burghausen
108 Museen der Stadt Landshut/Foto: Harry Zdera
110 Museen der Stadt Landshut/Foto: Toni Ott
111 Museen der Stadt Regensburg/Foto: Michael Preischl
112 Diözesanmuseum Freising/Foto: Walter Bayer
113 Stadt Ingolstadt/Foto: Rössle

114–117 Diözesanmuseum Freising/ Foto: Walter Bayer
118 Bayerische Schlösserverwaltung, München/Foto: Maria Scherf und Andreas Gruber
119 Museen der Stadt Landshut/ Foto: Harry Zdera
120 Staatsbibliothek zu Berlin – Preußischer Kulturbesitz, Handschriftenabteilung (M germ. fol. 779, fol. 217[v])
121 a Wien, Österreichische Nationalbibliothek, Sammlung von Handschriften und alten Drucken (Cod. 2775, fol. 16[v])
121 b Bayerische Staatsbibliothek, München, Abteilung Handschriften und alte Drucke (Cgm 18, fol. 22[r])
122 Museen der Stadt Landshut/ Foto: Toni Ott
123 Diözesanmuseum Freising/ Foto: Walter Bayer
124 Kunstsammlungen des Bistums Regensburg/Foto: Gerald Richter
125 Bayerisches Hauptstaatsarchiv, München (BayHStA, Kurbayern Äußeres Archiv 4734)
126 Geheimes Hausarchiv, München (Hausurkunden 58)
127 a Staats- und Stadtbibliothek Augsburg (2 H 12, Karte 11)
127 b Bayerische Staatsbibliothek, München, Abteilung Handschriften und alte Drucke (Cgm 5379(3)
128 a Stadtarchiv München (HV-AP-06)
128 b Bayerisches Nationalmuseum, München/Foto: Krack, Bastian
130 Bayerisches Hauptstaatsarchiv, München (BayHStA, GR. Fasz. 990, Nr. 6)
131 Bayerische Schlösserverwaltung, München/Foto: Maria Scherf und Andreas Gruber
132 Bayerische Schlösserverwaltung, München/Foto: Maria Scherf und Ulrich Pfeuffer
133 Stadtmuseum Amberg/ Foto: W. Steinbacher
134 Stadtmuseum Aichach/Foto: Philipp Rein
135 Bayerisches Nationalmuseum, München/Foto: Krack, Bastian
136 Erzbischöfliches Ordinariat München, Hauptabteilung Kunst/Foto: Tassilo Letzel
137 Haus der Bayerischen Geschichte, Augsburg/Foto: Philipp Mansmann
138 Bayerisches Nationalmuseum, München/Foto: Vetters, Karl-Michael
139 Haus der Bayerischen Geschichte, Augsburg/Foto: Rudolf Scharf
140 Oberhausmuseum Passau/ Foto: Dionys Asenkerschbaumer
141 Stadtmuseum Aichach/Foto: Philipp Rein
142 Museen der Stadt Landshut/ Foto: Harry Zdera
143 Stadtmuseum Aichach/ Foto: Franz Achter
144 Haus der Bayerischen Geschichte, Augsburg/Foto: Rudolf Scharf

Im Folgenden beziehen sich die Ziffern auf die Seitenzahlen:

6 Bayerisches Nationalmuseum, München/ Foto: Krack, Bastian
10–17 Bayerisches Nationalmuseum, München/Foto: Krack, Bastian
52 Bayerisches Nationalmuseum, München/ Foto: Krack, Bastian
177 Abb. 1 ArcTron 3D GmbH – Ingenieurbüro für Laserscanning & 3D-Vermessung
177 Abb. 2 Geodaten der Stadtverwaltung Regensburg/Amt für Stadtentwicklung (Urheber Aerowest GmbH)
177 Abb. 3 Klaus Leidorf
177 Abb. 4 bpk/Scala
178 Abb. 5 Haus der Geschichte Baden-Württemberg, Sammlung Metz
178 Abb. 6 Haus der Geschichte Baden-Württemberg, Sammlung Metz
178 Abb. 7 Haus der Geschichte Baden-Württemberg, Sammlung Metz
178 Abb. 8 Ortsblatt Landshut 1810/ Bayerische Vermessungsverwaltung
178 Abb. 9 Ortsblatt Straubing 1827/ Bayerische Vermessungsverwaltung
178 Abb. 10 Haus der Geschichte Baden-Württemberg, Sammlung Metz
183 Abb. 11, 12, 15 Achim Hubel
183 Abb. 13 Ortsblatt Deggendorf 1827/ Bayerische Vermessungsverwaltung
183 Abb. 14 Bayerisches Landesdenkmalamt, München
183 Abb. 16 Haus der Geschichte Baden-Württemberg, Sammlung Metz
183 Abb. 17 Informationszentrum im Bruckstadel, Dingolfing
201 Abb. 1 Haberstroh/Heitmeier
201 Abb. 2 Landesamt für Denkmalpflege
201 Abb. 3 ReVe, Büro für Archäologie, Bamberg; C. Behrer
207 Abb. 1–6 Ulrich Großmann
208 Abb. 7–9 Ulrich Großmann
208 Abb. 10 Bayerisches Nationalmuseum, München/Foto: Krack, Bastian
208 Abb. 11, 12 Ulrich Großmann
222 Abb. 1, 2 Wien, Österreichische Nationalbibliothek (20.T.322, A4r/B1r)
228 f. Bayerisches Nationalmuseum, München/Foto: Krack, Bastian

Gestaltungselemente: Stadtmodelle von Jakob Sandtner, Bayerisches Nationalmuseum, München/Fotos: Krack, Bastian

Umschlagvorderseite: Kreuznagelung Christi (Detail), Jan Polack, 1492, Foto: Bayerisches Nationalmuseum; Hauptaltar Schlosskirche Blutenburg (Detail), Jan Polack, um 1491, Bayerische Schlösserverwaltung/Foto: Matthias Weniger

Umschlaginnenseiten: Wittelsbacherschloss Friedberg, Stadt Friedberg/Foto: E. Diehl; Entwurfsskizze FeuerHaus Aichach, Gruppe Gut, Bozen